O trabalho
do negativo

DIRETORIA DA SOCIEDADE PSICANALÍTICA DE PORTO ALEGRE

Presidente
Dr. Sérgio Lewkowicz

Diretora Administrativa
Dra. Alda Regina Dorneles de Oliveira

Diretora Científica
Dra. Anette Blaya Luz

Diretora Financeira
Psic. Eleonora Abbud Spinelli

Diretor do Instituto
Dr. Ruggero Levy

Diretor de Publicações
Dr. José Carlos Calich

Diretora de Divulgação e Relação com a Comunidade
Psic. Luciane Falcão

Diretora da Área da Infância e Adolescência
Dra. Maria Lucrécia S. Zavaschi

DIRETORIA DE PUBLICAÇÕES
Dr. José Carlos Calich – **Diretor**
Dra. Carmem Emilia Keidann
Dr. César Luís de Souza Brito
Psic. Heloisa Cunha Tonetto
Dr. Rui de Mesquita Annes
Dr. Zelig Libermann

G795t   Green, André.
           O trabalho do negativo / André Green ; tradução: Fátima Murad.
      – Porto Alegre : Artmed, 2010.
           315 p. ; 23 cm.

           ISBN 978-85-363-2189-9

           1. Psicanálise.   I. Título.

                                                                             CDU 159.964.2

Catalogação na publicação: Renata de Souza Borges CRB-10/1922

O trabalho do negativo

André Green

Tradução:
Fátima Murad

Consultoria, supervisão e revisão técnica desta edição:
Luciane Falcão
*Psicanalista. Membro Associado da
Sociedade Psicanalítica de Porto Alegre.*

artmed®

2010

Obra originalmente publicada sob o título *Le travail du négatif*
ISBN 978-2-7073-1459-8
© 1993 by Les Éditions de Minuit, S.A., Paris, France

Capa
Paola Manica

Preparação do original
Marcos Vinícius Martim da Silva

Editora Sênior – Saúde Mental
Mônica Ballejo Canto

Projeto e editoração
Armazém Digital® Editoração Eletrônica – Roberto Carlos Moreira Vieira

Reservados todos os direitos de publicação, em língua portuguesa, à
ARTMED® EDITORA S.A.
Av. Jerônimo de Ornelas, 670 - Santana
90040-340 Porto Alegre RS
Fone (51) 3027-7000 Fax (51) 3027-7070

É proibida a duplicação ou reprodução deste volume, no todo ou em parte, sob quaisquer formas ou por quaisquer meios (eletrônico, mecânico, gravação, fotocópia, distribuição na Web e outros), sem permissão expressa da Editora.

SÃO PAULO
Av. Angélica, 1091 - Higienópolis
01227-100 São Paulo SP
Fone (11) 3665-1100 Fax (11) 3667-1333

SAC 0800 703-3444

IMPRESSO NO BRASIL
PRINTED IN BRAZIL
Impresso sob demanda na Meta Brasil a pedido de Grupo A Educação.

A Litza

"Em nosso campo científico, como em todos os outros, tratamos de descobrir, por trás das propriedades (qualidades) diretamente percebidas do objeto, alguma outra coisa que dependa menos das particularidades de nossos órgãos sensoriais e que se aproxime mais do que se supõe ser o estado real das coisas. Na verdade, não esperamos atingir este último, pois somos evidentemente obrigados a traduzir todas as nossas deduções na própria linguagem de nossas percepções, desvantagem da qual estamos impossibilitados para sempre de nos libertar. Mas é nisso justamente que se reconhece a natureza e a limitação da ciência."

S. Freud, *Esboço de psicanálise*

Agradecimentos

Agradeço a Christelle Bécant e a Florence Bruneau pela ajuda na preparação dos originais. A transcrição de meu seminário em Paris VII, sobre o trabalho do negativo, por C. Michaelidès, me foi de enorme utilidade quando da redação deste livro.

Minha gratidão vai igualmente para John Jackson, que se dispôs a dar uma última olhada no texto antes da publicação.

Apresentação à edição brasileira

A ideia de uma coleção reunindo obras de reconhecidos autores internacionais, complementada por produção da própria Sociedade Psicanalítica de Porto Alegre (SPPA), nasceu da constatação do grande volume de publicações psicanalíticas de alta qualidade dos últimos anos, cuja velocidade de tradução e priorização pelo mercado editorial produzia uma defasagem significativa em sua disponibilização para o leitor de língua portuguesa.

A experiência com traduções e suas revisões que a Sociedade Psicanalítica foi adquirindo ao longo dos anos através de sua *Revista de Psicanálise* animou-nos a procurar a Artmed que, sensível ao problema e à nossa solicitação aderiu a este projeto concretizado, sob a forma de parceria, o que muito nos alegra e orgulha.

Frutos dessa parceria, além do presente livro, serão lançados outros três. O primeiro de James Grotstein: *Um facho de intensa escuridão*; o segundo de Thomas Ogden: *Esta arte da psicanálise*; e, finalmente, uma obra coletiva de autores da SPPA reunindo temas teóricos e técnicos da psicanálise voltados ao público não psicanalítico, ainda sem título definitivo.

Iniciar esta coleção com André Green é uma honra e um privilégio.

André Green nasceu na cidade do Cairo em 1927, onde viveu sua infância e adolescência. Em 1946, mudou-se para Paris, formou-se em Medicina e decidiu dedicar-se à psiquiatria. O interesse crescente pela psicanálise levou-o a realizar formação analítica na Sociedade Psicanalítica de Paris, na qual se tornou analista didata e um dos membros mais destacados, pela qualidade de sua produção. Foi presidente dessa Sociedade, bem como diretor de seu Instituto. Também foi vice-presidente da Associação Psicanalítica Internacional (IPA), professor no University College, em Londres, além de professor honorário na Universidade de Buenos Aires, membro da Academia de Humanidades e Pesquisa de Moscou e membro da Academia de Ciências de Nova

York. Em 2007, no Congresso da IPA de Berlim, foi agraciado com o prêmio "Relevantes Realizações Científicas" (a maior distinção da IPA), pela primeira vez outorgado a um psicanalista. O impacto internacional de sua contribuição nos últimos anos tem sido de tamanha proeminência, que o debate gerado por seu artigo "A sexualidade tem algo a ver com a psicanálise?" (1995) influenciou de forma crucial o tema do Congresso da IPA, de 2007, em Barcelona: "Psicanálise e Sexualidade".

Nos anos de sua formação, quando adquiriu consistente conhecimento da obra freudiana, frequentou, também, seminários de filosofia, linguística e antropologia, construindo assim uma sólida base intelectual nas disciplinas humanas. Em função de suas características pessoais, de ousadia, independência e tendência ao cosmopolitismo, frequentou, sob severas críticas, os seminários de Jacques Lacan e entrou em contato, teórico e pessoal, com autores que na época eram distantes da Sociedade de Paris, como Winnicott e Bion. De acordo com o próprio Green, o contato com ambos foi muito marcante para seu futuro como pensador psicanalítico (Abram, 2000; Calich e Berlin, 2003; Duprac, 2000).

Foi a partir desse embasamento consistente e plural que fez importantes aprofundamentos e expansões da metapsicologia freudiana, iniciados em seus estudos sobre a teoria dos afetos (1973/1982), principalmente sublinhando sua característica de componente da pulsão e em sua relação com a linguagem (1984) e, na sequência, sobre a pulsão de morte a partir de estudos sobre a neurose obsessiva (1967/2005)(1986, 1988).

A fundamentação permitida por tais teorizações capacitou-o a ampliar formulações como a de "processos terciários" (1972), em que expande a noção de integração dos processos primários e secundários ligada, então, à criatividade, e, agora, aos fenômenos referentes tanto aos estados-limite (1986/2001), ao processo de simbolização (1990), tendo evoluído para uma definição própria do "pensamento clínico" (2002, 2006a, 2006b). Na posterior elaboração desses conceitos, chegou a compreensões originais como "o objeto como revelador da pulsão" (1988b), criando novas – e basilares – possibilidades para a integração entre a teoria pulsional e a das relações objetais, ampliando de forma significativa o papel e a função do objeto em relação à teoria freudiana; aproximando, portanto, os desenvolvimentos da psicanálise anglo-saxã, daqueles da psicanálise francesa freudiana, com influência lacaniana direta e indireta como a que se estabelecia na França nas décadas de 1960 a 80. "Narcisismo negativo", "função desobjetalizante" e "alucinação negativa" são conceitos centrais ao pensamento de Green, que foram sendo cuidadosamente elaborados, ampliando a compreensão do papel tanto da libidinização quanto da destrutividade, bem como as estruturas criadas pelas nuances da relação entre pulsão e objeto. Evolui, então, para a descrição ou ampliação de importantes quadros clínicos como as patologias do vazio, dos estados limite, da psicose branca e da "mãe morta", para citar alguns dos mais significativos.

Neste cenário de entranhamento na expansão da metapsicologia freudiana, Green faz confluir suas concepções sobre uma teoria do negativo em psicanálise neste livro, originalmente publicado em 1993, que agora apresentamos ao público de língua portuguesa. Em *O trabalho do negativo*, síntese nuclear e aprofundamento denso de suas teorias em torno da dinâmica de um equilíbrio psíquico, parte de uma premissa que é apresentada em sua conclusão:

> A psicanálise encontra o negativo no fundamento mesmo de sua existência, porque sua teoria repousa em uma positividade em excesso, aquela devida ao funcionamento pulsional com a qual o sujeito só pode compor negativando-a ou pelo jogo dos mecanismos de defesa, tornando a vida pulsional compatível com as exigências da vida cultural; ela mesma o resultado de uma negação da vida natural. (p.305)

É a partir dessa noção de negativação do excesso que Green trabalha também as noções de presença excessiva do objeto e de ausência excessiva do objeto, impondo-se, a seu modo de ver, a negativação destes excessos em busca de uma nova homeostasia. Detalha, neste volume, a origem da noção de negativo na psicanálise, na filosofia, na linguística e na cultura; suas consequências desde a própria formação do inconsciente, a função da alucinação negativa como possibilitadora do espaço da representação e as situações quando conduz ao afastamento dessa representação; da função desobjetalizante – aquela que se opõe a qualquer vínculo com o objeto; até os novos territórios psicopatológicos criados a partir desses referenciais (principalmente os estados-limite), e suas relações com outros estados e estruturas como o narcisismo e o masoquismo, e mesmo onde habitualmente não identificamos imediatamente o trabalho do negativo como o sonho, o luto, as identificações e idealizações, redefinindo alguns desses mecanismos. Os conceitos são minuciosamente refletidos, aproximados da clínica, expostos em suas tensões, seus paradoxos e suas inconcludências, tornando a leitura ao mesmo tempo capturante e difícil.

O trabalho do negativo é uma imersão no funcionamento psíquico normal e patológico, à luz do pensamento de Green.

Nossos agradecimentos ao Dr. André Green, pela pronta adesão ao convite a participar deste projeto e pelos ensinamentos que tem proporcionado a todos os interessados na área do psiquismo humano, à colega Luciane Falcão, pela competente e cuidadosa revisão técnica e também pela intermediação do convite ao Dr. André Green.

Desejamos uma boa leitura a todos.

José Carlos Calich
Diretor de Publicações da Sociedade Psicanalítica de Porto Alegre

REFERÊNCIAS

ABRAM. J. André Green at the squiggle foundation. London: Karnac Books, 2000.

DUPARC, F. Andre Green. São Paulo: Via Lettera, 2000.

CALICH, J.C.; BERLIN, G.I. (orgs.). Sobre psicanálise & psicanalistas: 1° livro de entrevistas da Revista de Psicanálise da SPPA. São Paulo: Casa do Psicólogo, 2003.

GREEN, A. Metapsicologia da neurose obsessiva (1967). In: BERLINCK, M.T. (org.). *Obsessiva neurose*. São Paulo: Escuta, 2005.

_____. (1973). *O discurso vivo*. Rio de Janeiro, 1982.

_____. (1983). *Narcisismo de vida, narcisismo de morte*. São Paulo: Escuta, 1988.

_____. Le langage dans la psychanalyse. In: MIJOLLA, A. *Langages*. Paris: Ed Les Belles Lettres, 1984.

_____. Pulsão de morte, narcisismo negativo, função desobjetalizante. In: GREEN, A.; WIDLOCHER, D.; LAPLANCHE, J.; SEGAL, H.; RECHARDT, E.; IKONEN, P.; YORKE, C. *A pulsão de morte*. São Paulo: Escuta, 1988.

_____. *La folie prive*. Paris: Gallimard, 1990.

_____. Has sexuality anything to do with psychoanalysis?. *Int. J. Psycho-Anal.*, v.76, p.871-883, 1995.

_____. *Idées directrices pour une psychanalyse contemporaine*. Paris : PUF, 2002a.

_____. *La Pensée clinique*. Paris : Odile Jacob, 2002b.

GREEN, A. ; COBLENCE, F. *Les voies nouvelles de la thérapeutique psychanalytique*: Le dedans et le dehors de. Paris: PUF, 2006.

Sumário

Apresentação à edição brasileira ix
Para introduzir o negativo em psicanálise 15

1 Aspectos do negativo: semântica, linguística, psique 29
2 Hegel e Freud: elementos para uma comparação
    que não é evidente 41
3 Traços do negativo na obra de Freud 64
4 Pulsão de morte, narcisismo negativo, função desobjetalizante 95
5 Masoquismo(s) e narcisismo nos fracassos da análise
    e a reação terapêutica negativa 103
6 A clivagem: da desmentida ao desligamento nos casos-limite 130
7 O trabalho do negativo e o alucinatório (a alucinação negativa) 177
8 A sublimação: do destino da pulsão sexual
    ao serviço da pulsão de morte 233

Em um caminho escarpado 277
Anexos 289
Referências de publicação 315

Para introduzir o negativo em psicanálise

Já há algum tempo se começou a falar do trabalho do negativo.[1] Três perguntas se colocam a respeito dele: quais são suas fontes? A que se relaciona na obra de Freud? O que abrange na clínica e na teoria de hoje? Por ora, vamos nos contentar em responder à primeira pergunta, que merece um longo desenvolvimento, antes de abordar as duas outras.

O nome de Hegel vem imediatamente ao espírito. A história das relações entre o pensamento hegeliano e a psicanálise ainda está por ser feita. *Teremos de nos limitar aqui a um exame restrito às fontes hegelianas de um desenvolvimento particular da teoria de Freud, aquele que nasceu da interpretação de Lacan.* Todos se recordam do comentário de Jean Hippolyte sobre a *Verneinung* de Freud, exposta no seminário de Lacan e publicada depois, no primeiro volume de *La psychanalyse*.[2] Um longo caminho foi percorrido das posições inaugurais, às quais está associado o nome de Lacan, até minhas próprias contribuições, das quais me contentarei em lembrar duas etapas. Uma recente, "O trabalho do negativo",[3] e outra mais antiga, "O duplo limite".[4] Textos anteriores faziam numerosas alusões a isso sem, no entanto, abordar a problemática.

Voltemos ao nosso ponto de partida, com a dupla Hippolyte-Lacan. Essa troca entre o filósofo que era autoridade em matéria de estudos hegelianos e o psicanalista que cultivava uma afinidade com a filosofia ocorreu no auge das relações Hegel-Freud, pois se seguia a numerosas referências hegelianas já presentes na obra de Lacan. *A fase do espelho* (1949) e as *Formulações sobre a causalidade psíquica* são testemunhos disso.[5] Após o diálogo com Hippolyte, o hegelianismo lacaniano perderia a força em proveito de opções mais adaptadas aos ares do tempo; a linguística saussuriana, seguida pela topologia, relegarão a dialética do filósofo de Iena ao segundo plano. A articulação entre esses dois momentos da teoria lacaniana nunca foi examinada de maneira explícita.

A psicanálise francesa do pós-Segunda Guerra Mundial via suas obras crescerem no solo fértil da psiquiatria, uma vez que numerosos analistas dessa época conservavam as marcas de suas origens psiquiátricas. Ora, a psiquiatria moderna, sob o impulso de Henri Ey, estava impregnada de fenomenologia; quando não buscava sua inspiração ao lado de Marx, naqueles que, em conformidade com suas opções políticas, acreditavam na sociogênese das doenças mentais. Mas essa corrente, que esteve na origem de uma importante renovação institucional, sempre foi minoritária. Husserl e Heidegger – que mais tarde influenciarão o pensamento lacaniano, como será mostrado – permaneciam as referências filosóficas mais importantes da psiquiatria da época, nutrida de análise existencial. Hegel, que foi precursor deles, assim como de Marx, tinha passagem garantida via Alexandre Kojève. Mediante as influências combinadas de Ey e de Lacan, Hegel exerceu uma atração sobre os psiquiatras, que viram em seu sistema a possibilidade de articular a dialética da alienação com a concepção hierarquizada do psiquismo.

A adesão de Lacan ao sincronismo da linguística saussuriana marcou o fim de seu encontro com Hegel. Mas o relatório de Roma, *Função e campo da fala e da linguagem em psicanálise*, ainda traz seu vestígio, com a memorável análise feita por Lacan do *Fort-Da*.[6] É justamente nesses poucos parágrafos que a inspiração hegeliana do pensamento de Lacan atinge sua forma mais acabada; ele dá conta dos efeitos combinados da infância, do estatuto da ausência, do movimento da consciência de si, da alienação às suas próprias produções (som, significante e signo), do conflito entre diversos aspectos do psiquismo em sua relação com a linguagem e da relação do sujeito com a morte. Mas essa página feliz não terá futuro, pois o pensamento de Lacan se deixará atrair pelas sereias do significante, depois pelas da topologia, em que as referências à linguagem e à história serão pouco a pouco suplantadas por outras mais "científicas".

Vale recordar, no entanto, que a interpretação lacaniana do jogo do carretel não era a simples teorização do jogo, como teria feito um Winnicott, por exemplo, mas o *remake* da interpretação freudiana, cuja descrição inicial era reformulada em termos tais que podia sustentar – ela inclusive reivindicava isso, em certa medida – uma nova versão, com a pena temperada na tinta de Hegel. O verdadeiro interlocutor de Lacan, nos anos em que sua obra foi construída, não foi qualquer outro analista, e sim Henri Ey. O que estava em jogo no debate intelectual era simplesmente a conquista da hegemonia junto aos jovens psiquiatras que os psicanalistas tentavam converter. O organodinamismo de Ey se inscrevia na corrente das filosofias da natureza (Spencer, através de Jackson), ao mesmo tempo em que se bebia abundantemente na corrente fenomenológica moderna. Lacan opôs a ele o pensamento de Hegel. O debate da época girava em torno da questão das causas da loucura e, nele, se confrontavam psiquiatras de diversas tendências: organicistas, apesar de fenomenólogos, defensores da sociogênese das doenças mentais de inspiração marxista; psicanalistas divididos sobre sua interpretação de Freud, etc. Lacan viu que podia tirar partido de uma abordagem da alienação que lhe permitia fazer a ponte entre o saber filosófico universitário e uma interpretação filosófica de Freud. As *Formulações sobre a causalidade psíquica* nascem num momento em que a marca de Hegel em Lacan é mais forte. Elas constituem sua contribuição às Jornadas de Bonneval, de 1946, sobre a psicogênese das psicoses, diante de uma plateia psiquiátrica.[7] Mais tarde, Lacan se afastará do contexto polêmico interno à psiquiatria para transferir o debate sobre o inconsciente ao seio do movimento de ideias dos anos de 1950. Sartre e Merleau-Ponty figuravam, então, como modelos intelectuais para muitos jovens psiquiatras franceses. Mas, enquanto o segundo se referia sobretudo a Husserl, o autor de *O Ser e o Nada* – e depois da *Crítica da razão dialética* – era, sem dúvida, mais marcado por Hegel do que os outros filósofos fenomenólogos (J. Wahl, P. Ricœur, A. de Waehlens) que os psiquiatras liam para suprir a pobreza do discurso psiquiátrico médico. Lacan se opôs com vigor às teses de Sartre e contestou suas análises, assim como as de Merleau-Ponty. Não demorou para que fixasse as bases de seu próprio sistema teórico. Os primeiros esquemas de Lacan, fundações de sua obra porvir, trazem o vestígio do filósofo da *Fenomenologia do Espírito* e são contemporâneos das primeiras referências ao Outro e ao desejo. Eles serão suplantados pela descoberta do significante e logo substituídos pela tripartição Real-Imaginário-Simbólico, submetida aos entrelaçamentos dos nós borromeanos. A evolução durará 20 anos.

Essa influência hegeliana não deu lugar a um exame aprofundado que colocasse em perspectiva os sistemas de pensamento de Hegel e de Freud e explicitasse suas relações.[8] Qualquer estudo comparativo deverá distinguir entre as relações diretas e indiretas: o procedimento de Lacan fundamenta-se mais no implícito do que no explícito – isto é, na intuição de que o procedimento psicanalítico poderia entrar em ressonância com a inspiração de Hegel. Mas, de Hegel a Freud, qual a trajetória? É difícil compreender como aquele que coloca no ponto mais alto do percurso humano o Espírito Absoluto poderia dialogar com aquele que, já nos seus anos de juventude, se apresentava, em seus contatos com Brentano, como um irredutível materialista, um evolucionista convicto.[9] Pode-se, então, legitimar uma investigação que tente mostrar, para além das divergências mais nítidas sobre as hipóteses centrais, um conjunto de indicadores discretos cujo peso seria maior do que se supôs até o presente? Dir-se-ia que as franjas da conceitualidade trabalham na surdina os conceitos centrais, lançando sobre eles uma luz que os faz surgir sob um aspecto insuspeitado. Assim, eles desvendariam, por sua potencialidade de inversão, o indicador de negatividade que de fato encerram.

Qualquer leitor de Freud sabe que vai encontrar essas ocorrências em sua reflexão sobre os conceitos do criador da psicanálise. Resta saber se o desvendamento dessa sombra projetada, que se entrevê na aura dos conceitos fundamentais, autoriza por si só uma conjunção com o pensamento de Hegel. O artigo sobre *A Negação*, comentado por um de seus melhores conhecedores, seria suficiente para sustentar isso?

Uma tal investigação talvez tivesse de decidir se a noção de trabalho do negativo introduzida em psicanálise deve realmente alguma coisa a Hegel, mesmo que fosse forçada a reconhecer sua dívida em relação a Lacan.

Não se poderia responder à pergunta sem examinar a posteridade da obra de Hegel. Haveria ali, ao lado da trilha repisada de Hegel a Marx, um itinerário de desvio, e não deixaria de ser interessante desobstruir a via. Seria possível, com a condição de não se buscar a fidelidade absoluta às ideias de Hegel, o que obrigaria a fechar o dossiê antes mesmo de abri-lo, descobrir vias indiretas de brotamento, à maneira de Bion com Kant: bastante livremente. Nunca é demais lembrar que Freud admirava Feuerbach. Seria preciso alargar as avenidas do pensamento hegeliano, não ficar com as mãos atadas demais, evocando insistentemente o que se relaciona à tese da consciência, em oposição a qualquer ideia de inconsciente. É preferível dirigir a atenção ao que se refere ao movimento evolutivo ou às perspectivas da inversão como figura necessária desse movimento, à relação entre os produtos da historicidade e o sujeito histórico, e examinar as etapas da constituição de uma hierarquia do sentido. Isso permitiria encontrar na psicanálise muitos brotos enjeitados dessa filosofia. O apego desse procedimento um pouco sincrético à *Fenomenologia do Espírito* será contestado, sem dúvida, tanto pelos filósofos quanto pelos psicanalistas. Apesar de tudo, talvez ele não seja infecundo, desde que se situe na perspectiva de uma história das ideias que também deve alguma coisa à concepção hegeliana do desenvolvimento e do engendramento de sistemas teóricos. É a esse preço, possivelmente, que se poderia explicar a leitura hegeliana de Lacan.[10] E é exatamente em relação a essa leitura, sem que se sinta ligado pela herança que ela supõe, que a ideia de um trabalho do negativo pode germinar em psicanálise.

Contudo, à medida que foi se desenvolvendo, o pensamento psicanalítico se afastou das inspirações hegelianizantes que haviam influenciado Lacan. Da mesma maneira, a ideia de um trabalho do negativo, com o tempo, acabou por romper suas ligações com o pensamento lacaniano. O próprio lacanismo não havia tomado distância em relação às suas primeiras filiações? Em suma, a onda hegeliana veio morrer na praia, recoberta pelas vagas que a sucederam, e seu fluxo agora é apenas uma lembrança. Depois, a força própria do pensamento psicanalítico condenará à mesma sorte o impulso que uma tal noção havia recebido de Lacan em suas origens.

Uma hipótese hegeliana que pesou sobre a psicanálise merece ser levantada. Mas um empréstimo terminológico não poderia, por si só, alienar um título de propriedade. Quem encontra o trabalho do negativo não designa a mesma coisa de que fala a *Fenomenologia do Espírito*. Os psicanalistas podem chegar ao trabalho do negativo sem jamais ter refletido minimamente sobre Hegel. É o caso da tradição que reina na Sociedade Britânica de Psicanálise. E eis que encontro o negativo em dois desses autores que sempre considerei, em muitos outros aspectos, como referências essenciais.

O primeiro é Winnicott, que só será confrontado com o negativo posteriormente, eu diria. De fato, a introdução de um pensamento que conduz a isso pode ser vista em *O brincar e a realidade*, com o adendo escrito em 1969, em continuação ao seu artigo sobre os objetos e os fenômenos transicionais, cuja publicação inicial remonta mais de 15 anos. Essa reedição é seguida de um comentário inspirado por certas pacientes. Uma, em particular, da qual é o enésimo analista, após um primeiro tratamento efetuado quando a paciente ainda era jovem e que se desenvolvia na forma de uma transferência passional (de tipo manifestamente maternal). Essa transferência continuava a parasitar a relação com Winnicott em forma de sofrimento, de uma reivindicação, de uma queixa que nada podia resolver. Daí, este comentário: *"The negative of him was more important than the positive of me"* ("O negativo relacionado a ele (o primeiro analista) era mais importante que o positivo que vinha de mim"). Winnicott menciona o caso como exemplo de uma situação mais geral, falando, nessa oportunidade, de uma constelação psicanalítica que permite reconhecer a importância do "aspecto negativo das relações" (*the negative side of relationships*). Essa observação vai além do que geralmente se afirma a respeito da reação terapêutica negativa. Winnicott sugere que as experiências traumáticas – que puseram à prova a capacidade de espera, por parte da criança, da resposta ardentemente desejada da mãe – conduzem, na falta dessa resposta, a um estado em que apenas o que é negativo é real. Além disso, a marca dessas experiências seria tal que se estenderia a toda estrutura psíquica e se tornaria independente, por assim dizer, das aparições e desaparições futuras do objeto; o que significa que a presença do objeto não poderia modificar o modelo negativo, que se tornou a característica das experiências vividas pelo sujeito. O negativo se impôs como uma relação objetal organizada, independente da presença ou da ausência do objeto.

Essas observações assumem uma importância maior na medida em que constituem o desenvolvimento – diferido – de um artigo sobre os objetos e os fenômenos transicionais. Pode-se interpretar a situação descrita de duas maneiras: seja como inverso (negativo) da experiência estruturante e positiva da criação do objeto transicional e dos recursos que ele oferece à separação, seja – e essa é a tese à qual eu me apegaria – como vicissitude "negativista" de um negativo potencialmente criativo que o sofrimento, a raiva, a impotência teriam travestido e transformado em paralisia psíquica. Mas, dessa vez, a impotência não se refere mais apenas ao sujeito, mas engloba também o objeto na nova situação interna criada pelo *setting* analítico. Foi isso que se designou pela expressão *reação terapêutica negativa*. A relação entre as duas formas de negatividade importa mais que a mera consideração de sua forma desesperada e desesperante. Não se poderia interpretá-la como uma simples falência a constituir objetos transicionais.

Seria preciso, na verdade, opor as duas soluções. A primeira, criadora, reconhece, através da separação, a angústia potencial da perda, enfrenta-a por uma criação de objeto – ou melhor, por um estatuto diferente dado a um objeto existente –, valendo-se para a ocasião tanto do Eu quanto da representação objetal interna. Não que a psique se restrinja, por essa mudança, a concretizar sua produção pelo objeto transicional nem que ela se limite a um superinvestimento representativo; ela protege da falta de realidade de que padece a representação pela instituição de uma realidade ficcional que desloca para um outro espaço que não o da representação. Assim, essa solução, sem se enganar sobre a substituição do objeto que falta e sem ceder à ilusão sobre o poder de sua criação que expõe ao risco de deixá-la se consumir na nostalgia de sua natureza unicamente fictícia, oferece à psique meios de responder à espera de um objeto à sua disposição. A possibilidade que ele dá de ser percebido nesse espaço e de proporcionar satisfações físicas, e não apenas psíquicas, o impede de resvalar no alucinatório. Conhecemos, além disso, numerosos enriquecimentos que essa aquisição permite do ponto de vista dos mecanismos lógicos ("Ele é e não é o seio, etc.").

Ao contrário, a segunda solução – a do negativismo –, experiencia a negatividade tratando-a de forma reiterativa ao confiná-la nela mesma. Ao conferir à falta todos os atributos do mau, a psique quer que apareça o positivo, oferecendo-se como presa ao objeto. Ela carrega este último de uma culpabilidade que cobra seu arrependimento e seu retorno e, depois de tê-lo matado sem sequer ter-se dado conta disso, quer promover sua ressurreição, não no campo do real, nem no do transicional ou da representação, mas no campo de um imaginário "surreal" exclusivamente afetivo, criado pela mera força da queixa. Há fortes razões para acreditar que um tal funcionamento repousa sobre uma identificação com o objeto primário que exprime sua insatisfação em relação ao bebê indo em socorro dele de má vontade. É o negativo do negativo – isto é, a falta na ausência, reforçada por aquela causada pela presença mais agravante do sofrimento que, pondo fim a ele, recomeça indefinidamente o processo de querulência dolorosa. Visto que, no fim das contas, esse estado de coisas tem como objetivo "tirar" o objeto de sua ausência, e a exibição de maus-tratos recíprocos, neste caso, é criadora da ficção de um afeto "materializado" que substituiria qualquer representação, procedendo, para chegar a esse resultado, a uma autoamputação do Eu, isso daria origem a um sentimento de vazio ou de abismo que nada mais é senão um duplo – espécie de sofrer-dor de si mesmo – tendo conseguido se aprisionar, de uma forma que não se traduz por nenhuma representação e, portanto, imprópria a qualquer utilização; pois a única que poderia ter seria a da não-representabilidade de um objeto que sua falta terá devorado, e cujo destino é ser fundido e amalgamado com o sentimento de sua própria existência. O prazer masoquista me parece muito menos em questão do que o conflito em torno das reações provocadas pela não existência do objeto – em parte por ele mesmo, em parte pelo tratamento que a distorção do Eu o faz sofrer – e que não pode se resolver, para além do sofrimento assim criado (onde a qualidade masoquista é transbordada, a não ser pela busca da desaparição do próprio Eu, da qual é difícil dizer se decorre de sua mera destrutividade ou de uma espécie de simetria mimética da não aparição do objeto.

Em uma inspiração diferente, mas nascida no mesmo espaço teórico, Bion, procedendo a uma ampla revisão da teoria – em particular de Klein, pois foi ele quem teve um papel dominante em sua formação – introduz uma distinção conceitual que se aplica, no meu ponto de vista, tanto a Freud quanto a Melanie Klein. Ele ressalta a necessidade de não confundir o *"no-thing"* e o *"nothing"*: essa oposição, da qual o francês não pode traduzir nem a homofonia nem, consequentemente, as possíveis confusões, adverte os psicanalistas pouco habituados a esse gênero de distinção para as diferenças entre a "não coisa" (a ausência da coisa) e o "nada" (a inexistência). Bion, cujas inclinações habitualmente conduzem a Kant, me parece aqui ir mais longe no sentido do negativo e se aproximar, talvez à sua revelia, de Hegel.[11] Encontramos, aqui, uma inspiração que não difere fundamentalmente da de Winnicott no sentido de que tenta visualizar diversos destinos em relação a uma situação de falta. Ela indica tipos de elaboração dessa falta e se opõe, por exemplo, à solução "positiva" adotada por Melanie Klein, sem muitas nuanças, em suas descrições da posição esquizoparanoide – positiva não no sentido de seu valor benéfico, mas como expressão de um pensamento do espaço psíquico que ela só concebe como pleno, tendo apagado para sempre os traços das perdas que ele sofreu. Não que Bion conteste a descrição de Klein, mas ele a conota de uma referência aos aspectos diferenciados de uma não presença à qual ela permanece estranha.

De resto, para dar conta da problemática psíquica, Bion proporá um paradigma que tem o mérito de nos fornecer uma base de discussão clara. Ele afirma que todo o problema da estrutura psíquica reside nas duas únicas saídas possíveis em face da frustração: elaborá-la ou evacuá-la. Observe-se aqui a dupla intervenção do negativo: a localização do referente do lado da frustração – fenômeno psíquico ligado à negatividade pela ausência de satisfação atendida – e a duplicação do negativo na solução que consiste em evacuar a frustração, isto é, em tentar tomá-la como inexistente.

Seguindo seu próprio movimento, a teoria psicanalítica devia engendrar uma noção nova, a mais próxima de todas aquelas que surgiram no passado recente do trabalho do negativo. O amor e o ódio sempre foram reconhecidos – sob formulações diversas, é verdade – como ocupando um lugar privilegiado nos diferentes contextos das teorias que se sucederam em psicanálise. Mas nenhum psicanalista, antes de Bion, jamais havia pensado em acrescentar a eles um terceiro termo, o conhecimento, e a reunião dos três constituindo um conjunto coerente e necessário. Contudo, a introdução desse terceiro termo poderia levar a crer que sua individualização se deve a uma insuficiência dos dois outros para chegar ao grau de depuração próprio ao conhecimento ou, até, que o efeito deles poderia inclusive inibir seu desenvolvimento. A sorte do conhecimento devia ser confiada então a uma instância autônoma, apta a dar conta de sua função e a garantir seu pleno desenvolvimento. Essa foi a solução adotada pelo pensamento filosófico, de uma maneira muito geral. Não se deveria, ao contrário, temer que essa necessidade seja compreendida em função de uma preocupação que visasse, no fundo, criar uma entidade psíquica, capaz de sobrepujar, dominando-os, o amor e o ódio, condição necessária ao conhecimento para garantir seu poder de intelecção?

Foi, sem dúvida, para evitar esses mal-entendidos que Bion teve o cuidado de atribuir um duplo valor, positivo e negativo (K+, K-), ao conhecimento. Alguns poderiam pensar que uma tal dualidade apenas reflete a do par amor-ódio. Mas não é verdade, pois Bion se agarra à distinção dos dois termos precedentes, esclarecendo, por exemplo, que o contrário do amor (L-) não é o ódio (O), e vice-versa. Há, portanto, um desdobramento específico ao símbolo do conhecimento que deve reter nossa atenção por revelar a potência própria ao negativo. Introduzindo a ideia de um "conhecimento negativo", Bion se fundamenta, na verdade, em experiências encontradas em todas as análises, mas que, em certos casos, podem se tornar um motivo de preocupação por invadirem o campo analítico. Ele distingue os efeitos da in-compreensão (*not understanding*) e do mal-entendido (*mis-undestanding*) – oposição que não deixa de evocar a diferença essencial entre o nada (*nothing*) e a não coisa (*no thing*). Todos compreendem de imediato que o mal-entendido é portador de uma ambiguidade cujas consequências estão longe de ser sempre lamentáveis, ao criar a possibilidade de uma surpresa feliz diante da descoberta de um outro sentido tão inesperado quanto não entendido – enquanto a não compreensão põe um fim a todo desenvolvimento do processo com-preensivo. Não é preciso esperar mais para mostrar como um tal pensamento é sensível ao negativo. Certamente, as posições hegelianas permitem cobrir um campo ainda mais amplo do que esse que acabamos de descrever, a se considerar que Hegel atribui um lugar importante ao des-conhecimento (sem equivalente em inglês: *to recognize* não admite prefixo de valor negativo), conceito que Lacan será tentado a transpor à psicanálise.

A abstração é um efeito do conhecimento. Mas seria um erro identificá-la apenas ao final da trajetória deste, como um destino de pulsões. Bion mostra, ao contrário, sua participação desde a execução dos momentos iniciais do conhecimento, e a relaciona com o pensamento concreto que ele não vê apenas como um estado primitivo da psique, mas também como resultado de uma viciação precoce desta pela ação de disfuncionamentos próprios à criança ou tendo origem em um disfuncionamento atribuível à mãe (identificação projetiva excessiva, intolerância à frustração e evacuação dominante no primeiro caso; carência do *rêverie* maternal no segundo). Essas cumplicidades têm como consequência uma alteração da função alfa, que Bion converteu no eixo de seu sistema teórico.[12] É o que ele mostra em seu trabalho merecidamente célebre, "Ataques ao vínculo".[13] K- não se contenta em qualificar o negativo por uma insuficiência ou um *deficit*, mas lhe dá um estatuto. O não compreender é posto em prática pela psique do paciente quando ele tem interesse em tornar seu entendimento surdo. Sabe-se como é vasto o campo onde esse caso pode ser encontrado. Com o paciente psicótico ou, para se expressar como ele, diante da parte psicótica da personalidade, a especificidade do mecanismo se determina. O analista assiste a uma espécie de golpe de Jarnac que o paciente aplica ao seu próprio discurso,[14] como que para deter qualquer frutificação do trabalho associativo em direção a uma tomada de consciência possível, temida desde muito longe, como por uma antecipação fulgurante e muda, que o analista só compreende tardiamente. O símbolo K- testemunha, evidentemente, que as etapas do processo de abstração parecem não ter ocorrido, mas, além disso, que a atividade psíquica se efetua em uma perspectiva de "vínculo menos". Essa evocação de um psiquismo que "comprime" seus constituintes (des-diferenciando-os) e se impede ou se recusa à elaboração, aproxima-se das ideias de Freud a propósito da psicose (confusão palavras-coisas). Mas as consequências devastadoras dessa intolerância fundamental à formação são acopladas, em Bion, ao reconhecimento das propriedades estruturais do negativo. Não é ele que preconiza as virtudes da ausência de memória e de desejo nos momentos em que o pensamento do analista parece afundar, e não foi ele que considerou a aptidão ao negativo (*negative capability*), cuja presença Keats reconhecia em Shakespeare, como a realização mais acabada do psiquismo?[15]

Vê-se que a inspiração de Bion e a minha convergem quanto ao duplo impacto estruturante e desestruturante do negativo. Mas Bion talvez tenha negligenciado outros resultados além daqueles que descreveu como predominância da função beta – que favorece os processos de evacuação por identificação projetiva incessante – sobre a elaboração, propriedade específica da função alfa. Quando o sujeito tiver escapado à tentação de mergulhar inteiramente na recusa total ou na impossibilidade de qualquer deslocamento, quando tiver conseguido simular seu consentimento a continuar vivendo, se instala, por trás daquilo que Winnicott chamou de "falso *self*" e que não foi suficientemente percebido, um pensamento que manobra magistralmente com suas distorções imaginárias e especulativas as estratégias de evitação da tomada de consciência ou da ocultação de conteúdos de seu próprio pensamento; a obstinação em descartar qualquer reconhecimento dos vínculos do pré-consciente com o inconsciente não deixam de lembrar aquilo que, no campo da sexualidade, seria chamado de perversão. Aplicado ao Eu, o conteúdo dessa noção exigiria, sem dúvida, uma reavaliação. A inversão da frase "a neurose é o negativo da perversão" encontra aqui a reação terapêutica negativa que só poderia se referir à sexualidade. O paradoxo é que a "repositivização" dessa frase de Freud não deságua na sexualidade, e visaria menos, ou indiretamente, a neurose do que aquilo que se chama hoje de casos-limite, cujo funcionamento psíquico ainda deixa na sombra muitos aspectos não resolvidos. Que se pense nessa enigmática proposição de Freud quando ele considera o caso em que o Eu, para se salvar de uma fratura interna, chega a se deformar, a sacrificar seu caráter unitário, até o limite de se fissurar ou se dividir. "Com isso, as inconsequências, as excentricidades e as loucuras dos homens apareceriam sob a mesma luz que suas perversões sexuais, pela aceitação das quais eles se poupam efetivamente de recalques".[16] Freud desenhava assim, ao que me parece, o traçado das vias que devia seguir a exploração do trabalho do negativo depois dele. Foi uma dessas vias que tentei abrir com *A loucura privada*. Se Winnicott e Bion chegam a conclusões que comportam numerosos pontos comuns, é porque seu interesse é dirigido a casos considerados acima das possibilidades da cura clássica. Não estou muito seguro disso – pois estamos aqui muito mais resolutamente do lado do negativismo propriamente dito do que das elaborações do negativo, que sempre supõem que se desenvolvam suas propriedades complexas. Parece-me que certas descrições de Searles – entre as quais *O esforço para tornar o outro louco* é, sem dúvida, a mais eloquente e poderiam ser incluídas no mesmo quadro descritivo. Mas é sobretudo pela análise aprofundada da contratransferência que Searles nos abre ricas perspectivas, nem que fosse apenas por mostrar que o negativo deve ser visto não somente na relação com o outro, mas também em suas propriedades de difusão, de solicitação, junto àquele que se apresenta como um mesmo, para mudar seu ser, fazê-lo mudar de direção e deixar aparecer um outro lado do qual ele nem suspeita da existência.[17] Essa eventualidade, conhecida por qualquer indivíduo que viveu a experiência analítica, é fonte de acontecimentos psíquicos ainda mais surpreendentes quando eles chegam pela via de um outro que você terá colocado no lugar de um objeto de transferência. A ocultação da transferência, que deveria ocupar a situação especialmente arranjada para esse efeito, se projetará sobre uma mancha cega do entendimento do analista, mas, em compensação, dará origem a manifestações psíquicas que se refletirão em sua subjetividade e que se tornará o acesso indireto à causa da cegueira e da suspensão do trabalho de interpretação.

Concluirei com uma forma de negativo radical, "limite", e pedindo precauções particulares: aquela que a psicossomática nos dá a observar. Sem entrar no detalhe dos debates suscitados pela obra de P. Marty,[18] está claro que a maioria das concepções psicossomáticas se refere implicitamente a uma negatividade que afeta o psiquismo cuja importância não deveria ser subestimada. A esse respeito, dois traços devem ser assinalados.

O primeiro se refere ao caráter "normal" do psiquismo do paciente atingido, aos olhos de seus congêneres, por uma psicossomatose, enquanto o psicossomata descobre por trás dessa normalidade formal – tanto mais convincente quanto mais parecer desprovida de qualquer elemento de loucura "normal" (fantasia, dito na linguagem popular), que passaria mais por uma "sobrenormalidade" – uma espécie de esclerose ou de anemia psíquica, cujos efeitos (como as expressões "pensamento operatório" e "depressão essencial" levam a pensar) parecem remeter a forças psíquicas reduzidas ao seu esqueleto funcional. Ora, o que chama a atenção é o elo entre essa redução psíquica e o risco vital que corre o paciente. A morte, aqui, não é apenas psíquica, tampouco o resultado da luta de consciências, mas parece sobrevir ao final de uma desorganização interna, cujas causas psíquicas parecem mais do que prováveis e, no entanto, pouco discerníveis, ou seja, ininteligíveis. Encontra-se na borda extrema das possibilidades de intervenção psicanalítica. Recordamos em mais de uma oportunidade a evolução do pensamento freudiano, que parte da neurose como negativo da perversão para chegar à reação terapêutica negativa. Poderíamos acrescentar ainda uma evolução corolária: da conversão histérica à doença psicossomática. Sem complacência metafísica, temos de nos dar conta de que a morte está presente no encontro com mais frequência do que conviria. Longe de criticar Freud pela introdução de um conceito de ressonância filosófica na teoria psicanalítica – isto é, em uma teoria que, embora não se limite a isso, não poderia em hipótese nenhuma abdicar de responder prioritariamente aos problemas da prática –, é preciso se felicitar que ele tenha conseguido descobrir o lugar, ao lado de significações existentes da morte (religiosas, metafísicas, filosóficas), daquelas que nos falam da morte na vida, do campo onde essas figuras se desenvolvem, em conflito constante com ela – por meio de ricas expressões de sua diversidade: física e psíquica.

O trabalho do negativo nos permitirá assistir ao desenvolvimento de suas possibilidades de realização: ele, de fato, varia suas expressões, fazendo-se, conforme as circunstâncias, passagem, estreito, figura, momento de uma transformação que só *après coup* encontrará seu sentido e seu alcance, tempo ou momento de um processo. Ou, ao contrário: obstrução, cristalização, bloqueio, ilusão de deter o percurso como que para tentar se apropriar por antecipação, um fim fora do alcance do objeto. Toda ação de análise visa, portanto, devolver à estrutura psíquica sua liberdade de movimento, ao deixar o analisando mestre de sua decisão, às vezes sem se preocupar com o despojo de sua análise, da qual ele permite ao analista dispor à vontade, mas sem envolver aquele que penou muito para se desfazer de sua pele.

Como se vê, o trabalho do negativo persegue a teoria psicanalítica há 40 anos com destinos diversos. Autores que o invocaram abertamente acabaram por abandoná-lo no meio do caminho, tentados por outras aventuras. Alguns, que jamais o mencionaram explicitamente, desenvolveram ideias que fazem pensar nele e que poderiam facilmente figurar ao lado daquelas que assumem sua ligação com ele. Finalmente, um exame mais aprofundado permite encontrar muitos conceitos suscetíveis de fazer parte do mesmo conjunto, embora tradicionalmente tenham permanecido à parte. E não é sem surpresa que se veem certos temas fundamentais da teoria freudiana esclarecidos por essa interpretação.

Essa dispersão não facilita um agrupamento que obedeça a princípios de uma ordem sem falha. Pode-se, por exemplo, apoiando-se na tradição de uma autoridade que mostrou seu valor, partir da negação de um ponto de vista lógico e filosófico – o que significa tomar como origem o artigo de Freud sobre a *Verneinung* – e prolongar a discussão até o campo aberto pela psicanálise moderna. Haverá então uma certa dificuldade de fazer coexistir a reflexão sobre a negação com aquela dos conceitos ligados a ela segundo a psicanálise (recalque e outras defesas); o desenvolvimento da sequência seria prejudicado. É mais legítimo ainda partir do recalque – pelo qual é permitido datar o ato de nascimento da psicanálise – e espreitar as circunstâncias de aparecimento de variedades que mantêm relações complexas com ele (forclusão, negação, desmentido, etc.). Pareceu-me justificado reunir sob a denominação de defesas primárias esses mecanismos que, diferentemente de outros, têm todos um objeto comum: o tratamento por sim ou por não da atividade psíquica que recai sob sua jurisdição. Esse é, sem dúvida, o cerne do que se designa por trabalho do negativo, visto particularmente do ângulo do funcionamento do Eu. Mas seria cometer um erro limitar o trabalho do negativo a esse corpo de defesas que proponho chamar de primárias, porque se esqueceria que a perspectiva aberta por Freud, em seu artigo sobre *A negação,* é bastante preocupada em estabelecer as relações entre as incidências psicanalíticas desse fenômeno linguístico e outras atividades psíquicas mais fundamentais, dependentes do jogo de moções pulsionais primárias. É preciso, portanto, admitir a extensão do trabalho do negativo bem além da esfera do Eu. Propus, em um debate sobre a pulsão de morte, uma interpretação desta última em termos de função desobjetalizante e de narcisismo negativo. Este último aspecto permite lançar uma ponte entre a atividade do Eu e certas formas de atividade pulsional, se concordarmos com Freud sobre a ligação do narcisismo à esfera pulsional.

Além disso, certos conceitos parecem beneficiar-se de um esclarecimento pelo trabalho do negativo, embora não pertençam à atividade defensiva: penso particularmente na identificação e na sublimação. Eu diria, para terminar, que me restringi à solução de dar conta do trabalho do negativo segundo duas óticas:

- Uma agrupa os aspectos inerentes à atividade psíquica mais geral, aquela da qual nenhum ser humano escapa, que não poderia faltar à negativação de um excesso (o pulsional); entre os principais destinos encontrados: o recalque, a identificação, a sublimação. Do primeiro se tratará pouco nesta obra, pois já foi objeto de tantas elaborações que voltar a ele de novo seria fastidioso – é melhor se reservar para o estudo de seus harmônicos. Já os outros dois serão examinados mais de perto.
- A segunda estará no centro de nossa reflexão e terá como objetivo mostrar que o trabalho do negativo é utilizado aqui para fins

diversos, mas que todos se colocam a serviço da desorganização. Encontraremos as modalidades pelas quais a negação se torna denegação, aquelas graças às quais o narcisismo vem substituir o masoquismo para assegurar o fechamento que o torna impermeável à mudança e, finalmente, como a desmentida – cujos efeitos parecem, à primeira vista, limitados – pode sujeitar a clivagem a um desinvestimento que afeta o sujeito até os extremos do desengajamento.

Um fenômeno nos parece estar no cruzamento de muitas elaborações: a alucinação negativa, cuja importância só poderia ser avaliada como reverso da realização alucinatória do desejo, fundamento do modelo metapsicológico de Freud. Elevada ao grau de hipótese central, a alucinação negativa mostra o quanto ela é indispensável à constituição do espaço psíquico e como se pode retraçar seus efeitos desvirtuados nas formas mais alienantes que a clínica psicanalítica nos tenha permitido conhecer. São essas diferentes problemáticas que serão tratadas nos capítulos a seguir e cuja ordem de sucessão nem sempre pôde se alinhar a um dos diferentes modos de exposição que enunciamos brevemente, mas cuja lógica interna, espero, não escape ao leitor.

NOTAS

1. Três obras recentes testemunham isso. Em 1987, a de Jean Guillaumin, *Entre blessure et cicatrice. Le destin du négatif dans la psychanalyse*, publicada pela Champ Vallon. Em 1988, pela mesma editora e coordenada pelo autor citado, foi publicada *Pouvoirs du négatif dans la psychanalyse et la culture*, com contribuições de Y. Bonnefoy, C. David, J. Chasseguet-Smirgel, J. Cournut, M. Gaguchi, R. Kaes, M.T. Neyraut-Sutterman, M. de M'uzan. E em 1989, *Le négatif et ses modalités*, coordenada por Missenard, com as contribuições de G. Rosolato, J. Guillaumin, J. Kristeva, Y. Gutierrez, J.J. Baranès, R. Kaes, R. Roussilon e R. Moury. O nome de Jean Guillaumin aparece nas três publicações. É autor da primeira, dirige os trabalhos da segunda e figura como colaborador da terceira, mais particularmente centrada nos fenômenos de grupo. Examinando-se de perto a leitura dessas obras, contata-se que, na maioria das vezes, a abordagem do negativo em psicanálise ainda é muito indireta. Outros trabalhos recentes tratam do nosso tema: B. Rosenberg, "Sur la négation", *Cahiers du centre de psychanalyse et de psychotérapie*, 1981, nº 2, p. 3-54; J.-B. Pontalis, *Perdre de vue* (sobretudo I,6), Gallimard, 1988; G. Rosolato, "La psychanalyse au négatif", *Topiques*, 1977, nº 18, p. 11-29; B. Penot, *Figures du déni*, Dunod, 1989.
2. J. Hippolyte, "Commentaire sur la *Verneinung* de Freud, in *La psychanalyse*, vol. I.
3. "Le travail du négatif", in *Revue française de Psychanalyse*, 1986, nº 1 (intervenção no XLV Congresso de Psicanalistas de Língua Francesa dos Países Românicos, maio de 1985), ver Anexo 1.
4. "La double limite", in *Nouvelle Revue de Psychanalyse*, 1982, reproduzido em *La folie privée*, Gallimard, 1991.

5. L. Bonnafe, H. Ey, J. Lacan e J. Rouart, *Le problème de la psychogénèse des névroses et des psychoses*, Desclée de Brouwer, 1950.
6. Cf. Jacques Lacan, *Écrits*, Le Seuil, 1966 (primeira publicação 1954). Já criticamos antes a interpretação lacaniana do desenvolvimento de Freud em dois trabalhos, "Répétition, différence, réplication" (*Revue française de Psychanalyse*, 1972) e *Le langage dans la psychanalyse* (Langages, Belles lettres, 1984).
7. Henri Ey, que animou os debates da psiquiatria francesa do pós-guerra, sentia nostalgia das grandes controvérsias que agitavam a psiquiatria do século XIX. Os encontros que organizou em Bonneval, durante quase 15 anos, contam entre os momentos áureos dessa disciplina, antes do retorno de um pensamento sumário que usou como pretexto as descobertas da quimioterapia para dispensar os psiquiatras do dever de reflexão.
8. Isso foi tentado recentemente por A. Juranville, *Lacan et la philosophie*, PUF, 1984.
9. Ver *Les Lettres de jeunesse*, de S. Freud ao seu amigo Silberstein, trad. C. Heim, Gallimard, 1990.
10. Note-se que ela data de uma época em que a teoria marxista gozava de algum prestígio no mundo intelectual do qual Lacan fazia parte. Pensemos em Georges Bataille.
11. Cf. Alain Gibeault, "Jugement et négation. De la théorie du jugement chez Kant et Freud", *Cahiers du Centre de Psychanalyse et de Psychotérapie*, 1981, nº 2, p. 91-132. É possível que as opiniões recebidas sobre as fontes filosóficas do pensamento de Freud – a de Kant, inevitável, e a de Schopenhauer, mais próxima de sua época e que se presta a uma comparação, por uma semelhança imediatamente detectável – tenham favorecido a ocultação da relação do pensamento psicanalítico com as concepções de Hegel, tanto mais que o próprio Freud se demarcava nitidamente delas.
12. Suas anotações pessoais, publicadas recentemente com o título de *Cogitations* (Karnac Books, 1992), mostram, de maneira ainda mais patente que em seus livros, a presença de um pensamento do negativo que, nele, chegou ao estabelecimento de um paralelo entre o raciocínio matemático e o trabalho do sonho. Ver nossa resenha da obra no *International Journal of Psychoanalysis*, 1992, 73, p. 585-89.
13. W.R. Bion, "Attaques contre la liaison", in *Réflexion faite*, trad. F. Robert, PUF, 1983, publicação original 1959.
14. Sabe-se que o golpe de Jarnac consiste em lançar um ataque de surpresa contra o tendão de Aquiles, que a espada secciona bruscamente, reduzindo o adversário à imobilidade.
15. Cf. André Green, "On negative capability, a critical review of. W. R, Bion's, Attention and Interpretation", *International Journal of Psychoanalysis*, 1973, 54, p. 115-119.
16. S. Freud, *Névrose et psychose*, in Œuvres complètes, PUF, 1992, p. 7.
17. H. Searles, *L'effort pour rendre l'autre fou*, trad. Francesa, Gallimard, 1977, e *Le contre-transfert*, trad. Francesa Gallimard, 1981.
18. P. Marty, *Les mouvements individuels de vie et de mort*, Payot, 1976; *L'ordre psychosomatique*, Payot, 1980.

1
Aspectos do negativo: semântica, linguística, psique

Os defensores do negativo em psicanálise formam uma família cujos membros não estão unidos por um laço orgânico. Eles convergem em certa maneira de pensar comum a todos. Existe entre eles, de fato, algo como uma familiaridade que os faz reconhecerem-se de imediato, não em relação a uma posição doutrinal definida, mas por uma disposição de espírito que os identifica em sua maneira de encarar os problemas ou de buscar a via mais interessante para responder a eles. É ainda por meio da resistência que opõem a uma outra categoria de contraditores que se pode delimitar melhor o conjunto que representam, pois não significaria nada dizer que eles partilham pontos de vista comuns sobre as respostas a dar para certas questões.

Não é fácil fazer com que os próprios psicanalistas compreendam a que corresponde a categoria do negativo em psicanálise, embora sejam seus testemunhos privilegiados. Quando se serve de conceitos em uso para ilustrar o que estes comportam de referências a uma negatividade patente ou alusiva, corre-se o sério risco de redobrar a parte de abstração inerente a todo conceito e de contribuir, assim, para tornar mais obscuro o que se desejava esclarecer ao teorizá-lo. Talvez a dificuldade maior esteja ligada ao fato de a psicanálise, diferentemente da filosofia, não situar-se apenas no plano das ideias – que incontestavelmente têm sua coerência e sua consistência próprias e, portanto, podem ser consideradas nelas mesmas, limitando-se a respeitar o rigor intelectual. A abordagem psicanalítica se refere sempre a uma experiência que se dá primeiramente do ângulo de sua positividade e das imposições desta. Já o pensamento do filósofo não conhece outra fonte a não ser seu debate com ele mesmo e com o mundo, e a obra resultante é a prova da superação – por parcial e provisória que seja – das dificuldades encontradas. A solução foi facilitada, sem dúvida nenhuma, pela reunião sob um comando único das identidades daquele que pergunta e daquele que responde. Platão é, aqui, mais do que um modelo, um paradigma. O psicanalista, ao contrário, fala da opacidade *jamais superável* e tampouco redutível que lhe apresenta o psiquismo de um outro. Sem dúvida, o que ele escreve testemunha, como no caso anterior, que essas questões acabaram por produzir rudimentos de resposta. Em qualquer situação, a problemática sempre deixará que subsista um fundo de interrogação, não negativada e talvez não negativável, porque a alavanca necessária para sua inversão negativa ainda não foi efetivamente encontrada. Utilizo aqui a referência ao negativo para designar aquilo que, na teoria, visa comumente o sentido latente, em oposição ao sentido manifesto, que identifico com a positividade – esta última contendo, em todos os sentidos do termo, a negatividade. Não se trata unicamente de invocar a práxis contra a teoria. A confrontação intersubjetiva exige maior rigor no recurso à negatividade, porque põe em questão um outro sujeito, não apenas como interlocutor ou destinatário, mas como parte constitutiva da experiência em que é preciso incluí-lo sem ter o controle sobre ele. É uma negatividade de fato, como subjetividade refletida que deve, assim, encontrar o lugar de harmonia, não apenas com ela mesma, mas com a subjetividade teorizante que implica a existência do outro. Intersubjetividade, se preferirem, mas que deve contar com o outro como verdadeiramente outro, e não apenas na forma de um "para-outro". Essa negatividade não é, portanto, simples inversão, mas inversão que deve encontrar certa forma de inteligibilidade e de reconhecimento "em face" daquela que opera nos processos do sujeito teorizante. O que significa que ela se situa "contra" (nos dois sentidos de próximo e de adverso) o outro, criando a possibilidade de uma visão que engloba as duas subjetividades em uma complementaridade que permite conceber sua reunião como um único objeto (simbólico); mantendo, ao mesmo tempo, a diferença que permite distingui-las e ligá-las a um ou a outro polo – aquele que lhe couber. Ora, sabemos que à contradição com o outro responde a contradição consigo mesmo. Em suma, um incontornável sujeito em face de dois "contra", e que deve dizer por que ele é.

É mais difícil, então, fazer entender o que é o negativo quando não se situa em um plano puramente especulativo. Contudo, a psicanálise tem a particularidade de ser o tipo de prática que torna visível o negativo mais do que em qualquer outro campo. Além disso, a implantação de um tal conceito reforça a coerência psicanalítica, apoiando-a na prática, aumentando o poder explicativo de sua teoria e dando, ao pensamento psicanalítico, a possibilidade de tirar da experiência uma fonte de especulação animada e de enriquecer a conceitualização pela densidade que lhe confere sua encarnação na troca viva. É provável que a dificuldade que se tem de se fazer entender decorra de uma confusão quanto à significação conceitual que o termo evoca, mas também da polissemia a que seu uso empírico remete. Ora, essa polissemia não é uma simples justaposição de sentido, como pode acontecer. Há, entre as diversas significações consagradas pelo uso, uma espécie de lógica implícita, como se aquelas, cuja necessidade se revelou, obedecessem a um jogo regrado de relações, formando um conjunto articulado.

POLISSEMIA DO NEGATIVO

- O primeiro sentido se define como opositivo, isto é, como oposição ativa a um positivo, num antagonismo em que cada termo inferido luta ou para resistir ao outro, para suplantá-lo ou, mesmo, para fazê--lo desaparecer. Poderia ser caracterizado como sentido *polêmico*, o que amplia muito o alcance do termo. O que é significado aqui é a dimensão da recusa do negativo. Uma tal recusa implica sempre, ao meu ver, mais ou menos a longo prazo, não somente a resistência a uma outra entidade, mas sua destruição; paradoxalmente, esta pode assumir a forma de uma autodestruição. Pois se sabe que, na falta de poder impor sua dominação a um outro, há sempre a possibilidade de se subtrair à sua, destruindo-se a si mesmo. Positivo e negativo são ambos, nesse caso, positivos de valor contrário, lutando por uma preeminência virtual.
- O segundo sentido se define segundo uma relação de *simetria*, idealmente desprovido de qualquer contexto de luta, simples contrário de um positivo de valor equivalente, mas inverso. Positivo e negativo são ambos intercambiáveis, porque o ponto a partir do qual são definidos não escolhe nem um nem outro, mas arbitra sua relação. Eles podem, por convenção, ser invertidos. Isso implica um neutro referencial em torno do qual se definem as grandezas positivas e negativas, permutáveis conforme a ocasião.
- O terceiro sentido – mais difícil de conceber – refere-se ao estado de uma coisa que, contrariamente às aparências, continua existindo mesmo quando não é mais perceptível pelos sentidos, não somente no mundo exterior, mas também no mundo interior (da consciência). Remete à noção de *ausência*, de *latência*. Positivo e negativo são, aqui, relações de existência diferentes, cujo valor depende das circunstâncias.

A referência ao real ou ao imaginário favorece um ou outro, segundo os contextos. Essa visão, sincrônica, se alia a uma outra, diacrônica. Visto que a mente não pode incluir tudo o que se passa no fluxo dos acontecimentos, retém apenas uma parte, pertencente ao presente que o ocupa. Assim, o que não está mais presente na mente, que existe no estado de virtualidade (e que uma evocação poderia tornar presente), ou seja, o que está ausente, pode ser chamado de negativo (em referência à presença). Mas, como a mente não é uma simples sucessão de figuras, essa passagem à latência, ao estado do que parece com o que não é, deve ser aproximada do *movimento* que explora as diferentes figurações, invertendo os dados, a perspectiva, as hipóteses, os objetivos. Já se foi muito mais longe ao mostrar que a sucessão de figuras, o próprio movimento da consciência procede de tal modo que se pode considerar o tempo sucessivo à colocação de um enunciado – até onde ele não obedeça à redundância – como uma negação dele; depois, a afirmação como negação da negação, segundo a polarização na consciência ou em seus objetos (Hegel). Assim, não seria por uma decisão intencional de inversão, mas pelo simples processo de progressão da consciência, que se formariam espontaneamente as figuras de sua própria inversão, e a estrutura da consciência estando presa entre ela mesma e seus objetos. Afinal, ela não é "o que ela não é" (Sarte), na medida em que sua atividade não é pura constatação, mas que ela pode imaginar, ou simplesmente evocar, o que não está lá, ou mesmo se aplicar à sua própria designação?

Este último aspecto, que teoricamente pode se limitar a uma extensão do segundo sentido, em uma perspectiva neutra (a ausência como complemento simétrico da presença), na verdade combina com frequência os aspectos do primeiro e do segundo sentido, pois o que é a latência remete também, desde Freud, ao estado daquilo que não deve se tornar presente e do que deve inclusive ter sido esquecido, isto é, privado de toda força de representação, e mesmo apagado, como se nunca tivesse existido. É esse terceiro sentido que a psicanálise encontra, pois se interessa pelas representações inconscientes (aquelas que não estão mais na consciência, assim como aquelas que não devem atravessar a barreira da consciência e que supostamente nem existem).

- O quarto e último sentido é o do "*nada*". Alguma coisa não se opõe aqui a um adverso contrário, simétrico, inverso ou dissimulado, mas a um nada. Porém, esse negativo não é apenas negativo, pois remete ao "tendo sido o que não é mais", a menos que se acredite que ele se refira a um "não tendo jamais chegado à existência".

Diferença entre o que está morto e o que não nasceu. Aporia daquilo que, se enunciando como "nada", faz existir esse "nada", de outro modo inconcebível.

No fundo, o sentido da negatividade em psicanálise poderia ser mostrado partindo do postulado de uma atividade psíquica que não a da consciência, mas agindo em dupla com ela. Só que, diferentemente da idealidade neutra da simetria, a psicanálise supõe uma "polêmica" entre os dois estados, pois, dado que um é consciente e o outro não, ela os coloca em uma relação de força. Isso remete ao primeiro sentido, a saber, que o inconsciente se encontra periodicamente reativado e busca penetrar por efração na consciência, que o contrainveste, criando então perturbações mais ou menos pronunciadas no seio desta, evocando um conflito, uma guerra civil latente; ainda mais porque a relação de forças é desproporcional e o desequilíbrio joga a favor do inconsciente. Porém, essa disparidade não é percebida facilmente, devido ao inconsciente do inconsciente, o que nos leva ao terceiro sentido do negativo – aquele que se refere ao estatuto de ausência e de latência. Já não estamos muito longe do quarto sentido: a desmentida e a resistência que querem convencer o sujeito de que nada jamais saiu do nada, como que para conjurar os poderes de um negativo que não deveria ter plenos direitos. Compreende-se, então, que, se a análise reflexiva pode encontrar, entre esses diferentes sentidos, contradições que ela só pode suprimir muito parcialmente – e que são retomadas no nível filosófico no questionamento que lhe é próprio –, a aplicação do negativo aos fundamentos da teoria psicanalítica relativiza essas contradições, faz com que pareçam secundárias e inclusive as torna caducas, propondo um conceito que as ultrapassa. Seria ir longe demais afirmar que o conceito de inconsciente é, talvez, a cepa a partir da qual os diferentes sentidos aplicáveis ao consciente vão se diferenciar? Se isso fosse verdade, seria o caso de se pensar que a origem dessas bifurcações de sentido só seria encontrada *après coup*.

Extraímos essa polissemia da reflexão resultante da experiência. Mas, se há um outro procedimento, ainda mais justificado, não seria aquele que ditou a Freud o artigo sobre *A negativa*, que está na base de toda elaboração psicanalítica sobre a questão? Quero falar da abordagem propriamente linguística.

APANHADO LINGUÍSTICO

A proposta de Lacan, de traduzir *Verwerfung* por "forclusão", tinha encontrado inspiração em Damourette e Pichon. Após a introdução dessa noção, Freud escreveu sobre a *Verneinung*, a "negação", que também fora objeto de trabalhos de Damourette e Pichon. Estes, ao estudar a negação em francês, mostraram a riqueza particular de suas formas. Em geral, ela se exprime por dois termos: "*ne*", de um lado; e os advérbios "*pas*", "*rien*", "*jamais*", de outro. O "*ne*" pode ser utilizado de duas maneiras: acompanhado de "*que*" para designar ou a exceção (*cela ne concerne que moi* = *personne sauf moi* [isso não diz respeito senão a mim]) ou a discordância (*il est moins pauvre qu'il ne le paraît* [ele é menos pobre do que parece]). Essa discordância responderia, segundo nossos gramáticos, a uma função mental autêntica. Quanto aos advérbios característicos da negação – *rien, pas, jamais* –, eles designam um desejo de não mais considerar os fatos aos quais se aplicam como pertencentes à realidade. Trata-se, portanto, de uma aniquilição, que Damourette e Pichon chamaram de "forclusão", tomando emprestado esse termo do vocabulário do direito. A forclusão é a perda de um direito por ausência de exercício nos prazos prescritos. O termo designa, de fato, a exclusão. Quando Lacan sugeriu essa tradução, se omitiu de registrar sua dívida com Damourette e Pichon. Freud queria mostrar, no Homem dos Lobos, uma forma da desmentida, da negação – que não aceita em nenhum caso considerar a hipótese do que vem à mente ou é sugerido por um interlocutor (a castração, por exemplo). A representação a que se referiu não encontra nenhum lugar para ser retida no espaço psíquico (e, portanto, ao contrário do recalque, não pode ser atraída pelo recalcado preexistente, aliar-se a outras representações, etc., em suma, não pode entrar em um sistema de simbolização); ela é literalmente expulsa da psique, incluindo o inconsciente.

A inclinação filosófica da psicanálise é perceptível sobretudo na obra de Lacan, que, como se sabe, foi discípulo de Kojève, ou seja, estava habituado ao manejo conceitual do negativo. Mas a característica da língua francesa se prestava bem a essa inclinação, pois as frases exprimiam a negação e eram mais ricas que em outras línguas. E, sem dúvida, não é absolutamente casual que Freud, em seu artigo sobre o fetichismo, discuta a tese da escotomização, que se deve a um outro francês, Laforgue.[1]

Isso não é meramente episódico. O negativo parece impregnar o pensamento filosófico francês, para além mesmo de seu hegelianismo confesso ou oculto. O negativo aparece como uma pré-condição para o acesso ao conceito de sujeito. De fato, o pensamento do negativo, embora presente, nem sempre é explícito como tal, como em outros autores. É difícil conceber como uma conceitualização da representação poderia evitar essa teorização.

Voltemos à linguagem, pois, no fim das contas, é a partir da negação (ou da denegação) que Freud aborda explicitamente a categoria do negativo. A literatura linguística que trata da negação é abundante demais e especializada demais para que o psicanalista consiga tomar conhecimento de seu conteúdo e assimilá-lo. Mencionaremos um único autor, Antoine Culioli.[2] Longe de poder dominar todos os dados e as implicações de seu pensamento, vamos, no entanto, expor algumas de suas ideias que nos parecem convergir com a psicanálise, pelo menos em certos pontos de tangência das duas disciplinas.

O interesse da posição de Culioli é sua tentativa de reconstrução de operações constitutivas das representações que operam nas atividades significantes dos sujeitos. Culioli adverte que não existe língua natural onde se possa observar um operador negativo puro e, portanto, não há um marcador único de uma operação de negação. A análise de Culioli chega a duas conclusões.

Existe uma operação primitiva de negação. Ela se estende das condutas significantes, verbalizadas ou não, em dois registros: o do mau, inadequado, desfavorável, que deve ser rejeitado, e o do que comporta um vazio, um hiato, uma ausência. Não há como não se surpreender ao encontrar aqui as categorias evocadas por Freud em seu artigo sobre *A negativa*: julgamento de atribuição (que opõe o bom e o mau); julgamento de existência (que distingue entre o que é e o que não é). Atribuição e existência podendo ser encontradas na distinção cardeal proposta por Freud entre os dois grandes princípios de prazer-desprazer e de realidade. Culioli nomeia os dois registros que definiu como da valoração subjetiva e da localização espaço-temporal (representação do existente e do descontínuo). Essa terminologia mostra bem os referentes de Culioli: a oposição bom-mau está ligada a um sistema subjetivo de valor (o que eu aprecio muito e o que eu detesto), enquanto o da localização espaço-temporal remete a um sistema objetivo de determinação, o que "é" implicando a definição por coordenadas: "Onde é? Quando é?". Em outras palavras, como posso situá-lo, para encontrá-lo ou reencontrá-lo e com que instrumentos do pensamento. Culioli infere que essa negação primitiva se desenvolve e dá origem às negações construídas. É a segunda conclusão. Ela só se constitui graças a operações (percurso, corte, diferenciação, inversão do gradiente, saída do validável). É nesse ponto que a exposição de Culioli fica difícil de entender pelo não especialista, embora seja possível seguir intuitivamente seu raciocínio. Pois seu procedimento se sustenta permanentemente na referência à representação, ainda que categorial e nocional. A delicada questão da positivação do negativo (como precondição a qualquer tratamento deste) é claramente definida como "o caráter privilegiado de uma léxis que não é nem positiva nem negativa, mas compatível com o positivo ou com o negativo"[3]. Identificação e alteridade são as duas posições fundamentais. A identificação é, aqui, alteridade levada em conta e, depois, eliminada; a diferenciação é a alteridade mantida. Assim, a alteridade é de base.[4]

Não há negação sem construção prévia do domínio emocional, assim como não se pode concebê-la fora de um conjunto de relações. Não podemos entrar no detalhe dos mecanismos inferidos por Culioli (centração organizadora ou atrativa, etc.), mas devemos assinalar a importância, para esse autor, de um conceito hierárquico e dinâmico (estado estável, estado em relação com um estado diferente). Recordemos suas observações.

> Em outras palavras, não há marcador isolado, não há marcador sem o traço memorizado de sua gênese, não há marcador (ou agenciamento de marcadores) que não resulte do ajustamento de duas representações complementares, pertencentes ao mesmo domínio de uma categoria nocional; todo objeto (meta)linguístico esconde uma alteridade constitutiva. É esse trabalho enunciativo de demarcação (subjetiva e intersubjetiva; espaço-temporal; quantitativa e qualitativa) que, compondo o ajustamento complexo de representações e de enunciadores, suprime, põe em relevo ou mascara essa alteridade.[5]

Pode-se medir aqui o progresso realizado desde as observações de Damourette e Pichon até a proximidade do pensamento de Culioli daquilo que permite a abordagem psicanalítica: abordagem associativa contextual, traço "histórico" do processo da linguagem, necessidade de um procedimento fundado na dupla complementar (o par contrastado), relação de identidade ou de diferença entre os termos, referência à alteridade.

A negação permite a representação dos possíveis, conclui Culioli. Não se tem aí um dado fundamental da definição do psíquico? O fato de o autor enraizá-lo na abstração e na forma, longe de suscitar nossa reserva, nos permite levar o diálogo mais longe. Pois não há como não concordar com um linguista quando ele chega a essa conclusão. "E o que seria a linguagem sem os circunlóquios e os jogos que só a negação permite através de entrelaçamentos de marcadores e de operações?[6]" "Você pensará agora que vou dizer alguma coisa de ofensivo, mas eu não tinha realmente essa intenção", dizia o paciente de Freud na abertura de seu trabalho.

RÁPIDO EXAME PSICANALÍTICO: VARIEDADES DO NEGATIVO

A linguística da enunciação privilegia o papel da alteridade na linguagem, após muitas teorizações que minimizavam sua importância. E, sem dúvida, não há porque se surpreender com as posições de Culioli, que está longe de desconhecer a psicanálise. Sua preocupação em marcar fortemente a abordagem formal em linguística não nos impede de concordar quando ele assinala que a finalidade dos "textos" produzidos é que suas formas devem ser identificadas por um coenunciador, ou que seu reconhecimento implica que elas sejam interpretáveis. A aceitabilidade é que regula, então, as formas trocadas. Reconhecimento, aceitabilidade, interpretabilidade que remetem a uma atividade de representação e de regulação. São todos intercessores para permitir o diálogo, ainda que isso acarrete uma enorme atividade de tradução – entre linguista e psicanalista. Pois a série de mecanismos descobertos por Freud – recalque, forclusão (ou rejeição), negação (ou denegação), desmentida (ou recusa), cuja contextualização impõe a denominação de conjunto de trabalho do negativo – repousa em modalidades diversas, linguísticas e não linguísticas, de aceitabilidade, só que esta não se refere a formas definidas, mas a categorias de representação (e preocupações de regulação) do psiquismo. Pode-se datar o ato de nascimento da psicanálise no momento em que Freud reconhece a importância do recalque – após o *Projeto para uma psicologia científica*, no qual havia subestimado seu papel. É preciso assinalar que, mais tarde, ele se sentiria obrigado a descrever variedades dele, em uma ordem que não é indiferente: primeiramente, as estruturas psicóticas lhe revelam espécies radicais; depois, vem a palavra do analisando em sessão (o pêndulo oscila do mais patológico ao mais normal) e, por último, o caso singular da perversão fetichista onde coexistem afirmação e negação. Essas diversas formas obrigam a levar em consideração fenômenos que se situam distante da linguagem: do lado da representação inconsciente, das moções pulsionais, da percepção, etc. Daí a ideia de incluir a negação dentro de um conjunto mais amplo: o trabalho do negativo que tento definir melhor.

"O que se tornam as palavras de nossos livros quando não os lemos mais?", perguntava-se um analisando. A frase, poética, lhe era menos pessoal do que ele acreditava, pois um de seus irmãos, em análise, me apresentava uma questão muito parecida, indagando-se – ou me indagando – sobre o que se tornavam suas palavras quando ele não estava mais em sessão. Questão de vida ou de morte, e não apenas de presença e de ausência.

Freud examinou a mesma questão quando se preocupou em saber onde foram parar os pensamentos que ainda há pouco estavam na consciência e que tinham deixado de estar no instante seguinte. A resposta "no inconsciente", satisfez por muito tempo sua curiosidade e a nossa. O que não era mais, em sentido estrito, não deixava de ser, apenas mudava de forma, pois subsistia no estado inconsciente. Tudo permanecia nesse estado. Até que a prática analítica abriu o entendimento a essas formas de não existência que permitiam ao inconsciente retornar à consciência – pelo menos parcialmente e de uma forma modificada – por intermédio do pré-consciente. Até o fim da vida, a metáfora arqueológica de Freud jamais perdeu seu valor. Contudo, depois de Freud – na verdade, isso havia começado enquanto ele ainda vivia, com Melanie Klein – os analistas iriam experimentar formas de pensamento que os colocavam em presença de estruturas mais radicalmente negativas ou aniquiladoras do que, digamos, a representação inconsciente. Foi a descoberta, ao lado da *Verdrängung* (o recalque), da *Verwerfung* – revelada por Freud a propósito da psicose – que permaneceu sem equivalente em francês até que Lacan propôs traduzi-la por "forclusão". Laplanche, muitos anos depois, pendeu em favor de "rejeição", que se prestava menos a confundir. A forclusão se aplicava, na obra de Freud, a dois casos bem distintos. Por um lado, ela podia ser postulada no mecanismo da projeção psicótica, o caso Schreber; por outro lado, era encontrada no Homem dos Lobos (foi inclusive a propósito dele que o termo foi utilizado), cuja estrutura psicótica não foi sequer imaginada por Freud, embora tenha aparecido nitidamente para numerosos analistas depois dele. Encontrava-se então em presença de um fenômeno de espectro clínico muito aberto, que se estendia de estruturas psicóticas mais ou menos latentes (casos-limite) às formas mais graves de psicoses manifestas (paranoia ou psicoses paranoides). Em relação ao recalque das psiconeuroses de transferência, a forclusão testemunhava um funcionamento defensivo muito mais mutilante. No fundo, o percurso recalque-forclusão encontrava a intuição primeira que Freud formulara em 1896 sobre as psiconeuroses de defesa, e onde a paranoia figurava em um quadro comum com a histeria e a neurose obsessiva. Apenas com a diferença de que esse quadro agora estava partido, pois as entidades que o compunham se cindiam em psiconeuroses de transferência (histeria e neurose obsessiva) e neuroses narcísicas (paranoia) que Freud, por sua vez, cindiria em neuroses narcísicas propriamente ditas (melancolia) e psicoses (paranoia e esquizofrenia). Outras surpresas aguardavam Freud, quando ele foi forçado a reconhecer aquilo que chamou de clivagem. Já não se tratava apenas de um campo que se pudesse definir, em primeira aproximação, em termos de intensidade, de profundidade, de extensão, etc. em relação ao recalque. Na forclusão, era possível estabelecer uma correspondência entre essa defesa singular e o grau de distanciamento do psiquismo normal, de que a psicose é testemunho. Pois aqui ele teve de fazer uma constatação mais estranha: a forma da negação identificada na clivagem aparecia no interior de um psiquismo que, à parte o sintoma, era considerado como inteiramente normal, sobretudo do ângulo da razão. Contudo, a análise podia evidenciar, nessa categoria de pacientes, a coexistência de um reconhecimento de percepções da realidade e de informações que dela emanam e da desmentida destas, fazendo com que se avizinhem, sem se importunarem mutuamente, o sim e o não: "sim, eu sei que as mulheres não têm pênis. Não, não posso acreditar no que vi (e que me ameaça), e então elejo um substituto contingente que tomarei como equivalente do que minha percepção me informou que faltava." Assim, a panóplia enriquecia e o funcionamento psíquico se complicava. Mas, seja como for, reconhecia-se implicitamente a existência de uma ligação entre todas essas entidades nosográficas, a das formas de defesa que permitiam diferenciá-las. A posteridade de Freud teve de suceder essa linha de pensamento, embora nem sempre os psicanalistas tenham reconhecido essa continuidade.

CONCLUSÃO

No final de seu artigo sobre *A negativa*, Freud, sem contemplar muitas questões sobre essa transição – e Deus sabe que ela as suscita –, liga o julgamento (de atribuição) às operações correspondentes à oposição de dois grupos de pulsões. Essa relação atribui à negação simbólica o papel necessário ao estabelecimento do julgamento, ao dotar o pensamento de uma primeira medida de libertação das consequências do recalque e, com isso, da compulsão do princípio de prazer. Essa passagem mereceria, sem dúvida, um comentário aprofundado, pois contém toda a problemática do trabalho do negativo.

Freud nos propõe distinguir:

a) a negação, como operação de linguagem;
b) o recalque, como suporte do trabalho a que deve se referir a negação;
c) o desprazer, que implica a utilização do recalque. Sobre esse ponto, Freud parece evocar a existência de uma negação que não seria nem da ordem da linguagem nem do recalque, pois é precisamente para se livrar das consequências deste que essa negação é utilizada. Em suma, é a natureza simbólica da negação que é destacada, e ela não parece se confundir, para Freud, com sua expressão linguística. Contudo, sua natureza permanece indeterminada;
d) um dos dois grupos de pulsões contrárias de Eros (pulsões de destruição). Não podemos escapar à observação que nos obriga a constatar aqui o efeito conservador, mais do que destrutivo, de um fator cuja

intervenção põe fim às consequências do recalque e à *compulsão* do princípio do prazer.

Tudo isso nos obriga a rever nossa definição do trabalho do negativo. Clinicamente, levar em consideração diferenciações relativas às defesas que a experiência tornou necessárias foi suficiente para justificar a hipótese de um trabalho do negativo pelo simples agrupamento dessas variedades defensivas, amplamente justificado pela semelhança de seus mecanismos. Teoricamente, a questão é mais complicada. Ela nos obriga a levar em consideração o trabalho do negativo sob ângulos diferentes: o primeiro é aquele em que o estudo se apoia em formas que permitem uma análise dele – difícil, sem dúvida, e aberta à controvérsia – mas é claramente o pertencimento da negação à linguagem. Este pode ser ligado à análise filosófica que se situa na continuidade desta última: da linguagem ao pensamento consciente. O segundo constitui um círculo que engloba o anterior, pois a negação linguística se torna parte integrante das defesas psíquicas com as quais ela mantém relações que já explicitamos, mas que aproxima a forma linguística de outras, pertencentes a um psiquismo não ligado à linguagem. Passa-se, aqui, da referência linguística e discursiva a uma mudança de paradigma, fazendo referência ao psiquismo, em particular inconsciente. É o trabalho do negativo como reflexão resultante do recalque e de seus brotamentos (fazendo intervir representantes psíquicos, representações inconscientes, afetos, percepções, etc.). A aporia aqui é a inexistência do "não" no inconsciente, o que coloca a questão ao mesmo tempo do substrato não linguístico dessa negação e das relações que podem se estabelecer entre aspectos verbais e aspectos não verbais. Se a negação, como pretendia Freud, não existe no inconsciente, a questão levantada aqui é a das relações da linguagem com o substituto (não negativizado) da negação no inconsciente, que ocuparia seu lugar sem que a categoria do negativo seja constituída e sem que, com isso, a hipótese da inexistência do "não" no inconsciente signifique uma pura e simples ausência de negatividade. Sabe-se, de resto, que Freud não parou aí, e que o problema epistemológico ressurgirá necessariamente com a última teoria das pulsões e a segunda tópica do aparelho psíquico.

Esse segundo círculo, como se vê, não encerra a discussão; ele se inclui em um outro, mais amplo, que englobaria a negação como símbolo que permite se libertar da compulsão do princípio de prazer. Parece-nos que Freud se refere aqui a um mecanismo que ele se omitiu de descrever – e continuará se omitindo: uma negativação (inibidora?) em relação ao prazer, intimamente ligada ao pulsional (o que indica a referência à compulsão de repetição), talvez situada fora das variantes defensivas já mencionadas. Finalmente, o último círculo abrangerá a relação entre os dois grupos de pulsões: Eros-pulsão de destruição. Neste último caso, a negativação estaria ligada ao funcionamento intrínseco à vida pulsional no antagonismo próprio à oposição das duas espécies de pulsões. Será que se chegaria a pensar, como Freud dá a entender, que um fator de natureza misteriosa poderia ter uma ação refreadora – portanto negativante – afetando cada um dos dois grupos? É difícil ver a que se liga essa inibição interna. Seja como for, constatamos que Freud está longe de pensar a pulsão como pura positividade que, na ausência de qualquer intervenção que limite sua influência, poderia se exprimir completamente, no pleno desenvolvimento de suas capacidades.

É evidente que o trabalho não pode ser idêntico em todos os casos. Contudo, não podemos ignorar que, ao longo de nosso desenvolvimento, introduzimos formas de trabalho do negativo cada vez mais especulativas.

Distinguiremos, então, para concluir, três aspectos:

– a negação nas línguas e suas derivações filosóficas;
– a negação do psiquismo, tirada da prática psicanalítica;
– a negação no pensamento, deduzida das formulações axiomáticas da teoria, e cujo valor especulativo em psicanálise decorre da obrigação que ela assume de considerar o psiquismo em sua ancoragem com o corporal e na longa dependência da estrutura física e psíquica de seus objetos. Quanto a isso, a negação não poderá evitar de se desenvolver na medida em que se considere seu funcionamento interno e a forma como este entra em choque com o pensamento filosófico. Esse conflito entre a psicanálise e as outras disciplinas não deveria impedir de dar toda sua dimensão à originalidade de uma concepção do trabalho do negativo voltado às potencialidades intrínsecas das pulsões como "mitologia" dos psicanalistas.

NOTAS

1. F. Baudry, por ocasião de seu comentário como rebatedor de minha exposição apresentada à New York Psychoanalytic Society, em 5 de abril de 1988, analisou os termos desse debate. Cf. "Negation and its vicissitudes", *Contemporary Psychoanalysis*, 1989, 25, p. 501-508.
2. A. Culioli, "La négation, marqueurs et opérations", *Recherches Sémiologiques*, 1988, nº 5-6, 17-38. Reproduzido em *Pour une linguistique de l'énonciation*, Ophrys, 1990.
3. *Loc. cit.*, p. 22.
4. *Ibid.*
5. *Loc. cit.*, p. 27.
6. *Loc. cit.*, p. 38.

2

Hegel e Freud: elementos para uma comparação que não é evidente

> "Nos tempos modernos, ao contrário, o indivíduo encontra a forma abstrata pronta... É por isso que a tarefa agora não consiste tanto em purificar o indivíduo do modo da imediaticidade sensível para fazer dele uma substância pensada e pensante, mas consiste, antes, em uma tarefa oposta: atualizar o universal e infundir-lhe o espírito graças à supressão de pensamentos determinados e solidificados; contudo, é muito mais difícil tornar fluidos os pensamentos solidificados do que tornar fluido o ser-lá sensível."
>
> Hegel, *Phénoménologie de l'Esprit*, I, p. 30.

Na *Fenomenologia do Espírito*, Hegel não se propõe tratar nem dos conceitos de subjetividade ou de objetividade, de Mundo ou de Verdade, nem de outros conceitos que serviram tradicionalmente de ponto de partida para uma reflexão filosófica: a filosofia adota como objeto o estudo do ato mesmo de filosofar. Esse desdobramento, que se refere à filosofia do filosofar, permite estabelecer certas referências, que deixam de ser mais ou menos arbitrárias e se tornam necessárias, na medida em que já estão presentes na filosofia: o conhecimento comum e o conhecimento reflexivo, o saber e a ciência, a filosofia como ciência, a experiência da consciência, etc. A experiência, assim situada no ponto de partida, é a dos fundamentos do ato de filosofar. E esse ato supõe levar em conta toda a reflexão filosófica anterior. Esta pode ser concebida ora do ângulo da procura da Verdade, avaliada independentemente do lugar que ocupa de forma explícita na sucessão dos sistemas filosóficos, ora como percurso histórico, sucessão de tentativas, mais ou menos convincentes, de uma mesma busca. E, nessa teorização, que toma como ponto de partida a maneira como seus próprios produtos aparecem na consciência, a Verdade se manifesta como retificação de erros passados e como progresso em relação aos seus tateios anteriores. No entanto, o movimento em direção à Verdade é limitado pelo tempo no qual se desenrola; ninguém pode saltar por cima de sua sombra.

Será preciso, então, a despeito dessas inovações, levar em conta o inacessível. A postulação de conceitos tomados como imutáveis, no ponto mais elevado da busca filosófica – o Espírito Absoluto –, suscita a crítica da finalidade dessa construção. Hegel não podia sair da órbita cristã de seu pensamento. Ao considerar sua própria época como realização da História, ele revelava, indiretamente, a dimensão profética de seu sistema. Porém, Hegel quer romper com o idealismo transcendental de Kant e de Fichte. Ele projeta escrever uma Filosofia da Natureza e uma Filosofia do Espírito. Se a segunda continua a solicitar toda a nossa atenção, a primeira ainda nos faz uma falta cruel. E a articulação das duas continua sendo, mais do que nunca, uma tarefa prioritária. Não é um projeto idêntico que anima o pensamento de Freud? É sempre mais difícil responder às questões relativas ao horizonte epistemológico de sua própria época. Era justamente porque Freud tinha o gosto pela reflexão, sem ser prisioneiro das imposições dos conceitos filosóficos, que ele pôde se arriscar a lançar as bases de um pensamento muito mais louco que intuiu com a invenção do Inconsciente.

Não é por uma inspiração unicamente histórica que a consciência pode tomar consciência dela mesma em Freud. Em outras palavras, não é adotando uma visão exclusivamente retrospectiva que a verdade se revelará. Em psicanálise, a ordem não é: "recue ao passado mais longínquo, traga de novo à consciência a lembrança daquilo que você se recorda de mais antigo"; e sim "diga tudo o que lhe passa pela mente sem omitir nada". Uma tal posição, a nosso ver, mostra alguma correspondência com Hegel, desde que se disponha a se libertar da exigência histórica da temporalidade consciente. Assim tratada, a busca da espontaneidade da mente mostraria melhor – através da aparente anarquia de produções – o que produz sua atividade, o que a constitui na verdade, e contra o que a mente se teria instituído e que tenta mantê-lo enquanto tal. O encontro com a história é menos ocultado que diferido *après coup*, isto é, após restituir o sentido do que se revelou na desordem desvendável por uma análise racional.

VISÕES DA HISTÓRIA E DO DESENVOLVIMENTO

O caminho seguido pela consciência é a história separada de sua formação,[1] pensa Hegel. Mas, de que história se trata? Não da história do mundo, e sim da história da ascensão do eu singular à cultura, que lhe permite ir em direção ao Espírito Absoluto. Nada impede de fazer a aproximação com o procedimento freudiano que encontra a sublimação – isto é, os interesses sociais e culturais – ao término de um destino de pulsão, ao mesmo tempo muito geral e necessário. Porém, para Freud, não se poderia tratar, em hipótese nenhuma, de conceber a sublimação como um dado de partida, pois ele nega qualquer tendência espontânea à perfeição. Se não é preciso fazer a história do mundo em Hegel, mesmo assim ele fundamenta seu discurso em alguns de seus momentos (a Cidade antiga, o Império Romano, a Revolução Francesa), e pensamos à maneira como Freud falará de processo civilizador referindo-se a acontecimentos simbólicos anteriores, mais fundadores, a seu ver, do que outros. Freud se apoia mais no mito do que na história, pois acredita que este seja a sobrevivência de uma história recalcada: assim, o cristianismo repetiria o assassinato do pai primitivo (na pessoa do filho) e a Oréstia celebraria a passagem do direito matriarcal ao direito patriarcal, sem falar do mito de Édipo, cujas incidências simbólicas são conhecidas. Talvez se pudesse considerar que o pensamento de Freud é animado pelo que Althusser chamava de "filosofia espontânea" da natureza e do espírito. Pois é preciso deixar claro que ela só assegura sua coerência adotando hipóteses históricas onto e filogenéticas, cuja ligação, às ciências da natureza, em seu espírito, não deixa nenhuma dúvida. A introdução na teoria de esquemas filogenéticos, também chamados por Freud de fantasias originárias, é uma espécie de anúncio introdutório ao processo civilizador, remetendo a uma pré-história da espécie.

Seria o caso de falar sobre uma negatividade implícita ou mesmo sobre uma forma biológico-antropológica de um trabalho do negativo, a propósito dessas especulações. Não somente porque, examinada de perto, a teorização em um tal sistema de pensamento esbarra na necessidade de produzir os postulados teóricos que faltam à coerência da obra, mas também porque Freud considera que os acontecimentos da pré-história da espécie foram assimilados pela internalização na psique, e se tornaram, por transmissão hereditária, parte integrante da estrutura psíquica comum. Além disso, diferentemente de Jung, que concebe a influência deles de uma forma direta, Freud estima que sua ação se exprime mediada por uma reativação da experiência individual que teria o poder de desencadear as propriedades organizadoras desses esquemas filogenéticos ("disposição à reaquisição"). Em outras palavras, passa-se de uma potencialidade muda a uma potencialidade atuante, tornada efetiva pela exteriorização de uma estrutura interna, ela própria posta em movimento por acontecimentos singulares e, sendo dotada de uma capacidade de desencadeador simbólico, suscetível de atualizar, de pôr em ato o que permanecia em estado latente, preso na trama da interioridade. Aliás, para Freud, as pulsões (hoje internas) foram outrora ações, assim com os afetos foram "ataques" (é assim na histeria) e a linguagem, uma forma de onipotência do pensamento, etc. Portanto, pode-se considerar o estado presente que assumem esses diferentes aspectos da vida psíquica como resultado (devido à interiorização) de uma negativação, e sua ativação como negação da negação. Uma tal concepção é histórica e estrutural. Ao invés de procurar saber se essas concepções devem ser associadas a Lamarck ou a Darwin – o que é tanto mais discutível na medida em que elas parecem dever muito mais ao espírito de Freud do que ao de um biólogo –, haveria mais interesse em ver aí o germe de uma concepção original da negatividade na história do desenvolvimento. Esta daria conta do movimento pelo qual a consciência pretendeu, por um lado, instaurar sua supremacia sobre o inconsciente pelo recalque, mas, por outro lado, mostrar como se preserva no inconsciente esse repertório deixado pelas gerações, destinado a sair de sua latência para operar em plena efetividade. Essa internalização asseguraria a conservação de um patrimônio de geração em geração, não sob a forma dessas aquisições, mas daquilo que organiza a possibilidade de adquirir e conforme o sentido do desenvolvimento aquisitivo. É uma especulação – ninguém ignora isso –, mas não deixa de ter consistência.

Como se vê, só não há tomada de consciência porque a consciência está obscurecida por tudo o que se acumulou nela e que a impede de refazer sua trajetória, de retraçar sua evolução. Para tirar dali sua significação, é indispensável um importante trabalho psíquico de desalienação, que encontra resistências para conseguir captar o que é essa consciência, ao mesmo tempo, aposta e *punctum caecum* do procedimento analítico.

Se, de fato, os projetos de Hegel e de Freud podem ser comparados, é apenas na medida em que são opostos. Hegel escreve a *Fenomenologia do Espírito* como introdução a uma *Lógica* e a uma *Metafísica*, introdução que conquistou sua independência e será considerada bem mais que uma entrada na matéria. Seu resultado é o espírito *em si* e *para si* (Sartre se recordará disso; ele que, diga-se de passagem, clamava pelo nascimento de uma outra psicanálise – sem inconsciente – existencial). Já Freud encerra sua obra assentando-a firmemente em uma biologia imaginária. As fantasias originárias servirão de hipótese aos fundamentos do psiquismo inscritos na hereditariedade.

Ambos fundam suas construções teóricas em princípios de funcionamento pensados em uma perspectiva de desenvolvimento. Acrescentemos, apenas de passagem, para evitar qualquer mal-entendido, que as interpretações desenvolvimentais modernas da psicanálise pós-freudiana são totalmente contrárias ao pensamento de Freud. E essa é também uma das razões que levam a explorar, em um espírito investigativo, outros polos de comparação, mesmo que pareçam muito distantes das produções psicanalíticas. A obra de Hegel interessa ao psicanalista pela maneira como ele coloca as premissas que conduzem ao espírito. A obra de Freud vê interesse na filosofia hegeliana pela maneira como a "espiritualidade" é concebida ali, através do processo civilizador. E quando se adota o ponto de vista freudiano, tomando o assassinato do pai primitivo como ato de fundação da cultura, proporciona-se ao trabalho do negativo uma base que vai muito além de suas incidências individuais, pois Hegel e Freud são fascinados pelo mistério das origens das obras da comunidade de humanos, como expressão da vida psíquica. Mas nisso também suas visões são opostas: enquanto Hegel considera o Espírito Absoluto como sua realização mais elevada, Freud só vê salvação na crítica da religião, não apenas como instituição, mas como forma de pensamento. Um certo positivismo lhe inspira uma fé inquebrantável no advento e no futuro da ciência. Em Hegel, como em Freud, o interesse é voltado ao conhecimento do humano, que tem na psicologia a ciência mais elevada. Mas, em Hegel, esta emerge da antropologia (cujo objeto é a alma), eleva-se ao nível de uma fenomenologia (cujo suporte teórico é a consciência) e floresce como ciência do espírito. Já em Freud, a psique emerge da biologia (ou de uma ciência natural), eleva-se a uma psicologia (cujo objeto é também a consciência) e se realiza em psicanálise (como *meta*psicologia). Seria o caso de dizer que, para Freud, as manifestações do espírito só podem pertencer à esfera da metapsicologia, porque elas se ancoram nas pulsões inacessíveis a uma psicologia (da consciência).

Quando o psicanalista mergulha na leitura de Hegel, não pode deixar de se indagar sobre o grande corte presente na obra entre a fenomenologia da consciência e a fenomenologia do Espírito. Quanto mais avança, mais se aproxima do que constitui a verdadeira meta do filósofo, mas que seu pensamento não está muito preparado para aceitar, e por isso é cada vez mais difícil para ele aderir às conclusões. Ao contrário, a exposição da fenomenologia da consciência, com suas três etapas canônicas, consciência – consciência de si – razão (que são repetidas ao infinito na sequência), despertará seu interesse. Mais precisamente, a articulação consciência-consciência de si lhe será mais preciosa do que qualquer outra leitura filosófica. Foi de lá, acredito, que partiu Lacan. O que a psicanálise encontra aí é um modelo filosófico evocador de mitos genéticos, construídos pelos psicanalistas e aparentemente compatíveis (em certa medida) com as elaborações empíricas dos psicólogos.

Um exemplo é a fase do espelho, em que Lacan, totalmente impregnado de Hegel e, ao mesmo tempo, de Freud, retoma as observações psicológicas de Preyer e depois de Wallon. Ali, se encontram as premissas de uma "gênese e estrutura" do Eu psicanalítico, diferente do que Freud sustentou. É preciso lembrar ainda que o modelo freudiano foi desenvolvido em duas ocasiões: uma primeira vez em 1915, em *Pulsões e destino das pulsões*, e uma segunda e última vez em 1925, justamente no artigo sobre *A negativa*.

CONSCIÊNCIA – CONSCIÊNCIA DE SI – INCONSCIENTE

Em Hegel, esse momento corresponderia a uma certeza de si mesmo. A certeza de si mesmo sobrevém quando a alma se separa de seu conteúdo que, para o mundo, é o Outro. É, portanto, na *separação* que se descobre a subjetividade como base sólida, como se estivesse ali o que restou após a separação do mundo e do Outro, separação à qual foi restituído o papel de se incumbir do sujeito. A subjetividade provém, assim, do desamparo, como que obstinada diante do risco de aniquilação em um mundo do qual se separou e que, como tal, se tornou hostil, pois não coincide com o si mesmo.

Na própria oposição entre consciência e consciência de si há um interstício que deixa, no lugar conceitual do inconsciente, uma chance de existir. Pois, admitindo-se fenomenologicamente a distinção de dois estados, um tempo quase imperceptível é suficiente para transformar a consciência em consciência de si, um simples apelo, apenas um recuo, às consequências maiores. Para que existam verdadeiramente dois estados distintos, é preciso que a passagem de um a outro não seja natural, que uma distância os separe e que a transição de um a outro não se efetue, como na intuição da experiência comum, quase automaticamente. Esse tempo é aquele em que o retorno da consciência de si à consciência se tornou impossível. É tentadora a hipótese de um estado que seria como *a conotação, em termos de inconsciente, da simples consciência, que não seria ainda consciência de si*. E isso, no movimento que tende a aproximar os dois, porque é difícil conceber o que seria uma consciência que não fosse consciência de si, que se encontra na sombra de um inconsciente. O comentário de Jean Hippolyte sugere isso: "sem dúvida, a consciência é também consciência de si; ao mesmo tempo em que ela acredita saber seu objeto como sua verdade, ela sabe seu próprio saber, mas ainda não tem consciência dele como tal, a não ser que ela só é consciência de si para nós, ainda não é para ela mesma".[2]

A respeito dessa consciência, que não seria consciência de si – consciência *inconsciente* de si, diríamos sobre ela –, quem sabe não poderíamos levar o raciocínio mais longe e dizer que ela seria uma consciência-inconsciente sem sermos repelidos pelo paradoxo da expressão? Não uma forma inferior de consciência, mas um estado da consciência que não comportaria referência nem a um si (Eu) nem a uma reflexividade, e que, no entanto, seria uma forma de investimento. É o que proponho considerar invertendo as bases do pensamento hegeliano. O ponto de partida não seria a certeza sensível, mas o par necessidade (interna)-sensibilidade (externa). A certeza sensível, movida do exterior, responderia em eco à força impositiva do sentir a partir da necessidade interna. Que não me venham opor a sacrossanta distinção entre necessidade e desejo! Isso é invenção de Lacan que, sob o pretexto de retorno a Freud, diz o contrário do que diz este último em seu artigo *Pulsões e destino das pulsões*. É que, aqui, "necessidade" é tomada em seu sentido mais amplo. É preciso acrescentar ainda que o termo se refere exclusivamente à pulsão, mas não ao desejo, e menos ainda à expectativa. A percepção terá de ser substituída pelo par representação-percepção como dialética do interior e do exterior. E, finalmente, o entendimento terá de ser acoplado à construção fantasmática como forma primeira da causalidade. Mas, até aqui, não se poderia falar nem de Eu nem de consciência de si. É uma grande ideia hegeliana postular que o Eu é a luz que revela ele mesmo e o Outro.[3]

O AMOR, FALTA DO TRABALHO DO NEGATIVO

A aparição de um Outro semelhante, no momento em que nasce a consciência de si, constitui um ponto obscuro. De fato, o retraimento da consciência, que levou à sua separação de um outro, não apenas faz emergir o si da consciência como consciência de si, como também transforma o Outro, até então identificado com um mundo, como outro Eu, como Outro que se erige como um outro Eu. E é lá que aparece o desejo. É preciso observar que ele se manifesta aqui como desejo fundado não só na separação, mas igualmente no antagonismo potencial, forma primeira dele. E o que surge aqui não é o recalcado disso que, na consciência, faria dela um desejo, em contrapartida à certeza sensível, como primeiro momento da tríade certeza sensível – percepção – entendimento. Essa consciência, à qual falta a consciência de si, é desejo do Outro, desafio de uma luta que envolve o conhecimento de si. A separação do sujeito e do objeto e a posição da consciência tomada como objeto poderiam ser concebidas como transmissão do desejo, ligado ao objeto separado e perdido, ao Eu, tomado como objeto, por reflexo, na busca de resposta ao desamparo. Seria esse o ponto em que Freud e Hegel poderiam convergir. Sem isso é de se temer que a teoria do desejo ceda às tentações da ideologia. Mesmo sem mencionar as possíveis controvérsias que afetariam a axiologia freudiana – penso aqui na tese segundo a qual a apreensão da mãe como pessoa total necessitaria previamente da perda da relação autoerótica com o seio e com toda a problemática do objeto concebido primeiro como parcial –, o sentimento que se experimenta intermitentemente de encontrar correspondências inesperadas entre os pensamentos do filósofo e do psicanalista é logo solapada por seu complemento indispensável: a convicção de que não se poderia minimizar a enorme distância entre seus pontos de vista. Hegel está inteiramente voltado à meta que seu pensamento se propõe atingir – o Espírito absoluto –, enquanto Freud nunca deixou de dar primazia a uma análise dos fundamentos e dos elementos que permitem a construção do psiquismo. Inversamente, cada um deles é atraído para a polaridade que decidiu não tomar como objetivo de seu projeto: Hegel voltará às formas mais obscuras e mais modestas da consciência, nas quais falta a relação com uma fenomenologia da natureza; e Freud não poderá se poupar da especulação das vicissitudes de um processo civilizador. Em Freud, o objeto aparece no ódio, isto é, no momento da tomada de consciência de sua existência no estado separado. O psiquismo vive o fracasso de sua onipotência para satisfazer instantaneamente seus desejos. O conceito de pulsão, melhor que o de consciência, dá conta dessa relação inaugural que não espera que o objeto venha de fora imprimir sua marca na sensibilidade. A certeza é fundada na necessidade de a "consciência" – que ainda não é consciência de si – ter o objeto e o caráter necessário e indispensável do vínculo. Essa necessidade encontra sua razão de ser no apoio, pois é por ocasião da dependência do objeto das pulsões de autoconservação, garantidoras da sobrevivência do organismo, que se descobre o prazer (ligado às pulsões orais). Percebe-se bem o que Freud quer dizer quando defende essa ideia: do mesmo modo que a espécie se extinguiria se a potência da pulsão sexual não comandasse a procura do parceiro (quase a qualquer preço), o indivíduo pereceria se o apoio não viesse completar as necessidades da autoconservação, na falta de um motivo suficientemente forte para impulsioná-lo a encontrar o objeto graças ao qual adquiriu o gosto do prazer. É assim que ele vai assegurar as bases mais sólidas para o estabelecimento do apego e para a manutenção renovada dos vínculos que transformam sua relação com o objeto em "segunda natureza". Essa relação conferirá ao prazer sua marca de origem e lhe dará sua qualidade necessária, herdada da soldagem entre pulsões sexuais e pulsões de autoconservação. Restará, então, descrever todo o processo que balizará a constituição recíproca do Eu e do objeto, a partir de referentes originais do dualismo pulsional. Essa situação permite compreender a construção, antes da consciência de si, de uma possibilidade de convocar o objeto, fora de qualquer sensibilidade e de qualquer percepção, exclusivamente por meio do "saber" dessa consciência como "saber" sobre o objeto: é a realização alucinatória do desejo nascida da falta do objeto. O mundo, para a consciência que se separou dele, é apenas para a satisfação de seus desejos, antes de existir nele mesmo, de forma independente. Antes da consciência (como o inconsciente), a própria ideia do desejo é inconcebível; depois, com o reino da razão, ela quer sua superação pela síntese da consciência e da consciência de si.

Essa aparição do desejo no processo, que se desenrola entre consciência e razão como relação fundamental com o Outro, conduz, em Hegel, apenas à luta das consciências pelo reconhecimento. Luta de morte, não esqueçamos. Desejo como desejo do Outro, lembrará Lacan. Um pensamento do conflito, imanente à obra, exterioriza-se aqui. Enquanto, em Hegel, ele põe em confronto o mestre e o escravo, em Freud, desdobra-se intrapsiquicamente entre as exigências da pulsão e a organização do Eu, antes de assumir uma forma intersubjetiva cujo resultado é o supereu. É o que Hegel já pensa nesse estudo sobre a fenomenologia da consciência na *Fenomenologia do Espírito* e em suas obras; Freud, por sua vez, insiste nos vínculos originários, de ódio mas também de amor, porque eles perdurarão durante toda a evolução posterior. Ora, é justamente a propósito do amor que Hegel falará – por exclusão, como negativamente – do trabalho do negativo. Na verdade, a única menção feita ao trabalho do negativo refere-se ao amor. Este padeceria de uma falta, a "da força e da paciência e do trabalho do negativo" que afeta o caráter trágico da separação.[4] Porém, onde, a não ser no amor, a separação é mais trágica? E que obras sublimes ela não engendrou?

Se Hegel está dizendo a verdade, e todos têm o direito de duvidar disso, o amor deveria ser tomado aqui apenas em seu sentido mais restrito. De fato, o amor e a separação são indissociáveis um do outro, pois a realização do amor é a fusão tão raramente realizável, institucionalizada na relação com Deus. Teria faltado a Hegel reconhecer a natureza da ligação fundamental da consciência com seus objetos, o único a esclarecer a posição fundamental do desejo. Pois, pode o desejo de ser reconhecido separar-se totalmente do desejo de ser amado?

MOMENTOS DA CONSCIÊNCIA E TÓPICAS PSÍQUICAS

A razão hegeliana é o que realiza a unidade da consciência e da consciência de si, na qual o objeto é tanto Eu quanto objeto. Se o termo "razão" não é o mesmo a que se reportaria uma tal unidade em psicanálise, é indiscutível que a referência à efetivação de uma tal unidade entre o id e o Eu faz sentido quando é transposta às relações entre o narcisismo e o investimento de objeto. E é exatamente nesse sentido que se falará de "objetos narcísicos" ou do Eu tomado como objeto. O que fundamenta o progresso aqui não é somente a possibilidade de inverter a perspectiva, mas também de poder determinar o lugar do conceito em função de um certo vértice (o Eu como objeto, ou o objeto como aquilo a que o Eu está ligado). Talvez o conceito de relação ofereça uma via de saída em face dos termos que ela liga, cada um sendo tomado isoladamente. Seria preciso, então, considerar a sexualidade seu sinônimo. As três etapas, consciência – consciência de si – razão, podem ser concebidas como três momentos que designam, sucessivamente, a totalidade indivisível – a "separação individuante" – a relação. No primeiro momento, existe consciência de um objeto sem que essa consciência seja separada dele como tal, o objeto é o outro em geral; no segundo, o objeto é o próprio Eu: o Eu "se toma" como objeto, ele é tanto Eu quanto objeto. Encontram-se aqui alguns paradoxos da teoria psicanalítica da relação de objeto que se refere tanto às relações do Eu com o objeto quanto à concepção do Eu tomado ele próprio como objeto. Para voltar ao Eu, pode-se afirmar, portanto, que primeiro ele é ignorado como Eu, em seguida se descobre como objeto e, por fim, chega na relatividade de seu estatuto, em que o objeto é, ao mesmo tempo, Eu e objeto. A consciência de si como Eu é um tempo de parada do processo, o do momento da análise segundo a qual "seu objeto é seu ser para si enquanto é consciência de si".[5]

A passagem da fenomenologia da consciência à fenomenologia do espírito encontra um eco inesperado na leitura de Freud. É assim que interpreto uma das razões da superação da primeira pela segunda tópica. Pois a consciência de si não é o último termo da fenomenologia da consciência, que deve superar também o individualismo; a razão inaugura esse movimento, menos por sua face refletida do que por sua dimensão atuante, investigativa, isto é, em seu retorno em direção ao mundo. Consideremos a evolução das figuras do outro: primeiro como objeto inseparável da consciência, depois, como Outro, isto é, o semelhante oposto do conhecimento de si e, finalmente, o Outro da comunidade espiritual[6] e da consciência universal. A Verdade da razão, como razão efetiva, se realiza em um mundo que é supostamente sua expressão autêntica: a Mente. E é, enfim, a superação da Mente como substância para se tornar Sujeito. Não se encontraria na psicanálise o equivalente desse pensamento. Mas, será que não se pode detectar uma inspiração similar em

Freud, quando ele introduz o supereu como instância na teoria? Já assinalamos, muitas vezes, que a pulsão de morte era a principal razão de ser da criação da segunda tópica. Parece-nos que uma outra razão – que não deixa de ter relação com a primeira – testemunha a necessidade de suprir uma falta da conceitualização e dita a Freud a invenção do supereu. Pois é apenas no nível do supereu que se pode desenvolver o conjunto de relações agônicas e antagônicas entre as pulsões de vida (ou de amor) e as pulsões de destruição (ou de morte). É por aí que se introduz nele a integração de uma teoria da cultura como complemento de uma teoria do indivíduo no qual se cruzam os efeitos da natureza e da cultura. O fato de se fundamentar no Pai morto não é isento de consequências, pois, de um lado, ela comemora esse assassinato e, de outro, celebra a ausência: os dois aspectos do negativo.

Pode-se perguntar por quê. A resposta, a meu ver, é que para além da dialética do mestre e do escravo, os valores dos dois sistemas vão aprofundar sua diferença. Enquanto Hegel prosseguirá na via histórica e cultural, caminhando em direção ao coroamento do Espírito Absoluto, Freud, de sua parte, chegará à estrutura mais acabada e mais completa da conflitualidade e dos antagonismos pulsionais, introduzindo-nos nos caminhos do Édipo e de sua resolução pela intervenção do supereu. Agora, já há muitas brechas que separam as duas concepções. Sem dúvida, seria preciso retomar o fio que acabamos de interromper no momento em que Freud volta ao projeto de propor um modelo psicanalítico da cultura. Isso ultrapassa o objetivo desta obra. Acrescentemos, no entanto, que Lacan, com seu conceito do Outro (com maiúscula), embora diferente de seu correspondente hegeliano, contribuiu para reduzir a distância entre Freud e Hegel, pelo menos em um primeiro momento. A menos que se acredite que a função teórica desse conceito ia ainda mais longe que Hegel na direção do Espírito absoluto com as opções tardias da teoria lacaniana. Não duvido que ele esteja atrás das aparências.

ARGUMENTOS PARA O NEGATIVO EM PSICANÁLISE

Não me causaria surpresa se ainda houvesse alguma dificuldade de perceber o alcance e o lugar do negativo em psicanálise. Porque se trata de algo que não é apreensível diretamente pela consciência ou traduzível em sua linguagem, e porque esta, solicitada por aquilo que precisa levar em conta, é prisioneira de uma positividade de fato. Isso não facilita a apreensão intelectual da negatividade em relação à psicanálise. Mesmo porque a consciência sequer concebe a que remete esse termo, a não ser por uma intuição imediata – como o oposto do que é, que é, ainda, apenas uma outra maneira de ser, quer dizer, mais uma vez, um positivo. Se o negativo se mostra rebelde a uma intuição imediata quando se trata verdadeiramente de descobri-lo, não só como enigma do que é, mas, se preferirem, como uma outra maneira de ser que não poderia ser concebida do ângulo do positivo porque todos os critérios que permitem apreender o positivo faltam aqui e porque este é contestado na sua própria positividade o negativo testemunha a mesma consistência e a mesma resistência a ser conhecido que a positividade, com a diferença que, neste último caso, a apreensão do que cria obstáculo não pode ajudar a consciência a entender de onde ele retorna, pois se recusa até mesmo a recorrer aos artifícios do inapreensível. Quero dizer com isso que não se pode contentar-se em caracterizar o negativo por uma espécie de qualidade evanescente, como uma fantasia que se expulsa arregalando os olhos, um fantasma que se dissipa despertando totalmente.

Ao contrário, o negativo, em razão de seus vínculos com o pulsional, é apreendido com a dureza implacável que lhe confere a compulsão de repetição, como o fundamento que desafia sua racionalidade. É preciso compreender, então, que o estatuto do negativo, além de apresentar essa particularidade de ser, ao mesmo tempo, avesso do positivo, conotação de um tipo de valência contrária ao que é afirmado primeiro, ele é também revelação de um ser radicalmente diferente daquele do positivo, de tal modo que a abordagem deste pelos meios que lhe são apropriados nunca será suficiente para circunscrever sua natureza. Não que se trate de uma essência, isto é, do que assegura ao positivo sua perenidade, sua indissolubilidade, sua "propriedade" para além de suas manifestações como estrutura e conteúdo, ou como base persistente para além da multiplicidade e da sucessão temporal das formas, permanência para além das descontinuidades da presença. O negativo, ao contrário, mostra a inversão da perspectiva da essência como imutabilidade e invariabilidade. Por trás da descoberta de uma figura da consciência que aparece no curso de seu movimento, ou que é engendrada por este último, percebe-se o mesmo deslocamento do movimento da busca em direção ao termo que representaria o final de sua corrida, coincidindo com sua essência, e a interrupção em uma forma marcada temporalmente, revelada pelo próprio movimento. Este permanece na relação da consciência com o objeto, mas faz aparecer, como o olhar captado por isso que revela uma perspectiva até então desconhecida, uma realidade insuspeitada, desvendando retroativamente o que estava oculto, sem que se duvide disso, na quiescência anterior ao movimento, que encontra seu eco na forma nascida da interrupção temporária da progressão. Essa realidade não é inteiramente nova, pois adquire seu sentido em relação ao positivo que preexiste a ela, mas esse positivo, por si só, não permite ter acesso ao sentido desvendado que, por definição, ele ignora. Além disso, esse negativo tem o poder de conferir retroativamente ao positivo que preexiste a ele um sentido que jamais poderia ser atingido pela consideração de propriedades que sua mera positividade sugeria, porque a experiência da falta de existência do que se qualifica como positivo é necessária ao desdobramento disso que não poderia ser, de ser simplesmente ali. Finalmente, último paradoxo, essa observação tenderia a sugerir que o retiro em que se mantém o negativo pressagia a ação a uma distância que ele é capaz de exercer (no espaço e no tempo). Essa propriedade lhe conferiria um estatuto mais fundamental que o positivo, pois o negativo assim concebido não se deixa apreender na experiência pelo jogo de sentidos, e tampouco procura se apoiar em conceitos como a ideia, a essência, a transcendência, etc. Com isso, evita-se o perigo de ceder ao engodo do senso comum, às armadilhas da certeza sensível. Instalando-se de imediato no que não é aparente para a consciência, procura-se o ser do negativo na multiplicidade de suas versões, que vão da manifestação implacável da compulsão de repetição como modo de funcionamento fundamental do pulsional até os signos mais discretos pelos quais o negativo se deixa pressentir na fugacidade do instante. Como se o ser do negativo estivesse dividido entre o inapreensível efêmero e a perenidade de um núcleo inacessível, resistente a qualquer redução pelo conhecível, impedindo qualquer conhecimento por meio apenas da positividade.

Se essa é a situação, é necessário, para que apareça o negativo, "sacudir" o dispositivo da consciência, propor um artifício na comunicação pela linguagem. A criação desse artifício é ditada pela hipótese de relações que regem o positivo e o negativo na palavra. Pois está claro que, na comunicação ordinária, o negativo é submetido, pelo menos na aparência, ao positivo. É preciso, então, atenuar essa sujeição. A associação livre, como figura mimética do sonho, é ainda a expressão mais prototípica do negativo. O que significa a associação livre senão o afrouxamento do cerco do positivo que constrange a consciência? Se a regra fundamental tem como efeito produzir um discurso que só pode nos remeter ao sonho, há que se cuidar para não cair na armadilha da positividade deste (seu conteúdo manifesto), e tampouco ceder ao charme de seu ilogismo, sedução apreciada pelos surrealistas. O negativo é essa lógica da sombra que reclama o que lhe é devido, lá onde o positivo, exposto à luz, gostaria de se apoderar sozinho de toda a visibilidade do psiquismo do sujeito, esteja ele desperto ou adormecido.

RUPTURAS E ABERTURAS

Periodica e repetitivamente, a tentativa de confrontar, de forma abrupta, os pensamentos de Hegel e de Freud, sugerindo a ideia de comparação, se esgota bem rápido, tão flagrante é a oposição das concepções. A brecha logo assume as proporções de um abismo, e assim se instala a convicção de que todo confronto parece impertinente depois que ultrapassa a fase das aproximações em grande escala. É preciso, no entanto, justificar a ideia absurda de que é arriscado tentar essa aproximação. E talvez se descubra que é menos pelo conteúdo de sua obra e sim pelo sentido da ruptura que ambos promoveram com quem os precedeu que Hegel e Freud podem sustentar um diálogo.

Pois se poderia dizer que a filosofia de Hegel é a ponta extrema até onde podia chegar uma filosofia da consciência, trazendo nas entrelinhas a presciência do que poderia ser o inconsciente. Ponto de vista criticado, recusado por seus sucessores, que levou a uma volta atrás para reiniciar em outras bases (com Husserl), logo seguido de uma ruptura definitiva com qualquer abordagem que se servisse do referente "consciência" para substituí-lo pela evocação do esquecimento do ser. Com o Ser, abandona-se uma lógica que fora impulsionada com Hegel a um avanço extremo, mas que revelaria seus limites e imporia a abertura para outros horizontes. Por exemplo, aquele que se apoiará apenas na lógica da linguagem no lógico-positivismo.

Kierkegaard, sem dúvida, sentiu uma ameaça para a filosofia (e para a religião, apesar de tudo) com o sistema de Hegel. Não lhe bastou este último querer que o Espírito Absoluto fosse sujeito. Esse sujeito, com certeza, era iluminado de forma crua demais para ele e violava seu desejo de intimidade, sua necessidade de salvaguardar os recônditos obscuros de sua subjetividade trabalhada por uma angústia da qual era preciso preservar o mistério e defender o acesso inviolável à Existência. A crítica de Nietzsche, em sua radicalidade, não estava tão preocupada em dominar pelo olhar a trajetória que havia conduzido a História até a batalha de Iena, mas estava impaciente em ver o desenrolar dos combates do futuro pelo advento de um novo homem. Em suma, havia um programa a cumprir – mas não era aquele que pressagiava o Espírito Absoluto. O movimento progressivo (ou progrediente) devia retroceder para fundamentar sua transvalorização dos valores que anunciavam o advento do super-homem. Mas Nietzsche também teve de enfrentar a dura necessidade que resistiu à revolução cujo advento desejava. E é finalmente com Heidegger que nasce o novo paradigma: aquele que, ao mesmo tempo, reavalia o passado e assenta sua nova base, superando os impasses de toda filosofia da consciência. O passado, desde tempos imemoráveis, havia "esquecido" o Ser, e chegou a hora de lembrá-lo. "Esquecimento" ou recalque? Seja como for, o reatamento com o Ser tinha muitas vantagens: primeiro, livrar-se do peso da consciência desde que um certo Freud (soberbamente ignorado) mostrara que não se podia ter muita fé nela. Em seguida, propor um absoluto que não pode ser abordado a não ser por sua "queda" na manifestação (o sendo). Finalmente, acabar com uma visão historiadora, o hegelianismo tendo mostrado em que posição secundária ela podia ser acomodada. Contudo, quando se interroga o pensamento dos pré-socráticos, esse esquecimento mostra muitas vantagens, pois ajudaria a nascer um pensamento muito mais marcado pelo espiritualismo. E quando Heidegger recomenda que nos lembremos disso, longe de renunciar à evolução que sucedeu os pré-socráticos, é sob a garantia desse espiritualismo que ele exorta a esse reatamento. Quanto a isso, pode-se propor a questão de saber se o pensamento de Freud não está mais próximo dessas fontes pré-socráticas do que sua renovação sob a direção de Heidegger.

Já se disse que o pensamento do século XX era herdeiro dos filósofos da suspeição – Nietzsche, Marx, Freud. Mas pode-se pensar também que a ruptura se dá mais em cima, que ela tem sua origem em Hegel e se realiza diversamente por diferentes usos do negativo. A questão dos psicanalistas não é nem a de Nietzsche nem a de Marx; portanto, ela não tem como objetivo se situar em relação ao que Hegel havia proposto.

Por tudo isso, vê-se que a contribuição de Hegel à psicanálise não poderia ser limitada à sua concepção do desejo (ela já está presente em Spinoza, para não falar de Aristóteles ou de Kant), do desejo do Outro, do desejo do desejo do Outro; ela abre um campo mais vasto. Em Hegel, na medida em que a fenomenologia da consciência distingue figuras que são todas etapas de um itinerário, cada uma delas implica a negação da que a precede, mesmo que não seja apreendida como negação e dê sequência a um engendramento. E, do mesmo modo, se poderia mostrar que o que se encontra no final do processo já está presente desde as origens de forma invisível ou transparente. E esse estado poderá ser qualificado então de negativo (o absoluto existe "em negativo" = indiretamente na consciência fenomenal comum). Dizer que ele é negativo significa também postular que, nessa etapa, sua "positivação" ainda não é possível. Trata-se de uma dedução posterior, no final do percurso da alma à mente por intermédio da consciência. Mas o que conta, em uma tal asserção, é seu engajamento na experiência e no caráter negativo que resulta desse engajamento, como dúvida ou decepção, daí o *Aufhebung*, o "conservar na suspensão". A negatividade é o tempo intermediário, necessário ao advento da consciência, do processo e das relações que o tecem na positividade de suas conexões. É uma negação determinada. Pode-se sustentar, sem dúvida, que a negação não é posta-oposta no espírito a um conteúdo do exterior, como aquilo que nega sua possibilidade ou sua existência; ela é parte integrante desse conteúdo, seu estofo. A negação é constitutiva do processo, só ela permite esclarecer o desenvolvimento do qual ele é portador. "Se o grão não morre...". No fim das contas, o *Aufhebung* é transcendência, e o movimento de transcender é o próprio movimento do saber – que deve se tornar saber do saber de si, isto é, consciência desse saber. Ora, nesse movimento, a consciência experimenta a insuficiência do objeto e faz dessa insuficiência o motor do movimento de consciência. E é essa, seguramente, a propriedade do que não decorre da causalidade própria à ordem da natureza.

Na história das ideias, essa negação responde à caducidade destas e mesmo à sua morte, que provoca crises de consciência na cultura. Seria o caso de se tentar aqui um paralelo, de um lado, com a ideia de uma busca do reencontro com o objeto primário (levando em conta sua idealização retrospectiva) e, de outro, com a decepção consecutiva ao fracasso de pais oniscientes. A relação com o Outro, que implica uma tal posição, é concebida na forma de uma generalização da categoria, pois o Outro é igualmente natureza, objeto ou mundo. No que nos interessa, é isso que perturba nessa uniformidade categorial, obtida em detrimento das propriedades da heterogeneidade. De fato, a heterogeneidade permitiria restituir aquilo que o conceito teve de sacrificar de sua diversidade, tornando-se homogêneo graças ao artifício da linguagem, cujo exercício repousa em uma homogeneização operada pelo significante.

Freud não via separação entre a ciência e sua ciência, a psicanálise, mesmo que esta última defendesse pontos de vista considerados errôneos pela ciência. Hegel também concebe sua obra como uma ciência e não vê nenhuma separação entre filosofia e ciência, mesmo que, por outro lado, não poupe de suas críticas a ciência de seu tempo, pois ciência é "saber verdadeiro", isto é, ciência da experiência da consciência.

O INCONSCIENTE SEM CONTEÚDO: RELAÇÕES COM A CONSCIÊNCIA

Uma dificuldade encontrada por nossa reflexão está ligada à oposição entre a perspectiva filosófica (de Hegel), que identifica o lugar do negativo no movimento da consciência, e a perspectiva psicanalítica, que remete o negativo a um in-consciente subsumível, por meio de um desdobramento mais livre da atividade consciente. Recordemos que o inconsciente não ocupa um lugar de pura simetria em relação à consciência; ele não se situa como uma figura do desenvolvimento da consciência reflexiva, que engendraria, por seu mero movimento, a posição adversa; ele tampouco se situa como unicamente antagonista das posições tomadas pela consciência. O inconsciente psicanalítico ultrapassa esses diferentes aspectos mais ou menos explicitamente, deixando de ser identificável como tal pela consciência. Pois, lembremos com Freud: o inconsciente não se adivinha, ele se deduz. Além disso, é um conceito ao mesmo tempo descritivo, dinâmico e sistêmico.

Entretanto, uma observação nos ajudará a ter a dimensão da complexidade do problema. Quando, depois de 1920, Freud revê sua teoria, limitando o inconsciente a ser apenas uma "qualidade psíquica", ele justifica essa mudança pela convicção de uma multiplicidade de estados que merecem ser incluídos na categoria do que não é consciente. Mas, ao afirmar que recalcado e inconsciente não são mais sinônimos, ele não põe em questão a qualificação do recalcado como inconsciente, mas estende mais o domínio do inconsciente, por exemplo, a certas resistências e a certas defesas. Ora, estas, por serem inconscientes, não implicam, como para o recalcado, a referência a conteúdos latentes; as defesas estão inteiramente sob o olhar da consciência. O estatuto dos "mecanismos de defesa inconscientes" é, portanto, paradoxal, pois o qualificativo inconsciente pode agora se referir a processos psíquicos sem conteúdo, ou melhor, sem outro conteúdo que não o da consciência. Assim, eles estão em estreita relação com a consciência e podem ser aproximados da análise da consciência segundo Hegel. O que impede, então, de tomá-los como equivalentes? A referência à angústia, que Kierkegaard não deixará de destacar. O procedimento do negativo em psicanálise difere, portanto, daquele proposto pela filosofia de Hegel por implicar sempre uma estratégia cujo horizonte não deve ser buscado do lado da resposta que constitui o Espírito Absoluto, mas da que visa uma relação com a angústia, termo genérico que cobre um amplo leque de estados, do desprazer à dor, podendo chegar até a extinção de qualquer traço de sua natureza estratégica, o negativo operando sua própria aniquilação quanto ao que permitia identificar seu fundamento.

Sustentou-se a tese de que a obra de Hegel marcava o término do tempo da filosofia. Contudo, tenho a impressão de que prossegue alguma coisa que Hegel pôs em andamento: a ideia da consciência como processo que se revela a ele mesmo no exercício de seu discurso, o percurso da latência à efetividade. Ao que parece, a marcha do saber, que se limitaria a conquistar terreno no campo da ignorância, marca profundamente a progressão do discurso que descobriria, em seu desdobramento, sua alienação às próprias produções, abrindo os caminhos, em seu interior, a um esboço de alteridade. Pois foi com Hegel que a alteridade habitou a consciência, não como efeito de uma alteridade que viria imprimir de fora sua marca no sujeito, mas como outro devir de figuras de consciência que veem agora sua unidade sempre questionada por sua própria discursividade. E há ali, com a condição de que se preserve sua possibilidade, um encontro potencial com o inconsciente.

Porém, duas razões impediram o advento desse encontro. A primeira foi o descrédito lançado sobre a concepção hierárquica que pode servir de álibi para teses hegemônicas, pois uma tal visão é coroada pelo desfecho da História. Além disso, como toda teoria que recobre sistematicamente o campo do real, ela suscita a oposição de todos aqueles que se sentem envolvidos a contragosto no movimento da progressão de que fala essa filosofia e esmagados pelo rolo compressor de sua sistemática. Assim, a oposição às ideias de Hegel virá inevitavelmente da singularidade irredutível (às vezes em nome de Deus) de Kierkegaard ou do protesto niilista. Curiosamente, é na negação da negação hegeliana, promovida pelo pensamento nietzschiano, que se descobrirá a fonte potencial daquilo que eclodiria com Freud. Contudo, sua teoria não escapará às exigências de uma concepção ontogenética (que sempre se pode explorar para fins ideológicos normativos, como não se deixou de assinalar), da qual é difícil imaginar que pudesse se abster totalmente. Esse é um dos fracassos do pensamento de Lacan, embora sua contestação das concepções aceitas sobre o desenvolvimento estivesse longe de ser infundada. A solução dos problemas suscitados por esse ponto de vista deveria proceder à extrapolação da perspectiva desenvolvimental – após uma crítica de seus critérios simplificadores –, com o objetivo de lhe propor uma concepção hipercomplexa da temporalidade.

A segunda razão desse encontro não ocorrido é o fato de a descoberta da alteridade que habita a consciência não ter sido capaz de levar suas consequências ao ponto de persuadir o filósofo a se pôr verdadeiramente à prova dela, vivendo a experiência de uma situação de alteridade radical, a da transferência. De fato, o sujeito filosófico não pode, em hipótese nenhuma, renunciar ao privilégio de seu solipsismo transcendental. Por isso, foi preciso esperar que a psicanálise estabelecesse as condições de exercício favoráveis à eclosão dessa alteridade e à revelação de sua natureza conflituosa. Pois o o(O)utro, como observou Lacan, é tomado em uma dupla alteridade: a primeira se situa, através de seu discurso, na relação com a antilinguagem que representa a pulsão, e a segunda se refere àquele ou àquela que é colocado(a) em posição de responder ao estado criado pela reivindicação pulsional e que a situação psicanalítica instaura como destinatário da palavra.

A ALTERIDADE INTERNA À ALTERIDADE INTRAPSÍQUICA E INTERSUBJETIVA

O erro e a fraqueza de Lacan consistiram em resistir a essa *alteridade interna à alteridade*, à heterogeneidade entre pulsão e objeto, isto é, entre exigência do corpo e estatuto singular desse "outro-podendo-garantir-a-satisfação". E Lacan optou pela situação da facilidade, referindo-se ao inconsciente "estruturado como uma linguagem". Em outras palavras, o outro (objeto e ser falante) podia, apesar de tudo, dar uma resposta à demanda, "potencialmente falante", da pulsão, por menos que a linguagem possa ser encontrada no lugar do inconsciente. Mas há uma grande distância entre e o prazer imaginado e a realização, como há uma grande distância entre a pulsão e o inconsciente. É preciso, ao contrário, manter a brecha que impede essa homogeneização para que esta garanta à alteridade seu estatuto, em descontinuidade com a consciência. A alteridade não poderia se reduzir a designar apenas um outro "comum" (como Eu), chamado de "parletre", pois toda concepção que se apoia fundamentalmente na linguagem implica essa comunidade de colocutores, mesmo que a linguagem resvale do lado do mal-entendido contestando que "se queira" comunicar pela palavra. Não, a diferença que a alteridade implica é mais fundamental, mais obstinada. Ela necessita do recurso a uma incompatibilidade mais radical, porque o fundamento da troca será encontrar a compatibilidade, e não dispô-la de saída. Por isso, é imprescindível acentuar o que pode dar conta do choque interno com essa alteridade que me habita duplamente, em mim e em relação ao que não sou eu.

Há, portanto, e essa é a dificuldade, de um lado, potencialização de elementos em conflito que opõem os aspectos descritos pela língua e pela reflexão filosófica; de outro, ausência de possibilidade de utilizar os recursos da consciência – que acabamos de designar pela língua e pela reflexão –, a não ser por uma série de difrações graduais, para saber o que se passa na parte da psique que escapa à jurisdição consciente; *a fortiori*, para o que se refere ao conhecimento da minha relação com alguém como *outro semelhante*. Aquilo que no pensamento consciente corresponde a uma negatividade de recusa, remete, em uma concepção do inconsciente, a uma exigência silenciosa: o recalque na primeira tópica; a inconsciência de suas defesas pelo Eu na segunda. Em suma, de uma tópica à outra há *negativação do negativo*, porque a resistência se manifesta aí como um *"não" que não se diz e que nega sua própria negação pelo silêncio mesmo*. O recalque, diz Freud, está entre fuga e condenação. O que significa que a condenação, mesmo pronunciada, se autoextingue afastando-se sem deixar de agir. Portanto, o inconsciente não é apenas o oposto do consciente, mas o que é separado dele – pelo recalque. E, como tal, seu estatuto decorrerá da ausência. A situação se agrava quando Freud tem de enfrentar a incompreensão do paciente que permanece surdo e cego à interpretação de suas defesas pelo analista. Aqui, não é a resistência que cria obstáculo, mas a resistência à tomada de consciência das resistências.

A alteridade adquire sentido em relação a uma causalidade originalmente natural – consubstancial à organização do Eu – que constitui o anverso da psique, enquanto o reverso é formado pela relação que esta mantém com um outro, separado dela e construído com a mesma heterogeneidade constitutiva. Esse outro é colocado na posição de supostamente poder dar uma resposta (no duplo sentido da satisfação à sua demanda e ao seu desejo e do esclarecimento que estaria em condições de fornecer, por sua interpretação, sobre o que se passa naquele que é submetido à "pergunta" e espera que isso lhe seja respondido). Reflexivamente, o poder de ser o detentor de uma resposta deverá ser retomado pelo desejante demandador. Anverso e reverso combinam estreitamente seus efeitos, porque a pergunta, por mais enigmática que seja, é fruto do sofrimento, e porque o esclarecimento não se refere apenas ao que se passa no sujeito – o que colocaria o outro em uma relação de exterioridade em face deste último –, mas *àquilo que liga* o sujeito ao seu outro. Há, portanto, uma dupla estranheza de si a si, pela revelação de uma causalidade não consciente – não discursiva, segundo os cânones da secundaridade –, e estranheza de si ao outro, como discursividade regulada por uma relação de desejo com um objeto que não se poderia confinar na ordem do discurso, mesmo que o discurso seja a convenção aceita de troca.

É a relação dessas duas polaridades, intrapsíquica e intersubjetiva, que constituirá a essência do trabalho do negativo. Ser psicanalista não significa que se esteja bem posicionado para ter acesso à ideia da consciência, como movimento criador de figuras trazidas pela negação e pela negação da negação, mas que se situa de início em um universo marcado por tudo o que se opõe à totalização e à plenitude completas. O sintoma, por sua presença incômoda, se constitui como formação encobridora; sua singularidade poderia nos levar a esquecer o negativo de que ele é produzido e nos fazer cair do lado de uma positividade que ocuparia toda a cena, tanto mais que a perturbação que o provoca mostra que ele se atribui mais espaço do que se gostaria de lhe conceder.

Quando se é filósofo, por melhor que se esteja preparado para a ideia da opacidade, é difícil renunciar a permanecer no promontório luminoso da consciência ou do Ser em benefício de um inconsciente incontrolável e, mais ainda, aceitar as ideias de que o motor do desenvolvimento encontra sua fonte na derrota que representa o sofrimento e de que o desenrolar do pensamento, longe de conseguir conjurar seu retorno, só pode cuidar – sem se dar conta, talvez – de mantê-lo afastado. Isso pode inclusive levar o filósofo a simular – no controle de seu pensamento – os meandros do inconsciente, imaginando uma autoanálise conceitual; esta nunca leva a lugar nenhum, o que não surpreende, pois a lucidez não é nem a superação nem a realização da psique, mas apenas o consolo que permite o trabalho do negativo diante da satisfação impossível.

O que se introduzira no campo do conhecimento com a descoberta do inconsciente nada mais era que o processo da negatividade, que estendia seu campo, a partir da existência do inconsciente, da organização psíquica em todo sujeito às condições que determinam as loucuras mais inquietantes. O negativo trabalha a psique, como já sabemos; a psique, em troca, trabalha para a negação dela mesma, o que não se tinha previsto com o reconhecimento do trabalho do negativo.

Há, no implícito do procedimento que pensa o negativo, a afirmação subjacente de que o negativo é necessário não somente para se opor ao positivo, mas também para o próprio ato que permite ajudar a compreender o sentido da positividade. A positividade poderia ser pensada, então, sob a forma de uma negatividade rechaçada. Pode-se imaginar também, no extremo, o quanto deve receber de contrapartida negativa qualquer afirmação positiva. Mas, se é possível idealmente, por assim dizer, imobilizar o sistema até a paralisia, além de um certo limite, pode-se inverter sua marcha. Pois é preciso considerar o caso em que a negação seria investida, por sua vez, não somente de outros valores – eles também positivos, embora de sentido inverso – opondo-se à positividade inicial em face da qual a negação se estabelece de maneira propria e exclusivamente negativa.

O caso parece, à primeira vista, difícil de conceber. E se isso ocorre, é porque geralmente é muito difícil ultrapassar o sentido polêmico da negação, que faz dela uma afirmação invertida. É o que indicam as ambiguidades nas análises linguísticas modernas que se prendem a ele.

Para ir aos extremos, tomemos o caso em que a aniquilação, depois de suceder uma existência positiva, teria chegado a um estado definitivo que, enquanto tal, poderia ser visto como paradigma: a morte. O homem é tão refratário a esse nada definitivo quanto as religiões atribuem um lugar importante à ideia de uma sobrevivência, cujas características variam de uma a outra. Assim, se a morte enquanto supressão da vida parece aceitável, a morte instalada, que extingue definitivamente a vida que a precedeu, se dá como um absoluto que ultrapassa muito sua relação com a existência que substitui, e é como morte sem retorno que ela se torna intolerável e deve ser negada.

A forma de negação que, ao deixar de fazer frente, opera a retirada e opta pelo recuo de existência, podendo chegar até a inexistência, permanece, no entanto, no quadro de uma relação em que o desejo de afirmação do outro é reconhecido. O que se pode fazer ainda, na resistência que se opõe a ele, é arrebatar sua presa se autossuprimindo. Mas talvez existam formas ainda mais radicais, não sustentáveis pela consciência, em que o desejo de vitória do outro é aniquilado por uma mudança unilateral da regra do jogo. Foi isso que descobrimos no quem-perde-ganha, que caberia até melhor designar como quem-ganha-perde, de certas organizações psíquicas. Aqui, a indiferença à perda, a subtração ao desprazer e a incorporação do sofrimento à condição de estado ordinário do psiquismo substituem a busca do prazer, do bem-estar, de tudo o que pode dar a sensação de existir. De fato, toda vontade de ganhar está sujeita às contingências da perda que anularia o ganho, causa possível de fracasso. Já a anulação de todo ganho, sempre possível de pôr-se em prática, coloca o sujeito em posição de onipotência, cedendo, se necessário, à vontade do outro de aniquilá-lo, inclusive acolhendo essa vontade com júbilo, mas com a condição de frustrar o outro da satisfação do vencedor em infligir o sofrimento ao vencido.

AFIRMAÇÃO – NEGAÇÃO DA NEGAÇÃO – NEGATIVO SE NEGANDO

É preciso chegar à afirmação. Hegel propõe concebê-la como *negação da negação*. Talvez seja a única possibilidade que oferece uma concepção desse tipo. A consciência-processo implica que ela encontre obstáculo na própria natureza do que a constitui, e que no mesmo ato provoque a retomada de seu movimento. Essa visão hegeliana da consciência como movimento e esse desbordamento da consciência *em nome do movimento* não são suficientes para Freud e o levam a recusar a equação psíquico = consciente. Ele vai buscar o movimento não do lado da consciência, onde logo pressente uma barreira, mas aquém dela, do lado de um inconsciente. Porém, nunca será demais lembrar que esse não é o termo último da reflexão freudiana nem a base que constitui a psique. É na articulação – no quiasma, como diria Merleau-Ponty – definida por essa esfera do corpo que, mais que qualquer outro, tem necessidade do objeto, o *pulsional*, que Freud arrima o conceito de movimento. Pois o movimento do pulsional se refere duplamente ao que é necessário para o prosseguimento de minha existência e do meu vínculo com o outro semelhante que, antes mesmo de se tornar objeto de desejo, era condição de minha sobrevivência.

Vamos voltar mais uma vez às razões da inconciliabilidade dos dois sistemas. Em Hegel, a afirmação é concebida como negação da negação, porque se pode postular que a consciência só apreende a ela mesma no movimento da negação, desde que deixa de ser tomada na factualidade da certeza sensível. Quando se parte da certeza sensível, introduz-se a negação pela necessidade de conceber a consciência como potencialidade de distinção e, portanto, de separação de uma certeza sensível localizada, determinada, dirá Hegel. Mas, se a certeza sensível, como ponto de partida, é substituída pela excitação pulsional, tudo muda. Antes de tudo, porque a excitação pulsional não se apresenta com as mesmas qualidades de determinação que a certeza sensível. A certeza não é a do presente onde ela se dá, mas é coberta pela sombra do futuro incerto, em que apenas a satisfação da pulsão – sempre aleatória e sempre provisória – trará o apaziguamento buscado. Assinalemos de passagem o que esse deslocamento da certeza do presente para um futuro orientado e concentrado nessa única perspectiva incerta comportará de decepções, não apenas possíveis, mas inevitáveis, pondo em questão a meta de uma certeza de si para situá-la do lado do outro que detém suas chaves. Quanto à sensação, a "certeza" trazida pela satisfação, quando ela ocorre, é ainda mais firme, dadas as características de exigência imperiosa nascida de uma demanda corporal da excitação pulsional. Esta é tanto mais "certa" na medida em que não possui, como a excitação sensível, o meio de ser suprimida pela fuga. Além disso, sua intensidade crescerá com o tempo, pois as coisas não funcionarão pelo apaziguamento. Ao contrário, essa forma de certeza, ligada à pulsão e ao seu objeto, traz consigo a ameaça da exacerbação de sua insatisfação, assim como da supressão da satisfação, segundo as contingências do objeto. Ela é, então, mais certa (mais plena) que a sensibilidade e ao mesmo tempo mais aleatória quanto ao momento de sua aparição, à garantia de seu retorno e à precariedade de sua renovação. Portanto, o movimento negativo inaugural aqui não é mais a consciência como recuo, contemplação, separação, primeiro passo para o que será e deverá ser uma consciência de si, mas, ao contrário, a espera do movimento simétrico do outro, supressivo do desejo nascido de uma excitação pulsional indesejável ou ativado como efeito simétrico negativante daquilo que se produz quando a satisfação não pode ocorrer – o desprazer e seu corolário: o recalque. E é aqui que o processo se repete de outra maneira. Pela consciência, a certeza sensível se repete, pois a consciência não pode deixar de visar a certeza sensível ao mesmo tempo em que se distancia. Ela é o esboço do que será um Eu a se constituir por si mesmo em sua enunciação, mas cuja enunciação poderá se distinguir do enunciado ou, melhor ainda, figurar no enunciado para se referir à sua relação, no que ele diz, com aquilo de que ele fala que não pertence ao universo da palavra. Os avatares da excitação pulsional procedem de modo bem diferente, pois o primeiro destino desta é suprimir a consciência que se pode ter dela, não por desdobramento ou constituição de uma outra maneira de ser (consciência *versus* certeza sensível), mas como forma de ser que somente seria acessível além da barreira que a faz se tornar não-ser (o recalque). O desdobramento ainda atuará aqui, mas nessa direção; ou seja, no lugar da consciência, o recalque da excitação pulsional (ou de seus representantes) formará o núcleo do inconsciente, e o fará de tal modo – e é nisso que se realiza o desdobramento simétrico ao que dá origem à consciência – que o próprio recalque se torne inconsciente.

Portanto, a negação da negação, aqui, não é a afirmação, mas o desaparecimento do traço da excitação pulsional por remanejamento interno do que a nega, de maneira que essa última negação não possa servir de índice quanto ao sentido de sua operação. Por longo tempo, o pensamento freudiano se contentará, para testemunhar a presença pulsional, em invocar o fracasso do recalque e o retorno do recalcado que faz com que o inconsciente apareça como organizador das pulsões via o conceito de representante. Até o dia em que o trabalho do negativo não se limitar mais ao recalque ou aos seus fracassose e se centrar em seu sucesso para além de qualquer esperança: a inconsciência do Eu de suas próprias defesas. Essa realização – seu sucesso total – que era o que constituía a meta original do processo, aparece posteriormente como seu fracasso mais completo, visto que impede qualquer evolução das relações entre inconsciente e consciente. A negação da negação, no sentido hegeliano, não desaparece com isso, pois se pode considerar que a busca da satisfação pulsional e seu êxito devam ser vistos desse ângulo. Mas, dado que a significação que acabamos de desenvolver mais acima pode se referir à mesma expressão, esta se encontra dividida entre sentidos opostos.

Assim, a negação da negação se aplicará tanto à superação do recalque e à realização de atos que levam a uma satisfação pulsional, que se libertaria das proibições, quanto à operação que nega, ao mesmo tempo, a pulsão e a proibição. O mesmo se dará com o desejo que conduz à transgressão e com a própria transgressão. Haverá lugar ainda para uma terceira saída: aquela que acredita na feliz possibilidade de suprimir as proibições para encontrar a idade de ouro da inocência perdida, porque ela supõe que nenhuma excitação pulsional poderia em si mesma ser perigosa; todo perigo viria, ao contrário, da instauração da proibição e de suas consequências frustrantes. Uma diferença que separa Hegel de Freud é o postulado do filósofo de uma apropriação no sentido da transcendência. Em Freud, ela encontra apenas um lugar incerto, dos mais frágeis, completamente parcial, naquilo que ele designará pelo termo *renúncia pulsional*, como progresso em direção à espiritualidade (*Moisés e o monoteísmo*). Além disso, um dos pontos em que os sucessores de Freud podem estar em desacordo refere-se ao lugar e ao papel que ele atribui à sublimação como solução de conflitos provocados pelo destino de pulsões. Talvez seja o caso de recordar que a sublimação ocupará durante muito tempo uma posição que ela se mostrará insuficiente para manter, e que será suprida pela criação do supereu.

Observa-se mais uma vez de que maneira os projetos de Freud e de Hegel se separam. No filósofo, trata-se de chegar, por meio de um procedimento apropriado, a um conceito que até seus comentadores mais perspicazes tiveram dificuldade de discernir, que seria a realização do Espírito, coroamento de toda sua atividade constitutiva e do processo histórico do qual ele marca o desfecho. Para Freud, o desenvolvimento de sua obra, assim como a experiência de sua prática analítica e de sua própria vida levam-no a considerar seriamente a possibilidade de uma aniquilação que aniquilaria aquilo que a negatividade havia permitido realizar. Não como saída fatal ao Destino do Homem, da História, mas como uma das vias que não se pode ignorar, seguida por um trabalho do negativo que não se poderia limitar a uma solução única. Portanto, não um Destino, mas um destino entre outros. Essa direção de existência – que parece estranha ao comum dos mortais, pois eles parecem claramente orientar suas ações em sentido contrário – guarda um poder de fascinação incomparável, pelo menos para alguns.

É um mistério perturbador constatar que o pensamento do negativo pode produzir obras tão diferentes quanto as de Hegel e de Freud. Finalmente, se é permitido falar de elaborações do desejo e da defesa como obras da mente, como qualificar organizações psíquicas cuja negatividade adquire um sentido tão estranhamente mortífero quando os sujeitos que dão asilo a esses destinos do negativo veem aí apenas uma maneira de viver, e dizem que a trocariam por qualquer outra que os livrasse de seu sofrimento. Porém, o trabalho psicanalítico que tenha percebido as manobras desesperadas da negatividade, topará com frequência, em suas tentativas de conjurar sua progressão tentacular, com o mais apaixonado dos apegos a esse jugo que constitui sua subjetividade.

NOTAS

1. Jean Hippolyte, *Genèse et structure de la Phénoménologie de l'Esprit*, Aubier, 1946, p. 18.
2. Jean Hippolyte, *loc. cit.*, p. 68.
3. Jean Hippolyte, *loc. cit.*, p. 63.
4. Hegel, *Phénoménologie de l'Esprit*, tr. Jean Hippolyte, p. 18.
5. Hegel, *Phénoménologie de l'Esprit*, p. 11.
6. Encontram-se aqui as figuras familiares dos conceitos lacanianos de "a" e "grande Outro". Em Hegel, o Outro do conhecimento de si é dotado de maiúscula, privilégio que Lacan só atribui ao grande Outro.

3
Traços do negativo na obra de Freud

Um retorno a Freud revela ao exame uma presença do negativo que, sem dúvida, explica as tentativas de Lacan, e cujo abandono posterior por quem o havia revelado permite agora voltar a ele com um olhar novo.

Sem pretender absolutamente ser exaustivo, a reflexão sobre alguns grandes conceitos freudianos mostra que eles evocam uma teoria do negativo: assim, o sonho, o luto, a relação das pulsões com a representação se prestam a essa investigação. Mas é com a identificação – conceito portador de contradições – que o trabalho do negativo encontra uma de suas explicações mais notáveis. Esse reexame serve, sobretudo, para demonstrar que o trabalho do negativo é menos uma categoria nova, um adendo teórico a um *corpus* existente, que uma interpretação inédita que atravessa a teoria de um lado a outro. Reservamos para depois o estudo de um capítulo particular sobre o qual nos estenderemos mais: o das relações com o alucinatório.

IN-CONSCIENTE

A partir do momento em que Freud rompe a equivalência psíquico-consciente e defende a ideia de um in-consciente, o negativo – que já tem um lugar reconhecido em filosofia – se enraíza em um campo onde era ignorado. Inconsciente: o que é psíquico sem ser consciente, o que está "abaixo" da consciência e a trabalha sem se dar conta. Sabe-se que essa definição descritiva daria lugar, posteriormente, a uma definição estrutural: o inconsciente nada mais é que um tipo de atividade psíquica inferior ou degradada, uma espécie de reserva, um sistema que tem uma organização própria, é regido por processos diferentes daqueles da consciência, dotado de um regime de funcionamento particular, etc. Freud não se contentava em argumentar em favor do reconhecimento do inconsciente. Na verdade, ele se apresentava como o defensor de uma concepção do psiquismo em que a parte do consciente, fortemente superestimada, era em grande medida subordinada, e mesmo submetida, ao inconsciente. Tanto mais que só temos uma ideia vaga do inconsciente; o que nos é perceptível – parte visível do *iceberg* – oferece apenas uma apreciação muito insuficiente da extensão de seu campo e de seu poder. Desde que foi demonstrado que a atividade psíquica resulta da tensão entre três instâncias (ou melhor, três reagrupadas em duas; consciente-pré--consciente e inconsciente), cujas relações se modificam no curso do sonho, da fantasia, do sintoma, da transferência, constatou-se que o funcionamento do sistema consciente pode ser dominado pela ação do inconsciente e dos produtos a que ele dá origem; essa conclusão implicava indiretamente a existência de um trabalho do negativo, dedução que evocaria o recalque. Já se suspeitava dele mesmo antes da psicanálise – e esse foi, sem dúvida, o ponto de partida de muitas elaborações anteriores que contribuíram para o seu nascimento –, com a sugestão pós-hipnótica. O que podia, então, passar pela mente do hipnotizado entre o momento em que o hipnotizador lhe ordenava que, quando estivesse desperto, abrisse o guarda-chuva antes de deixar a sala, e aquele em que, tendo feito isso sem associar o ato à ordem dada sob hipnose, ele explicava essa incongruência alegando um motivo inventado extemporaneamente, cujo surgimento imprevisível não era menos desconcertante que o ato de execução da ordem prescrita? Como conceber o que pode ter existido no interior do psiquismo durante o período da latência do pensamento sugerido por um outro? Quando se tentava desvendar o mistério do funcionamento psíquico desse lapso de tempo, não se conseguia ir além da suposição da existência de uma impressão persistente, fora da consciência do sujeito, adormecido e depois desperto (pois o ato não é executado imediatamente após o despertar), depositária da injunção recebida, no vazio, diria eu. A performance, na verdade, mostrava menos o inconsciente do sujeito "impressionável" ou "sugestionável" do que a força sugestiva do hipnotizador. Ela indicava a possibilidade de um trabalho do negativo, porém, não a demonstrava em nada, pois não se pode atribuir a denominação de trabalho à mera conservação de uma impressão recebida do exterior por alguém. Contudo, era possível inferir a existência de um trabalho no segundo momento da operação: o da explicação por uma racionalização do gesto executado. O que se esperava encontrar em caso de mentira, mas não de sugestão. À pergunta "Por que você abriu seu guarda-chuva?" não haveria dificuldade em dizer: "Não sei" ou "É mecânico"; já a resposta "Para ver se está funcionando" tem o sentido de querer suprimir, pela afirmação de sua própria subjetividade, a do hipnotizador, rompendo o vínculo que une o par da experiência, deixando lugar apenas à vontade do sujeito.

O primeiro exemplo de um autêntico trabalho do negativo foi, de fato, a descoberta do trabalho do sonho, tanto mais porque nele o inconsciente se exprimia na inconsciência (do sono). Era apenas um início, e a continuação se revelaria promissora. Mais tarde, veio o exemplo do trabalho do luto para designar uma outra modalidade do trabalho do negativo. No caso anterior, tratava-se de falar de um funcionamento que se dava na ausência e fora da consciência; com o luto, é o trabalho que se produz depois da perda do objeto que é considerado como trabalho do negativo, em plena lucidez.

Um passo adiante foi dado aqui. O sonho necessita do sono para se instalar, e no sono falta a consciência. Mas, na verdade, o sono é um estado positivo, enquanto a ausência de consciência é que faz o papel do negativo. A insônia mostra um pouco que é a persistência da consciência que é sentida de fato como uma incapacidade. Em suma, o sonho, manifestação do trabalho psíquico que se desenrola nessa negatividade, não é uma consequência direta da falta que representa a inconsciência, mas seria, antes, o revelador da impossibilidade de realizar os desejos no estado de vigília. Contudo, salvo certos casos particulares que constituem fracassos da função onírica, seu conteúdo manifesto não indica claramente a falta que supostamente é atenuada pela tentativa de realização de desejo. Só após análise é que se descobrirá a fantasia inconsciente na fonte do sonho. Há, portanto, um trabalho do negativo no sonho porque a negatividade mesma, essa falta implícita a que remete a fantasia inconsciente, é ocultada.

Como se vê, limitamos essas observações às premissas da descoberta do inconsciente, sem chegar ao detalhe, na análise do sonho, sobre as relações que implicaria o funcionamento de censuras na atividade onírica e sobre os infinitos comentários que poderiam sugerir os mecanismos do trabalho do sonho em sua relação com o trabalho do negativo. Não que a literatura abundante existente sobre esses temas de reflexão seja suficiente para nos dispensar disso, mas é porque desejamos consagrar esta obra a aspectos tratados com menos frequência. Assim, basta, por ora, recordar o fundamento negativo de certos conceitos essenciais. É por isso que vamos nos abster igualmente de voltar às primeiras descobertas de Freud, particularmente inspiradoras desse gênero de reflexão, como a *Psicopatologia da vida cotidiana* – com seu cortejo de esquecimentos, de atos falhos, de lapsos – e o estudo dos *Chistes*. Sem dúvida, eles ofereceriam a oportunidade de uma abordagem do negativo em plena consciência, em plena luz, e não sob a capa da inconsciência, mas seria voltar também a caminhos bastante demarcados onde a apreensão intuitiva do trabalho do negativo basta a ela mesma e logo se tornaria fastidiosa se fosse amplificada, pois se limitaria a oferecer uma descrição diferente de fenômenos já familiares. Preferimos, assim, nos deter em outros fenômenos psíquicos, ou porque eles parecem maximizar, através de uma problemática relativa à perda, a incidência do negativo, frequentemente exprimida de forma detectável à primeira vista, ou, ao contrário, porque esta é tão dissimulada que não se pensa nela de início. Exemplo do primeiro caso é o luto e, do segundo, a identificação, cujo campo, aliás, se estende muito além.

LUTO, PERDA DE OBJETO, MELANCOLIA

Com o luto, a situação muda. A perda é patente, seus efeitos são maciços, reconhecíveis de imediato. Nesse caso, diferentemente do sonho, a falta pode ser identificada ao primeiro olhar. E Freud nota as estranhas características desse estado que nunca tinham sido objeto de uma indagação profunda, tão naturais elas pareciam. A tristeza, o abatimento certamente, mas também a idealização do desaparecido e o rebaixamento correspondente do sobrevivente. É difícil imaginar, à primeira vista, a que poderiam servir essas observações. É apenas graças a uma série de transições significativas (lutos patológicos) que Freud liga o luto à melancolia. Aqui, a perda também é evidente, porém o sujeito não sabe o que perdeu, e tampouco sabe como enfrentou essa perda. A resposta é conhecida: o Eu se identifica com o objeto perdido e se amputa de uma parte dele mesmo para que esta ocupe o lugar do objeto que não é mais, se dividindo, contra ele mesmo. Aqui, o sentimento de perda, pela inconsciência do que se perdeu e que será substituído pelo próprio Eu, dá ao trabalho do negativo uma dimensão incomparável. O negativo já não é apenas aquilo que age em silêncio, por meio da censura ou do sono, e permanece quase inteiramente irreconhecível – como será o caso também, em certa medida, para a neurose. Ao contrário, o negativo, pelo fato de atingir o próprio Eu, chegará a um grau mais elevado de complexidade. Pois, de um lado, o Eu sendo atingido, essa negatividade se torna mais visível – o deprimido, evidentemente, está sob o domínio da negatividade na imagem que tem e que passa dele mesmo (e aqui o negativo assume uma conotação que o vincula nitidamente à destruição); de outro lado, essa visibilidade ampliada do negativo é acompanhada de uma maior opacidade em face de si mesmo. Em outras palavras, se o negativo é mais perceptível de fora, seu trabalho permanece não reconhecido dentro. Esse é o grande paradoxo que vai embaçar a visão dos psicanalistas; a positivação do negativo, ao tornar evidente sua existência, tem como resultado a negação do negativo por essa mesma positivação. Não se está mais em um universo de ausência, inferido pela falta que se descobriu em consequência do desejo inconsciente que corrige essa falha, e sim no sofrimento de uma perda que é bastante presente, mas aquele que a sofre não consegue saber nem do que ele sofre, nem o que o faz sofrer. Quanto mais o sofrimento se apresenta como excesso de presença interna causada pela ausência do objeto perdido, o que se manifesta por uma dor psíquica, menos o Eu conhece a natureza desse sofrimento (o ódio que lhe é subjacente) e a do objeto que o provoca. Do mesmo modo, ele parece não saber nada sobre a forma como é negativado para substituir o objeto perdido, perdendo sua capacidade de reconhecimento e de consciência, sacrificando o amor por si e o prazer que pode tirar de sua própria imagem.

Podemos compreender agora como uma exigência fundamental do pensamento de Freud pode assumir dois aspectos aparentemente muito diferentes e em certa medida opostos. Alguma coisa do sujeito deve permanecer desconhecida dele mesmo. Quando esse desconhecimento se aplica ao seu desejo (é o caso da neurose que não se afasta da normalidade por uma separação nítida), a ocultação deixa o Eu intacto. Ele não consegue perceber, pois não poderia tomar consciência disso sem admitir que o que pretende, no caso, é desafiar uma proibição, aquilo que é proibido até de pensar. Ou, então, segunda eventualidade, esse desconhecimento se refere não ao que o Eu não poderia ver do seu desejo porque uma cortina o separa dele, mas à estrutura que lhe é inerente e que liga sua atividade como provedor de satisfação àquela em que ele é o suporte da função que garante o conhecimento que tem dele mesmo. Enquanto ser desejante, sem dúvida; porém, mais ainda, quanto à posição que ele adota em face do desejo que o habita. Uma distinção desse gênero torna-se indispensável na análise das defesas descritas por Freud depois de 1925; a clivagem do fetichismo é o exemplo mais demonstrativo disso. Esse segundo caso é o que Freud descobre quando de sua análise da melancolia, o que lhe permitirá, mais tarde, generalizar seu alcance ao sustentar que o Eu é inconsciente de suas próprias defesas. Portanto, ele não é cego apenas a uma realidade que não sabe ou não pode ver, mas também em relação a ele mesmo, ao seu modo sacrificial de reparação e de restituição do objeto em detrimento de sua unidade e de seu sentimento de existência, e esse desconhecimento condiciona secundariamente sua cegueira em face da realidade. Na noite escura, nem cegos nem videntes enxergam. Mas tão logo nasce o dia, o vidente vê o mundo e o cego permanece na noite. É a existência dessa cegueira estrutural que obrigará Freud a modificar sua concepção do Eu e a construir uma segunda tópica.

Vamos deixar de lado essa positivação ligada ao contexto patológico da depressão melancólica e reter apenas a negatividade estrutural que se encontra de maneira generalizada e fora de qualquer conjuntura particular: é isso que justifica o fato de Freud ter abandonado o in-consciente como instância e de tê-lo relegado à condição de qualidade psíquica. Só existe inconsciente para um Eu suscetível de ter consciência dele ou para uma consciência, atributo do Eu. Se o Eu é em grande parte inconsciente, a teoria do in-consciente recalcado já não basta. Pois a inconsciência do Eu trai seu aferramento a defesas anacrônicas que deixam o terreno livre para as pulsões sobre as quais ele não pode estender seu controle. Também a qualidade do que não é consciente sob forma de representações (inconscientes) da primeira tópica não é suficiente para definir o que é passível de se opor ao Eu, pois esses remanejamentos funcionais não visam tanto corrigir um disfuncionamento representativo, mas, antes, ter a medida da perturbação da economia dos investimentos de objeto cuja perda "afeta" a própria textura do Eu. Tal afetação testemunha a necessidade de levar em conta outra coisa além do que designa a organização das representações. Essa "outra coisa" de natureza afetiva faz pensar que ela toca as pulsões de maneira mais imediata do que as representações e produz um perigoso curto-circuito pulsão(afeto)-Eu-objeto. Pois a supressão do objeto e dos vínculos que o unem às pulsões e ao Eu indicam a vetorização destrutiva dos investimentos pulsionais que seriam brutalmente privados de sua principal fonte de abastecimento. Daí o impacto de um inconsciente marcado por suas moções pulsionais "mais antigas", orais, canibalísticas. Pois o Eu é vencido por uma outra forma de inconsciência, aquela que tem a ver com suas resistências ao trabalho analítico, implicando uma modificação de suas relações com o objeto. Será o caso de encontrar uma entidade antípoda ao Eu que não possa, em hipótese alguma, se gabar de parecer com aquele que diz "Eu" *em plena consciência* e que, por sua estrutura, não comporta nada que se prenda à menor racionalidade. O inconsciente, por sua organização, podia tirar proveito de ser uma razão outra. A nova instância será privada de qualquer tipo de racionalidade. Será apenas daimônica. Essa é a razão de ser daquilo que recobre a teoria do id. E é por isso que o caráter radicalmente não-Eu (id) – negativo do Eu (visto da perspectiva que é a sua) – é, na verdade, o efeito de uma positivação radical: a pulsão. Outra maneira de dizer que o negativo (considerado do ponto de vista da pulsão) é a condição primeira da elaboração psíquica. No capítulo das *Novas conferências introdutórias sobre a psicanálise*, que trata das decomposições da personalidade psíquica, Freud assinala a negatividade incontornável presente na teoria: "o pouco que sabemos dele [o id], nós aprendemos pelo trabalho do sonho e pela formação do sintoma neurótico, e a maior parte do que reconhecemos ter um caráter negativo, só pode ser descrita em oposição ao Eu".[1]

Freud já havia encontrado, com o Presidente Schreber, a conjunção da inconsciência do Eu a uma regressão grave. Mas, se ele não se detém no trabalho do negativo, é, talvez, porque tenha visto no delírio uma modalidade restitutiva do Eu, já que o vazio consecutivo ao recalque da realidade ou ao refluxo dos investimentos sobre o Eu deixa antever menos a negatividade subjacente de que ele é a manifestação do que a positividade da recuperação que o delírio expressa. Será preciso esperar 1924 e seu artigo *A perda da realidade na neurose e na psicose* para que se reconheça explicitamente que o delírio é como um remendo para tapar o buraco, esconder o rasgo que atingiu o Eu. E isso marca a diferença com a melancolia, pois não basta que o Eu se sacrifique para substituir o objeto perdido. O delírio é como o punhal que não se deve absolutamente retirar do corpo do agredido sem intervir no ferimento, sob pena de matá-lo. Além disso, as relações do luto com a melancolia deixavam antever uma coerência muito mais forte que as da fantasia e as do delírio. O recalque da realidade se intercala entre a fantasia e o delírio, criando um hiato ainda que nem sempre sua realidade seja claramente perceptível. Enquanto luto e melancolia são unidos por uma relação que a intuição pode captar de imediato, uma vez que o luto é uma experiência comum de existência, a relação da fantasia com o delírio é mais tênue e menos corrente. A fantasia é uma atividade espontânea do trabalho psíquico, que dispõe de um meio propício e imediato para dar forma à realização de seus desejos; ela age como consolo diante da decepção infligida pela realidade, garante a continuidade do trabalho psíquico fazendo frente ao que poderia suspendê-lo. O funcionamento fantasmático é permanente, enquanto o luto, ainda que essa experiência faça parte das vicissitudes da existência, é uma crise. Uma crise que será superada e ultrapassada, mas mesmo assim um rasgo no tecido experiencial. É por isso que o luto – devido ao seu aspecto crítico e reversível – pode servir de protótipo ao acesso melancólico, expressão de uma psicose aguda e periódica que Freud prefere denominar neurose narcísica.

Se Freud tivesse vivido tempo suficiente para tomar consciência da originalidade dos casos-limite, talvez tivesse encontrado a possibilidade de descobrir os protótipos do delírio através do que chamei de "loucura privada",[2] entre a fantasia comum e as manifestações da psicose crônica. Um tal exemplo seria tirado provavelmente das vicissitudes da vida social, na perseguição política e xenofóbica no sentido mais amplo do termo da qual ela própria seria vítima. Aqui, se coloca o problema das diferenças entre projeção ordinária e psicótica, ao qual voltaremos.

O caminho que deveria conduzir ao abandono da referência ao in-consciente como conceito – na verdade, trata-se menos de um abandono do que de uma radicalização do fenômeno visado, livrando-se das pressuposições terminológicas e ideológicas que ele recobre – nos impele a retroceder para procurar sua raiz mais profunda.

PULSÕES E REPRESENTAÇÕES

Ao assinalar os efeitos da falta, a teoria da psicanálise se vinculou de pronto ao negativo. Quando se pensa no modelo de base do psiquismo – a realização alucinatória do desejo – dispõe-se do argumento mais decisivo da existência de um trabalho a partir do desejo insatisfeito. A sequência experiência de satisfação-traço dessa experiência-pausa-ressurgimento da necessidade-reinvestimento dos traços da experiência de satisfação (desejo)-realização alucinatória do desejo-fracasso dessa realização alucinatória-sinais de desamparo-retorno do objeto que proporcionou a satisfação e nova experiência de satisfação, apesar de seu caráter esquemático, ajuda a compreender de imediato o sentido do trabalho do negativo. Trata-se não apenas de atenuar a falta, mas também de mostrar que os traços inscritos no aparelho psíquico não são fixos, nem inertes. Não apenas eles são suscetíveis de despertar novamente, como igualmente podem se modificar, se enriquecer ou se deformar por excesso, falta ou alteração, se organizar, etc.

Todo esse sistema não teria a menor consistência se não fosse animado, do interior, pelas pulsões sempre em busca de satisfação, portanto sempre suscetíveis de dar origem a moções de desejo. E, como não é possível que elas obtenham uma satisfação imediata – que, aliás, jamais pode ser integral – esse é o tempo e o lugar em que pode se desenrolar o trabalho do negativo. Observemos: o desejo que reinveste os traços de uma experiência de satisfação é um movimento. "É esse movimento que chamamos de desejo", diz Freud. Um tal dinamismo, que se põe em busca do objeto a partir desse traço (isto é, da memória da experiência), imita o movimento da boca do sujeito à procura do mamilo. O desejo replica intrapsiquicamente a lembrança da atração da boca movida pela pulsão em direção ao objeto, inscrita na intersubjetividade e reativada de maneira intrapsíquica. Assim, deveria estar claro desde agora que as representações inconscientes, como expressão do trabalho do negativo (em relação à falta do objeto que garante a satisfação), já são o produto de uma negativação da pulsão, pois ela encontra inicialmente apenas o vazio, antes de se transformar em movimento de desejo. Mais tarde, a demanda imperiosa de satisfação pulsional terá sortes diversas: poderá ser diferida e, às vezes, precisará até se calar; a pulsão deve, então, ser negativada. A perversão polimorfa inicial dará lugar, não sem dificuldade e protesto, à infância civilizada, condição que favorece a eclosão da neurose. A neurose será o negativo da perversão.[3] Esse era o resultado das medidas adotadas contra as fixações das pulsões pelo contrainvestimento. O negativo não poderia ser reduzido aqui a uma comparação fotográfica. Ele já implica, a meu ver, a estrutura bifacial do sintoma, desejo e *defesa*, e é a esse título que a neurose é "negativa", enquanto a perversão é desejo e *satisfação* – segundo Freud, pelo menos.

A concepção do negativo em Freud, sem obedecer a uma linha determinada, avança pontualmente, devendo ser interpretada a cada vez de maneira diferente, conforme o contexto. Aplicada à alucinação, ela traduz um desbordamento das fronteiras da percepção, espécie de fracasso da prova de realidade, à qual voltaremos. Utilizada em seguida para caracterizar certas transferências, ela dá a entender que a transferência não é exclusivamente positiva e descobre o papel do ódio ao analista (e sobretudo à análise) como obstáculo à progressão do tratamento. Ninguém duvida que a descoberta da reação terapêutica negativa foi uma das principais razões da introdução, na teoria, da pulsão de morte primeiramente, e da segunda tópica depois.

É quando a pulsão se manifesta na plena expressão de sua positividade que, paradoxalmente, ela se liga a essas formas do negativo que não derivam do recalcado ou do inconsciente, mas evocam mais a sucessão de figuras da consciência que se desenvolvem por inversão de perspectiva ou por modificação da tópica do sujeito, este último trocando de lugar com o objeto, o outro. É a esse quadro que conduzem as descrições do voyeurismo e do exibicionismo, assim como as do sadismo e as do masoquismo em *Pulsões e destino das pulsões*. É nesse trabalho que Freud descreve dois mecanismos de defesa, a transformação em seu contrário e o redirecionamento contra a própria pessoa, sobre os quais dirá, posteriormente, que eles preexistem ao recalque. Em outras palavras, o negativo, antes de constituir um território e um espaço de trabalho, se manifesta em plena luz do dia produzindo configurações que são ligadas entre elas por relações de simetria e de complementaridade, seja invertendo o percurso do investimento do sujeito no objeto, seja mudando o sinal desse investimento, isto é, transformando o que é positivo em negativo, substituindo o amor pelo ódio. Reencontraremos esse movimento mais adiante. Freud descreverá um processo similar em *Uma criança é espancada*. Essa contribuição ao conhecimento da gênese das perversões sexuais se refere não às pulsões, mas aos seus representantes organizados em fantasias. Nesse artigo, a sequência dos momentos da fantasia – cada uma dando lugar a uma elaboração particular – parece comandada pelo próprio processo do livre desenvolvimento da fantasia consciente. Cada posição desaloja a anterior, dando origem a uma nova fase que é também um "quadro" diferente, pois o cenário se modifica, acompanhando seu desenrolar. Esse engendramento da fantasia sob o impulso de seu próprio desdobramento, na medida em que cada fase vem, na verdade, negar a anterior, é também uma das figuras do trabalho do negativo. Seu interesse é, evidentemente, não fazer alusão ao recalque e ao inconsciente a não ser de forma indireta, e se desenrolar, na maior parte das etapas, à luz da consciência. Não deixemos de observar que a forte coloração masoquista já anuncia a posição central do masoquismo e prefigura os desenvolvimentos que se seguirão da pulsão de morte.

Talvez se imaginasse que esses desenvolvimentos terminariam por incluir a regressão no grupo dos conceitos que dizem respeito diretamente ao trabalho do negativo. Não será o caso. Pois, se é comum conceber a regressão como uma inversão de sinal da evolução, essa orientação regrediente devida à fixação é, a meu ver, um péssimo exemplo do negativo, dado o esquematismo que a caracteriza. Deixando para uma outra oportunidade a tarefa de retomar em detalhe um disfuncionamento cuja existência é inegável, quero apenas me explicar sobre as razões da recusa dessa inclusão. A regressão, longe de se apresentar como uma modalidade da negatividade, é, de fato, o sinal do fracasso do trabalho do negativo. A expressão direta que constitui a mudança de sentido da progrediência não merece a qualificação de negativo, na medida em que testemunha uma incapacidade de se desprender da positividade, acompanhada da tentativa desesperada de se agarrar a uma outra expressão desta, por intolerância a suportar os sacrifícios necessários à realização do trabalho do negativo (suspensão da presença, intervenção do contrainvestimento e outros mecanismos de defesa, etc.). Isso quer dizer que não haveria formas "regressivas" do trabalho do negativo? Absolutamente. Mas nós reservamos esses aspectos às constelações onde o trabalho do negativo procede a uma extrema concentração de seus brotos, deixando de lado as formas de elaboração que desempenham o papel de intermediárias com a pulsão e o Eu. O alcance regressivo é avaliado pelo caráter "intratável" das produções psíquicas com um fechamento marcante do leque de possibilidades que permitem a respiração mental, salvaguardando sua mobilidade e seu dinamismo. Há coalescência de diversos registros psíquicos (representantes psíquicos das pulsões, representantes-representações, afetos, atos, etc.), mobilizadores de tensões explosivas de alto potencial de desorganização. Esta é uma outra maneira de dizer que há pulsionalização geral do psiquismo, e não apenas retorno mecânico a fixações passadas. No entanto, eis que, ao reconhecer a natureza regressiva desses fenômenos de contração da vida mental que parecem partir de fracassos do aparelho psíquico em criar formações intermediárias, somos levados a reconhecer que nossa contestação do pertencimento da regressão ao trabalho do negativo era parcial e insuficiente, pois pensamos somente na regressão dinâmica e na forma como ela pode se prestar à desnaturação do conceito de negatividade. Não levava em conta o outro aspecto da regressão (tópica) que foi objeto de desenvolvimentos interessantes na psicanálise francesa, e cuja utilização teórica veio felizmente corrigir uma utilização esquemática do conceito. Como se, também ali, o recurso às facilidades oferecidas por uma certa utilização da regressão dinâmica (até a evocação de suas ressonâncias jacksonianas e spencerianas) traduzia, em seus defensores, a mesma insuficiência que aquela que designamos nos pacientes aos quais nos referimos anteriormente: o curto-circuito do pensamento talhando grosseiramente a teoria, procedendo a um desbravamento devastador para chegar a um esquematismo que aproxima excessivamente as significações psicológicas e biológicas desse conceito. A palavra em si evoca apenas a marcha para trás. Qualificar a regressão de dinâmica é quase um pleonasmo. Ao contrário, a ideia de uma regressão formal ou tópica nos permite recuperar o rico leque da produtividade psíquica e a elaboração complexa de um movimento contraditório que se mostraria capaz, ao mesmo tempo, de regredir e de permanecer no lugar para "progredir" na elaboração mental através dessa trajetória indireta, "oblíqua", no sentido que os antigos davam ao termo. A regressão tópica constitui, talvez, o essencial do que descrevemos, mas há boas razões para questionar a qualificação pela regressão desse fenômeno.

Quando as exigências da prática, assim como a necessidade de que a teoria seja mais coerente e mais apta a responder a elas, impuseram a mudança de tópica; a segunda torna ainda mais imperiosa uma elaboração do trabalho do negativo, tanto mais que a última teoria das pulsões revela novos dados, da repetição como rememoração, por exemplo. Substituindo o inconsciente pelo id, fazendo desaparecer da definição deste último qualquer alusão à representação e ao conteúdo, despojando a maior parte do Eu da propriedade da consciência e aplicando o mesmo tratamento ao supereu, o campo do trabalho do negativo se estende; suas modalidades se tornam mais complexas e suas formas de expressão, mais variadas. Pois o negativo não é apenas o in-consciente; é a superação do critério consciente-não consciente, nem mais nem menos. Essa é a mudança de paradigma que coloca no fundamento do psiquismo não o inconsciente, mas as pulsões, elas mesmas divididas agora em figuras de vida ou de morte. Há, aí, em relação à tese do inconsciente que ignora a negação, uma revisão em favor da substituição do inconsciente pelo id, habitado por essas duas espécies de pulsão.

PULSÃO DE MORTE E SEGUNDA TÓPICA

Já chamamos a atenção para a mudança capital que diferencia as duas tópicas. Na primeira, a pulsão (que, vale recordar, não é nem consciente nem inconsciente) se encontra fora do aparelho psíquico. O mesmo não ocorre na segunda, em que o abandono do critério "consciência" permite incluir as pulsões – por intermédio do id – no aparelho psíquico. A conclusão se impõe: o trabalho do negativo não tem mais como matéria principal o inconsciente. Embora este não deixe de estar presente no campo da elaboração psíquica, não constitui mais a matéria-prima a transformar. Cabe à pulsão, às moções pulsionais, a função outrora atribuída ao desejo.

Além disso, as formas mais transformadas dessas moções pulsionais encontram-se sob os auspícios do supereu, capaz de subverter a tarefa e de ressexualizar a moral. A mudança decisiva é justamente aquela que precede a adoção da segunda tópica: a consideração da pulsão de morte. Pois é ela que se encontra nas duas extremidades do aparelho psíquico: na base, com as moções pulsionais destrutivas; no pico, com o masoquismo moral. E é claramente o campo do masoquismo originário que se estende sob nossos olhos.

A evolução é significativa. No início, o trabalho do negativo designa uma estruturação insuspeitada do psiquismo não consciente, uma organização latente lá onde se via apenas acaso, aleatório, ausência de estruturação em princípio neutro. Ao término do percurso, ainda que a meta geral da organização descrita anteriormente permaneça, ela é obstruída por uma potência desorganizadora, desestruturante, de aspectos múltiplos, sendo que os mais superficiais se apresentam como uma "organização da desorganização" (o sentimento de culpa inconsciente, por exemplo), mas os mais profundos deverão ser relacionados a uma "potência de desorganização desorganizante", sem estruturação e mesmo oposta a qualquer estruturação (portanto, a qualquer inteligibilidade), *pura cultura de destruição*.

O negativo está tensionado entre dois polos: negativo do recalque de um lado; negativo do masoquismo da reação terapêutica negativa, de outro. É preciso assinalar que o negativo da neurose tem como objetivo preservar a relação com o objeto na esperança secreta de que o desejo se realize – sem, com isso, ceder às tentações perversas –, enquanto o negativo da reação terapêutica do mesmo nome gruda o sujeito ao seu objeto, mais do que preservar o vínculo. Aqui, a esperança de um dia ver o desejo se realizar é definitivamente frustrada; nada mais resta a não ser a solidificação de uma *"relação de não relação"* condenada a permanecer sempre a mesma, pois o desejo se perdeu nas areias e se tornou indiscernível.

Portanto, nos dois casos, essa negatividade seria um lugar ou para esperar a realização futura de sua meta ou, ao contrário, para celebrar indefinidamente seu naufrágio e se iludir com os encantamentos devotados ao irreparável. Qual a diferença? No primeiro caso, a tomada de consciência do desejo recalcado (proibido) permite o desligamento da transferência e a busca entre os objetos do mundo daqueles que, tendo a análise passado por ali, possam proporcionar, ainda que parcialmente, a satisfação – não somente alucinatória – do desejo. Jogou-se demais com o caráter ilusório, falacioso e inacessível dessa satisfação – sob o pretexto de realismo e, às vezes, tendendo ao profetismo, pois este nunca deixou de ter adeptos, por mais desesperado que fosse – para se fazer arauto de um niilismo psicanalítico. Sem atingir a idealidade que se espera dela, a satisfação permanece na ordem do possível, mas nem por isso se poderia identificá-la à promessa de um *happy end*. Digamos mesmo que este ocorra em qualquer circunstância, aconteça o que acontecer. "Tudo se arranja... mas mal", dizia Alphonse Allais. O verdadeiro problema, no entanto, é saber se é possível oferecer à satisfação outras vias que não aquelas onde ela se extenua. A resposta não é garantia, e mesmo o pior nem sempre é garantido. Retenhamos aqui a astúcia de um pessimismo generalizado que não deixa de ter vantagens. Usando como escudo o fato de tê-lo previsto no início, o analista não precisa mais se interrogar sobre seu ato. Basta que se tenha horror a ele (Lacan) para se sentir desculpado. Refiro-me menos ao confronto dos resultados da análise ou da avaliação estatística de curas, fracassos, estabilizações ou descompensações, do que a práticas e modos de inteligibilidade daquilo que é analisável, incluindo a discussão sobre a inanalisabilidade (esse impronunciável). Esse relativo otimismo é destinado a assinalar o contraste com a reação terapêutica negativa propriamente dita, que é marcada – em oposição à anterior – pela impossibilidade de renunciar à atualização dos desejos com o objeto da transferência, desprezando tudo o que não é ele, situando-o em uma desdenhosa inacessibilidade, sem, com isso, se permitir tocar afetivamente por ele e recusando qualquer satisfação fora da análise. É portanto a fixação ao objeto, suporte de imagos primárias, que se exprime aqui sob a forma de um ódio inextinguível em razão da recusa que continua a lhe ser oposta. Essa fixação parasitante se manifestaria ainda se este tivesse cedido às objurgações do sujeito e *porque ele teria cedido*. Isso estaria, de algum modo, relacionado à ideia de Jean Guillaumin segundo a qual a autodestruição seria "a perversão mesma do desejo de viver".[4]

IDENTIFICAÇÕES

Cada um dos diferentes conceitos que acabamos de abordar mostra como se pode oferecer uma interpretação segundo o trabalho do negativo no campo que lhe é próprio. Com a identificação, a referência ao trabalho do negativo se revela insubstituível para trazer à luz e articular as contradições discerníveis no cerne das diferentes facetas da problemática da identificação. Daí a necessidade de um exame mais extenso e aprofundado.

Se a pulsão pode ser considerada sob a dupla perspectiva disso que literalmente propulsa uma subjetividade nascente em direção ao seu objeto, e se a representação é, de algum modo, o primeiro destino obrigatório, lá onde ela não pode obter a resposta imediata conforme à que ela espera – e essa é a sorte que ela encontra obrigatoriamente, em razão das necessidades da vida, como diz Freud –, apreende-se essa passagem da pulsão como delegação de uma demanda corporal portadora de rogativas imperiosas para restabelecer a paz interior e, ao mesmo tempo, como apelo aos recursos que necessitam ser encontrados no interior da estrutura psíquica para fazer face a essa não satisfação. Dupla negatividade, de fato, pois não se pode compreender o efeito da pulsão à espera dessa resposta como negatividade devida a essa ausência de satisfação (caminhando a par com a ausência do objeto que supostamente pode satisfazê-la) e a satisfação substitutiva – indiretamente – que pode se tornar a representação. Mas se trata de uma negatividade, digamos, reacional, que protege do mais premente, sem, com isso, prejulgar o futuro.

Pode-se contar sempre com a renovação infinita do desejo para assegurar o movimento de progressão da organização psíquica. Contudo, ainda que o risco da inércia seja conjurado, o dispositivo descrito não permite em nenhum caso compreender como se elaboram as mil e uma maneiras de tornar a situação de não satisfação menos problemática. Isso, não apenas atenuando a contrariedade da insatisfação, mas conseguindo encontrar formas de satisfação derivadas, seja a título de consolo, seja a título de deslocamento, uma e outra permitindo descobrir soluções inéditas. Assim, a retomada do movimento pulsional se complexifica:

- pela antecipação da não imediaticidade da satisfação e/ou pela ausência desta: é o desejo;
- pelo armazenamento de soluções provisórias graças a um dispositivo que permite remobilizar, com um objetivo de prevenção, os parâmetros do modo de satisfação dos desejos: são os traços mnésicos.

Outras medidas postas em prática por esse dispositivo regulam esse par de base:

- o recalque, que permite evitar ou pelo menos reduzir o desprazer e institui uma espécie de segundo mundo exterior, dando origem ao recalcado organizador do inconsciente. Isso permite, pela primeira vez, falar não apenas de um processo da negatividade, mas de uma negatividade constituída, que logo assumirá a forma de uma negatividade instituída. Pode-se captar, aqui, a primeira conjunção de dois

grandes sentidos do negativo: o negativo como desprazer ou como contrário do prazer e o negativo como duplicação da experiência positiva buscada: realização alucinatória do desejo e de fantasias;
- o todo é submetido à dinâmica do desenvolvimento libidinal maturativo, e é impossível ignorar sua força própria – por obscura que seja – inscrita no movimento da vida, alimentando sem cessar as demandas pulsionais.

Isso tudo que acabamos de descrever testemunha propriedades de complexificação, de acumulação, de integração, em suma, de auto-organização do psiquismo. No entanto, falta um dado fundamental, aquele que trataria propriamente da dimensão incontrolável, aleatória, do objeto. Até o presente, só tivemos de levar em conta a não satisfação (imediata ou parcial), e examinamos os diferentes meios pelos quais se poderia encontrar uma solução. Pode-se resumir a situação descrita pela necessidade e pela vontade de impedir o aparecimento da angústia (se não do desamparo), que é, na maioria das vezes, uma desorganização com valor de mensagem. Quando esta se agrava, é a dor frequentemente ligada à perda. Distinguiremos aqui a crise, resposta a uma situação de total imprevisibilidade do lado do objeto, que provoca uma desorganização pela fragmentação de uma estrutura psíquica em estado de decomposição, e a dor, causada pelo desaparecimento do objeto, sem real desorganização ou representando-a por si só, como se a contivesse em seus limites, constituísse seu limite, desencadeando seus efeitos nocivos por aquilo que acompanha a privação, a perda de substância, a amputação psíquica, todas elas ameaças que mobilizam a psique, talvez destinadas a evitar o desmoronamento e a fragmentação. L. Guttieres-Green[5] descreveu uma síndrome de amnésia dolorosa que mostra a função limitante da dor, zelando por um passado cuja significação traumática deve ser ocultada. Compreende-se como a castração pode significar a simbolização da catástrofe, pela concentração no essencial dos dois grandes agentes desorganizadores: a constatação da falta de membro, ameaçando a integridade do sujeito, e a representação, atingindo a conformação do objeto – que se tornou um ser propriamente inconcebível –, privado do órgão de seu gozo. A angústia afeta tanto o que é e que parece impensável quanto o que se poderia tornar, fazendo pesar sobre o futuro o temor de qualquer mudança.

Assim, entre os diferentes ângulos sob os quais precisamos examinar o problema, temos de marcar o lugar do objeto, isto é, olhar para a parte mais incontrolável da conjuntura, por ser exterior à psique e, no entanto, estar presente nela (sob o duplo estatuto de componente da montagem pulsional e das representações a partir de traços mnésicos). A estrutura psíquica deve, portanto, encontrar uma solução especificamente orientada pela relação com o objeto, de maneira tanto mais coercitiva quanto a ligação de dependência que a liga a ele é inelutável para assegurar sua sobrevivência. Este é um agente atrativo ou repulsivo, gerador de imprevisibilidade, mestre de gratificações e de frustrações, enfim, fonte de incerteza, na medida em que a configuração interna de sua inscrição na psique pode causar a confusão com a percepção externa, que supostamente assegura as provas de sua existência e da realidade da satisfação que ele proporciona. Isso, para falar do fato de que sua constância não é nada garantida e de que ele não para de oscilar em um gradiente que vai do amor louco, que é capaz de suscitar, ao ódio mais implacável que pode igualmente fazer nascer, o pior sendo provavelmente a indiferença soberana que pode testemunhar em face do que se espera dele, indiferença devastadora porque é geradora de uma perda de sentido.

A representação do objeto assegura certa presença intrapsíquica reguladora ou desorganizadora. Fazendo parte da montagem da pulsão, o objeto se torna um guia indispensável das representações-meta. Ligando-se aos traços mnésicos, ele segue as vias traçadas, ao menos em parte, pela experiência anterior, e leva a organização psíquica a se elaborar em torno de uma memória que permite demarcar o que deve ser evitado ou buscado menos de acordo com critérios adaptativos do que tensionados entre dois polos frequentemente incompatíveis, entre prazer e desprazer, ou divididos entre a prioridade a atribuir ao Eu e ao objeto. Finalmente, constituindo-se em representação, tal organização fornece à própria psique um objeto de natureza nova, plataforma de uma elaboração psíquica futura. Contudo, existe sempre o perigo de ser prisioneiro de ilusões que levam a tomar a presa como a sombra, a ver a representação como a percepção, e é esse o elo mais vulnerável da ligação psíquica. Recordemos que o trabalho da representação se efetua na ausência do objeto, lá onde faltam as qualidades sensoriais que asseguram o estabelecimento de uma relação afetiva com ele.

Não esqueçamos, porém, que há objetos significativos com os quais a relação não procede de um contato físico imediato. E mesmo quando este ocorre, não implica o mesmo investimento que existe com o objeto primário, visto que a estreiteza da proximidade com o corpo materno e o apego ao prazer que ele proporciona são, sob todos os aspectos, incomparáveis. Mas não se poderia concluir daí que todos os outros objetos, sejam quais forem, serão sempre apenas repetições ou sucedâneos do objeto primário materno, acreditando que essas particularidades eliminam todas as outras. É preciso, ao contrário, postular a existência de outros tipos de investimentos que viriam se inscrever como complemento daquele dos destinos do contato com o corpo materno, abrindo caminho para relações definidas segundo outras modalidades. Seria o caso de investimentos muito precoces do pai, cujo caráter eventualmente físico e corporal não poderia concorrer com os investimentos maternos e cuja especificidade deve ser buscada em outro lugar.

A solução que supostamente responde a essas relações objetais perigosamente variáveis, referente ao fator menos controlável pelo sujeito, é a identificação. Com a identificação, a organização estrutural do aparelho psíquico desloca seu gradiente para o objeto, ou seja, no par intrapsíquico-intersubjetivo, a vetorização não vai mais do primeiro para o segundo, mas segue um trajeto inverso. Pois, se no tipo de vetorização que parte do intrapsíquico a preocupação essencial – que aliás nunca desaparecerá – é o arranjo que permite a instauração de uma ordem relativa do mundo interior, o segundo tipo de vetorização, do intersubjetivo ao intrapsíquico, demonstra que o dispositivo precedente não leva suficientemente em conta a fonte exterior ao intrapsíquico e que é imperativo interiorizá-la para que ela se conserve de forma constante. Não para proceder pura e simplesmente a uma espécie de assimilação, como se costuma dizer, mas sim para reforçar a articulação dentro-fora e se mostrar em condições de se proteger dos imprevistos do que escapa ao controle da organização interna e que o recalque não é suficiente para regular. Este se realiza, entre outras coisas, assegurando ao de dentro uma representação do de fora em face da qual o de dentro terá de tomar posição para enfrentar os problemas apresentados não só pelo de fora, mas por aquilo que, de dentro, é inevitavelmente ligado ao de fora. Em outras palavras, pode-se sugerir que se trata de pôr em relação dois modos de ligação (o intrapsíquico e o intersubjetivo) para enfrentar o duplo perigo de um excesso de desligamento interno ou de desligamento externo, sendo que o dispositivo, garantia da articulação de dois modos de ligação, se pretende mais bem preparado para apreender isoladamente cada uma das frentes de desorganização. A inclusão da problemática do objeto no intrapsíquico poderia ser compreendida como uma espécie de desconfiança quanto à fragilidade psíquica. Conhecendo a apetência irresistível do Eu (investido pelas pulsões) em face do objeto e a aptidão deste último para pôr em perigo a organização psíquica, esta se dota, de algum modo, de uma proteção, pela possibilidade de criar aquilo que se chamará, conforme o caso, de um *ersatz*, um modelo, uma marca, um simulacro. Em contrapartida, esse resultado deverá, paradoxalmente, contornar a tentação de se deixar levar pelo engodo que ele próprio terá criado com a representação e que fascina o Eu interno. Este pode, de fato, agravar ainda mais a sedução do objeto, tornando imperativas medidas destinadas a enfrentar melhor as ondas súbitas que podem sacrificar todas as suas aquisições, sofrendo a imantação exercida pelo objeto. Inversamente, será preciso proceder de modo que a perda do objeto não deixe o Eu em um estado de degradação completa, sem outra saída, a não ser mergulhar no desespero. A identificação é, portanto, a resposta da negatividade à alteridade, sendo esta a condição para pôr em movimento a negatividade, movida pela ilusão de sua não separação do objeto e da promessa de felicidade esperada de sua posse. Ao contrário, mas para chegar a conclusões idênticas, convém se proteger da infelicidade sempre temida que causa a decepção infligida pela indisponibilidade do objeto e, pior ainda, pela retirada de seu amor ou de seu interesse quando não há como suportar a escolha de um outro beneficiário de seus favores. O tratamento da alteridade visando se livrar dos encantos que fazem brilhar as sereias da fantasia e suas miragens representativas consiste em exagerar, por sua vez, esses desvarios, caso viessem a perder força, "tornando-se" esse objeto, mesmo sem renunciar a se apoderar dele. A representação perde, sem dúvida, alguns trunfos, mas o sentimento de se garantir contra a desilusão ligada à experiência de sua evanescência ou de sua versatilidade obriga a uma absorção que, para não mais se esgotar tendo de preservar o objeto – "como verdade" – se transforma nele, por delegação obtida de uma vez por todas, mas ao preço do que pode se revelar uma alienação que destitui sua própria subjetividade. Sem contar que ainda se pode considerar o caso, apaixonante para a concepção da organização psíquica, de uma identificação com uma representação inconsciente tomada como um substituto do objeto. Se, a meu ver, a ocorrência é quase certa, o trabalho analítico tem dificuldade, às vezes, de evidenciá-la, salvo as formas bem conhecidas de identificação histérica.

Não é necessário refazer o percurso teórico da identificação em Freud. Devemos assinalar, no entanto, que ela é concebida primeiro como mecanismo, componente de uma estrutura que comporta outros traços aos quais a significação da identificação se submete em relação ao contexto: identificação com o desejo na histeria, identificação primária ligada à incorporação oral canibalística na melancolia, identificação narcísica, etc. Apenas secundariamente a identificação é reconhecida como um processo fundamental, cuja importância vai muito além dos contextos onde ela se manifesta. Não é casual que seja a propósito de *Psicologia das massas e análise do Eu* que Freud tenha sido levado a falar dela propriamente. Pois não se trata de um contexto a mais, aquele que propõe a psicologia coletiva. O que até então estava ainda à espera – a liberação de uma célula fundamental, dando conta *après coup* de suas difrações contextuais – é finalmente alcançado. Com *Psicologia de massas*, descobre-se o papel basal na psique da relação com o outro como segunda polaridade bastante desprezada até ali pela psicanálise, atenta exclusivamente às vicissitudes da vida pulsional, considerada do ângulo intrapsíquico. Na verdade, a atenção concedida às pulsões sempre soube que ela implicava considerar o objeto como objeto (parcial) da pulsão, mas aqui nasce um segundo estado do objeto, o objeto como outro-semelhante, não resultante do desenvolvimento maturativo da vida pulsional, mas apreendido enquanto tal. Em outras palavras, seria possível mostrar que a teoria desprezou as relações entre o objeto interno na montagem pulsional e o objeto externo investido pelas pulsões.

Ninguém duvida que o terreno já foi preparado para a conclusão da *Metapsicologia,* de 1915, com *Luto e melancolia*. Seria possível descrever o conjunto de estudos que a compõem para refazer o percurso que vai do objeto parcial à consideração do objeto sob sua forma perdida na melancolia – total, talvez; mas o problema ali não é tanto esse, e sim o de suas incidências na tópica psíquica. Embora a melancolia nos confronte com uma das regressões mais radicais, pois se trata da oral-canibalística, não se deve esperar encontrar apenas o jogo da pulsão parcial, como era o caso para as posições perversas descritas no início da coletânea em *Pulsões e destino das pulsões*. Ao contrário, a regressão pulsional aqui – na medida em que é acompanhada da perda do objeto – faz sobressair a densidade das reações desesperadas do Eu que, vendo seus investimentos escaparem por falta de destinatário, se aliena para tapar o buraco deixado por essa perda. Devemos compreender então que as posições variáveis do objeto parcial, internas à montagem pulsional, repousam de fato no suporte de uma presença tutelar do objeto total, mesmo que não tenha sido ainda apreendido ou que seja ainda inapreensível como tal. A reação alienante do Eu à perda do objeto mostra indiretamente como este último participou da estrutura do primeiro, ainda que, na época considerada – aquela que visa a regressão oral – ele não tivesse identidade individualizável de maneira distinta. É na falta de sua existência que se tem a dimensão *après coup*:

– da função de cobertura do objeto, antes que seja identificável como tal, isto é, globalmente. Ela permite, sem regulá-lo, o jogo de objetos parciais com as zonas erógenas onde reina uma predominância pulsional que comanda os movimentos do Eu;
– do mecanismo que está ligado à situação espacial: a incorporação;
– do papel oculto e silencioso que ele exerce na diferenciação do Eu, pois sua ação parece confundir-se com a elaboração da textura dessa instância que se nutre dele, mas opera graças à distinção individuante;
– da destrutividade que sua falta provoca.

A identificação aparece como uma espécie de reverso da incorporação, mas não poderia se distinguir inteiramente dela. Quanto a isso, ela não trata o objeto de maneira a criar uma espécie de disponibilidade de recurso, como para a representação; ela vai fixá-lo fazendo-o desaparecer, sem mesmo que exista consciência de separação nem consciência de tê-lo no interior, pois a incorporação supostamente fez desaparecer o objeto. Para alguns (Winnicott), essa hipótese é suficiente para dar conta do que recobre a pulsão de morte, agora inútil.

A negatividade que marca o movimento de incorporação do objeto fala dela mesma. Mas se contenta aqui em considerar apenas o aspecto mais simples do fenômeno. Desde N. Abraham e M. Torok,[6] que recordaram as ideias de Ferenczi, é necessário completar o mecanismo da incorporação do objeto com o da introjeção das pulsões no Eu. E é aí, de fato, que se desenrola verdadeiramente o trabalho do negativo. Visto que se trata, aparentemente, de uma ação que duplica a incorporação, que a repete de forma diferente. Não é nada disso: quando se fala de introjeção das pulsões, não se trata de referir-se a uma operação que teria a menor relação com o ato real que se efetua no corpo, mas com um remanejamento de incidência tópica, interna ao aparelho psíquico.

Quando Freud decide promover a identificação como conceito, ele utiliza o suporte de suas raízes ontogenéticas. O caráter conceitual da identificação é dedutível por inferência: se a regressão (oral) nos revela sua operação, é porque temos necessidade de uma ressurgência deformada por um processo primitivo paradigmático. O número de contextos em que a encontramos conduz a formular a hipótese muito provável de que a identificação faz parte dos dados de base que intervêm na gênese e na estrutura do psiquismo. Até ali, a identificação se fragmentava em diversos tipos de situações que remetiam à ideia de uma função importante mal conhecida, sem que esta se impusesse como um modelo fundamental. A junção dessas noções permitia compreender que a diversidade delas, e mesmo o caráter contraditório de algumas de suas figuras, retardava o momento em que se devia discernir a extensão do campo onde o conceito podia irradiar a influência de suas propriedades.

É preciso observar, então, que a descrição de base de *Psicologia de massas e análise do Eu* será a da criança do futuro complexo de Édipo, e não, por exemplo, daquela da fase oral já tratada em *Luto e melancolia* ou, antes ainda, nos *Três ensaios*. Mais uma vez, Freud, embora não se possa dizê-lo estruturalista sem forçar os fatos, seguramente não é geneticista. Assim, no início do capítulo sobre a identificação, ele faz uma distinção capital em termos de investimento: a criança – trata-se do menino pequeno – manifesta dois tipos de apego psicologicamente diferentes, "um apego por sua mãe como um objeto puramente sexual e uma identificação com o pai que ele considera como um modelo a imitar". Freud coloca no mesmo plano os dois tipos de apego; eles são ao menos iguais em importância e em dignidade. Visto que Freud tem a precaução de nos apresentar uma concepção que supostamente fala de tempo primitivo, como conciliar essa nova versão com a descrição anterior da fase oral apresentada nos *Três ensaios*? Pode-se desvencilhar da questão sustentando que a descrição de *Psicologia de massas* é mais tardia que a de *Três ensaios*? É forçoso constatar que Freud não esclareceu muito bem como passou de uma à outra. Quanto a mim, eu diria que o valor da situação descrita por *Psicologia de massas* não reside em sua datação; ela mostra que Freud não pode mais prescindir da articulação de *dois* tipos de investimentos. É nisso que ela representa um progresso em relação aos *Três Ensaios*, que não é determinado apenas de acordo com o momento do desenvolvimento escolhido para a teorização, mas, de fato, como uma verdadeira mudança de paradigma. A questão que se coloca é a seguinte: se o apego pela mãe enquanto objeto sexual vai no sentido dos investimentos pulsionais que estão na base de todo vínculo, a que corresponde o modo de apego por identificação relativo ao pai? Freud, na verdade, respondeu à questão algumas linhas atrás: a criança faz do pai seu ideal e gostaria de "se tornar e ser o que ele é, ocupar seu lugar inteiramente".[7] Vê-se que não se trata absolutamente de um dilema ser/ter – que se colocará mais tarde quando "querer ser como" aquele que possui o objeto aparecerá como um paliativo a não ter o objeto própriamente. Ser significa tanto parecer com o objeto quanto substituí-lo: "ocupar seu lugar inteiramente". Mas não se trata de um ser que seria apenas uma forma de ter. Como Freud sugerirá, em uma de suas notas póstumas de 1938, trata-se de uma forma definida como ser, mas com essa dimensão dinâmica em que, se fosse preciso acrescentar a "ser" uma conotação suplementar, se encontraria a ideia do devir e da substituição, da qual nenhum conceito da filosofia pode dar conta. Nessa formulação, está presente a ideia do ser que não vê contradição entre sua identidade e sua mudança em seu dinamismo evolutivo, de um lado; e entre sua propriedade e sua referência fora dele, de outro – polaridade que se tornou necessária por suas dimensões dinâmicas e temporais, pois estas o designam menos como sendo do que como tendo de ser em relação a outros sendo que prevalecem sobre ele. Não se pode esquecer que, sobre esses outros, ele também prevalece, pois não é só ele que espera alguma coisa deles, e seu ser se fará também disso que eles próprios esperam dele, devendo-se compreender essa relação sempre do ângulo de um desequilíbrio propulsivo ou extintivo.

De que tipo de investimento se trata então? De idealização, como Freud dá a entender? Qual seria, nesse caso, a relação desta com o investimento de um objeto considerado "puramente sexual"? Será que precisaríamos de um investimento não pulsional? Mas qual investimento de base seria suscetível de escapar ao investimento das pulsões? Poderia se tratar de pulsões de meta não inibida? Contemplando a questão do estatuto dessa idealização, levantamos a ideia da possibilidade de existência de uma forma de investimento primário de origem e de natureza diferentes da pulsional. Ora, se uma tal solução é concebível para um Hartmann, um Kohut ou para qualquer outro teórico parafreudiano ou pós-freudiano, centrado no Eu ou no *self*, ela é inconcebível para Freud. O único compromisso possível seria fazê-lo dizer que essa idealização pode ser ligada ao Eu por transformação do id, sendo os dois tipos de apego separados por todas as modificações do funcionamento pulsional (do id) que foram necessárias ao advento do Eu. O espírito em que Freud concebe essa teorização não é de opor duas formas de apego, um primitivo, o outro secundário, mas de considerar dois tipos que partilham igualmente a situação, sem renunciar à referência *única* da vida pulsional. Isso significa que a idealização postulada aqui deve permanecer em estreita relação com o apego "puramente sexual", como sua duplicação ou sua figura invertida, e é por isso que proponho considerá-la como um produto interno ao metabolismo pulsional. Todavia, um tal resultado aparece como mais voltado do lado do objeto, enquanto, no caso do apego puramente sexual, o investimento é ancorado sobretudo do lado da fonte pulsional. Com essa bipartição, a lógica freudiana das relações pulsão-objeto se reforça. Ela enlaça solidariamente satisfação pulsional e objeto, sendo capaz, ao mesmo tempo, de considerar o desenvolvimento particular de cada uma de suas polaridades ou a relação de preeminência de uma sobre outra, conforme as circunstâncias. O que Freud descreve a título de pulsões de meta inibida (ternura, amizade, etc.) se ajusta mal ao caráter "inteiro" das reações da criança: tornar-se o que o pai é – tudo o que ele é – a ponto inclusive de substituí-lo. É preciso, então, conceber uma transformação que pareça menos uma inibição de meta simples (isto é, uma pulsão que não iria até o fim da satisfação esperada), que realize sua meta por vias diferentes – mediatas. Isso porque, no fim das contas, trata-se de se colocar no lugar do pai; de fazê-lo desaparecer, portanto. A resposta pela idealização não expressa com uma precisão suficiente a relação desta com o investimento pulsional. Ela me parece dizer, em todo caso, que as defesas contra (o desprazer causado por) a satisfação pulsional não são a única resposta a dar às pressões exercidas pelas pulsões. Às defesas dirigidas contra o impulso das pulsões é preciso acrescentar uma operação que deverá mudar o objeto ao qual elas se dirigem, afastando-o pela idealização, do mesmo modo que a satisfação, por sua vez, será idealizada, como se todas as frentes devessem se unir contra um possível maremoto pulsional. Freud acrescentará às identificações já repertoriadas (histéricas e primárias) a identificação com o ideal do Eu, que coloca o problema de uma espécie de redundância teórica: a idealização se desliga de seus objetos (idealizados) e se constitui em instância capaz de assumir o controle sobre o Eu.

Sem dúvida, é legítimo levantar a questão da natureza narcísica de um tal apego, pois a referência à idealização remete a isso. É preciso ainda eliminar a ambiguidade sobre a concepção do narcisismo a que se faz referência. Será que se vai ligar o narcisismo ao *self* para melhor separá-lo das pulsões, que se vai hipostasiar as referências a um Eu egocósmico, ou mesmo ao ser, para reivindicar uma diferença de essência com as pulsões? Eu ficaria na linha de Freud, lembrando que o narcisismo, por direito, opõe-se apenas ao objeto, com o risco de conceber que a dialética da relação deles – como nos permite pensar o fenômeno da identificação – pode proceder à criação de objetos narcísicos ou de um narcisismo projetado no objeto, exigindo sua reintrojeção sob forma identificatória.

Na verdade, quando se surpreende com o lugar menor ocupado pelo narcisismo nos anos que assistiram ao nascimento da última teoria das pulsões e da segunda tópica, é do lado da identificação que se deve buscar a deriva de sua problemática. Não é isso que é legítimo concluir quando se pensa nas relações do Eu ou do id, quando o primeiro quer ser amado pelo segundo invocando sua semelhança com o objeto?

Nossa hipótese é a de que *a idealização deveria ser considerada como um investimento pulsional negativado*. O ideal é o tipo do trabalho do negativo que se instaura como modo de satisfação quando a pulsão não é saciada, completa ou incompletamente (voluntariamente às vezes), o que produz o seguinte efeito paradoxal: em vez das reações habituais consecutivas a essa ausência de satisfação (desprazer, frustração, cólera, raiva, impotência, etc.), o que se vê, ao contrário, é a negação desta e a ocorrência de uma espécie de contentamento, como se a pulsão tivesse sido inteiramente, plenamente preenchida à maneira de uma perfeição ideal, mais satisfatória ainda do que se fosse real, por ter se livrado de sua dependência do objeto. Evita-se assim o risco de que a imperfeição (da resposta do objeto) suscite um estado de angústia agressiva, um redobramento da exigência ou a esperança irrealizada de uma nova satisfação mais mortificante ainda, na medida em que agrava o mal ao invés de extingui-lo. É importante observar que o par de investimentos postulados por Freud cria sentido e contraste: sentido, porque são duas modalidades que se tornam significativas por uma referência comum ao apego ao objeto; contraste, porque esse par contrastado opõe – sem assinalar – dois modos diferentes desse apego, sendo que o primeiro repousa sobre o gozo do corpo da mãe, o segundo sobre a relação a distância do ser do pai (contato mediato). A figura do contato é, portanto, aquela a partir da qual se pensa o negativo, às vezes, quando este não tem lugar (devido à natureza do objeto), ou quando não pode ter lugar (porque proibido ou impossível). Além disso, o que é negativado – no sentido de uma latência que despertará no futuro – é a hipótese, não concebível nesse momento, do contato que une os dois objetos e que exclui a criança de qualquer proximidade, de qualquer possessão de seu objeto de desejo, seja da maneira que for.

O contraste se manifesta ao se tornar evidente o fato de que a identificação é compreendida como contraponto do desejo. *O Eu e o id* mostrará, um pouco mais tarde (retomando a mesma oposição),[8] que a identificação pode assegurar uma espécie de arrombamento. Apropriação, se diz, mas vejo sobretudo como modo complementar do investimento pulsional que realiza o projeto de permanecer ligado ao objeto, fora das vias mais habituais de apego, balizadas pelos caminhos da sexualidade infantil. No auge da evolução desta, o Édipo se resolve por uma dupla identificação que conota a dupla expressão positiva e negativa do desejo pelas imagos parentais.

O trabalho do negativo jamais terá obtido uma ilustração mais plena:

1. no início (na relação oral), apego e identificação não são distintos;
2. a identificação é concebida como a única condição suscetível de fazer aceitar o abandono do objeto;
3. o investimento sexual e a identificação se distribuem sem conflito entre os dois objetos parentais, como duas modalidades iguais, simétricas e opostas: complementares;
4. quando do Édipo, a identificação se transforma por modificação de sua relação com os desejos bloqueados: o objeto da identificação precedente torna-se obstáculo à realização do desejo;
5. a resolução do complexo de Édipo ocorre pela identificação com o rival reconhecido como tal: ser como ele sem ter o que ele tem, mas ser como ele aceitando as limitações (não poder fazer tudo o que ele faz). É importante observar que o procedimento de conciliação

do conflito implica concessões "territoriais" sobre o objeto do desejo que se referem à realização das aspirações mais essenciais: aquelas relativas ao incesto. A identificação inverte então seu sentido ao se servir do objeto rival para reforçar a proibição do desejo (proibido) ou perfazer seu recalque. Duas medidas de consolo são propostas: uma realização diferida ("quando você for grande") não com o mesmo objeto, mas com um substituto semelhante (um objeto do mesmo sexo que poderia evocar o objeto do conflito edipiano);

6. a identificação resolutiva do Édipo se faz com dois objetos parentais (com equilíbrio dos desejos) e dá lugar a uma *dupla identificação*;
7. existe uma possibilidade de fazer prevalecer a identificação ao parente de sexo oposto (que deveria ser objeto de desejo), seja por angústia excessiva de castração, seja por impossibilidade de renunciar ao objeto de desejo, mantendo-o em forma de uma identificação com ele, seja ainda por um ódio que rebaixa o rival recusando-se a se identificar com ele (caso do Édipo invertido);
8. um tipo especial de identificação por desapego libidinal conduz à identificação com o ideal do Eu, talvez como revanche narcísica à dupla identificação do Édipo que permanece sob a dependência do supereu.

Esse é o exemplo mais profundo da maneira como a mesma noção adquire sentidos diferentes, e mesmo opostos, simultaneamente a um desenvolvimento. As diferenciações às quais essa noção procede obrigam a significação precedente a se modificar, a tomar um sentido contrário ao que ela tinha até então, ao mesmo tempo conservando alguma coisa do sentido que a evolução a obrigou a abandonar. É isso que faz dela um conceito. O valor de conceito ou, mais exatamente, a forma como se constitui esse conceito está ligada à natureza do pensamento psicanalítico.

Assim, na origem, a satisfação pulsional é consumatória do objeto, e é aliás essa consumação que faz desaparecer esse objeto. Por ela, realiza-se a transformação no ser comum (como um), ou melhor, no ser-um, do que se consumou e do que foi consumado. Desse modo, essa incorporação em que o objeto estende seu império ao Eu – pois o Eu faz apenas um com o objeto – inaugura um modo de reunião em que cada parte, renunciando à sua individualidade, se funde em uma comunidade na qual, de fato, apesar da potência de impregnação do objeto, a forma – digamos assim – que assume essa mitigação não sabe mais o que pertence a uma ou à outra das partes que se fundiram.

Depois que ocorre a separação do objeto, a identificação muda de estatuto: ela se torna a condição graças à qual um objeto pode se transformar em parte do Eu, como que por uma atração destinada a restabelecer a unidade rompida, mas em um contexto novo, e com resultados diferentes da fusão inicial. Aqui, porém, as duas partes são distintas. Pode-se tratar, no caso, não tanto de duas partes absolutamente separadas, e sim de alternâncias de presença e de ausência de um objeto que continua sendo o único em questão.

Chega, finalmente, esse momento crucial em que os dois objetos, sendo nitidamente distintos, distribuem entre si os efeitos da satisfação pulsional e da idealização como base da identificação.

Não se pode deixar de observar a insistência da duplicação. Se o que era único, evocando uma identidade comum pela intimidade da ação unificante, acaba por consentir – não sem desprazer – com a existência separada do objeto, em outras palavras, com o nascimento de um par Eu-objeto, essa modalidade de acoplamento vai se repetir, mas, desta vez, fora do Eu, entre o objeto e seu outro que não é o Eu, o que obriga a levar em consideração mais de um objeto, isto é, no mínimo dois. Mas, com a inauguração dessa série pelo *outro do objeto*, graças aos deslocamentos ocasionados pela presença desse terceiro – primeiro outro –, abrem-se as perspectivas infinitas da terceiridade. O processo de separação é praticamente consumado, pois nenhuma reunião com o objeto primitivo poderia restabelecer a união unicizante (da qual nasce o sentimento do único), pois um segundo objeto está presente e também requer, por sua vez, investimentos seus. Com exceção de fusões orgásticas ou místicas, as cadeias de causalidade se sucedem infinitamente. Mas, para que o movimento dialético prossiga, é necessário considerar um *outro tipo de vínculo* entre os dois objetos, procedendo a uma reavaliação retrospectiva do vínculo primitivo que estabelecia uma relação entre Eu e objeto. Essa contextualização permitirá ao Eu estabelecer uma relação nova com ele mesmo, substituindo o antigo vínculo que o unia ao objeto por uma nova relação na qual encontrará *nele* uma ligação com seus objetos. Isso prosseguirá na clivagem eu-supereu, orientada, desta vez, para o futuro. Assim, o ideal do início se autonomizou, tornou-se parte integrante de diversas modalidades de tratamento do psiquismo. Uma nova categoria de objetos psíquicos foi criada graças ao estabelecimento da função do ideal onde Freud via uma das grandes instituições do Eu. O desprendimento das imagens parentais anonimiza suas funções mais simbolizantes, isto é, torna-se suscetível de criar novas formas de relações independentes da existência de objetos concretos que estiveram na origem de sua operação. Esse processo de desprendimento conseguiu transformar a idealização, encarnada como motor de identificação primária, em identificação com o ideal do Eu.

Este último modo de identificação perdeu os vínculos que o ligavam aos objetos. Estes, inicialmente, pelo poder de dar ou de recusar o amor, estavam no comando da situação. Agora, o ideal do Eu não está mais submetido às incertezas dos desejos deles. Mas é mais exigente, pois passa a ser ele próprio o único mestre a quem é confiada a tarefa de avaliar o Eu. É preciso explicar essa mutação que não era prevista quando da idealização do início. A propósito do narcisismo primário, lancei[9] duas hipóteses que poderiam mostrar a idealização em etapas bem anteriores do Édipo, mas não é indispensável acioná-las aqui, porque a situação fala por si mesma. A consciência da existência do objeto em estado separado precede necessariamente a fase da aquisição da distinção entre os dois objetos. Esse novo patamar tem como efeito, de um lado, acabar com a onipotência, exacerbar a exigência pulsional e, de outro, obrigar a considerar o fato de que a separação do objeto faz surgir, como consequência, não somente a mãe, mas, de fato, as duas figuras parentais: a mãe, da qual se acaba de se separar, e o pai. Está claro, no entanto, que a ligação entre ambos não é ainda visível. O investimento idealizado, não conflitual, no pai, que se constitui como outra modalidade de investimento, e não tanto como antagonista da satisfação pulsional (em que o objeto logo apareceria como obstáculo ao investimento supostamente capaz de proporcionar a gratificação sexual), vive um momento intermediário de ilusão. O pai é tomado, então, como suporte de uma identificação imaginária em que é impossível saber se a admiração por ele é o resultado de um conhecimento oculto de sua condição de beneficiário das satisfações concedidas pela mãe – e, nesse caso, é fácil explicar que se queira substituí-lo – ou como a projeção de um Eu-ideal. Essa projeção implica que um tal objeto nunca tenha sofrido nenhuma frustração ou privação, porque seus desejos seriam automaticamente satisfeitos – e é isso que caracteriza a concepção do Eu-ideal –, ou, ainda, porque um tal objeto supostamente não teria nenhuma necessidade. Alguma coisa da dialética anterior mãe-filho e da relação em que eles são unidos por um vínculo de identificação mútua se rompe aqui. Nesse tipo de relação, não apenas a criança seria como a mãe, mas também, em sentido inverso – fundando a circularidade enclausurante de sua relação –, a mãe viria a ser como a criança. A nova relação à distância paternal não autoriza mais essa reciprocidade; é a criança que quer ser como o pai, sem que se estabeleça um vínculo recíproco que repita a circularidade de outrora da relação precedente. A idealidade nasceria desse impulso adiante, investigador do desconhecido, exigindo para isso a garantia de se livrar da necessidade, expressada em termos da superação da dependência da satisfação pelo objeto primário. A segunda inversão ocorrerá quando a criança, ao tomar consciência do vínculo parental – e, desse ponto de vista, a fantasia da cena primitiva maximiza as intuições edipianas e obriga a uma tomada de posição radical –, se depara com a função de obstáculo do pai. Após os reiterados fracassos da rivalidade edipiana e dos desejos de separar os pais para interromper seu gozo mútuo, que exclui a criança, a identificação se torna aqui a solução para escapar dos vínculos de apego edipiano. A inversão decisiva, no que se refere à identificação "pré--histórica" com o pai, não se justifica mais pelo desejo de "substituí-lo em todos os aspectos", mas, ao contrário, pela obrigação de reconhecer um lugar que é dele e que a criança não poderia ocupar. A energia que o estimulava a ser como o pai é empregada novamente para negativar o desejo de satisfação sexual, sacrifício necessário ao salvamento do conjunto. De modo de apego indiscernível da satisfação pulsional; em seguida, de consolo consecutivo à ruptura do apego e, enfim, de sua transformação em uma espécie diferente de apego, a identificação finalmente atinge o estatuto de modo de desapego. Além disso, essa dualidade contraditória que ela formava com o desejo – pela negativação complementar do complexo de Édipo positivo (Édipo invertido) –, criará um jogo cruzado de identificações e de desejos. O complexo de Édipo completo se resolverá na dupla identificação, como sedimento das imagos onde pode se exprimir o encontro das pulsões e dos desejos na bissexualidade. Há, portanto, ao final do percurso, e após as reestruturações que se terão realizado quando dos momentos diferenciadores, a síntese final em que o mesmo conceito se aplica aos dois objetos, como oposto de desejos adversos, desfecho daquilo que, no início, conhecia uma única forma com um único objeto, geradora de efeitos antagônicos.

Freud não foi mais longe. Contudo, a chegada ao segundo objeto, a distinção de dois objetos e a distribuição de afetos opostos em cada um deles criam uma dualidade de desejos, positivos e negativos, dos quais já vimos a inversão negativante na constituição do Édipo invertido. O trabalho do negativo é esse que habita a conexão entre as duas faces, positiva e negativa, do Édipo. A identificação não poderia responder a todas as questões dessa situação. Será preciso esperar 1937 para que Freud reconheça a relação da bissexualidade com a última teoria das pulsões. Pois, no fim das contas, a resolução edipiana e o supereu pós-edipiano se apoiam na identificação ao ideal do Eu ou ao supereu. E é verdade que ambos podem também sofrer uma nova negativação (a ressexualização da moral dentro do supereu). É então que a renúncia edipiana pode assumir a expressão caricatural do masoquismo originário. Será que se chegaria a postular essa negativação desde as origens da coexcitação libidinal para compreender que uma tal ressexualização não somente integra a dor ao prazer, como também pode se negativar ainda mais instalando a indiferença idealizante em face da solução, quase benigna comparativamente, de um masoquismo ordinário, suscetível de encontrar as fundações libidinais (dissimuladas) da excitação sexual? É nesse momento que a idealização aparecerá não só como negativação da satisfação pulsional, mas também como tentativa de repositivação, isto é, restabelecimento onipotente do desinvestimento, como modalidade desesperada de luta contra os efeitos destrutivos da não satisfação. Esta não se contenta em inverter o desejo conservando o objeto, mas se desvencilhando do objeto, e imagina poder realizar o objetivo de se libertar de um desejo cuja satisfação depende extremamente da boa vontade apenas do objeto. Resultado de um tal desinvestimento: a negação do objeto cederia à ilusão do retorno à autossuficiência. Quando esta tiver fracassado, a busca de satisfação masoquista transformará o que foi sofrido e erotizado na passivação em "ordem das coisas" na qual o sujeito não tem nenhuma participação.

Examinados em detalhe, os procedimentos da negatividade são mais complexos, pois colocam em jogo a ação das defesas combinadas ao destino das pulsões. Assim, aos efeitos da incorporação que suscitam o mecanismo mimético da introjeção, respondem, como sabemos, a excorporação e a projeção, cuja função negativa não se pode ignorar. Vale repetir: consumando o objeto, a interiorização o faz desaparecer. Mais tarde, os recalques do Édipo têm, bem evidentemente também, essa função negativante, cuja consequência será a identificação, sem que, com isso, ela seja consciente de seu vínculo com o recalque que a terá promovido. Mas, entre esses dois extremos, o lugar do duplo retorno foi bastante incompreendido. O redirecionamento contra a própria pessoa e a transformação em seu contrário são o protótipo de uma negatividade que se realiza sob *o efeito apenas do impulso do inconsciente e previamente ao recalque*, como defesas de base do aparelho psíquico nascente. Pensando bem, seria preciso perguntar se alguma coisa na natureza profunda desses mecanismos de duplo retorno não reaparece sob a forma da clivagem ou da desmentida. Eles também parecem desenrolar-se fora da órbita do recalque e, sem dúvida, pelo movimento de uma organização mais complexa que a forclusão, que se opõe firmemente a qualquer ascendência sobre a satisfação da exigência pulsional.

O caso da desmentida enriquece as possibilidades de resposta do aparelho psíquico nas situações em que ele se sente ameaçado. Até então, para defender os direitos da realidade em face das seduções da fantasia, Freud se apoiava na imposição ao reconhecimento exercida pela percepção. Mas esta pode fracassar, como indica a análise do fetichismo, o que prova que ela não basta para colocar totalmente fora de circuito a prova da realidade, pois o fetichista percebeu bem que as mulheres não têm pênis; mas seu contrainvestimento abre o campo das soluções que deixam uma escapatória ao julgamento contrário. A desmentida ocupa agora seu lugar – original – ao lado de outros procedimentos da vida psíquica e, sem dúvida, essa relação ambígua com a percepção é também a oportunidade de examinar o que acontece a sua relação com a representação. Voltaremos a isso. Pode-se sustentar que, entre a forclusão – rejeição sem discussão de uma eventualidade ameaçadora – e a representação, a desmentida ficaria no meio. Pois a segunda é sempre o resultado de uma solução que implica haver na conjuntura qualquer coisa a reter – no duplo sentido de conservar e de memorizar. A desmentida não quer nem rejeitar nem reter; ela recusa a representação e busca uma percepção substitutiva: é o fetiche. As relações – problemáticas, admito – que proponho considerar entre desmentida e duplo retorno repousam sobre um duplo descarte, que resumo na fórmula: nem recalque, nem representação. Considerado desse ângulo, a desmentida poderia ser compreendida como a solução inversa daquela da identificação, que também responde à mesma dupla recusa: nem recalque nem representação. A desmentida se mantém fora (da percepção) do objeto pelo temor de ser transformada tornando-se como ele. A identificação procede à assimilação-apropriação do objeto introduzindo-o no Eu em um amplo leque de possibilidades que vai da fusão total à separação completa, mantendo sempre, porém, um vínculo interior com o risco de alienação. A desmentida se instala para proteger do perigo da perda de identidade (sexual), enquanto a identificação tenta responder à ameaça da perda do objeto, o perigo sendo a alienação do sujeito. É essa relação que eu gostaria de circunscrever para explicar o fenômeno mais misterioso do trabalho do negativo na identificação: saber como – forma de apego que acompanha a relação com o objeto – essa situação pode se modificar até se tornar o único meio graças ao qual uma relação de objeto pode ser abandonada. Passagem que se poderia designar pela fórmula da transição do "e" ao "ou", ou ainda, ter e ser, ter ou ser, ser sem ter. Esse primeiro momento implica uma dissociação entre os dois.

Detendo-se um instante na situação primitiva, pode-se explicá-la como uma manifestação de avidez insaciável. O apego ao objeto se manifesta do duplo ângulo da necessidade e do prazer cuja conjunção cria a completude. Ter (o seio da mãe) e ser (o seio ou a mãe) são operações reunidas ao mesmo tempo (e, nessa medida, impensáveis), potencialmente suscetíveis de ser distinguidas no curso de encontros e de interrupções da relação com o objeto. A dissociação ou a diferenciação entre ter e ser só pode sobrevir no contexto da perda do ter. É então que o ser-como aparece como resto da unidade ter-ser, isso que sobreviveu à perda do ter e que permite entrever a modalidade significante "esperar reencontrar o ter" sem verdadeiramente conseguir. Por uma comparação que exigiria muitas considerações, eu faria um paralelo entre esse desejo de reencontrar e de recuperar o ter na ausência do objeto com a desmentida, instauradora da busca de um objeto deslocado e eleito como substituto, a buscar no entorno do sexo mutilado, como mostra a escolha do fetiche. Vê-se como a perda do ter suscita a procura de um outro ter "comum". A desmentida anula o sentimento da perda do ter, enquanto a identificação, procurando, ela também, atenuar essa perda do ter, leva o ser "comum" com o objeto, agora identificado *como lembrança do tempo em que ter e ser eram apenas um*. O objetivo do ser comum procura se aproximar, tanto quanto possível, do estado em que ter e ser eram indissociáveis. A forma que assume o trabalho do negativo dá a medida da transformação do estado em que o ter se converte no ser, enquanto, no caso da desmentida, o trabalho do negativo só pode repousar na ilusão de não ter perdido nada, por ter entronizado um outro ter ao alcance da mão ("*at hand*", diz o inglês) do que foi perdido, ocultando a consciência que obrigaria a reconhecer que ele é, de fato, apenas um simili-ter. Isso é bem diferente de um retorno-redirecionamento do ter com reconhecimento da perda. Seria ir longe demais supor que esse achado de um "semelhante ao sexo perdido" poderia replicar a descoberta do objeto como "outro semelhante". Neste último caso, o modelo do outro semelhante poderá ser retomado na descoberta da simbolização como processo psíquico com perspectivas infinitas. O efeito de "similitude" é fundador, na simbolização, do campo da polissemia, da qual se conhece a extensão quase ilimitada pelos ressurgimentos que se operam através da multiplicidade de sentidos concentrados em torno de uma mesma formulação. A desmentida desempenha aqui um papel inverso: deter o curso de uma busca desarvorada e "sem objeto", fixar de uma vez por todas o término da marcha da curiosidade intelectual arrimando-se aí. Neste último caso, a perda admitida suscita a solução de uma barreira que não deixaria escapar mais nada, mas na qual o sujeito teria se tornado prisioneiro dele mesmo.

A comparação com o duplo retorno tem a vantagem de livrar da simplificação da identificação como mera variante de uma imitação-replicação. Pois é manifestamente bem mais fácil concebê-la como uma marca. De fato, como não cansamos de insistir, identificação e representação se opõem. A representação é de objeto, "de ob-jeto", daquilo que se coloca diante do psiquismo para ser levado em consideração, em seu duplo aspecto de transformação e de nova apresentação, enquanto a identificação, por suas raízes com a incorporação, não tem nada mais para colocar diante de si além de si-mesma, tendo feito desaparecer o objeto que se tornou "in-jeto" (introjeto), antes de poder se colocar como sub-jeto, sujeito. É exatamente nisso que suas ligações com o narcisismo se impõem por si mesmas, mas um narcisismo que ainda ignora o que seria uma imagem de si, portanto mais próxima de sua versão primária, situada entre o zero e o um (tendo absorvido o objeto), fazendo apenas um com ele e, consequentemente, deixando de ter sua representação, mas em compensação se "sentindo" como ele, ou ele mesmo. No fundo, duas modalidades de duplicação, o primeiro claramente admitido e aberto às suas contradições, o segundo parecendo querer ignorar, mas não podendo jamais extinguir completamente a ideia de um enfeitiçamento possessivo mais ou menos total.

Nós insistimos, no passado, sobre o efeito de barreira (comparável a de uma fita de Moebius) da *combinação da transformação em seu contrário e do redirecionamento contra a própria pessoa*. Supomos agora que um tal efeito opera na identificação, ocultada pela relação com o mesmo, que evoca antes uma situação de con-frontação face a face. Se o redirecionamento contra a própria pessoa é evidente em uma tal circunstância, pode-se perguntar o que recobre a transformação em seu contrário. A resposta é que ter e ser, ao se separarem, se tornam valores antagonistas; a passagem do ter ao ser é, portanto, o sinal dessa transformação.

Isso pode fundamentar a explicação de tempos ulteriores nos quais a identificação se oporá ao desejo (modalidade relativa à busca do ter), encontrará apoio na força negativante da renúncia e se resolverá em situações que a opõem a ela mesma, como na dupla identificação.

De resto, seria um erro acreditar que o processo de identificação permanece imutavelmente fixado a essa forma global de apropriação; ocorre o contrário, pois a identificação com o desejo de um outro (histérico) pode se referir apenas a esse aspecto limitado. E do mesmo modo que a desmentida está ligada apenas ao objeto significante, no caso o pênis, a identificação – o trabalho de luto revela essa segmentação – reporta-se, em seus aspectos mais diferenciados, a traços limitados, o que não a impede, porém, de associar as formas da identificação a uma abstração, como o ideal do Eu, testemunho de uma elaboração psíquica mais complexa, livrando-se de qualquer captação por uma forma, para investir a perfeição da forma enquanto tal.

Na medida em que a negação se produz no âmago da linguagem, ela leva essa complexidade auto-organizadora a um grau de acabamento jamais atingido, e remete, por reflexo retroativo, às formas que a precedem e que tinham como objeto, todas elas, o tratamento negativo de uma matéria-prima em excesso que devia ser neutralizada.

No fim das contas, pela identificação, Freud coloca a questão da estrutura psíquica *do ponto de vista do objeto e não daquele da gratificação pulsional* em um nível de generalização que retoma, do ângulo da psicanálise, a problemática clássica sujeito-objeto em termos que não se assemelham em nada ao seu tratamento anterior. No que diz respeito ao tratamento, pode-se concluir que, seguindo essa linha, ele sustenta o postulado da transferência completada pela contratransferência, assim como o fundamento da interpretação. De maneira mais ampla, ele toca naquilo que se refere ao vínculo inter-humano na base do processo cultural, na medida em que esse processo se funda, em grande parte, na renúncia pulsional. A questão que se coloca então é saber se a cultura poderia refletir um estado de organização que teria qualquer relação com aquilo que resulta da análise da transferência no tratamento analítico. É isso que ele já começava supor em *Psicologia das massas e análise do Eu*. É a essa questão que ele voltará em *Moisés e o monoteísmo*. É também uma demanda que é dirigida implicitamente à comunidade dos psicanalistas desde que Freud desapareceu. A identificação com Freud é a solução? Provavelmente não. Resta saber se os cultos que se sucederam a ele são restabelecimentos do Bezerro de Ouro ou consagram as virtudes dos herdeiros de sua filiação mais legítima. A solução verdadeira, mas se sabe o quanto ela é difícil, incerta, precária e altamente falsificável, seria a identificação com a busca da verdade que animava Freud. Mas, quem não reivindica isso, e com que direito se excluiria que essa demanda nos conduz para fora das vias freudianas e mesmo ao seu oposto? É o risco de toda desidealização.

NOTAS

1. S. Freud, *Nouvelles conférences d'introduction à la psychanalyse*, trad. C. Heim, Gallimard, p. 102.
2. A. Green, *La folie privée*, Gallimard, 1990.
3. A frase é sublinhada por Freud nos *Três ensaios sobre a teoria da sexualidade*. Mais adiante, ele chegará inclusive a empregar as expressões "perversão positiva e negativa". A constância da inspiração de Freud a esse respeito é notável, ainda que bastante discreta e somente demarcável em detalhes. Assim, em sua última obra,

Moisés e o monoteísmo, ele exporá uma concepção nova do traumatismo, distinguindo entre os efeitos positivos e negativos deste. Os primeiros visam a repetição das condições que acompanharam sua ocorrência ou que seriam sua causa; os segundos se aplicam a todos os meios pelos quais o acesso à consciência é recusado ao conteúdo verdadeiro que dá conta das razões da repetição. Seria difícil ver aí uma simples elaboração de descrições já conhecidas. De minha parte, compreendo a reformulação, no final de sua obra, daquilo que foi o motor do desenvolvimento dela nos seus inícios como uma das múltiplas provas da maneira como a mente de Freud era solicitada pelo pensamento do negativo, considerando o mesmo objeto sob dois ângulos diferentes, um não bastando para explicar o outro e sendo necessário à sua elucidação.

4. Jean Guillaumin, *Entre blessure et cicatrice*, ed. Champ Vallon, p. 171, 1987.
5. L. Guttieres-Green, "Problématique du transfert douloureux", *Revue française de Psychanalyse*, 2/1990, p. 407-419.
6. N. Abraham e M. Torok, *L'ecorce et le noyau*, Aubier-Flammarion, 1978.
7. S. Freud, *Œuvres complètes*, XVI, 42, PUF.
8. *Le moi et le ça*, cap. III.
9. Ver *Narcissisme de vie. Narcissisme de mort*, Minuit, 1983.

4
Pulsão de morte, narcisismo negativo, função desobjetalizante

I

A discussão do conceito de pulsão de morte deve ser direcionada a duas ordens de reflexão:

1. *A interpretação retrospectiva* do que Freud queria designar e significar por esse conceito introduzido tardiamente em sua teoria. Essa interpretação requer que se distingam três aspectos cujas relações é necessário entrelaçar:
   - O ensino progressivo da experiência clínica que levou a uma reavaliação dos mecanismos de base que supostamente estão no fundamento da psicopatologia.
   - A reflexão sobre os fenômenos culturais presentes e passados e sobre certos fatores que influenciam seu determinismo, a distância de fatos observáveis, de um lado, e a especulação metacientífica sobre os fenômenos naturais que são o objeto da biologia, de outro.
   - A articulação de hipóteses nascidas dos dois aspectos precedentes, esta conduzindo à inserção do conceito de pulsão de morte dentro de um modelo teórico dito do aparelho psíquico da segunda tópica, cuja criação segue de muito perto a última teoria das pulsões. É neste último nível que se coloca a questão do lugar da função e da economia da pulsão de morte dentro do aparelho psíquico, isto é, seu valor heurístico na tentativa de representação teórica do funcionamento psíquico.
2. *A interpretação atual* do que Freud designa e significa por pulsão de morte, colocando o problema de sua manutenção ou de sua substituição; ela depende de dados múltiplos:

- A modificação, pela experiência psicanalítica, da configuração do campo clínico que serviu de suporte às elaborações teóricas de Freud. A imagem de conjunto que emerge da prática atual obriga a levar em consideração o peso de fatores associáveis ao narcisismo e à destrutividade juntamente com o que decorre das fixações da libido de objeto.
- A ruptura da unidade do campo teórico pós-freudiano por diversas reformulações da teoria, sendo que muitas delas não se dão como simples complementos à obra de Freud, ou como desenvolvimento de um ou outro aspecto de seu pensamento, mas constituem, de fato, verdadeiras alternativas teóricas. No que se refere à pulsão de morte, vale observar que nenhum dos sistemas teóricos pós-freudianos retoma por sua conta a letra da teoria freudiana. Isso vale, inclusive, para o sistema kleiniano que adota abertamente a hipótese de sua existência. Sabe-se, aliás, que se o papel da agressividade é considerado fundamental em muitos desses sistemas, o quadro teórico em que esta é conceitualizada difere daquele de Freud.
- A concepção do modelo teórico geral da atividade psíquica, ou seja, o aparelho psíquico de Freud. Ela não é mais unanimidade. Para nos limitarmos ao essencial, digamos que a apreensão atual do que deveria ser um tal modelo tende a fazer com que o objeto, em seu duplo estatuto externo e interno, desempenhe um papel constitutivo desse funcionamento. Por outro lado, a teoria do Eu vê o surgimento de conceitos complementares tais como o *self*, o sujeito, o eu, etc.
- A eliminação da discussão de uma das fontes do pensamento freudiano. A reflexão sobre os fenômenos culturais e a especulação metabiológica não são mais levadas em conta no debate por razões complexas. Uma delas poderia estar ligada à contradição entre o que vai no sentido da hipótese de Freud sobre o plano cultural onde o desenvolvimento dos meios de destruição é cada vez mais inquietante (ação dos homens em face da natureza e em suas relações entre eles) e o que até o presente invalida essa hipótese nas ciências biológicas, não dando a ela nenhum suporte material.

II

Quaisquer que sejam as divergências sobre a interpretação dos atos clínicos e as teorias postuladas para explicá-los, todos os psicanalistas se reconhecem no postulado fundamental do conflito psíquico. As discordâncias só aparecem quando se trata de determinar a natureza dos elementos em conflito, as modalidades deste e as consequências que decorrem daí. Chegamos a uma situação em que não se pode mais dizer que se tenha estabelecido um consenso sobre a hipótese de um conflito originário opondo dois grandes tipos de pulsões – como expressão de potências psíquicas primitivas e matriciais. De fato, um dos argumentos alegados com mais frequência pelos adversários da pulsão de morte é que é difícil conceber como aplicar as características descritas pela pulsão sexual às pulsões de morte (fonte, impulso, meta, objeto). Mais radicalmente, a literatura psicanalítica atual contém numerosas tomadas de posição, seja contra a ideia de que as pulsões representam o elemento mais basal do psiquismo, seja no limite para sustentar a inadequação e a inutilidade do conceito de pulsão. O que não é retido pela maioria dessas críticas é que a tese do conflito pulsional em Freud responde a uma exigência, a de explicar o fato de que o conflito é repetível, deslocável, transponível e que sua permanência resiste a todas as transformações do aparelho psíquico (conflitos intersistêmicos ou intrassistêmicos, ou entre libido narcísica e objetal, ou entre instâncias e realidade exterior, etc.). É essa constatação que obriga Freud a postular teoricamente um conflito original, fundamental e primeiro, pondo em jogo as formas mais primitivas da atividade psíquica, o que explica sua inflexibilidade quanto ao dualismo pulsional.

A audácia teórica da hipótese freudiana da pulsão de morte levou os analistas a discussões apaixonadas a seu respeito e desviou a atenção deles do fato de Freud não a opor mais às pulsões sexuais, mas às pulsões de vida, que ele chamará em seguida de Eros ou pulsões de amor (Esboço de psicanálise). Esse leve deslizamento semântico conduz Freud a falar não mais de pulsão sexual, mas de função sexual como meio de conhecer Eros, com o qual ela não se confunde. Em compensação, Freud admite que não possuímos um índice análogo ao que representa a libido para a função sexual para conhecer a pulsão de morte de uma maneira tão direta.

III

Visto que só podemos conhecer a pulsão por seus representantes psíquicos, que não confundimos mais com os representantes-representações, concluímos, a título de hipótese, que a função sexual e sua manifestação, a libido, são o representante de Eros, das pulsões de vida ou das pulsões de amor, com a condição de compreender que essa função de representante não possui todas as propriedades de Eros – o que, diga-se de passagem, coloca muitos problemas clínicos e metapsicológicos sobre as relações entre Eros e sexualidade.

A verdadeira questão consiste em tentar dar uma resposta ao enigma deixado em aberto por Freud: qual a função que poderia desempenhar o papel correspondente de representante da pulsão de morte, lembrando que para ele a autodestruição é sua expressão fundamental, enquanto a heterodestruição constitui apenas uma tentativa de aliviar a tensão interna, ponto de vista contestado por muitas teorias pós-freudianas? No que me concerne, sou plenamente favorável à hipótese de que a função autodestrutiva desempenha um papel correspondente para a pulsão de morte àquela que desempenha a função sexual para o Eros. Contudo, diferentemente de Freud, não creio que se deva defender a ideia de que essa função autodestrutiva se exprimiria primitiva, espontanea ou automaticamente.

A dificuldade, no que se refere à pulsão de morte, decorre, portanto, de que não podemos atribuir a ela com a mesma precisão uma função correspondente à da sexualidade em relação às pulsões de vida (ou de amor). O que sabemos de mais seguro a respeito dela é sua ligação possível com a pulsão sexual no sadomasoquismo. Mas temos também o sentimento muito vivo de que há formas de destruição que não comportam esse modo de intrincação das duas pulsões. Assim é, evidentemente, para as formas graves de depressão que conduzem ao suicídio e para as psicoses que revelam uma desintegração do Eu. Sem chegar a essas formas patológicas extremas, a clínica psicanalítica contemporânea não tem nenhuma dificuldade em discernir formas de destrutividade não intrincadas, mais ou menos aparentes nas neuroses graves e nas neuroses de caráter, nas estruturas narcísicas, nos casos-limite, etc. É preciso observar que em todas essas configurações clínicas o mecanismo dominante, invocado com frequência, é o luto insuperável e as reações defensivas que ele suscita. Finalmente, junto da série de afetos penosos constatados no campo psicopatológico considerado, e ao lado de formas bem conhecidas de angústia, destacam-se angústias catastróficas ou impensáveis, temores de aniquilação ou de desmoronamento, sentimentos de futilidade, de desvitalização ou de morte psíquica, sensações de precipício, de buracos sem fundo, de abismo. É legítimo se indagar se essas manifestações em seu conjunto não poderiam estar ligadas, em parte ou na totalidade, ao que Freud designava como masoquismo originário, primário, cuja localização era para ele endopsíquica, prévia a qualquer exteriorização. Contudo, é verdade que nenhum argumento clínico constitui uma prova em favor da pulsão de morte, pois todo quadro clínico é suscetível de interpretações diversas e não poderia ser uma expressão direta do funcionamento pulsional. O problema, a partir da experiência clínica, continua sendo teórico. Nisso, estou de acordo com J. Laplanche.

IV

A hipótese que eu gostaria de formular comporta dois pressupostos:

1. É impossível dizer qualquer coisa da pulsão de morte sem se referir ao outro termo do par que ela forma com a pulsão de vida, em uma

atrelagem conceitual indissociável. Esta tem como corolário que, para termos uma ideia mais precisa da pulsão de morte, sejamos obrigados a ir mais longe na teoria que Freud nos oferece das pulsões de vida ou de amor.

2. Se não perdemos de vista que a teoria das pulsões pertence à ordem dos conceitos e que, portanto, nunca é inteiramente provável pela experiência, esses conceitos têm como objetivo esclarecer a experiência e não poderiam ser dissociados. Isso nos leva a afirmar que, mesmo que se apresentem as pulsões como entidades primeiras, fundamentais, isto é, originais, é preciso admitir que *o objeto é o revelador das pulsões*. Ele não as cria – e sem dúvida pode-se dizer que ele é criado por elas, pelo menos em parte –, mas é a condição para que tenham existência. E é por essa existência que ele próprio será criado já estando lá. Essa é a explicação da ideia de Winnicott sobre o encontrado-criado.

Em função dessas duas observações, é preciso guardar na memória a ideia de Freud de que os grandes mecanismos descritos por ele como características da pulsão de vida e da pulsão de morte são a ligação e o desligamento. Essa ideia é correta, mas insuficiente. A pulsão de vida pode muito bem admitir nela a coexistência desses dois mecanismos de ligação e de desligamento, da mesma maneira que pode absorver nela uma parte da pulsão de morte e, com isso, a transforma. As manifestações que resultam daí não são mais interpretáveis no registro próprio à pulsão de morte. Ao contrário, a pulsão de morte comporta apenas o desligamento. Ainda falta especificar o quê?

Sugerimos a hipótese de que o objetivo essencial das pulsões de vida é assegurar uma *função objetalizante*. Isso não significa apenas que seu papel seja o de criar uma relação com o objeto (interno e externo), mas também que ela se revele capaz de transformar estruturas em objeto, mesmo quando o objeto não está diretamente em questão. Em outras palavras, a função objetalizante não se limita às transformações do objeto, mas pode promover à condição de objeto o que não possui nenhuma das qualidades, das propriedades e dos atributos do objeto, com a condição de que uma única categoria se mantenha no trabalho psíquico realizado: *o investimento significativo*. Daí os paradoxos aparentes da teoria clássica em que o Eu pode se tornar um objeto (do id), ou daquilo que permite em certas teorias contemporâneas falar de *self*-objetos (*self objects*). Esse processo de objetalização não se restringe a transformações envolvendo formações tão organizadas quanto o Eu, mas pode se referir a modos de atividade psíquica, de tal maneira que, no limite, *é o próprio investimento que é objetalizado*. Este conduz, portanto, a distinguir o objeto da função objetalizante, onde, evidentemente, a ligação, acoplada ou não ao desligamento, entra em jogo. Isso justifica a atenção dada às teorias da relação de objeto, cujo defeito é, no entanto, não ter captado claramente a função objetalizante por terem se prendido demais ao objeto *strictu sensu*. Isso explica que a função sexual e seu índice, a libido, sejam o meio de conhecer Eros, pois isso é inconcebível sem incluir o objeto, e dá conta da teoria clássica do narcisismo, que deve, porém, ser completada.

Inversamente, o objetivo da pulsão de morte é realizar, tanto quanto possível, uma *função desobjetalizante* pelo desligamento. Essa qualificação permite compreender que não é somente a relação com o objeto que é atacada, mas também todos os substitutos deste – o Eu, por exemplo, e *o fato mesmo do investimento na medida em que ele sofreu o processo de objetalização*. Na maior parte do tempo, o que vemos, de fato, é apenas o funcionamento concorrente de atividades condizentes com os dois grupos de pulsões. Mas a manifestação própria à destrutividade da pulsão de morte é o *desinvestimento*.

A esse respeito, as manifestações destrutivas da psicose estão muito menos ligadas à identificação projetiva do que àquilo que a acompanha ou a sucede, o empobrecimento do Eu submetido ao desinvestimento. Apesar da enorme contribuição das ideias de Melanie Klein à compreensão da psicose, ela renegou um pouco a si mesma ao esquecer que a fase esquizoparanoide era "esquizo", não no sentido em que o termo fazia alusão à clivagem (a "esquize") em bom e mau, mas no sentido em que esta opunha o investimento paranoide ao desinvestimento esquizoide. Pode-se evocar a esse propósito um dos paradoxos mais perturbadores da experiência psicanalítica, a saber, que a função desobjetalizante, longe de se confundir com o luto, é o procedimento mais radical para se opor ao trabalho de luto que está no centro do processo de transformação característica da função objetalizante.[1]

É dessa maneira, a meu ver, que se explica logicamente na teoria freudiana a passagem da oposição libido de objeto-libido narcísica na última teoria das pulsões: Eros e pulsões de destruição. Foi isso que me levou a sustentar a hipótese de um *narcisismo negativo* como aspiração ao nível zero, expressão de uma função desobjetalizante que não se contentaria em se referir aos objetos ou aos seus substitutos, mas ao próprio processo objetalizante.

O ponto central a propósito da função objetalizante é que sua teoria deve levar em conta uma contradição que lhe é inerente, a saber, que o papel do objeto primário é decisivo aí e que *há sempre mais de um objeto*. Isso, no entanto, não autoriza a pensar que se possa atribuir ao segundo objeto (o pai no complexo edipiano) um papel secundário em qualquer dos sentidos desse termo. Nem tampouco que se possa considerá-lo como um reflexo projetado do objeto primário. Esses comentários não são exteriores ao tema da discussão, na medida em que se busca demarcar as manifestações *primárias* da pulsão de morte e seu vínculo com o objeto (primário). Seria preciso tomar consciência, a esse respeito, que a mãe suficientemente boa (Winnicott) contém implicitamente a mãe suficientemente má para sair do impasse idealização-persecução e promover o luto conservador da função desobjetalizante. Os prolongamentos técnicos dessas observações são importantes.

A função desobjetalizante é dominante em outros quadros clínicos além da melancolia, incluindo o autismo infantil ou as outras formas não paranoides de psicose crônica, a anorexia mental e diversas expressões da patologia somática do bebê. Os trabalhos da escola psicossomática de Paris (P. Marty: pensamento operatório, depressão essencial, dessublimação regressiva, desorganização progressiva, patologia do pré-consciente) constituem uma contribuição de grande valor para a reflexão sobre a questão que nos ocupa. Eles nos parecem corroborar a hipótese do desinvestimento e o objetivo desobjetalizante da pulsão de morte.

V

Os mecanismos de defesa contra a angústia e os outros afetos penosos desorganizantes podem ser igualmente reinterpretados à luz das reflexões sobre o conflito entre pulsões de vida e pulsões de morte. É preciso, nessa perspectiva, fazer a distinção prévia entre defesas primárias e defesas secundárias do Eu. As defesas primárias constituem uma categoria da qual o recalque é o protótipo (*Verdrängung*). Esta foi enriquecida posteriormente pela descoberta de outros mecanismos análogos, tais como a desmentida correlativa da clivagem (*Verleugnung*), a forclusão (*Verwerfung*), a denegação (*Verneinung*), enquanto outras defesas devem ser consideradas como secundárias para reforçar ou finalizar a tarefa desses mecanismos primordiais.

Contudo, quanto mais próximo se está do recalque propriamente dito, mais a polaridade ligação-desligamento é acompanhada de uma religação no inconsciente graças a outros mecanismos (deslocamento, condensação, duplo retorno, etc.). Quanto mais se afasta do recalque, mais se constata na utilização de outros tipos primários de defesa (clivagem, forclusão) que o desligamento tende a prevalecer sobre ele, limitando ou impedindo a religação. Assim, para mencionar apenas um caso do qual se fala muito na literatura psicanalítica, o da identificação projetiva, sua função parece ser justamente a de reforçar o desmentido da clivagem que leva à desobjetalização, apesar da aparente objetalização buscada pela projeção e pela identificação com as partes projetadas. Por mais destrutiva que seja sua ação, é sobretudo enquanto ataque contra os vínculos (Bion, Lacan) que se manifesta seu objetivo fundamentalmente desobjetalizante. O sucesso do desinvestimento desobjetalizante manifesta-se pela extinção da atividade projetiva que se traduz sobretudo pelo sentimento de morte psíquica (alucinação negativa do Eu) que, às vezes, precede bem pouco a ameaça de perda da realidade externa e *interna*. Um paralelo interessante foi feito entre a forclusão – a rejeição radical, que supostamente estaria na base das estruturas psicóticas – e um mecanismo correspondente hipoteticamente no fundamento das desorganizações somáticas graves (P. Marty), que se traduziria por perturbações do funcionamento mental caracterizado pela pobreza das atividades psíquicas ou pela carência do investimento delas. Evidentemente, referimo-nos aqui a funcionamentos assintomáticos que testemunham menos a realização do projeto do que sua orientação no sentido da perseguição de sua meta última: o desinvestimento desobjetalizante.

A denegação que se exprime através da linguagem ocupa, sem dúvida, um lugar particular nessa categoria, na medida em que ela parece recobrir o conjunto do campo ocupado por todos os outros termos. Assim, ela parece participar tanto do par ligação-desligamento quanto apenas do desligamento, como Freud já havia indicado.

Esses comentários requerem nossa atenção. Eles revelam como as características que marcam os modos de ação das pulsões (ligação-desligamento) podem ser encontradas no nível do Eu, seja porque ele traz em si seu rótulo de origem, seja porque imita o funcionamento pulsional revelado pelo objeto. Será que se chegaria a falar de uma identificação do Eu com o funcionamento pulsional? Ou com os objetos deste último?

VI

A concepção do aparelho psíquico, segundo Freud, resiste à reavaliação a que acabamos de proceder. Mas ela se beneficia de ser esclarecida pelo conflito objetalização-desobjetalização.

A utilização conjunta das duas tópicas se revela necessária aí, com a condição de compreender a diferença essencial entre o id da segunda tópica e o inconsciente da primeira. O inconsciente aparece, então, como a organização mais preservadora da função objetalizante.

É claro que a hipótese da função objetalizante mereceria mais desenvolvimentos do que forneço aqui. Se eu os tivesse dado, acabaria deslocando essa discussão sobre a pulsão de morte para o debate sobre as pulsões de vida, o que é uma tendência bastante comum quando se trata desse tema tão difícil. Desse modo, vou me ater a uma única precisão mais fundamental: o objetivo objetalizante das pulsões de vida ou de amor tem como principal consequência realizar, pela mediação da função sexual, a *simbolização* (Bion, Winnicott, Lacan). Uma tal realização é a garantia da intrincação dos dois grandes grupos pulsionais cuja axiomática, para mim, continua sendo indispensável à teoria do funcionamento psíquico.

NOTA

1. Freud, a propósito da melancolia, opõe a forte fixação (oral) ao fraco investimento do objeto (*Luto e melancolia*).

5

Masoquismo(s) e narcisismo nos fracassos da análise e a reação terapêutica negativa

> High in the midst exalted as a God
> Th'Apostate in Sun-bright Chariot sat
> Idol of Majesty Divine, enclos'd
> With Flaming Cherubim, and golden Shields;
> Then 'lighted from his gorgeous Throne, for now
> 'Twixt Host and Host but narrow space was left,
> A dreadful interval, and Front to Front
> Presented stood in terrible array
> of hideous length: before the cloudy Van,
> On the rough edge of battle ere it join'd,
> Satan with vast and haughty strides advanc't
> Came tow'ring, armed in Adamant and Gold;
> Abdiel that sight endur'd not, where he stood
> Among the mightiest, bent on highest deeds,
> And thus his own undaunted heart explores.
> 'O Heav'n! that such resemblance of the Highest
> Should yet remain, where faith and reality
> Remain not.*
>
> J. MILTON, *Paradise Lost & Paradise Regain ed*, book VI, v. 99-116
>
> And nothing is, but what is not**
> *Macbeth* Act I, sc. 3, 141-142

A. OS MASOQUISMOS E A REAÇÃO TERAPÊUTICA NEGATIVA

Se nos é difícil conceber em psicanálise uma pura negatividade que não se oporia a uma positividade implícita de sentido contrário, é por referên-

---

* N. de R.T. O apóstata, do exército no centro,/Monta um coche que o Sol no brilho iguala:/Entre ígneos querubins e escudos de ouro/Tal porte ostenta que simula o Eterno./Assim que estreito e pavoroso espaço/Entre ambos os exércitos avista,/Que fronte a fronte mútuos se alardeiam/Terríveis massas de extensão medonha,/Desce Satã do sublimado sólio;/E, com passo avançando altivo e vasto,/Todo fulgindo de brilhantes e ouro,/Nos mais altos projetos engolfado,/Vai logo pôr-se à frente das colunas/Onde mais p'rigos proporciona a guerra./Abdiel, que das ações as mais ilustres/Sempre se adorna e que de heróis se cerca,/Encara-o, — e, cheio de insofrida fúria,/Idéias tais no coração rumina:/— "Ó Céus! Como do Altíssimo o transunto/"Existe onde a pureza e a fé já faltam? (Trad. de António José de Lima Leitão Disponível em: http://www.ebooksbrasil.org/eLibris/paraisoperdido.html#6)

** N. de R.T. E nada mais existe, a não ser o que não existe. (Trad. Beatriz Viégas-Faria.)

cia à patologia. Até agora, fundamos nossa análise em conceitos de alcance geral que transcendem as diferenças entre patologia e normalidade e que, portanto, não poderiam se limitar a aplicações terapêuticas. É um tal espírito que guia a caminhada freudiana. Partindo da neurose e chegando ao sonho, Freud consegue operar essa separação do patológico para extrair seu modelo de um fenômeno presente em todo humano. Do mesmo modo, a passagem da análise dos sintomas da psiconeurose de transferência às manifestações da neurose de transferência, ao mesmo tempo estando imersa na experiência terapêutica, submeteu esta última a uma grade de decodificação que relativiza a patologia, pois se reconheceu que a transferência não é absolutamente o apanágio da psicanálise e que é encontrada bem além do tratamento psicanalítico. Esta se encarrega apenas de oferecer as condições ideais que permitem sua analisabilidade. Sempre se entendeu, por outro lado, que a neurose ocupa essa posição das mais favoráveis de ser vista como patológica e, simultaneamente, testemunhar, ao exame, que entre ela e a normalidade existem todos os intermediários sem que nenhuma linha divisória trace uma fronteira nítida entre as duas. A neurose tornou-se o caso privilegiado para tirar a patologia de seu gueto, pois sua estrutura a coloca em situação de reintegrar a condição humana ordinária. Inversamente, ela oferece também a possibilidade de apontar a presença, dentro da própria normalidade, de traços discretamente patológicos aos quais ela está longe de ser imune, mas que, por razões indubitavelmente ideológicas, se preferiria ignorar. Seria errôneo deduzir disso que as noções de normal e de patológico perderam todo o sentido, pois, por outro lado, se sabia bem que existiam outras entidades clínicas mais nitidamente distintas do ordinário e mais claramente marcadas com o selo da anormalidade. Freud só as abordou a distância: com a memória do psiquiatra que ele foi ou com seu talento de analista de textos. Ele dizia considerar a psicose destrutiva demais para o seu gosto, inclusive duvidando que ela fosse sensível à análise.

A experiência analítica provou que não se poderia desembaraçar tão facilmente do campo relegado ao abandono pela concentração na neurose. Mas ele não foi abordado, salvo algumas exceções, por um confronto direto com a psicose. Os psicanalistas, com a ajuda do tempo, tiveram a surpresa de descobri-la, às vezes, sem compreender bem a natureza de sua descoberta, lá onde ela se escondia sob o manto da neurose. A análise de *O homem dos lobos* apareceu, *après coup*, como novo paradigma.

Se Freud havia mostrado que neurose e normalidade, no fundo, pertencem ao mesmo conjunto, seria o caso de dizer também que a perversão só fazia ampliar um pouco mais o campo freudiano, mas podia se inscrever nele legitimamente. A neurose como negativo da perversão – segundo a feliz expressão dos *Três Ensaios* – revela uma concepção com pesadas implicações.

Freud contribuiu muito para desalienar a perversão ao falar do estado normal da perversão polimorfa da infância, fonte de fixações eventuais. Não havia motivo para segregar os perversos do resto da humanidade, pois Freud, afinal, via apenas crianças atrasadas lá onde seus contemporâneos denunciavam pecadores ou instigadores, perturbadores da ordem moral e social. Freud talvez tivesse razão de desmistificar a ameaça da perversão em face dos valores das pessoas honestas, mas acabou por se dar conta de que a perversão, aparentemente menos perigosa para a ordem social, talvez fosse a mais temível, pois logo se revelaria ameaçadora para a ordem psíquica e vital.

No início, o masoquismo é apenas uma das numerosas perversões sexuais; no final da obra freudiana, ela se torna (extraída do par que forma com o sadismo) o modelo, a fonte e o resultado de toda perversão, assim como de outras entidades patológicas. Ainda não é o momento de retomar a discussão sobre as relações entre pulsões de morte, sentimento de culpa inconsciente e masoquismo. Resta que no final de sua obra, Freud encontra, enfim, com o masoquismo, a estrutura inteligível que tem suas raízes na sexualidade e pende para o lado não fálico desta, o que significa que inverte seu valor-chave e impregna tanto a relação com o gozo quanto a com a lei.

De maneira geral, Freud sentia a necessidade teórica de dispor de uma estrutura mais intermediária do que originária para construir seu marco de referência. Assim, ele se apoiou no sonho, no universo onírico – desprezando as outras formas da vida psíquica de quem dorme (pesadelo, por exemplo) –, do mesmo modo que no universo da patologia, devia eleger a neurose como ponto de partida de sua reflexão e deixar de lado outras categorias que implicavam regressões mais profundas em fases anteriores. A descoberta do masoquismo seguiu a mesma trajetória: desvendar o processo intermediário responsável pelo fracasso do tratamento e pela permanência da infelicidade. Pois o essencial para Freud era separar a estrutura significativa, cujas extensões e desenvolvimentos permitissem abarcar com um único olhar o campo psicanalítico.

O masoquismo, nessa última acepção, causou problema. O sentido humano dos analistas tornava difícil aceitar a ideia de que o sofrimento extremo pudesse ser uma fonte de gozo oculto. Além disso, não se compreendeu imediatamente a abertura do leque masoquista em forma de tríptico. O masoquismo originário vinha contestar a preeminência do princípio de prazer-desprazer. É verdade que já em 1921 Freud havia sugerido um "além" do princípio do prazer. Esse além era, de fato, uma negação deste último em proveito de uma ligação primeira, mantendo-se sob a forma de uma compulsão de repetição que levaria a pensar em um automatismo mortífero. Com o masoquismo originário, Freud descobre uma solução suscetível de explicar o desvio do princípio do prazer. No começo da vida, a ligação une a sexualidade à dor em nome da coexcitação libidinal, o que dá lugar a uma certa forma de prazer: o masoquismo. Assim, pode-se falar do além de um princípio de prazer-desprazer como forma matricial onde prazer e desprazer não são separados; é aos olhos do outro que eles aparecem como prazer "negativado" (em todos os sentidos do termo), enquanto, para o sujeito, constituem um misto que não é nem prazer – em nenhum caso – nem desprazer: uma coexcitação que se definiria, talvez, como intensidade tensional. Quem sabe se pudesse falar inclusive de um além do desprazer: o desamparo, a infelicidade, etc., conjurados aqui por uma espécie de requisição de sensações amalgamadas. Além disso, esse dolorismo encontra com que se alimentar na vida social sob a forma do masoquismo moral. Este, longe de se rebelar contra a autoridade, a reforça – a despeito das aparências –, mas encontra uma contrapartida não desprezível em sua denúncia. O poder é acusado de ser injusto, iníquo, despótico e, mais do que isso, indestrutível e onipotente, o que supostamente demonstra que ele é visto como inimigo, embora se fosse, de fato, cúmplice dele.

A ligação entre essas duas formas de masoquismo, originária e moral, parecia sustentável, mas o que representa, nessa circunstância, o masoquismo feminino? Observou-se, com razão, que Freud se refere a casos de masoquismo... masculino, como se seus preconceitos contra a feminilidade só permitissem que ela aparecesse sob a forma regressiva que adota no homem. Creio que dois motivos mais profundos subentendem essa posição. Para evidenciá-los é preciso tomar distância.

Caso se queira recordar que, para Freud, a essência da libido é masculina, é preciso, antes de protestar em defesa de nossas mulheres, irmãs e mães, compreender que ele se situa em uma perspectiva quase biológica. E, aliás, a biologia deu razão a ele ao descobrir que o desejo sexual depende – nos dois sexos – da secreção de andrógenos! Mas vamos voltar à psicossexualidade. Freud identifica o desejo sexual com a atividade, a energia psíquica, o que explica sua essência "masculina". Isso significa que as mulheres não teriam sexualidade por serem consideradas como passivas? Creio que Freud demonstra aqui um grande senso do negativo. Antes de tudo, ele separa sexualidade e maternidade. A maternidade é uma função biológica, investida secundariamente pela sexualidade feminina. Para Freud, a (psico)sexualidade feminina é essencialmente masculina, como toda sexualidade, mas é invertida segundo as características femininas: ou seja, a atividade sexual (fálica) se encontra invertida (com meta passiva, receptiva) – visando a obtenção de um gozo centrípeto – a fim de acolher e integrar o que é recebido do homem (o pênis, o filho). É nisso que ela assume funções fálicas que, mais tarde, se manifestarão explicitamente na criação dos filhos. Concluiu-se um pouco apressadamente (Lacan) que a mulher não tem muito o que fazer com um gozo fálico que é próprio do homem, enquanto nela é o corpo inteiro que se oferece para ser investido pelo gozo. Essa afirmação só teria a ganhar se fosse nuançada. Não é que a mulher não tenha nada a fazer com esse gozo fálico local, mas é preciso negativá-lo deslocalizando-o para o conjunto de sua erogenidade corporal e relocalizá-lo (vaginalmente) no encontro com o sexo masculino.

Ao ligar o masoquismo à feminilidade, Freud se apoiou em certas situações da sexualidade feminina ("ser castrada, sofrer o coito e parir na dor") que ele interpretou de uma maneira que foi julgada contestável. A passividade torna-se sinônimo de castração por violação (sofrer o coito) e extração penosa do filho (parto na dor), porque a passividade é vivida menos como forma de gozo do que como redução à impotência: castração fálica e peniana. O desafio nos exemplos citados por Freud reside na forclusão da dimensão fálica de *toda* sexualidade e na sua identificação na mulher com um masoquismo de base que não seria o produto de um retorno, mas a consequência de um traumatismo imaginário. Este último, devido à coexcitação libidinal, poderia se tornar fonte de gozo. Freud confunde, como se afirmou, a situação regressiva do homem com a estrutura geral da sexualidade feminina. De fato, para a sexualidade feminina normal (fálica), os atributos femininos seriam: ter uma vagina, gozar um coito, parir no orgulho. Nessas condições, o masoquismo feminino de Freud visa aquilo que se exprime pelo desvio da função fálica reduzida à superestimação da função peniana e o retorno à organização genital infantil segundo a distinção fálico-castrado. Em outras palavras, o masoquismo feminino resulta de uma elaboração inconsciente de um complexo de castração geral, mas que não se manifesta aqui por uma angústia de castração; seria, antes, o preço a pagar pela recuperação fálica que deve então seguir as vias do empréstimo ao sexo masculino. O que permanece incontestável para Freud (e intolerável para as mulheres) é a revelação da inveja do pênis. Pois, se para os homens, dominados pela angústia de castração, não foi fácil conceber a inveja do pênis, as mulheres, por sua vez, têm a mesma dificuldade de compreender o impacto dessa angústia de castração, impensável para elas. É complicado para elas reconhecer sua atitude de inveja em relação a um sexo que julgam incastrável e portanto inalienável. Em compensação, o masoquismo – sob a forma de fantasias – desempenharia o papel de uma fonte importante de prazer, cuja função seria aumentar a coexcitação libidinal e ampliar gozo orgástico obtido por uma superestimação do pênis. Em suma, um masoquismo para fingir, ou melhor, para rir, mas que pode, eventualmente, assim como nos homens, fazer gozar "de verdade". O tríptico masoquista significa, portanto: origem na sexualidade (em sua relação com a dor, mas com possibilidade de inversão que assegura a preeminência desta como condição para o gozo), inversão do valor fálico sexual, "subversão da ordem moral". É a realização do negativo como valor inverso da vida, por desdém da relação inter-humana: quanto mais ela machuca, mais é forte, mais faz pensar que tê-la é se tornar invulnerável. Não tê-la deixa a possibilidade de fazê-la existir sob a forma do poder que lhe é atribuído.

Isso não significa negar as vantagens do sexo feminino. De fato, na mulher, a inveja do pênis não é, de modo nenhum, idêntica ao desejo de mudar de sexo. Longe disso, ela é, no entanto, como se diz, um "plus". Pode-se aplicar ao homem o mesmo raciocínio? Seria contestar a situação referencial do falo. E então? Resta que os homens parecem mais dotados para simular a feminilidade do que as mulheres, a masculinidade. O masoquismo feminino tem a ver com essa simulação. A angústia da castração masculina assume frequentemente a máscara da denegação da dependência em relação à mulher.

Talvez estejamos em condições de compreender como o modelo geral da negatividade, que se enraizava na vida pulsional como vicissitude da causalidade natural, efetuou sua transformação no homem, por subordinação de suas exigências à relação intersubjetiva (em referência ao outro semelhante). Esta necessitou, para fundar a ordem humana, do trabalho do negativo. Como que para nos indicar, em filigrana, que a vulnerabilidade psíquica é o tributo pago ao estabelecimento de uma tal ordem, que o peso a ser carregado pela condição humana mais geral e que as variações de uma cultura a outra costumam mascarar as constantes que os reúnem em torno dos desafios da sexualidade. Restaria explicar as razões pelas quais o órgão masculino, cuja ereção é o símbolo de vida, de potência e de realização, fornece o modelo de uma função chamada de fálica. Não há dúvida de que a pergunta obtém respostas culturais, mas não é seguro que elas sejam suficientes. E, de toda maneira, ela não conseguiria suprimir o sentimento de injustiça de que padecem as mulheres por não poderem estar na origem de um símbolo transcendental. As respostas não são simples de fundamentar, de explicar, de legitimar. Mesmo que venha a instigar o ceticismo, eu atribuiria o privilégio fálico à sua ligação com o espaço exterior (a conquista do mundo) e ao que sua exposição comporta de risco a prevenir (angústia de castração). Isso não é absolutamente contraditório com o fato de que uma tal escolha simbólica repousa na conjuração dos perigos atribuídos projetivamente aos poderes femininos – *perigos que são partilhados pelas próprias mulheres* – e que são a causa de elas preferirem aderir a essa supremacia fálica dos homens imaginando fantasias de apropriação desta. Uma tal conquista não poderia ocorrer sem sofrimento: quanto maior é o preço pago por essa transferência de poder, mais importante é o valor imaginário que lhe é conferido. Quanto mais a "dor" é dominada, mais valorosa é a mulher e mais forte sua constituição. É por essa fantasia de dor e de resistência que a mulher estabelece sua igualdade com a potência masculina. E é essa dor, portadora de ambiguidades, que se encontra no "real" do parto.

Deriva negativa do recalque

A descoberta de um novo tipo de relação humana, graças às condições de troca definidas pelo *setting* analítico, implica o recurso ao negativo. Seu exercício deu origem a uma outra forma de estrutura que se poderia conceber como um avatar da mobilização do negativo ligado às matrizes masoquistas: a reação terapêutica negativa. Poderia se tratar então de uma patologia iatrogênica, de uma neonose (ou neopsicose? Ou neoperversão?) criada pela própria análise, ausente da patologia "espontânea" ou da vida social comum. Esse novo tipo nasceu, portanto, das vicissitudes do negativo trazidas à luz pelo tratamento psicanalítico. Por qual deriva, por qual processo de desvio o trabalho do negativo se torna aqui trabalho "negativista"? É justamente uma intuição desse gênero que Freud põe no papel para concluir seu artigo sobre *A negativa* com uma alusão ao negativismo dos esquizofrênicos.

A resposta deve ser buscada do lado de um dos destinos da negatividade que habita o modelo da pulsão. À pressão pulsional e à sua exigência imperiosa de satisfação se sucederão a necessidade de conservação, o desenvolvimento da capacidade de diferenciar e a alternativa entre a elaboração e a rejeição. A elaboração, contrariamente a uma opinião aceita, não é o apanágio do Eu; ela está presente no interior do funcionamento pulsional e faz parte de sua própria essência: nascida no soma, a excitação que "chega" ao psiquismo é a medida da exigência de trabalho que impõe ao psiquismo seu vínculo com o corporal. O que quer dizer: formação de mensagens formuladas nos termos decifráveis pelo psiquismo ao qual elas são dirigidas, espera da resposta e, se for esse o caso, tentativa de formulação mais adequada, busca de outros procedimentos de satisfação fora do objeto ou por meio de outros objetos, enfim, descoberta de meios mais eficazes suscetíveis de trazer a solução. É claro que todos os procedimentos de figuração psíquica estarão em jogo (realização alucinatória do desejo, representação), e serão adotados como solução, pelo menos a título temporário, mesmo quando não dão um resultado conclusivo no imediato. Eles podem, no entanto, servir de outras metas secundárias que lhes conferem uma utilidade graças à qual não desaparecerão. Aqui ainda é preciso distinguir o valor autoinformativo e heteroinformativo disso que se produz no interior da atividade psíquica. O primeiro é importante, o segundo, fraco. O meio de combinar os dois aspectos, auto e heteroinformativo, ainda está por ser encontrado. Mas, durante esse tempo fundamentalmente autoinformativo, se está no negativo, no sentido de que se está ainda na virtualidade. Pois o negativo não é apenas a imagem em relação à coisa, é imagem na medida em que é suscetível de se fazer passar pelo objeto.

Entretanto, em razão da demora da resposta ou do caráter insatisfatório desta, pode acontecer de ocorrer rejeição. Introduzimos um novo parâmetro que não tem a ver com a causalidade natural, mas decorre da produção do negativo. De fato, a realização alucinatória do desejo reitera a satisfação obtida através da alucinação de um objeto no qual são projetadas todas as características de bem-estar e de prazer concomitantes. Quando da prova de satisfação que se segue, a criança deverá encontrar, *na realidade da experiência*, todas as características projetadas no objeto tal como ele aparece no momento da realização alucinatória do desejo. Ora, este último tem alguma chance de corresponder menos à lembrança da experiência do que à sua idealização retrospectiva. Se o objeto real responde, desta vez, à satisfação da necessidade sem apresentar todas as características positivas da projeção da realização alucinatória do desejo, o negativo passará do estado de virtualidade positiva para a condição do negativo "realizado" sob a forma de um contrário do positivo, pela ocorrência da decepção. A tensão entre a lembrança da experiência alucinada e o presente da experiência real, que satisfaz a necessidade mas decepciona o desejo, tem um efeito frustrante que necessita da expulsão de afetos violentos, condensados com o objeto ao qual eles se dirigem. Esse objeto, como Freud mostrou, é tomado como responsável pelo mal-estar, pelo mau, identificado com o estranho e com o de fora. Isso conduz à separação precoce do bom e do mau e à rejeição deste último. Passamos da dimensão da virtualidade à do malefício, que faz com que uma parte de si seja identificada com uma parte intrusa, não-Eu, que teria penetrado e colonizado o Eu. O outro nasce dessa expulsão, que faz coincidir sua existência própria – distinta do Eu que a vive – com os afetos negativos exilados pela expulsão.

Para evitar recorrer a uma solução tão extrema, o sujeito, na medida em que isso é suficiente para enfrentar a situação, põe em prática o recalque. A contrariedade causada pela não satisfação, a demora da resposta a chegar ou sua inadequação preparam o lugar necessário a um desejo de conservar, mesmo assim, o objeto, quando a experiência não é inteiramente negativa. Isso leva a pôr em prática uma renúncia. *O recalque torna-se a consequência da renúncia à destruição a fim de não pôr em perigo nem a organização desejante do sujeito nem sua relação com o objeto de desejo.* O recalque torna-se assim uma espécie de lugar geométrico da relação sujeito-objeto, representando ao mesmo tempo a renúncia do sujeito e a exigência do objeto ("se você me ama..."). O desejo de conservar o amor prodigalizado pelo objeto, assim como o amor sentido por ele, levam o sujeito a consentir com o sacrifício, porque ele ganhou na experiência o sentimento do valor de sua existência – pelo fato de ser amado, mas também pelo reconhecimento de seu ser como desejante. Nessas condições, o Outro pode existir em estado separado e cobrar certas renúncias em contrapartida ao amor proporcionado. A condição do gozo é autorizar a reunião do que está distante e separado no imaginário. Mas essa relação nunca é perfeita, não pode evitar certas falhas; assim, a renúncia a denunciar insuficiências, inadaptação e imperfeições da resposta nunca se cumpre totalmente; o controle do Eu sobre as pulsões deixa escapar numerosos brotos não integráveis, as válvulas para os desejos são falhas, etc., daí a continuidade entre as noções de normalidade e de neurose.

Contudo, em certo casos, quando a distância entre a "alteridade" pulsional e a alteridade subjetiva não pode evitar a rejeição, o nó das duas formas de alteridade torna-se inextricável. O que significa que a vida pulsional se identifica enquanto tal com o objeto que jamais poderá satisfazê-la. Ela se torna de algum modo daimônica. Há, aqui, uma despossessão subjetiva da pulsão e, como já mostrei mais de uma vez, uma transferência da fonte pulsional ao objeto. Desenvolve-se então uma forma de paranoia progressiva que atribui todas as manifestações da vida pulsional, sentida como intrusão destinada a repetir uma frustração eterna, aos movimentos, para não dizer às manobras, do outro. A persecução não é diretamente experimentada como tal. Ela é infiltrante, pois, pulsionalmente, o sujeito só existe ativado de fora, comandado, manipulado pelo outro que, no limite, não persegue outra meta a não ser a de "ver no que isso vai dar". O que significa que ele tem prazer em exercer seu poder. Inversamente, toda relação com o outro é pulsionalizada com a meta de provocar a insatisfação. O negativo é tão expandido quanto seria em um país onde a experiência da satisfação não existisse. Isso faz frutificarem-se os recursos do masoquismo, mas provoca sobretudo o deslocamento da luta pela vida, que assume aqui a forma de uma luta apenas pela integridade territorial. A busca da relação com o outro só alimenta uma reivindicação da autonomia, ou seja, sua meta é atingir um estado de separação e de individualidade necessário à autoestima fundada na independência, no reconhecimento da alteridade que se dissipa conjunturalmente e necessariamente ao mesmo tempo. Isso significa que um tal combate não tem como meta a partilha do prazer, mas a possibilidade de encontrar refúgio no recolhimento narcísico e na autossuficiência. Nos casos extremos, uma tal solução se dá no isolamento de um modo autoerótico. Trata-se de uma forma de narcisismo cujo limite é o que chamei de narcisismo negativo, como aspiração de tensões ao nível zero.

O traço principal dessa deriva do negativo está ligado ao destino do outro, no interior da subjetividade. A transformação da qual ele é o objeto repousa em um conjunto de traços que se potencializam.

- A distância entre realização alucinatória do desejo e experiência real de satisfação faz o outro aparecer como não desejante do desejo do sujeito. Esse é um primeiro motivo de queixa.
- Examinada de perto, a experiência de satisfação se revela destinada a contentar mais o objeto do que o sujeito que está na fonte e na origem do desejo. O sujeito se sente então despossuído de sua satisfação em favor daquele que deveria proporcionar satisfação ao sujeito.
- O paradoxo da situação provem de o objeto, supostamente não desejante do desejo do sujeito e acusado de ter procedido ao desvio da satisfação do sujeito, não ser separado deste último que forma apenas um com ele. O Outro não pode jamais se constituir por separação.
- Em consequência, o Outro é representado na forma de uma instância persecutória da satisfação, no interior do sujeito que só tem dele uma representação sem relevo nem volume (assim como a sua).
- Toda a estratégia do sujeito consiste em escapar, pela reivindicação de um domínio separado, do poder desse que ele erigiu em persecutor.

Um tal domínio proporciona apenas alegrias momentâneas, condenadas, em última instância, a cair na dependência da perseguição do Outro, daí a adoção de uma estratégia de desejo de não desejo, em fuga perpétua.
- A reação do sujeito ao Outro, na impossibilidade de escapar dele, é adotar uma estratégia de asfixia mútua. Sufocando a si mesmo, isto é, inibindo suas próprias capacidades de desenvolvimento, espera sufocar o Outro. Na verdade, diferentemente do que se constataria na neurose, o assassinato é indissociável de uma intenção suicida.
- Em qualquer caso, o Outro é sempre a instância de uma autoridade mortífera que não quer a vida, o desenvolvimento nem as capacidades criadoras, mas a permanência de uma relação parasitária fria e cristalizada. O negativo aqui retomou todos os seus atributos de potencialidade, de virtualidade, mas para fixá-los para sempre como imobilismo psíquico com negação do tempo que passa.

Esses são alguns efeitos da marca do modelo masoquista descoberto pela psicanálise, na forma da reação terapêutica negativa, como derivação da negatividade criadora. E é aqui que se deve concluir tentando compreender o que faz a ponte entre as duas.

Freud diz que o masoquismo ressexualiza a moral. Significa compreender no mesmo lance que a moral é parte interessada desse processo. Ela se dissimulava por trás do anonimato do recalque, e Freud levou certo tempo antes de dotá-la de uma instância: o supereu. Ora, a reação terapêutica negativa o trata com desdém. Ela o faz aparecer como egoísta, em busca apenas do próprio prazer, cruel, insensível. Um "sub-Eu", de algum modo, que, despojado de sua ostentação, se pareceria muito com o id. Outra maneira de dizer que, quando se fala do Bom Deus, o diabo não está longe; mas também de compreender que eles são as duas faces de uma mesma questão: aquela que diz respeito à relação das instâncias genitoras de que o sujeito é o produto. Não se pode livrar-se delas a não ser pela consciência de um sentimento de contingência quanto à própria condição. Durante muito tempo, a psicanálise se centrou nas manifestações da sexualidade do sujeito, interpretando-as como vicissitudes de suas raízes infantis. Hoje, a problemática da aceitação da sexualidade parental parece injustamente desprezada. Suspeitamos disso desde *O homem dos lobos*. O futuro mostrará que é na articulação dessas duas negatividades que se joga o destino do desejo.

A armadilha para o negativo

Jean Guillaumin mostrou que o lugar do negativo em psicanálise é, de algum modo, fundador da experiência que o torna possível, na medida em que o *setting* exige a retirada do analista, não somente pela posição que ele ocupa fora da vida do paciente e pela atribuição de uma função limitada à escuta deste – o que seguramente "negativa" tanto mais essa presença quanto ela inclui a evocação de uma ausência potencial, favorecida por sua não visibilidade –, mas também porque o analista intervém menos como pessoa do que como função interpretante. Não são suas opiniões ou ideias que ele veicula, mas as que empresta ao seu analisando. Sem dúvida, o empréstimo não é totalmente neutro, e é o analista quem decide o que acredita ser o sentido da imagem inconsciente do paciente, mas, evidentemente, não é enquanto indivíduo que ele se exprime, e sim como imago "realizada" pela situação.

Esses comentários nos conduzem do analista à função do *setting* em que ele é, sem dúvida, o elemento mais significativo, mas do qual é apenas o representante, não importa a circunstância.

Além disso, pela não resposta às demandas do paciente, pelo silêncio oposto aos desejos que lhe são dirigidos e também pela natureza excitante, apesar de tudo, do dispositivo analítico, o *setting* pode funcionar, segundo a expressão de Guillaumin, como uma armadilha para o negativo – modelada pela erogenidade corporal: boca ou ânus.

Uma objeção feita às teorizações centradas no *setting* é a de que as modificações deste pelas práticas face a face não eram menos interessantes, psicanaliticamente falando, que o tratamento típico das neuroses. Sem dúvida. Não seria esquecer rápido demais que muitas indicações dessa "variante" são fundadas precisamente no motivo que o paciente não poderia suportar ver o analista e nem ouvi-lo (devido ao seu silêncio na análise dita clássica)? Invocar o caso dessas variantes é, portanto, fazer alusão implicitamente à intolerância em relação à negatividade de pacientes não analisáveis segundo o procedimento clássico. De todo modo, as modificações do *setting* aqui mencionadas conservam a posição negativa de base, a saber, a sorte reservada à demanda do paciente, ou seja, de se abster de responder a ela – que implica a recusa de considerar a questão como "verdadeira" no espaço onde se situa a análise – e a limitação da intervenção do analista à interpretação do discurso daquele que está lá "para falar".

Contudo, não estou seguro de seguir Jean Guillaumin na escolha que ele faz de centrar toda a sua reflexão a partir da troca transfero-contratransferencial – por mais pertinente e fecunda que seja essa tomada de posição. O fundamento da negatividade em psicanálise repousa nos efeitos da não presença do objeto e na propriedade que tem a psique humana de responder a essa ausência pela representação (alucinatória, fantasmática, cognitiva, etc.). Em suma, a "armadilha" não é destinada a recolher alguma caça furtiva, mas a criar uma mimese de condições que reinam na natureza. E não diminui em nada admitir que há um estratagema no dispositivo criado pelo analista, invenção de uma relação com efeitos insuspeitados. Mas essa invenção, por mais nova que seja diante das modalidades usuais de troca inter-humana, não escapa à comparação com outros protótipos. Já se afirmou mais de uma vez, com audácia ou vulgaridade, que a relação psicanalítica não deixaria de lembrar certas formas de experiência religiosa. Passo por cima da comparação – tão pobre – com a confissão, mas recordarei que Lacan aproximou a relação analista-analisando daquela que une o mestre zen e seu discípulo. Eu me lembro também dos protestos indignados que suscitou a exposição de um estimado colega quando ele ousou afirmar, durante um encontro de um grupo internacional de psicanalistas exercendo tarefas de alta responsabilidade, que o efeito de uma psicanálise podia ser comparado ao resultado de uma conversão. Assinalei muitas vezes a ambiguidade do conceito de Grande Outro por trás do qual o analista tentou se abrigar para esconder a propensão que o levaria a explorar as vantagens que lhe confere a situação. No mínimo, ele resistirá timidamente aos benefícios fáceis de colher estando instalado nesse lugar, sem se fazer demais de rogado; na pior das hipóteses, se deixará levar pela fascinação do prazer experimentado ao ocupá-lo à força, invocando, além do *setting*, a estrutura do "sujeito".

Vislumbra-se uma continuidade entre a experiência de alienação regressiva que se realiza em certas formas do tratamento – reação terapêutica negativa e masoquismo moral – e certos aspectos da vida cultural. Longe de se situar em razão de seu destino fora da comunidade de humanos devido à estranha economia do desejo que as habita, essas organizações psíquicas, cujo caráter patológico deixa poucas dúvidas, são próximas de certas formas de sublimação. Mesmo que elas sejam separadas destas últimas por diferentes particularidades, nem por isso nos sentimos inclinados a sustentar que elas devam ser colocadas à parte da organização geral do desejo humano.

E se essas formas de alienação diferem daquelas conhecidas pela psiquiatria, é preciso buscar a razão de se manter uma relação com o outro como outro semelhante. Pois aqui, o trabalho do negativo opera sem cessar contra a dissolução das ancoragens relacionais, às vezes camufladas em uma organização masoquista resistente a qualquer prova; a constância do vínculo passional com um objeto primário, responsabilizado por todos os males e no entanto impossível de abandonar, pode garantir a sobrevivência desses pacientes. Seu sofrimento lhes é oferecido como a única doação de amor permitida eles, mesmo que intrincada com o ódio mais pertinaz, mistura da vida à morte.

B. CONSIDERAÇÕES SOBRE OS FRACASSOS DO TRATAMENTO PSICANALÍTICO

Desde o escrito quase testamentário de Freud, *Análise terminável e interminável*, a reação terapêutica negativa foi objeto de uma reflexão incessante. Sua reinterpretação convidava os analistas a "subir" mais alto na compreensão do psiquismo infantil, segundo o pressuposto de que os casos que mostravam essa evolução no tratamento apresentavam fixações muito mais antigas do que as invocadas mais comumente nas neuroses. É espantoso constatar agora que esse não era o ponto de vista de Freud, pois ele não considerava que esse gênero de fixações precoces fosse o único agente de obstáculos à cura. Contudo, muitos fatores postulados por Freud (força constitucional das pulsões ou distorções do Eu de mesma etiologia, natureza sexual dos traumas) viram seu papel ser discutido e minimizado em face de outros, dos quais não se tem certeza que seu papel etiopatológico tenha recebido o aval de Freud.

De resto, como observou muito bem J.B. Pontalis, não se deve confundir fracasso do tratamento psicanalítico com reação terapêutica negativa. Proponho-me a abordar alguns dos agentes que a meu ver são frequentemente responsáveis pelo não êxito do tratamento.

Duas posições muito gerais dividem os sentimentos do analista confrontado com o fracasso: a projeção paranoica ("a falha é do paciente que era inanalisável, portanto responsável pelo resultado negativo da análise") e a autoacusação depressiva ("a falha é do mau analista mal analisado"). Essa segunda eventualidade, por ser mais disposta a reconhecer a parte do analista no fracasso do tratamento, não deveria enganar. Pois se poderia interpretar esse julgamento dirigido a si mesmo como resposta protetora à reprovação muito mais severa do outro. Nos dois casos, o sentimento de culpa é facilmente discernível. Surpreenderá também – além do fato de que os limites da análise não são levados em conta aí – a omissão pura e simples de qualquer referência à ignorância persistente em que nos encontramos quanto às possibilidades de mudança do psiquismo, como se não fosse preciso admitir que muitos recônditos dele permanecem desconhecidos para nós. Na defesa de uma tal argumentação (paranoica ou depressiva), não se nota, por trás do caráter contrastado das estratégias defensivas adotadas, a situação em espelho que reúne nos dois casos dos dois parceiros do par analítico. Isso não é casual, e é o que me proponho a mostrar. Se o papel do sentimento de culpa e o do masoquismo foram há muito tempo reconhecidos no fracasso da psicanálise, o do narcisismo, ainda que pressentido, foi muito menos considerado. O que se gostaria era de poder dispor de uma explicação que dê conta tanto do não lugar da análise – no caso em que esta, decidida em comum acordo, não se produz de fato – quanto do da reação terapêutica negativa – em que o tratamento que promete ir bem prossegue mal – ou, enfim, daquele em que os obstáculos às ações do analista conduzem de forma contínua ao fracasso. Seria preciso, ainda, esclarecer o paradoxo de uma relação que tem a ver igualmente com o esforço de dar prosseguimento a ela e com a esterilidade de seus efeitos, de tal modo que o fracasso do analisando e o do analista se tornam indissociáveis, cada um se remetendo no final a si mesmo, mas ambos permanecendo unidos por uma relação que é de fato uma não relação, que resiste a qualquer prova.

Sentimento inconsciente de culpa e narcisismo

É em *Uma criança é espancada*, pela via da gênese das perversões sexuais, que Freud encontra aquilo que chama de "consciência da culpa". Ele não insiste sobre o caráter inconsciente desta, sem dúvida porque sua atenção é mobilizada para as formas inconscientes do prazer ligado ao exercício das pulsões, aos seus substitutos regressivos, às representações e às imagos que elas põem em cena, às metas que elas perseguem. Assim, num primeiro momento, há apenas uma descoberta relativa a casos ilustrativos do masoquismo na invocação da banalidade da fantasia de *Uma criança é espancada*. Uma tal conjuntura é, no limite, tão pouco singular quanto aquela em que, no romance familiar, a criança inventa para si outros pais para aliviar as decepções e os ferimentos que os seus lhe causam. Em suma, o que é visto aqui apenas incidentemente é o lugar ocupado pela conotação de "consciência" que a culpa adquire. A "consciência" de culpa deveria, de fato, ter remetido Freud da perversão ao seu oposto, como efeito de uma divisão do Eu já descrita quando da introdução do narcisismo na teoria e suscetível de assumir as características da clivagem. Freud já encontrou essa divisão do Eu como modo de organização patológica: o delírio de observância, cujo fundamento mais geral permite reconhecer o narcisismo como parte do Eu que se separa do resto para avaliar seu valor e que aspira à perfeição no que é chamado, então, sem muita distinção, de Eu ideal ou ideal do Eu. Curiosamente, embora um dos argumentos em que Freud fundamenta seu procedimento para introduzir o narcisismo se apoie, de um lado, na existência de uma *perversão* descrita por *Näcke* e, de outro, no mito de Narciso que termina com o suicídio da figura legendária, ele terá muita dificuldade de reunir esses dois aspectos. Ele dará cada vez menos atenção à polaridade perversa do narcisismo (a bem da verdade, de observação pouco frequente) e cada vez mais à da depressão (melancólica) à qual caberá mais tarde o privilégio de ser a única a ter a qualificação de neurose narcísica. Poderá parecer que Freud quer se afastar da perversão de tipo narcísica para se ater a uma outra, mais esclarecedora aos seus olhos: o masoquismo. Toda a discussão se deslocará agora, sem que isso seja dito claramente, para as diferentes variedades de masoquismo, de um lado, e a depressão, de outro. Esta última, longe de ser explicitamente relacionada com as diferentes formas do masoquismo, concentrará nela mesma as relações da pulsão de morte com o narcisismo, como na melancolia. Esses vínculos serão ainda mais fortemente marcados do que aqueles que Freud terá estabelecido quando de sua teorização da psicose, como se a regressão do Eu para o autoerotismo da fragmentação a situasse aquém de uma fixação narcísica propriamente dita. O que terá faltado é a abertura de uma via original, a da fusão do masoquismo e do narcisismo como modelo de invulnerabilidade às ações do objeto.

Não é difícil encontrar desculpas que expliquem o fato de Freud não ter pensado em uma tal solução. É no momento exato em que começam a se esboçar para ele o modo de ação e a importância verdadeiramente fundamental das pulsões de destruição que o interesse da consciência de culpa se revela para ele em toda a sua amplitude. A consideração desta relega o dispositivo teórico anterior, cujo valor heurístico era fundado na oposição libido de objeto-libido narcísica. Em suma, a negatividade se dividia entre a destruição e o retraimento em si. E como a destruição era uma medida mais radical, que não deixava lugar à eventualidade de a libido se voltar para o Eu, ela tornava quase que supérflua a hipótese do retraimento. O erro era evidentemente não ver que o retraimento tinha como consequência evitar que a destruição fosse tentada a se voltar para o objeto ou a se ligar (por intrincação) com a libido erótica de objeto.

Além disso, se o tratamento era o material privilegiado em que se apoiava a teoria, como a relação transferencial mantida podia ser compatível com uma posição narcísica prevalente que criava obstáculo ao processo da transferência? Freud se debatia com a dificuldade diante da constatação da existência paradoxal de uma culpa inconsciente – paradoxo que acreditou ter solucionado preferindo chamá-lo de "necessidade de autopunição" para evitar o caráter quase contraditório de uma formulação designando um "sentimento inconsciente". Isso não reforçou sua argumentação, pois ele raciocinava, a meu ver, à margem do problema. O verdadeiro paradoxo não estava na direção do sentimento "inconsciente" (de culpa), e sim do lado do sentimento "narcísico" de culpa e, mais precisamente, do *sentimento inconsciente do narcisismo culpado*. Longe de se tratar aqui apenas de uma simples inversão do prazer ou do desprazer, era preciso compreender que as consequências de uma tal inversão não tinham outro sentido a não ser o de olhar o objeto da posição do narcisismo. A resistência já estava no limite de ter de admitir – e, às vezes, tanto para os analistas quanto para o paciente – que o desprazer mais extremo mascarava um gozo oculto. Era demais exigir que essa inversão fosse completada por uma outra que consistiria em admitir que a relação com o objeto servia de disfarce para uma relação narcísica cuja meta final seria o questionamento, em seu princípio, da relação objetal *enquanto tal*. O interesse dirigido ao conteúdo desta era a árvore que podia ocultar a floresta de seu continente, desafio da discussão.

Foi por não ter seguido essa via que a sequência do desenvolvimento de Freud vai revelar contradições que nos limitaremos a mencionar.

O eu e as pulsões

Caso se consentisse em tomar alguma distância dos dados do problema, seria possível conceber que as contradições mais profundas resultam da separação fundamental entre o Eu, de um lado, e as pulsões, de outro. Evidentemente, o que é mais hipotético aqui são as pulsões, pois sua apreensão é sempre indireta e seu modo de ação só pode ser inferido a partir do inconsciente, portanto, em certa acepção deste último, a da primeira tópica, fora de sua esfera de influência (visto que as pulsões não são nem conscientes nem inconscientes). Isso coloca, do lado das pulsões, dois problemas: o primeiro seria o de tentar determinar o seu modo de ação direta e indireta conforme as reações que elas suscitam da parte do Eu; o segundo seria procurar definir a ordem mínima que sua ação permite supor, ou seja, do princípio interno de sua ação fundada no modo de oposição que as separa e as reúne. Do lado do Eu, a problemática é inteiramente complementar; ela continuará a se colocar ao longo da obra: qual é o modo de ação próprio do Eu, e o que se exerce em relação às pulsões ou, mais precisamente, conforme a organização interna das pulsões.

A conclusão a que se chega com Freud é a seguinte: se a reflexão sobre as pulsões conclui por sua organização em termos de reunião e de separação, o funcionamento do Eu permitirá destacar diversos planos:

1. Um modo de ação em face das pulsões.
2. Um funcionamento com relação à sua organização interna.
3. Uma atividade para o exterior.

No nível do funcionamento interno do Eu, este

a) jamais escapará inteiramente às modalidades de atividade próprias às pulsões das quais, embora tenha se distinguido, conservará – por marca – certas características de um modo mais atenuado e mais disfarçado – o que significa que o Eu será mais ou menos "pulsionalizado" em seu funcionamento próprio e não somente na maneira como poderá ser investido pela pulsão. Isso, que parece pouco imaginável, pode ser esclarecido pelo funcionamento das defesas secundárias na neurose obsessiva;
b) comportará fatores de organização homólogos aos das pulsões, isto é, ele ficará preso entre a reunião (coesão) e a divisão (clivagem). Esses termos gerais indicam que eles podem se aplicar, dependendo do caso, às partes de que é constituído (ou que se terão constituído como efeitos desses mecanismos), às relações destes com as pulsões, ou ainda com os objetos;
c) ele deverá ajustar esse funcionamento interno – segundo as regras que o regem – com as pulsões e com o mundo exterior.

O que falseia nosso julgamento é a cronologia considerada mais globalmente do que rigorosamente na teoria. Assim, quando se diz que a descoberta do narcisismo precede a hipótese das pulsões de morte, estas suplantando aquele, não se leva em conta que, na verdade, com o narcisismo, Freud antecipa sua descoberta das pulsões de morte opostas às pulsões de vida. Ele compreende a importância dos fatores de reunião (passagem do autoerotismo ao narcisismo) antagônicos àqueles que testemunham a separação (narcisismo *versus* relação de objeto). Ele já defende a ideia de uma destrutividade interna na forma de uma autossuficiência negadora do objeto. Essa modalidade destrutiva é fundamentalmente diferente da agressividade dirigida para fora ou voltada para o Eu.

A fecundidade dessa abordagem do narcisismo se verificará, de fato, menos do lado das pulsões do que permitindo a reinterpretação do Eu. E é isso que dá conta do Eu concebido antes de tudo como corporal, mas correspondendo à projeção de uma superfície diferenciada a partir do id e se separando dele, com o objetivo de se constituir, por unificação, em entidade totalizante. Porém, a esse movimento se opõem as divisões internas que confrontam uma parte do Eu com a outra, sendo que a cisão de uma parte lhe permite erigir-se em juiz do que é ou faz a outra parte e exercer funções de vigilância interna. O encontro das duas séries se realiza tanto no nível da sublimação quanto do supereu. Entram em jogo as influências do destino das pulsões, de um lado, da evolução do Eu se destacando dos objetos, de outro, e, enfim, da "destruição" do complexo de Édipo. Não se deve esquecer, ao lado da sublimação e do supereu, o papel de idealização tanto do objeto quanto do Eu.

Compreendemos agora o percurso teórico de Freud antes da teorização de *O problema econômico do masoquismo*, em 1924. Trabalho que se costuma tomar como ponto de partida de uma virada na reflexão freudiana, embora ele seja formado por fios trançados desde 1914, independentes uns dos outros na época. Em relação à questão que nos ocupa, *Para introduzir o narcisismo* sendo "deixado em latência", é pelo viés mais seguro e mais demonstrativo para Freud, o das perversões sexuais, que se inaugura a problemática (*Uma criança é espancada*). Ela prossegue no campo mais conjectural, mas mais original, da compulsão de repetição introduzida em *Além do princípio de prazer*, e conhece um primeiro florescimento em *O Eu e o id*, com o nome agora consagrado de reação terapêutica negativa. Mas a principal novidade consiste em afirmar, após esta última obra, que uma grande parte da consciência moral é inconsciente. Sustentando que o homem não apenas é muito mais imoral do que acredita, como também muito mais moral do que sabe, Freud se lança, ao mesmo tempo, na direção das pulsões (imoralidade) e na do Eu (moralidade, isto é, inferência do supereu como divisão do Eu).

C. SITUAÇÃO DO NARCISISMO CULPA E MASOQUISMO

Traçamos o eixo do percurso que conduzirá ao masoquismo. É verdade também que numerosas vias colaterais se separam do tronco principal para seguir uma direção própria ou vêm se lançar como afluentes para engrossar o curso principal. Vamos nos limitar a indicá-las, porque os problemas ligados a elas poderão voltar à superfície posteriormente. Uma delas, seguramente, surgiu como paradigma das inversões que mencionamos há pouco. É a inversão do complexo de Édipo no Homem dos lobos, do qual recordaremos que Kraepelin, consultado antes de Freud, o havia considerado como um caso de psicose maníaco-depressiva. Quanto a nós, destacaremos que, pela primeira vez, a angústia de castração é duplicada por uma *aspiração à castração* – mas nem por isso é acompanhada, como no caso do Presidente Schreber, de uma alienação patente. Além disso, a essa inversão edipiana corresponde uma fixação ao erotismo anal cuja diferença com a do Homem dos ratos já abre horizontes para o que chamei em outro lugar de *analidade primária*, que tem relações muito fortes com o masoquismo. De resto, chama a atenção que o Homem dos lobos – considerado pela maioria dos autores de hoje como uma estrutura psicótica, caso *princeps* de fracasso da psicanálise – não tenha conhecido uma descompensação mais acentuada do que aquela que apresentou quando de sua reanálise com Ruth Mack Brunswick. Seu equilíbrio parece ter-se organizado em torno de uma posição narcísica estabilizada. Ao masoquismo – ele também em equilíbrio – do Homem dos lobos, oporemos a descompensação melancólica. Se esta ocorreu, não atingiu a ele, mas sua mulher, que se suicidou. Freud confinou demais à melancolia as relações entre narcisismo e masoquismo como "pura cultura de pulsões de morte", desprezando as possibilidades abertas pela intervenção de um mecanismo de projeção e de uma "delegação" dos conflitos a um objeto próximo. A análise contemporânea devia identificar esse mecanismo nas reavaliações a que submeteu as funções da contratransferência que, em certos casos, podem se tornar o único meio de ter acesso a aspectos da transferência não identificáveis no paciente. O questionamento de Freud situa-se no cruzamento das relações entre sentimento de culpa inconsciente, masoquismos (no plural) e pulsões de destruição. Na melancolia, a situação pende para o lado destas últimas. Seria pouco convincente explicar a essência da melancolia apenas pelo sentimento inconsciente de culpa, talvez em razão do caráter caricatural, despersonalizado e, em suma, mecânico que adquire a culpa nessa afecção. Além disso, o fato de se tratar de uma entidade clínica fora do alcance do tratamento psicanalítico diminui um pouco o interesse das conclusões que se pode tirar daí. É, portanto, do lado dos masoquistas que se deveria buscar as causas do fracasso; estas dariam a oportunidade de pôr à prova as últimas teorias das pulsões e a recente concepção do aparelho psíquico que institui o Eu e postula a divisão Eu-supereu.

Quanto ao sentimento de culpa, ele mereceria por si só um estudo à parte, visto que seus efeitos se manifestam bem além da neurose e se tornam uma fonte de reflexão sobre a condição humana inteira, e de forma mais particular sobre os efeitos do processo civilizador.

De agora em diante, é em torno dos masoquismos que girará o questionamento sobre os fracassos. Não é fácil responder em que medida o sentimento de culpa está ligado a eles: como se fosse mais fácil encontrar o sentimento de culpa no masoquismo do que sempre invocar o masoquismo nos sentimentos de culpa, ainda que Freud escreva bem que o sentimento inconsciente de culpa torna o paciente "amante da infelicidade" (*Esboço de Psicanálise*). Não basta fundar a comparação na intensidade do apego. O que Freud designa é a impermeabilidade que, tanto em um caso como no outro, torna o sujeito inacessível às opiniões do outro. Assim, não seria apenas o caráter exclusivo desse amor que se deveria levar em conta, mas o fato de que essa exclusividade acaba por conduzir a um fechamento narcísico. Só se pode aproximar essa constatação daquilo que Freud afirma sobre o "caráter intolerável de uma possível cura por nosso tratamento" na reação terapêutica negativa. Ora, sendo esse tratamento fundado na transferência, como não concluir que à transferência objetal aparente se opõe uma "transferência" inacessível, narcísica, que só seria perceptível aqui através da impermeabilidade e da negatividade da experiência transferencial? Não transferência negativa, mas transferência-não transferência, transferência "negativada". Resta, evidentemente, que é sempre possível invocar o caráter defensivo de uma tal cobertura narcísica. Ressurge então o velho debate: masoquismo como defesa contra o narcisismo ou, inversamente, narcisismo de defesa contra o masoquismo. Ou, finalmente, hipótese que radicaliza um ou outro, ou um e outro: a defesa contra a desintegração psicótica. Mas nada poderia deter a explicação pela defesa, pois, aos olhos de um Winnicott, mesmo a desintegração psicótica é uma defesa contra angústias torturantes. Não seria mais honesto dizer, como Freud: "temos de confessar, no entanto, que ainda não conseguimos explicar plenamente o caso" (*Esboço de psicanálise*)? O que nos parece mais conveniente é, de fato, examinar o mais de perto possível a análise pela decomposição dos fatores que entram em jogo nessas configurações:

a) *O caráter transestrutural do masoquismo*: o masoquismo moral, que é o fenômeno ao qual se associam os fracassos do tratamento, não se limita a um setor particular do campo psicanalítico. Ele é encontrado também nas neuroses graves, sintomáticas ou de caráter, nas personalidades de dominante psicopática ou narcísica, nos depressivos, etc. Parece tratar-se, portanto, de uma cristalização suscetível de ser encontrada de forma ampla.

b) A diferença estabelecida por Freud entre *masoquismo moral* e *masoquismo feminino* como "expressão do ser da mulher" se apoia em

exemplos tirados do masoquismo constatado nos homens (F. Begoin). Embora não seja raro, fenomenologicamente, observar fantasias masoquistas na mulher, a demonstração do valor estrutural delas requer mais comentários do que Freud fez. Contudo, isso poderia sugerir a existência no masoquismo de uma distinção entre uma identificação com a mulher e uma posição identificatória relativa à mãe. Seria preciso, então, distinguir entre:
- um masoquismo ligado a uma identificação feminina em face da imago paterna;
- um masoquismo ligado a uma identificação com o masoquismo materno da mãe em relação ao filho (o espírito de sacrifício da mãe por suas crianças).

c) A *"desqualificação" objetal* que acompanha o masoquismo feminino-masculino moral atribui uma prevalência à meta, o sofrimento, mais do que à busca do objeto necessário à realização dessa meta. A esse propósito, Freud lembra que no masoquismo moral os sofrimentos não provêm mais da pessoa amada, mas de qualquer um. Essa observação nos parece ir no sentido de uma *narcisização do sofrimento*, mais preocupado com o estado buscado do que com o apego a um objeto.

d) Além disso, a interpretação metapsicológica dos fenômenos clínicos levará Freud a distinguir – mas assinalando sua semelhança, que pode inclusive se tornar uma fonte de confusão – entre *o sadismo do supereu* e *o masoquismo do eu*. É que, na verdade, o que Freud designa como *sadismo originário* é, de fato, idêntico ao masoquismo. B. Rosenberg confessa que esse autossadismo resultante da estrutura interna das primeiras expressões da pulsão faz emergir muitos problemas.[1]

e) Para concluir, parece que com a *coexcitação libidinal* Freud botou o dedo em um fator essencial, cuja importância ele não teria avaliado devidamente ao falar de sua extinção após os primeiros anos de vida. Assinalemos, então, que se pode encontrá-la em um duplo registro de expressão. O primeiro, no qual os diferentes tipos de pulsões potencializariam os próprios efeitos, é o sentido usual; com a implicação que o resultado dessa potencialização se faz sempre no sentido do erotismo. O segundo, no qual se poderia ver o mesmo mecanismo de coexcitação entre a pulsão do sujeito e o objeto – que poderia, conforme o caso, dar lugar ou a uma outra versão da situação anterior ou a uma maneira diferente de ver a relação de uma pulsão com outra coisa que não ela. Assim, o parceiro com quem ela formaria um par seria, dependendo do caso, um objeto, o Eu ou uma outra pulsão. Isso abriria a possibilidade de conceber, mesmo no caso em que se instalasse um funcionamento masoquista, uma versão fundamentalmente narcísica desse masoquismo.

Destrutividade e agressividade

O fator comum ao masoquismo e ao sentimento de culpa é a agressividade. Quanto mais se avança na obra de Freud, mais seu mistério se adensa. Pode-se observar os obstáculos que se opõem à compreensão de seu funcionamento em *O mal-estar na civilização*, texto no qual Freud tenta elucidar a natureza do sentimento de culpa. Ele afirma ali que a agressão se tornou inofensiva porque foi "introjetada", interiorizada, mas também, é verdade, remetida ao próprio ponto de onde havia partido; em outras palavras, voltada contra o próprio Eu".[2] Secundariamente, ela será retomada pelo supereu. Há nisso um paradoxo que não é sensível à primeira vista. Pois, visto que Freud se recusa a atribuir uma origem centrífuga à destrutividade, diferentemente daqueles que pensam que ela é dirigida primeiro para o exterior, é uma agressividade *interna* que sofre esse destino à *interiorização*. Como se uma tal ocorrência resultasse do fato de que, *tentada a se exteriorizar*, ela *recuasse e retornasse a ela mesma*, constituindo assim um *circuito de retroação sem ação*. Talvez seja de um tal circuito que surja a ligação primeira da agressividade com o narcisismo, cujo fundamento especular Lacan viu claramente.

Como explicar esse percurso que inverte a própria trajetória? No mesmo texto, Freud sugere a hipótese dessa reversão com a renúncia: "uma enorme agressividade teve de se desenvolver na criança contra a autoridade externa que lhe proibia as primeiras, mas também as mais importantes satisfações; pouco importa, de resto, o gênero das pulsões às quais essa autoridade proibia de dar expressamente livre curso."

As formulações de Freud chamam a atenção por várias razões. A "autoridade externa" deixa pairar aqui a indeterminação sobre pai ou mãe. Se é o pai que ele coloca geralmente nesse papel, o fato de se tratar "das primeiras, mas também das mais importantes" deixa na sombra a especificidade das satisfações proibidas: orais (em relação ao seio), anais, fálicas, genitais? A pergunta não será feita e, inclusive, se dirá: "pouco importa". O que não é comum em Freud e traduz um embaraço real. Isso, como se vê, abre espaço às interpretações kleinianas. Mas há ainda outras questões que podem ser levantadas aqui, pois não basta se referir a zonas erógenas nessa alusão às "primeiras e mais importantes satisfações". Será que não se trata também de questões que dizem respeito às satisfações eróticas e/ou agressivas, ao sadismo originário, ao masoquismo e, enfim, à coexcitação libidinal? Em uma perspectiva mais moderna, a questão da salvaguarda ou da sobrevivência do objeto não está implicitamente no horizonte? Os problemas da teoria das pulsões (intrincação e desintrincação) e de suas ligações com as das relações de objeto devem ser lidos nas entrelinhas. Eu acrescentaria a isso a questão incontornável do narcisismo e lembraria a hipótese de um narcisismo negativo. Este, ao invés de fazer com que os investimentos do Eu tendam para a unidade, orienta-nos à busca do zero a fim de encontrar uma solução para os problemas da destrutividade, dissociando-os da agressividade, que pode ser ligada às expressões do narcisismo positivo.

Desvio pela organização narcísica

Na *Metapsicologia*, Freud distingue origens diferentes para o amor e para o ódio. No que se refere ao objeto, como se sabe, ele o vê surgir na tomada de consciência de sua existência em estado separado, postulando uma anterioridade do ódio. É por ocasião da não realização dos desejos que exigem a participação do objeto que aparece o ódio originário, precedendo o amor. A não separação alimenta a crença de que o objeto é uma parte do Eu e, portanto, não tem existência autônoma. Essa crença está a serviço da onipotência. Significa dizer que Freud defende uma organização narcísica em que o Eu e o objeto não são distintos. Não se poderia falar, no quadro do funcionamento pulsional assim descrito (e supondo os cuidados maternos), de um amor de objeto desde o início, a despeito de inúmeras controvérsias em favor dessa concepção. Ao contrário, as trocas só têm sentido desde que localizadas em uma organização narcísica chamada geralmente de fusional. Essa denominação não exclui "momentos" de amor objetal ou de diálogo entre a mãe e o filho, mas estes logo submergem na estrutura de conjunto dessa situação.

Contudo, Freud suspeita de que não seria tanto a libido, e sim o Eu, que estaria na origem do ódio. "Pode-se, inclusive, afirmar que os verdadeiros protótipos da relação de ódio não provêm da vida sexual, mas da luta do Eu por sua conservação e sua afirmação."[3]

Por outro lado, Freud ressalta o fato de que o amor primitivo lembra muito o ódio, o que Winnicott chamará de *"ruthless love"*, amor impiedoso. A confusão dos dois leva a pensar numa relação em espelho: depois que ocorre a separação sujeito-objeto, ainda podem se alternar momentos de retorno à organização narcísica em que eles voltam a se confundir momentaneamente, e outros em que o ódio diante da independência do objeto, que sinaliza sua separação, ainda está infiltrado da nostalgia do tempo em que este último estava em sintonia com a onipotência do sujeito. Aqui também as diferenças são menos acentuadas do que as aproximações que autorizam substituições nascidas da relação em espelho. Em todo caso, a tendência à restauração de um sistema fechado de autarquia narcísica encerra essas alternâncias no interior de uma unidade, em grande parte fechada nela mesma e submetida à potencialização da coexcitação libidinal. E é exatamente no quadro de tentativas de ressurreição da onipotência infantil, a despeito de numerosos fracassos desta, que nascem como brotos do ódio, mas também como neutralização do amor, a pulsão de domínio e a vontade de potência. Freud retoma por sua conta essa expressão nietzschiana em *O problema econômico do masoquismo*.

A distinção sujeito-objeto não distribui os lugares e as funções dos dois parceiros de forma intangível, no quadro de uma relação com limites claros e nítidos. O estudo de Freud sobre *Pulsões e destino das pulsões* nos mostra o sentido que ele dá à organização narcísica. Esta não se restringe à confusão sujeito-objeto e não termina com sua distinção. Ao contrário, ela é mais visível do que nunca quando, tendo ocorrido a separação, há uma troca de lugares. Assim, a transformação do sadismo em masoquismo significa um retorno ao objeto narcísico, "enquanto que nos dois casos [ou seja, também o inverso: transformação do masoquismo em sadismo], o sujeito narcísico é trocado por identificação com um outro Eu estranho",[4] Constata-se, portanto, que Freud, no início de sua teorização, só podia pensar as relações entre sadismo e masoquismo no quadro do narcisismo. Mesmo com o progresso que fez em sua teorização – embora não rejeite suas posições anteriores defendidas na *Metapsicologia* –, a verdade é que ele não as retoma. Não tanto porque tenham caducado, mas porque era preciso repensar a problemática das relações entre sentimento inconsciente de culpa e masoquismo, na perspectiva do narcisismo primário e mesmo do narcisismo primário absoluto.

Sem dúvida, a ressonância que faz surgir a ligação do masoquismo com a dor parece pouco compatível com o universo narcísico evocador de insensibilidade. Mas, será que não há também, no extremo que representa a melancolia, um paradoxo em constatar a queixa que o próprio sujeito formula de padecer de "uma anestesia dolorosa"? Assim, seria preciso acrescentar ao enigma do gozo na dor o de uma insensibilidade na infelicidade.

Em uma outra passagem do texto de *Pulsões e destino das pulsões*, Freud esclarece que tanto no sadismo como no masoquismo goza-se menos a dor (infligida ou recebida) do que a "excitação sexual que a acompanha". Uma frase estranha que nos coloca em uma pista inesperada. "Gozar a dor seria, portanto, uma meta originariamente masoquista, mas que só pode se tornar uma meta pulsional sobre um fundo sádico originário."[5] Isso não significa afirmar que o masoquismo originário não é em si mesmo uma meta *pulsional*? Não encontramos na formulação imprecisa de Freud uma alusão a alguma coisa de "antipulsional", que hoje se costuma confundir com narcisismo? Outra maneira de afirmar que uma meta verdadeiramente pulsional supõe sempre a existência de um objeto distinto que deve ser investido pelas pulsões. O que não exclui essa eventualidade de forma absoluta quando a distinção não está estabelecida, mas que deveria inseri-la no interior da organização narcísica.

Compreende-se, assim, que a expressão "organização narcísica" seja estendida de diversas maneiras:

– seja como modalidade de troca (graças, particularmente, às identificações) entre objetos, entre sujeitos – "por identificação com um Eu estranho" – e mesmo entre objeto e sujeito, quando estão em jogo as *pulsões parciais*. Temos de lidar com as vicissitudes do narcisismo

secundário nas transações sadomasoquistas, menos sinônimos de estagnação do que de circularidade e que não excluem certas progressões em espiral;
– seja como sistemas fechados em que a distinção sujeito-objeto não é claramente estabelecida. Essa não identificação cria, entre as dominantes pulsionais de amor ou de ódio, confusões que afetam igualmente as fontes e fazem intervir o id para o amor ou o Eu para o ódio. Com as ressalvas de que o amor primitivo se parece com o ódio e que este deve ser distinguido da destrutividade. Estamos aqui no nível do narcisismo positivo, desafio da relação amor-ódio que implica a referência a um objeto em vias de separação-totalização.
– seja como fechamento em que a organização narcísica trabalha para a não realização da totalização e faz com que o processo, ao invés de tender para a manutenção de uma unidade não mutável (ou estagnada, como no caso anterior), tenda para o zero do narcisismo negativo, sendo o masoquismo e o fracasso do tratamento os guardiões de uma função *desobjetalizante*[6] em que a transferência é submetida a um trabalho de Penélope entre as sessões.

As diversas posições só são tipificáveis a título descritivo. Elas podem se alternar em diferentes momentos da análise e adquirir mais ou menos importância. Mas o analista acaba por ter o sentimento de que o verdadeiro desafio do tratamento é a manutenção da organização narcísica como resistência à transformação pela análise diante do perigo de comprometer um sistema de valores e de investimentos *negativos*, cujo desaparecimento significaria acabar com a razão de ser de seus investimentos. As interpretações do analista fazem aparecer o impasse defensivo e sugerem implicitamente a possibilidade de abandonar esse destino implacável, mas nem sempre levam a essa mudança, longe disso.

Freud dizia privadamente que jamais se conseguiria convencer um perverso de que ele poderia obter mais prazer no exercício de uma sexualidade genital heterossexual. No caso de fracassos da análise, a questão é se o tratamento permitirá entrever um sistema mais seguro para a organização narcísica do que a cultura do fechamento masoquista.

Reflexões pós-freudianas

Quando Freud, ao examinar os efeitos das pulsões de destruição em *Análise terminável e interminável*, distinguia uma destrutividade ligada, representada pelo supereu, e uma destrutividade flutuante, distribuída pelo conjunto do aparelho psíquico, existindo em estado livre, onde via de fato a causa mais profunda dos fracassos da análise, ele queria indicar por essa imagem a parte não transferível dessa destrutividade, aquela que não era suscetível de se ligar ao objeto transferencial e que não se pode qualificar de narcisismo. Entendendo-se que ela se refere não ao narcisismo unitário, mas ao narcisismo negativo, cujo ideal é o zero. Aqui, se colocam as questões mais difíceis sobre as relações do caos (como energia dispersada) e do nada (mais particularmente ligado ao negativo como inexistência).

Outros autores tentaram, depois de Freud, marcar essa ligação do masoquismo ao narcisismo. Assim, Fenichel, em 1928[7] (bem antes de *Análise terminável e interminável*, mas depois de *O problema econômico do masoquismo*), relatava um caso em que a denegação da castração levava o paciente à crença da existência de um pênis oco no lugar da vagina. Aqui também o masoquismo sustenta a fantasia de uma libertação do sexual. A função paterna se revela marcada por uma mesma denegação em benefício da onisciência parental da mãe, e o autoerotismo cumpre uma função de autossuficiência pela ingurgitação do esperma produzido pela masturbação.

Do mesmo modo, Bergler,[8] atribuindo ao masoquismo o primeiro lugar na gênese das neuroses, via-o como decorrência da ferida narcísica que marca o fim da onipotência infantil. O masoquismo aparece aí exatamente como uma vingança paradoxal que tenta recuperar a onipotência perdida. Entre os kleinianos, Joan Riviere[9] distinguiu os ataques do supereu daqueles que proviriam de um narcisismo que, de fato, denigre e rejeita o Eu. Rosenfeld,[10] por sua vez, reconheceu o lugar de um narcisismo destrutivo ao qual, paradoxalmente, conferiu o estatuto de uma relação de objeto.

Mas foi graças a Michel de M'uzan,[11] com a descrição de um caso de masoquismo perverso, que foi possível ter a dimensão do engodo de atribuir ao objeto masoquista uma onipotência que se refere, na verdade, a um narcisismo projetado. Onipotência refletida no sujeito que sofre os avatares da zombaria, do denegrimento, da busca do rebaixamento da vontade, e que só se serve da simbolização erótica para denegar qualquer valor ao simbólico, em proveito apenas de uma megalomania concebida como indestrutível.

Em um trabalho anterior,[12] propus distinguir o poder e a potência de um ponto de vista psicanalítico. Para mim, o poder, diferentemente da potência, se divide. Já a potência oscila entre dois polos opostos: a impotência ou a onipotência. O arcaico distribui seus efeitos entre situações igualmente marcadas por estados extremos. Do ângulo objetal, o supereu conhece apenas alternâncias de obediência e de revolta; do ângulo do narcisismo, é o ideal do Eu que conduz às reações exacerbadas de humilhação e de orgulho. Tais são, no quadro que chamei de analidade primária – estrutura voltada mais ao agarramento ou ao aferramento do que à retenção – as formas através das quais se pode edificar a cultura do fracasso masoquista. Seu alvo narcísico é a invulnerabilidade conferida à inversão inconfessa das regras do jogo: quem ganha perde (quem perde ganha já significaria uma vontade de ganhar sabotada aqui). Pois, se perder é o risco de todo ganho, transformar todo ganho em perda – o que é sempre possível realizar – é a única forma de garantir sempre o resultado, pela anulação sistemática de qualquer dependência em relação ao objeto, mantendo o domínio, pois o Outro – adverso por definição – é, assim, preventivamente privado de uma eventual vitória.

Como se passa da situação ordinária em que um sujeito privado de satisfação deseja e procura o objeto que supostamente lhe oferece a chance de um prazer partilhado àquela em que o masoquismo domina na cultura sistemática do desprazer solitário? Arriscarei uma hipótese em função dos comentários anteriores. O sujeito que acabamos de descrever se extingue para dar lugar a *um objeto do objeto*. Em outras palavras, ele não é mais o sujeito como agente de um desejo que o instaura enquanto iniciador, mas confere esse lugar ao objeto. Até aí, tem-se apenas uma inversão banal de papéis. Na verdade, a situação é mais complicada, pois o sujeito não se tornou apenas objeto, mas, por duplicação, o objeto do objeto. No inconsciente, ele preserva seu lugar de sujeito enquanto instigador de um cenário em que sua extinção é pura fachada, pois ele maneja o jogo. Além disso, o objeto (do qual ele se tornou, por sua vez, o objeto) é colocado em situação onipotente. Portanto, o sujeito tem todo poder sobre o objeto do objeto, mas, na verdade, só usa esse poder para mostrar ao objeto do objeto que ele, o objeto onipotente, é autossuficiente. Afirmando que, na torre de seu narcisismo, onde permanece inacessível, ele não tem, no fim das contas, necessidade de ninguém, e menos ainda desejo de quem quer que seja, nada mais resta a esse sujeito, que se tornou objeto do objeto, a não ser amar passivamente a si mesmo, na dor sacrificial de uma oferenda em vão. Essa situação dissimula um gozo narcísico simétrico àquele do objeto onipotente.

Com a denegação da falta, realiza-se, por uma reflexividade ocultada, uma unidade aparente que mascara o que ela dissimula: o enclausuramento de um objeto sequestrado na psique, que proporciona a dor como celebração do momento de sua captura. É a partir dessa confusão que uma libido ativa, que requer portanto um sujeito em busca de objeto, acaba por amar a si mesmo, passivamente masoquista. Esse triunfo é a consequência de ter captado o objeto. O ódio muda aqui, deixa de ser dirigido ao objeto em razão de sua separação dele e se torna ódio de sua própria dependência ao objeto, ódio de si mesmo porque esse si mesmo ligou seu destino a um objeto. Talvez o sujeito só encontre solução na própria dispersão desse si cuja redução ao nada é tentada em vão, sempre a recomeçar, dando lugar a uma simbolização que negativou seu sentido. Ele não deve mais ser buscado do lado da reunião dos fragmentos separados, mais na repetição das separações que só precisarão – para que a reunião possa se reproduzir – quebrá-la incansavelmente e indefinidamente.

Na verdade, compreende-se que masoquismo e narcisismo se deem a mão, cada um tentando perfazer a ação. Diremos em uma palavra: para a psique que prossegue esse trabalho jamais acabado de destruição, convém dividir pelo narcisismo e reunir pelo masoquismo.

NOTAS

1. B. Rosenberg, "Masochisme mortifère, masochisme gardien de la vie", *Monographie de la Société psychanalytique de Paris*, 1991, PUF.
2. S. Freud, *Malasie dans la civilisation*, trad. Ch. e J. Odier, PUF, 1971, p. 80.
3. S. Freud, *Pulsions et destin des pulsions*, in *Métapsychologie*, trad. J. Laplanche e J.B. Pontalis, Gallimard, 1968, p. 41.
4. *Loc. cit.*, p. 33.
5. *Loc. cit.*, p. 29.
6. A. Green, "Pulsion de mort, nascissisme négatif, fonction désobjectalisante". cf. cap. IV.
7. O. Fenichel, "The clinical aspect of the need for punishment", *International Journal of Psychoanalysis*, 1928, 3, p. 47-70.
8. E. Bergler, *The basic neurosis. Oral regression and psychic masochism*, NY, Grune & Stratton, 1949.
9. J. Riviere, "A contribution to the analysis of the negative therapeutic reaction", *International Journal of Psychoanalysis*, 1936, 17, p. 304-320.
10. H. Rosenfeld, "A clinical approach to the psychoanalytic theory of life and death instincts", *International Journal of Psychoanalysis*, 1971, 52.
11. M. de M'uzan, "Un cas de masochisme pervers", in *La sexualité perverse*, Payot, 1972.
12. A. Green, "Après coup l'archaïque" (1982), in *La folie privée*, Gallimard, 1990.

6

A clivagem: da desmentida ao desligamento nos casos-limite

> Prazer ou dor, gozo ou falta,
> vitória ou derrota, é tudo a mesma coisa
>
> La Bhagavad Gîtâ
> Chant II – 38-39
> tr. G. Deleury

> "I would prefer not to".*
>
> H. MELVILLE, *Bartleby*

PERPLEXIDADE

É comum fazer alusão à virada de 1920 na psicanálise. É menos frequente observar que Freud, depois de proceder às revisões teóricas que lhe pareciam impositivas, na verdade ficou em pane.[1] As etapas de sua progressão conceitual não seguiram a ordem que se esperava. É que, em Freud, a intuição do que ele acreditava ser a verdade precedia muito a compreensão detalhada dela. Sua maneira de pensar era o reflexo da estranha proposição que sustentava: só se chega à verdade por suas deformações. Em outras palavras, ele estava mais propenso a botar o dedo nas deformações, na fonte de erros que pretendia suprimir antes de mais nada do que a ter uma ideia sempre clara do conteúdo de substituição.

No início de sua obra, ele detecta os entraves ao conhecimento verídico nas ideias reinantes sobre o psiquismo normal ou patológico, mas em seguida – e nisso ele se mostra um conquistador diferente daqueles que se contentam em explorar suas conquistas territoriais – é em sua própria concepção que ele descobre os novos obstáculos que comprometem a construção de um modelo de funcionamento psíquico heuristicamente mais promissor. Quando ele toma

---

* N. de R.T. Prefiro não fazê-lo. (Tradução: Olívia Krähenbühl.)

consciência de um entrave à progressão em direção à da verdade, não deixa de apontar a falha e de propor uma revisão da teoria – como se temesse que um detrator se antecipasse a ele. Essa é, aliás, uma excelente oportunidade para reafirmar sua convicção sobre o que continua sendo a base inalienável de seu pensamento: introduzir conceitos novos que demonstram, *après coup*, a insuficiência da teoria da qual estão ausentes, em seguida reconsiderar as relações internas dos diferentes componentes da construção intelectual no novo equilíbrio resultante das mudanças recentes. Para o detalhe, as coisas sempre se arranjam. Acontece, porém, que o arranjo abre perspectivas cuja importância não pôde ser devidamente avaliada quando da reinterpretação de conjunto, tornando-se, *après coup*, a ocasião propícia à descoberta de horizontes insuspeitados.

Assim, é exatamente após 1920[2] – sete anos depois! – que nasce o conceito de desmentida (*Verleugnung*). Com ele, aparecem as singularidades reveladas pela clivagem. Embora Freud já soubesse que o recalque não era um mecanismo único em seu gênero, essa observação não tinha sido aprofundada. Ele fizera uma alusão rápida à *Verwerfung* em *O homem dos lobos*, sem se preocupar em individualizá-la. Em compensação, se detivera mais tempo na *Verleugnung*, mas talvez apenas como "substituto intelectual" da defesa primária: o recalque. De fato, é no próprio artigo sobre *A negativa* que aparece a contradição. Isso porque, depois de ter claramente ligado o destino desta última ao recalque, ele encerrará a reflexão lançando a hipótese de uma negatividade que age no interior da vida pulsional, conectando afirmação e negação aos dois grandes grupos de pulsões: Eros e destruição, através dos atos de engolir e de cuspir. A aproximação é sintomática. Tão logo Freud é atraído do lado da linguagem por um desenvolvimento cuja necessidade se impõe *après coup* e que associa estreitamente a teoria e a prática, ele parece fazer questão de advertir, antes de se despedir do leitor, para as sérias consequências que implicaria exagerar o alcance desse novo esclarecimento minimizando o fato de que o fundamento de sua reflexão – ou seja, sua base originária e, ao mesmo tempo, sua axiomática central – poderia ser buscado em outro lugar que não nas moções pulsionais mais antigas, passíveis de ser associadas a funções corporais elementares cuja base biológica é mencionada de passagem.

Estranha noção essa de desmentida, indicativa de uma *Ichspaltung* que teve dificuldade de abrir um caminho entre a já existente *Spaltung* de Bleuler, conhecida desde 1911 (traduzida em francês por dissociação [*dissociation*]) – cujas relações com o que Freud descreve são muito tênues, para não dizer inexistentes –, e o nascimento, em um futuro próximo, de um outro sentido completamente diferente da mesma *Spaltung*, introduzido por Melanie Klein, que no entanto se proclama a herdeira de seu pensamento. A questão se complica ainda mais se houvermos por bem recordar que, no momento de concluir sua obra, Freud vai generalizar o alcance de sua própria *Spaltung* que, partindo da clivagem limitada do fetichismo, será estendida até as formas avançadas que assume nas psicoses. Como se Freud parecesse tardiamente animado pelo desejo de lançar uma ponte com o conceito introduzido por Bleuler. Será que não era para tentar convencer o pensamento psiquiátrico – que se alinhou amplamente aos pontos de vista do mestre de Zurique – de que a forma nuclear ou, diríamos até, originária, desse processo pode ser reconhecida na vida sexual, como prova o exemplo do fetichismo? Mas, à leitura, essa extensão à psicose do mecanismo descrito a propósito da perversão, por Freud, deixa para trás muitas transições.

Na verdade, o que é novo é o fato de Freud descobrir que a sexualidade infantil não é apenas fonte de fixações em que se perfilaria a sexualidade singular do adulto, mas que a elaboração de suas pré-formas em sua relação com o Eu é produtora de modos de pensar, alguns prototípicos (recalque-negação), outros mais desconcertantes (desmentida-clivagem), ou mesmo no limite do entendimento (forclusão, rejeição), que poderiam levar a buscar ligações entre as matrizes lógicas – nas quais se travam relações inesperadas entre a sexualidade e o Eu – e as impressionantes construções posteriores a que chegam os psicóticos, das quais os delírios são os exemplos mais chamativos, mas não os únicos. Além disso, o pensamento kleiniano, que avança seguindo uma via própria, tenderá a se expressar (é preciso agora falar em inglês, sua nova língua devido às circunstâncias) em termos de partes "*split off*" (do Eu, do *self* ou do bebê, conforme o contexto), que já não têm mais nada a ver com o sentido inicial de Freud, a não ser assinalar que se encontra fora de questão explicar isso que está sendo abordado pelo recalque, procedimento presente implicitamente na origem da introdução da clivagem na teoria a propósito do fetichismo. Contudo, se nossa especulação sobre o reaparecimento, sub-reptício, da referência bleuleriana no pensamento de Freud é admissível, ela também poderia explicar o destino singular que teve a herança de Melanie Klein, remodelada pelo pensamento de Bion, cuja obra só é inteligível quando se compreende que sua coerência o obrigou a construir a "alça de acesso" que lhe permitiu reencontrar a via freudiana, como pode dar a entender a forma como ele utiliza a identificação projetiva, reinserindo-a no quadro do funcionamento do pensamento.

Há boas razões para conjecturar que Freud sentia ter nas mãos, com a desmentida, um filão que poderia conduzi-lo a uma revisão importante das aquisições mais seguras de sua teoria, quando se recorda o início de seu artigo inacabado sobre *A clivagem do Eu no processo de defesa*, publicado postumamente, onde ele não consegue decidir se o que está dizendo pertence ao domínio do já conhecido e do familiar ou se deve ser visto como algo inteiramente novo e estranho.[3] Isso mais de dez anos após o fetichismo, cujo conteúdo, no entanto, é muito próximo. O que é que justifica essa perplexidade?

ENTRE PERVERSÃO E PSICOSE

Para saber isso, precisaríamos refazer os meandros do pensamento de Freud: estabelecer a diferença entre o uso – que no início não parecia portador de qualquer intenção precisa – de um verbo, *leugnen*, traduzido por desmentir [*désavouer*] ou denegar [*dénier*], e sua designação posterior para um uso específico. Esse termo se aplica não à tentativa de se opor à manifestação de um conteúdo trazido por um movimento que surge do interior, mas à vontade de ignorar uma informação de origem perceptiva – acerca da diferença dos sexos, centrada, portanto, no complexo da castração. Isso, no artigo sobre o fetichismo, ficou bem estabelecido.[4] Não é essa direção – por ser a mais segura, a menos suscetível de ser questionada – que explica a hesitação de Freud, mas uma segunda fonte de pensamento, menos constante, mais obscura, incerta sob todos os aspectos, que aprofunda a teoria de uma forma mais ou menos imperiosa e suscita o questionamento.[5]

Duas curtas referências são suficientes para identificar isso e, ainda que se contradigam às vezes, esse fato não autoriza a recusar a elas uma atenção meticulosa. Comecemos pela segunda – a última sobre esse tema –, exposta na parte final do *Esboço de psicanálise*, no capítulo consagrado às relações do aparelho psíquico com o mundo exterior. Freud menciona ali uma clivagem psíquica a propósito de um caso de paranoia. (É interessante notar de passagem que essa hipótese foi formulada na sequência de um comentário no qual ele relata o que observou em um paciente tomado por ideias de ciúme: cada ataque era seguido de um sonho que permitia ao analista ter uma representação nítida da causa desencadeadora não delirante do acesso.[6]) Nessa ocasião, Freud expõe pela primeira vez um mecanismo que reúne a esfera das perversões à das psicoses. Ele nota também que as desmentidas jamais são completas. Elas são acompanhadas da manutenção de um conhecimento – sem o qual não se poderia falar de verdadeira clivagem –, consideração ausente do uso kleiniano posterior.

Embora a aproximação perversão-psicose seja uma novidade incontestável da elaboração freudiana, o capítulo muda de rumo bruscamente e termina com a observação de que a clivagem estaria igualmente presente na neurose.[7] Esse comentário dá a impressão de um arrependimento, como do pintor quando corrige sua ideia inicial. Assim, o sentimento de que Freud parecia querer generalizar o alcance do mecanismo que descreve, incluindo agora as neuroses em seu campo de influência, não dissipa a impressão de que ele se priva de reconhecer a dimensão da descoberta de uma ligação singular e íntima que podia reunir certos mecanismos psíquicos da psicose e da perversão. Parece que Freud temia isolar as neuroses nessa nova redistribuição das cartas, pois o que ele diz sobre a desmentida a propósito delas não seria suficiente para convencer da legitimidade da aproximação com os outros dois casos. Encontra-se, de novo, a oscilação entre o sentimento da descoberta de um mecanismo específico e o de uma simples reformulação de algo de muito geral. A novidade consiste na identificação de um mecanismo particular de denegação, sendo que o alcance clínico do fenômeno fica bem atrás de seu alcance semântico e permite conceber suas relações com formas mais desenvolvidas encontradas na psicose, no interior de desorganizações mais profundas e menos limitadas.

UMA REVISÃO QUE NÃO OCORRERÁ: CLIVAGEM E DESMENTIDA A LUZ RASANTE

Na verdade, desde *O Eu e o id*, que havia conseguido integrar o conceito de pulsão de morte na revisão da teoria do aparelho psíquico, Freud parece receptivo ao pensamento da clivagem e mostra uma sensibilidade nova em face do negativo sob diferentes formas. Aparecem, sucessivamente, seus artigos sobre o masoquismo, a negação e, depois, sobre a desmentida da clivagem fetichista: sexualidade, linguagem, realidade; seu pensamento vagueia entre esses três polos. O que é preciso, de fato, destacar em Freud é primeiramente e acima de tudo o insucesso dos esforços defensivos do Eu em contextos variados. A perplexidade do artigo de 1938 se explica, portanto, pela indagação acerca da legitimidade de uma generalização desse modo de defesa, ou seja, pela obrigação – acredito eu –, depois de ter introduzido a pulsão de morte e a segunda tópica, de uma *revisão geral da concepção da defesa*, comparável àquela a que procedera para a angústia, cuja necessidade ele parecia ter entrevisto.[8] Como sempre acontece, quando a novidade diz respeito à sexualidade, nenhuma dúvida o assalta, a visão é nítida. Ao passo que quando se trata do Eu, a interpretação é mais conjuntural, e a afirmação, hesitante.

O que realmente é preciso ver com bastante clareza é que, se até a formulação da segunda tópica – após as exposições do início – Freud pôde tratar separadamente as neuroses, psicoses e perversões, desde a conclusão de *O Eu e o id* essas teorizações relativamente autônomas ficam cada vez mais difíceis de sustentar, dada a intrincação de problemas que elas levantam. Seu pensamento se dividirá, então, em duas direções: a da comparação entre neurose e perversão, que prolonga um fio constante desde a origem, mas que agora relativiza um pouco a equação esclarecedora do início – neurose = negativo da perversão; e a outra, que avança em um terreno muito mais incerto porque não é fruto da experiência direta, o das comparações entre neurose e psicose. Ora, essa distinção, deduzida *après coup*, se traduz na realidade da escrita por um emaranhamento permanente desses dois caminhos, o pensamento indo de um ao outro. Pois, ainda que se admita que a experiência psicanalítica de Freud em matéria de psicose tenha poucas chances de ser aprofundada depois de 1920, visto que, como ele próprio confessou, não se sentia inclinado a tratar de psicóticos e tinha uma possibilidade cada vez maior de selecionar aqueles que aceitava analisar, é razoável supor que a linha de pensamento mais nova nasceu de sua constatação das semelhanças entre mecanismos pertencentes à psicose e outros, próximos destes últimos, detectáveis com mais ou menos nitidez em quadros que eram porém reputados neuróticos. Será que se deveria acreditar que essa passagem de uma a outra perspectiva tenha sido favorecida pela proporção crescente de análises didáticas em sua prática?

Mas eu acrescentaria uma cláusula para explicar esses tateios. O avanço cauteloso de Freud no território do Eu, o mais misterioso de todos, se deve a uma relação que ele deixou entrever sem impulsionar seu desenvolvimento.[9] A saber, que embora a ideia de normalidade tenha alguma consistência – e nós diremos que ela não pode deixar de ter, pois, se as normas variam, a referência à norma é constante –, ela só pode ser ligada ao Eu e a mais nada.[10] Ora, qualquer consideração da instância do Eu, de um ângulo que visa a análise de seus fundamentos assim como as modalidade de seu funcionamento, revela o caráter obrigatório de sua relação – que se poderia dizer intrínseca – com a psicose. Relação com a psicose não poderia ser traduzida por: "edificada sobre uma psicose original", nem pela alusão a uma constante denominada "parte psicótica da personalidade", mas sim por reconhecimento da vulnerabilidade defensiva do Eu, tendo em vista suas relações de dependência em face de outras instâncias e as exigências que lhe impõe seu contato com o real, entre as quais figura em primeiro lugar a função de reconhecimento, que a desmentida pode pôr em xeque. Significa dizer que se descobríssemos as ferramentas teóricas apropriadas, elas seriam amplamente colocadas à prova nesse percurso arriscado. *A loucura privada* nasceu desse pensamento.

A dupla direção de busca, em que a neurose é comparada ora à perversão, ora à psicose, será o fio precário, descontínuo e problemático da trajetória entre perversão e psicose, em torno da noção de desmentida. É o que revela a leitura dos artigos de 1924 sobre *Neurose e psicose* e sobre *A perda da realidade na neurose e na psicose*. Leitura ao mesmo tempo estimulante e suspensa, promessa de desenvolvimentos futuros freados por recuos, esperança de ver superadas as contradições que, no entanto permanecerão.[11] Em *Neurose e psicose* – a primeira, cronologicamente, das duas referências a que aludíamos – Freud traz menos descobertas novas do que põe em ordem e articula as entidades do campo psicopatológico – mas eis que na curva aparece a novidade. Ela se refere diretamente ao nosso tema, pois se trata de casos em que o Eu, para evitar romper-se, deforma-se, sacrifica sua unidade, chega a se fissurar ou a se dividir. A ideia da clivagem (e da desmentida) é muito presente aqui, mas é como abordada a luz rasante. E Freud acrescenta, por uma comparação que não será levada adiante, que as inconsequências, as extravagâncias e as loucuras dos homens poderiam ser colocadas sob a mesma luz que suas perversões sexuais – graças às quais, quando as aceitam, eles se poupam dos recalques.

Ninguém duvida que a intuição não vá mais longe do que leva a pensar sua forma explicitada. Seu momento mais forte é a criação de um campo hipotético que seria para o Eu o que a perversão é para a sexualidade.[12] Hoje, a evolução do pensamento psicanalítico incita-nos a perguntar a nós mesmos se esses comentários de Freud não nos abrem um campo de visão rico de possibilidades. E é evidente que nos sentiríamos menos ligados à letra dessas extravagâncias e dessas bizarrices do que à busca do que recobre, para nós e hoje, a alusão a essas "loucuras" que vão muito além do que se poderia pôr na conta da simples originalidade.

O EU DETESTÁVEL

Resta, portanto, esclarecer essa vocação singular do Eu. Freud teve o cuidado de defini-la para nós, embora ele não esteja seguro de que os exemplos que dá sejam os melhores para captar suas manifestações mais marcantes. Desde o final dos anos 1950, toda a reflexão sobre o Eu, na França, estava exposta a ataques destinados a denegrir o discurso sobre esse tema, logo considerado como mistificador, portador de uma ideologia normativa, suspeita de conluio político com o poder estabelecido. Pretendeu-se propagar a ideia de uma psicanálise reconciliada com uma psicologia ou de uma psicossociologia a serviço de uma moral repressiva, "cão de guarda" de um conformismo que contribuiria para a manutenção da paz social necessária ao desenvolvimento das torpezas do capitalismo. Havia nos discursos violentos da época um pouco de verdade e muita mentira. O pouco de verdade tinha a ver com a pobreza teórica das elaborações da psicanálise americana comandada por Hartmann,[13] em quem a maioria dos analistas do outro lado do Atlântico se reconhecia. Será que havia um perigo real de que a psicanálise francesa sucumbisse a esse desvio que era visto, além do mais, como uma ortodoxia? Nada indica. Pode-se tomar como prova disso o fato de a psicanálise inglesa, que estava exposta à mesma influência e, mais até, em razão da língua comum, não se deixar convencer, e nem por isso precisar se alarmar. Deve-se pensar então que a polêmica havia explorado perigos imaginários para favorecer a difusão de uma outra teoria e dissimular por trás dessa cortina de fumaça lacaniana outros desafios: o do desejo de proteger de virtudes quiméricas uma dissidência cujo êxito devia ser assegurado pela salvação que ela oferecia às almas em perigo dos psicanalistas enganados.[14] A denúncia de uma ideologia, acusada sobretudo de indigência teórica, tinha conseguido fazer o papel da defesa, proclamando uma verdadeira proibição de pensar a problemática do Eu de outra maneira que não sob as diretrizes dadas por Lacan. Mesmo sob essa condição, não se tratou mais disso. A intimidação tinha vencido. Na verdade, se a iniciativa era desencorajada, é porque ela ameaçava o conjunto da teorização lacaniana como se viu na sequência com os trabalhos de ex-lacanianos.[15]

É preciso, então, retomar o caminho abandonado que conduz ao Eu, às suas relações com o sujeito, à sua constituição heterogênea, à sua duplicação inevitável. Voltar à sexualização do Eu, reconhecida desde *Para introduzir o narcisismo* e, depois, minimizada. E, como eu acredito, prolongar a reflexão sobre suas relações com a pulsão de morte por uma reconsideração e uma reinterpretação do que a experiência ensina.[16]

Com o trabalho do negativo, que abordei já em 1960, fixei-me aos aspectos que punham em jogo principalmente o Eu, sem ter ainda uma prática suficiente de tratamentos desses pacientes que colocam o trabalho do negativo sob os auspícios de um mal-estar que os faz oscilar entre a obrigação de sobreviver e a impossibilidade de satisfazer sua aspiração de viver. Para isso, o suicídio ou a tentativa de pôr fim aos seus dias estão longe de ser a expressão mais completa do desejo de morrer. Diante de um tal desafio, o narcisismo do analista, submetido a abalos de grande amplitude, é o ponto mais vulnerável e, quando atingido, põe em risco a confiança na ação analítica. Seria igualmente perigoso contar com as virtudes lenitivas da benevolência (na verdade, o meio mais seguro de se livrar dos pacientes mais recalcitrantes). A sedução e/ou o apoio encontrado na autoridade que conferiria um poder possuído pelo analista mantém a alienação inata do analisando à vida, à morte. O essencial está em outro lugar, trata-se simplesmente de continuar a existir.

A INSTÂNCIA E A OFENSIVA CONTRA ELA

Por mais urgente que seja a necessidade de sair do impasse de uma teoria debilitante do Eu, não será a essa reformulação que procederei aqui. Vou me limitar apenas a estabelecer certas referências. Estas estarão sempre sujeitas a revisões posteriores, deve-se evitar recair nos erros de antes. Será preciso resistir à propensão bastante tranquilizante – e tanto mais na medida em que se apoiaria em toda uma fração da análise contemporânea inclinada a menosprezar as dificuldades colocadas pelo conceito de Eu – a efetuar um retorno sub-reptício ao academismo antepsicanalítico. Isso nem sempre é reconhecível de imediato, pois circula agora sob a aparência de uma versão técnica de estilo operacional que dissimula muito mal suas origens behavioristas (apesar de dadas oficialmente como mortas). Combina-se a ela um outro travestimento do Eu inspirado em um pensamento que pretende se situar no oposto da concepção anterior e gostaria de se oferecer como uma solução alternativa. Esta se centra de maneira quase exclusiva nos efeitos das identificações imaginárias, mas não escapa muito à crítica de uma complacência bem mais reconfortante, mas simétrica à anterior, que a torna cúmplice daquela mesma que pretendia suplantar. As duas se aproximam na recusa de levar a sério o que recobre o estatuto de instância do Eu. Não é fácil vencê-lo limitando-se a denunciar sua autoridade contestável e contestada, esperando, dessa maneira, persuadir de que o interesse consagrado a ele não tem fundamento.

E não é dando a entender que a manifestação do que se chama de Eu é apenas uma ficção reinante em um espaço povoado de miragens que se responde às questões colocadas pelos funcionamentos psíquicos tão singulares e tão estranhos que não dá para imaginar a que se poderia referi-los a não ser à instância decorrente deles.

Essa referência só aparece à plena luz negativamente, talvez justamente porque a forma como o Eu é amoldado pelas defesas, infiltradas por aquilo de que supostamente protegem (as pulsões), põe em xeque esse estatuto de instância. Surpreendentemente, essas duas concepções têm em comum apresentar um Eu purgado de suas pulsões e aconflitual. Deixemos então para mais tarde essa revisão requerida pela teoria do Eu e vamos aproveitar aquilo que nos ensinou a interpretação das transferências mais distantes de nossa experiência habitual.

É da própria natureza do trabalho do negativo favorecer indiretamente uma apreensão ambígua, às vezes contraditória e frequentemente paradoxal da atividade psíquica de nível intelectual elevado. Mas quanto ele é orientado em uma direção que têm como meta principalmente opor-se à elaboração das pulsões, segue-se como contragolpe um fortalecimento e uma irrupção destas últimas sob formas que não permitem reconhecer sua influência no domínio da consciência. Como se o pensamento secundário não conseguisse estabelecer uma fronteira que o deixasse prosseguir a uma distância suficiente dos processos primários (barreiras de contato, Bion), tanto mais que elas teriam sido transformadas pela transfiguração da lógica da esperança em lógica da desesperança.[17] Essa inversão não poderia deixar intactos os processos secundários insuficientemente isolados. Isso significa que os processos reinantes do inconsciente e que chegam ao nosso conhecimento têm menos como tarefa representar o desejo do que se opor à divulgação, mesmo que indireta, da transformação que eles sofreram e que nós exporemos de imediato. Qualquer veleidade de reconhecimento de possibilidades de descobrir "razões" dessa transformação provoca uma contraofensiva que tenta formar barricadas em todas as avenidas que conduzem a isso, em nome de uma violência silenciosa tão apegada à relação analítica quanto vigilante a não subscrever o pacto de liberdade que seu desdobramento requer. Essa situação não deve ser confundida com a de uma simples resistência, mesmo que fortemente ativada. Pois, neste último caso, aquilo a que se faz barragem é apenas um desejo inconsciente – porque proibido e, como tal, mobilizando somente o que se opõe à tomada de consciência. O bloqueio do trabalho psíquico, nos casos de que falamos, combina o trabalho da resistência ordinária com os efeitos que têm a ver com a transformação do desejo: ou seja, o trabalho do negativo não se limita à recusa de sua manifestação, mas à maneira como ele afeta sua manifestação, no cerne do desejo – e não mais apenas contra ele – quando ele vem a nascer.

A um desejo concebido usualmente como "perverso" acrescenta-se o temor de vê-lo assumir proporções de uma onda que varreria tudo o que se interpusesse entre ele e sua satisfação sem limite – transferindo então a perversão, como que para deslocá-la e voltá-la contra ela mesma, para aquele que decreta sua proibição. Estranhamente, essa transferência para a frustração não faz senão opor-se à satisfação, deslocando-a do lado do objeto que se entrevê por trás da proibição. Pois a proibição, ao perder seu anonimato, faz ressurgir o objeto, não em uma forma que se deixa pensar ou figurar, mas por intermédio do sentimento "encarnado" de uma imposição de se conceder o mínimo de liberdade possível. A intuição do que se desenrola tem menos a ver com a adesão a valores do que à obrigação de se submeter a um objeto que se manifesta mais pelo efeito de seu arbítrio do que para "defender" – o que significa aqui conservar – um bem precioso, um valor.

A idealidade que, como contraponto, avaliaria o Eu, se situa sob o signo de uma satisfação sem obstáculo, completa, integral. Mas se o Eu ideal é concebido à maneira de um Eu prazer "purificado", nada se diz sobre o que acontece com ele quando se sente destituído de seus objetivos; a onipotência implícita em um tal Eu idealmente pleno se transforma em onipotência capaz de aniquilar a causa de sua frustração e essa própria frustração, em uma exclusão radical – às vezes contestada pelo retorno da angústia. Para voltar à autoridade – é assim que Freud nomeia o precursor do supereu em *O mal-estar na civilização* –, esta é menos tirânica do que desprovida de sentido. Pode-se inclusive acrescentar que toda emergência de sentido a colocaria em perigo, isto é, mudaria a natureza de seu poder integrando-a a um conjunto mais amplo, no qual seria superada a vontade de submissão que não tem outra razão a não ser ela mesma. Porém, o acesso à inteligibilidade de uma "ordem das coisas" que daria sentido à proibição é barrado ao sujeito se ele não tiver adquirido previamente o sentimento conjunto de sua individualidade e da relação desta com a distribuição diferenciada e hierarquizada dos investimentos do objeto, assim como a exposição dos desejos interpretáveis segundo a diferença de gerações e de sexos. Em qualquer situação, impõem-se a absoluta dominação do objeto à medida de sua capacidade de engendrar efeitos desorganizadores e o caos que fazem reinar seus humores, suas escolhas, seus éditos. É a fixação a essa autoridade que não parece ter outra preocupação que não ela mesma, fechada em seu próprio exercício, fugidio, sem parecer sequer cogitar qualquer consideração quanto às consequências e às implicações que evoca sua "perversão" implícita. A satisfação que está na base do desejo da autoridade nem liga isso que ela requer como significação nem indica uma direção possível a uma extensão transformadora. Como se vê, a perversão que evocamos não é diretamente sexual, mas situada na linha de comparação evocada por Freud a propósito das "loucuras dos homens".

Não é necessário dar muitas explicações para compreender que o Eu que emerge do tratamento da colusão entre esse desejo e o que supostamente o restringe para lhe dar uma figura humana só pode, por sua vez, herdar uma "perversão" que se manifesta pela maneira como ele enfrenta os obstáculos com que se deparam suas iniciativas. Isso quer dizer que o Eu se amolda na identificação com o agente de autoridade a que acabamos de nos referir – identificação que não se limita à sua função proibidora, mas que se estabelece na ausência de perspectivas que acompanha esta última. Uma tal negligência em trocar o que a proibição suprimiu por uma oferta de substituição simbólica conduz o Eu a um procedimento que não deixa de ter semelhança com ele mesmo.

A saber, ele se conforta de ter conseguido escapar do conflito que o divide entre uma satisfação sempre ameaçada de virar destruição (por seu próprio movimento ou por suas reações aos movimentos do objeto) e a interrupção dela mediante um freio que a impede de se manifestar, provocando um sentimento de capitulação intolerável. Ele chega a isso se descartando, graças a uma ação que combina a paralisia que se apodera dele com o escotoma que o deixa cego em face dele mesmo e com o qual se identifica, perdendo toda lucidez sobre sua estratégia defensiva. Com isso, pode escapar à consciência que lhe revelaria o caráter fortemente negativante de suas operações (frequentemente imperceptíveis como tais devido à sua integração em forma de *habitus*), índice incontestável da mutação ocorrida nele e cuja exposição à luz revelaria que sua meta é atribuir às aspirações mais comumente partilhadas dos homens o estatuto de uma monstruosidade para salvar sua idealização dele mesmo que, no caso, se torna idealização de suas capacidades denegadoras. Na verdade, o caráter monstruoso não é a expressão direta do polo pulsional da psique, mas a imagem que ela teria quando, por um motivo ou outro, fosse contrariada e o paradoxo mais gritante, sendo que a própria liberdade que ela teria de se exprimir pode se tornar, na ocasião, a forma mais exacerbada de sua contrariedade, pelo simples fato de ter de levar em conta a existência do objeto. Uma tal abertura dissocia a pulsionalidade do Eu, obriga a decretar sua diferença radical em relação a ele, embora se acreditasse que o Eu podia ser seu porta-voz, tão triviais são as circunstâncias e os objetivos perseguidos. Revela-se, assim, em toda sua dimensão, o porquê dessa pulsionalidade se mostrar não integrada e desprovida de recursos na ordem do deslocamento, carregando alternadamente o Eu e o objeto de sua raiva quando eles parecem esperar dela algo de imprevisto ou lhe sugerir modificar suas exigências, adiá-las e, pior de tudo, ter de responder às manifestações, simetricamente imperiosas mas em um sentido totalmente oposto, que vão formar as pulsões de objeto e sua inserção na realidade que, juntas, vão constituir um bloco de dolorosa adversidade.

Eis algo que não é fácil de compreender. Refiro-me à maneira como a proibição procede à negativação do desejo com o objetivo menos de protegê-lo do que de negar sua existência enquanto desejo, só podendo concebê-lo sob a forma do efeito clástico que produziria sua satisfação bem além (ou aquém?) dele mesmo como deflagração, levando a um desmoronamento em que o Eu sucumbiria. Uma tal transformação é acompanhada da substituição do objeto como objeto de desejo, seja como investimento que polariza uma atração por ele com o propósito de ir em direção à fonte de uma promessa de felicidade, seja como complementaridade portadora de uma aspiração ao contato com ele, pelo objeto da pulsão, diferente do anterior na medida em que é pouco figurável, exercendo uma captação imperiosa sem que possa tomar forma a ideia de um bem-estar a ser alcançado de outra maneira que não como tensão a esgotar. A confusão ameaçadora entre o objeto e a pulsão tem como consequência a satisfação da pulsão dar lugar menos a uma introjeção do que a uma excorporação violenta que ataca o Eu devorado pela pulsão ao mesmo tempo que o objeto engolido e cuspido simultaneamente.

O que está em questão aqui não é de ordem de um primitivismo psíquico, mas deve ser concebido, antes, como consequência de uma compressão extrema da violência pulsional, não canalizada pelas vias do desejo, que se produz em um momento marcado pela equipolência entre a exaustão da satisfação e a catástrofe da perda do objeto, considerado, então, como irremediavelmente inacessível e agora impossível de reencontrar por ter-se entregue ao seu desejo próprio, e ao qual só resta rejeitar o sujeito para se livrar dele. Não podendo dispor de estruturas de desejo que permitam apresentar ao psiquismo – graças ao desdobramento da atividade fantasmática – a esperança de futuros reencontros, tudo parece consumar-se totalmente a cada encontro fantasiado. É então que a experiência de satisfação se transforma, tornando-se, como dissera Freud, experiência da dor. Esta é classicamente posta em prática pela imagem mnemônica hostil, associada à impossibilidade da satisfação. Mas aqui, ao contrário, ela está relacionada a uma satisfação que poderia ter ocorrido, mas da qual o traço da experiência retém sobretudo a ameaça de viver em um único e mesmo abalo: a satisfação em forma de autodevoração da tensão na desorganização sem retorno possível no sentido da recuperação, o esvaziamento consumatório do Eu seguindo o destino do objeto que se desvanece quando da distensão, e a exclusão do circuito de formações de desejo para recolher o que a psique poderá herdar daí. Elas constituem habitualmente uma reserva à qual recorrerão os processos primários quando for necessário mobilizar a esperança de fazer reviver aquilo que foi e o que é suscetível de ser reanimado. Tudo o que, fora da consciência, aspira, almeja, constrói simultaneamente sua falta e que supostamente responde a ela no mesmo momento, isso a que emprestamos uma figura sob a forma da fantasia inconsciente, se encontra aqui em fragmentos esparsos, pouco apto a servir posteriormente ao princípio de prazer. Não é disso que se apreendia o funcionamento por trás do temor que suscitam os avatares da satisfação de que falávamos mais acima. O perigo estaria, antes, em situar do lado do suporte pulsional que se destacaria dele e agiria por conta própria, suspendendo qualquer conexão com a historicidade do sujeito e sua diferenciação do objeto. Significa que ele seria privado do que lhe permite, graças à figurabilidade potencial ou realizada da fantasia, seduzir a psique, solicitar seu apetite na antecipação representativa para despertar nela o charme da diversão que nutre a ilusão. É por causa desse destino tão ameaçador, quando pode vir a faltar qualquer possibilidade de substituição imaginária, que, deixando a nu o psiquismo exposto às pulsões, se instauram as conjurações contra o aparecimento do desejo – por trás das quais se perfilam os emissários do ciclone pulsional – e que vão precisar pôr em prática contrainvestimentos visando a remissão do prazer em que o sujeito "se salva", em todos os sentidos do termo, em nome dessa transvalorização que induzirá seus efeitos até deslocar a chamada perversão originária da criança *em inversão das funções do Eu* que teve de pagar o sacrifício do abandono das metas pulsionais envolvendo a participação do outro com uma pulsionalização de suas defesas no mais secreto dos serviços que elas supostamente devem assegurar.

PULSIONALIZAÇÃO DAS DEFESAS

O que se deve entender por pulsionalização das defesas do Eu? Três características. Em primeiro lugar, a *transferência da força*, que subentende a realização de uma meta pulsional. Isso significa que o Eu herda uma derivação, por um afluente das pulsões destrutivas desviadas de sua meta, que lhe confere uma energia de recusa lá onde se esperava vê-lo participar da ativação de seus meios com o objetivo de chegar ao prazer fazendo aliança com a pulsão. Em seguida, a *inversão de meta*, que associa agora o enriquecimento do Eu, não naquilo que ele experimenta através das satisfações que se propõem a ele ou que ele se propõe usar em seu proveito, mas na maneira como consegue se afastar dela, sem sequer recorrer à intervenção de sua vontade ou como resultado de um julgamento deliberado, mas por um contorno espontâneo. É inevitável pensar na evitação tão característica da fobia. Uma tal comparação é enganosa, pois, se fosse preciso se valer de uma analogia, os mecanismos existentes só poderiam responder a um modo de ação que combinasse a evitação fóbica com o contrainvestimento interno do obsessional, com a diferença de que, aqui, qualquer traço do deslocamento opera seja sobre um objeto ou uma situação fobógena, seja sobre um pensamento ou um conteúdo "obsedante" que teriam desaparecido, deixando subsistir apenas a necessidade de ignorar aquilo que não deve ser identificado, mesmo que sob uma forma deslocada e por meio de uma vigilância permanente, insensível ao seu próprio despertar, ignorando que ela está em combate. O que se passa na psique não deve ser reconhecido nem através do conteúdo deslocado de um pensamento nem como modalidade de exercício de um Eu que tomaria consciência – é nele que se situa o acontecimento psíquico – de que se encontra envolvido nisso que se desenrola. Só se impõe a constatação de uma preocupação automática de afastamento. Esta difere sensivelmente do deslocamento, que propõe uma outra ligação, enriquecendo o encadeamento de representações pelas novas associações que se somam àquelas que precedem sua intervenção, sobrepondo-se a elas, mais do que sendo suprimidas por elas. Enquanto aqui o afastamento faz desaparecer atrás dele a ligação que preside a constituição do sentido, ao mesmo tempo em que prossegue seu curso. O analista se deixa levar pelo testemunho do dinamismo que reflete a progressão do processo discursivo, no qual é tentado a ver uma figura analógica da busca certamente mais aleatória – e, portanto, fadada à errância – do desejo à procura de seu objeto. O afastamento parece imitar essa errância, com a diferença apenas de que ele é animado pela propensão a se distanciar do encontro com o que é perseguido. Procedimento mais involutivo que evolutivo, mantido secretamente tanto fora como dentro, e que consegue de um só golpe se dispensar de se refletir em sua ação, ocultando aquilo que do Eu garante sua salvação se recusando assim. Nota-se que é a mesma ação que impede entrar no processo que conduziria à satisfação (pondo em questão o objeto desta) e pela qual é significada – por esse mesmo impedimento – a intenção negativa que o anima. Em outras palavras, o supereu só existe agora sob a forma de tensões exercidas em relação ao Eu, tensões que se diferenciam pouco daquelas que são ocasionadas pelo id. Finalmente, último aspecto dessa pulsionalização, a *substituição das orientações da atividade psíquica na contradição de dois princípios (prazer-desprazer e realidade)*, através dos meios que ou estão à sua disposição ou que ela se dá. Esse par principal contraditório é sucedido aqui por um *sistema de crenças* destinado a assegurar uma infraestrutura para as racionalizações do Eu de conteúdo unicamente preventivo de catástrofes possíveis.

Pode-se ter certa dificuldade de conceber em que essa situação difere do caso geral. Vamos tentar esclarecê-la. Quando Freud procura ilustrar o que abrange o conceito de recalque, ele define sua ação pela mistura da fuga e da condenação. E, sem dúvida, implica que esse afastamento é necessário à organização da estrutura do Eu. Mais tarde, ao descobrir que o próprio Eu é investido pelas pulsões, ele compreende a necessidade de aprimorar a ideia que tem do funcionamento dele, mas a concepção do recalque como distanciamento continua válida. Quando ele descreve – de forma reticente – a forclusão (ou rejeição), ele implica a existência de mecanismos que traduzem uma *abolição* interna que vai junto com o retorno do forcluso pela via do real. Mas não haveria retorno se não houvesse não apenas carência da simbolização interna, como sustenta Lacan, mas deslocamento para fora dessa potência mobilizadora que retornará ao seu lugar de origem, sem nenhuma consciência de seu pertencimento à psique (diferentemente do que se passa na fobia ou na obsessão, e mesmo na conversão, em que, no entanto, a exclusão psíquica permanece circunscrita no perímetro do indivíduo). O caso da clivagem não pode ser associado a nenhuma das duas eventualidades precedentes; ele não é compreendido nem em termos de distanciamento interno nem de exclusão externa. Sua originalidade está na manutenção de uma existência contraditória, ao mesmo tempo reconhecida e negada, cujo modo de negação, diferentemente dos dois outros, só se nutre de uma crença íntima e secreta que obriga a se desviar da satisfação pulsional onde objeto, alteridade e saída de si concorrem à mesma meta em um prazer que, pelo afrouxamento das ligações do Eu às suas funções habituais, vê emergir a fantasia de uma imprevisível fuga. A crença aqui é o efeito dessa pulsionalização do Eu para fins negativantes, que são destinados a destruir a aspiração da atividade psíquica ao desdobramento de sua aventura de se experimentar em face do que não se mantém confinado em suas próprias fronteiras. Ela consegue o crime perfeito, permanece sob a jurisdição do reconhecimento do real, do outro e do Eu como separado e sustenta, em seu foro íntimo, a possibilidade de se sobrepor a esse reconhecimento por uma criação (no exemplo inicial, o fetiche) que é menos destinada a servir de consolo e mesmo a se apresentar sob os atrativos de um proveito maior para o Eu do que assegurar o triunfo da alternativa oferecida pela negação; isso porque a negação dissimula dela mesma sua existência, abrigando-se por trás da promoção, da eleição, da elevação de um pedaço de realidade que se extrai do quadro do qual ele faz parte, desfaz-se das ligações que o prendem aos elementos do conjunto a que pertence, erigindo-se em afirmação de sua singularidade inquestionável. Aqui, o positivo não é nem o contrário propriamente dito do negativo, nem mesmo a imagem invertida dele nem, ainda, o ser, como esse que se opõe ao nada. Ele é aquilo que, na projeção subjetiva pela qual vem a existir, cria, à maneira como aparece e ao valor singular e, ao mesmo tempo, absurdo que ele carrega, a ilusão de cumprir o gesto que faz inexistir o negativo (a castração no exemplo inicial). Uma performance dessa ordem só adquire sua inteligibilidade ao se referir à realização alucinatória do desejo, deixando antever que esta não tem necessidade nem de se realizar nem de se alucinar (exigências internas do modelo que é seu suporte), nem, ainda, de cair sob o golpe da percepção para ser reconhecida como fundação da realidade psíquica, esta mais forte do que qualquer Eu e jamais subjugada por nenhum sujeito. A meta final perseguida pelo estabelecimento dessa crença é sustentar o desconhecimento do Eu em relação a ele mesmo, como atividade investidora, movida pela pulsionalidade consagrada ao desejo e às transformações deste.

DA NECESSIDADE DO RECURSO AO SUJEITO

Vamos partir do comentário de Freud ao estabelecer um paralelo elíptico entre as deformações do Eu e a perversão. Será que nossas descrições nos autorizam a falar de uma categoria não descrita: a perversão do Eu? Esta já existe, e foi ela que deu lugar às primeiras concepções sobre o narcisismo. As descrições posteriores de "perversão narcísica" não parecem coincidir com as nossas. Eis, portanto, uma categoria de fenômenos que não sabemos categorizar de outra maneira senão por uma analogia com o que é a perversão na sexualidade, algo de que temos muita dificuldade de imaginar a metapsicologia, a não ser por certo desvio das tarefas que o Eu supostamente deve assegurar. O que colocar ou opor em face da sexualidade? Quanto a esta última, nós a caracterizamos por sua relação com o corpo, com o prazer, com suas transformações e com a alteridade necessária à sua realização. O campo do Eu que seria homólogo a ela não se deixa determinar tão precisamente. Seria restringir, erroneamente, seu estatuto de instância e situar a realidade em um lugar equivalente àquele ocupado pela sexualidade. O Eu poderia ser visto segundo as servidões que Freud reconheceu a ele em suas relações de dependência com seus mestres (id, supereu, realidade), mas isso não seria suficiente para nos dar uma imagem bastante clara de sua natureza intrínseca. Devo supor então que seria preciso conceber o Eu como dominado pela busca de um equilíbrio mais ótimo do que máximo – isto é, aberto ao desequilíbrio –, como modalidade fundamental de sua atividade enquanto fonte de transformação das excitações tanto internas quanto externas que caem sob a jurisdição do discernimento que as remete respectivamente às modalidades que regem os mundos interior e exterior por meio da interpretação. Além disso, sua situação em relação ao objeto pode reunir em torno dela os componentes distinguidos pela referência às outras instâncias e ao real. Finalmente, não poderemos escapar à contradição que o marca, apontada por Jean Laplanche, de ser sucessivamente considerado como parte do aparelho psíquico e no entanto tomado como representante de sua totalidade empírica.

É isso que, na minha opinião, torna inevitável o recurso ao conceito de sujeito, que pretendo aqui subsumir ao de aparelho psíquico. Se o Eu pode representar esses dois papéis de parte e de representante da totalidade, é necessário redefinir suas relações com o sujeito, assim como aquelas que o unem ao conjunto conceitual a que remete a totalidade empírica. Enquanto o Eu, como totalidade empírica, procede a uma unificação global pontual, o sujeito, no sentido psicanalítico, só poderia remeter às suas divisões, à sua heterogeneidade, aos seus objetivos contraditórios e, sobretudo, às modalidades diversas das ligações que unem seus constituintes. Não se deve confundir com o que Freud designava como relação de dependência do Eu, pois, uma coisa é, por exemplo, apontar a dependência do Eu ao id; outra, é assinalar, ao contrário, em que o id é subjetividade em germe. Na lógica do Eu, a dependência conduz a compromissos; na do sujeito, a contradições que podem, por outro lado, dar lugar a transformações "efetivas" no Eu, como mostram as constatações observáveis no nível dos mecanismos de defesa.

Vê-se que atribuir a um tal sujeito propriedades desse tipo é suficiente para marcar a originalidade do lugar que ele ocupa em psicanálise. Estabelecemos mais acima a intrincação entre masoquismo e narcisismo nos fracassos da análise. Retomando agora as modalidades dessa aliança ou dessa fusão, seria possível afirmar que as variações de dominância entre um e outro desses dois termos podem ser interpretadas como uma flutuação estável (em sua própria instabilidade); ou, ainda, que a estabilidade resultaria da recusa de se deixar apreender inteiramente por uma dessas duas eventualidades – masoquismo e narcisismo – uma dominada pela prevalência do objeto, a outra, pela do Eu. Na verdade, essa distinção não é plenamente satisfatória, pois veremos que a perspectiva objetal desempenha um papel fundamental na apreciação do narcisismo. Talvez fosse preciso formular as coisas de outra maneira e falar, no caso do masoquismo, do objeto e da identificação com o objeto enquanto polo de satisfação das pulsões, enquanto que, no caso do narcisismo, se cairia do lado do polo que pretende encontrar nele mesmo as razões de sua variações em face das exigências que impõem suas ligações objetais e dos desligamentos que elas provocam. O trabalho do negativo colocará em questão o próprio sentido da satisfação e da maneira como o Eu pode ser afetado. Retomamos, pois, a ideia do objeto-trauma, do objeto "fator de excitação", para acrescentar a ela a do objeto como alteridade aleatória em razão de sua natureza de objeto desejante e, como tal, exposto à sua variação.

Não existe concepção do Eu que tenha valor se não recordar que nem tudo o que se desenrola ali é inteligível para o pensamento psicanalítico, a não ser assinalar bem o paradoxo de ter de enfrentar um duplo obstáculo: primeiro, é da natureza de um tal Eu ser pulsionalizado, depois, que uma tal pulsionalização vai de par com a inconsciência de suas defesas.

INIBIÇÃO, SINTOMA, ANGÚSTIA

É preciso esclarecer ainda que a pulsionalização em questão refere-se ao amor que o Eu dedica a ele mesmo, enquanto que a pulsionalização das defesas de que falávamos há pouco está ligada às pulsões de destruição. As defesas que supostamente previnem os efeitos destas últimas se carregam, por sua ação de recusa, de um potencial de aniquilação que se soma a isso contra o que se levantam.

O Eu é pulsionalizado por diversos motivos. O menor diz respeito à sua relação com as pulsões de autoconservação – cujo estatuto teórico impreciso deve, no entanto, admitir o papel constitutivo delas e o desvendamento possível de suas metas em certos extremos (nas síndromes psicossomáticas, por exemplo). Em seguida, recordando, contrariamente a um uso que se expande cada vez mais, que o narcisismo – principal qualificação do Eu – não se opõe às pulsões, mas representa um destino singular delas ao lhes ser atribuído o lugar dele. E, finalmente, que fora desses dois contingentes, autoconservação e narcisismo, existe um terceiro setor de pulsionalização do Eu que Freud chamava de "erotização". Esse tipo de sexualização não deve absolutamente ser confundido com a sexualização das pulsões de autoconservação que opera no narcisismo. O narcisismo não é o monopólio do tratamento da sexualidade que afeta o Eu. É talvez quando o narcisismo está engajado principalmente na conflitualização de suas vertentes positiva e negativa que a sexualidade encontraria condições favoráveis para infiltrar o Eu. O inverso – isto é, a invasão primitiva da sexualidade no Eu, provocando uma reação secundária do narcisismo que testemunha uma dificuldade de se determinar entre seus aspectos positivos e negativos – também pode sobrevir, mas, desta vez, mais provavelmente por intermédio do objeto (trauma sexual fora das capacidades de absorção da sedução constitutiva – alio-me, neste ponto estrito, às ideias de Jean Laplanche).

Seja como for, a proposição de Freud é considerar que uma tal erotização dá lugar às três possibilidades: da angústia, do sintoma, da inibição – esta última sendo compreendida como *restrição de uma função* do Eu posta em prática para evitar um conflito. O que seria interessante esclarecer é a natureza de uma tal evitação. Será que se trata de procedimento idêntico ao que se encontra na fobia? Eu apostaria no contrário, pois se a resposta implica o próprio Eu, obrigando-o a uma autolimitação, é porque há chances de que o conflito do Eu com as outras instâncias não possa ser resolvido apenas pelo recalque. Há alguma razão para pensar que o resultado da inibição, longe de se restringir a uma simples limitação, pode, em certos casos, ser invasivo, chegando até a comprometer funções vitais que afetam a autoconservação (como acontece com a anorexia, por exemplo). É talvez porque a erotização do Eu que se exprime ali de maneira surpreendentemente fixada e estereotipada se inscreva no nível de um funcionamento pulsional que age do modo menos diferenciado.

O tríptico inibição-sintoma-angústia deixará a via aberta pela restrição do Eu, inexplorada após 1926. Esta, aliás, não está livre de levantar problemas quanto às relações que mantém com certos sintomas (fóbicos, obsessivos, depressivos), o que não quer dizer que não tenha sua tonalidade específica, que se estende além da esfera de influência dos sintomas neuróticos. É interessante examinar o par pulsão-inibição, pois, no que se refere ao primeiro termo, se está, na verdade, na maioria das vezes, diante de um gradiente "pulsão-erotização" com potencial variável que se deveria avaliar também no registro objetalização-desobjetalização. Esse gradiente pode evoluir da erotização mais patente – permitindo antever o deslocamento que terá sido efetuado para funções menos suspeitas de colusão com desejos sexuais cuja ligação com a censura aparece claramente – para uma espécie de energia incoercível, na qual a dimensão erótica terá cedido lugar a uma exigência interna desqualificada que não deixa outra saída ao que ela retém a não ser se esvaziar por intermitências utilizando vias de descarga secundária (choro, alcoolismo, bulimia, tabagismo, sexualidade "aditiva", trabalho compulsivo e estéril), em busca de um alívio que, quando ocorre, é muito efêmero. Pode-se entrever por trás dessa degradação "neutralizante" um efeito da desobjetalização. Sua ligação com a inibição é mascarada por uma atividade de fachada que engana.

Quanto aos outros registros, o do sintoma e o da angústia, este não é o lugar para se deter neles, pois nossa principal preocupação é o Eu. Do sintoma, destacaremos, no entanto, as formas de enquistamento, de enclausuramento que só resistem graças à manutenção do equilíbrio geral, intrapsíquico e intersubjetivo. Essas defesas têm uma eficácia muito relativa, pois qualquer questionamento do equilíbrio se traduz em uma salva de assaltos de agravamento sintomático, de aparência crítica, próximos de uma neurose traumática cuja guerra seria subterrânea. A necessidade para o Eu, que assinalamos em outro lugar,[18] de poder dispor de fronteiras ao mesmo tempo firmes e flexíveis é posta à prova aqui. Essa formulação aparentemente fenomenológica visa apenas enfatizar a capacidade de investimento do Eu e o constante trabalho de transformação a que ele é submetido. Qualquer que seja o valor da imagem "fronteiriça" à qual recorremos, o que é certo é a intensa angústia de desapropriação do sujeito que menciona esses tormentos diante de uma impossibilidade de expressão. A angústia de desapropriação pode surpreender, passando geralmente despercebida, pois tudo o que é exprimido se afasta, por isso mesmo, do campo onde se exerce o sentimento de pertencimento, e quando o que foi dito é retomado pelo analista, o discurso muda de atribuição aos olhos daquele que o enunciou. Ele se torna objeto de uma espoliação de propriedade quando é devolvido em forma de interpretação. Deixa de ser considerado como vindo de si para ser vivido como estranho, chegando de fora. Em suma, a comunicação é menos transmitida do que parece, *après-coup*, como tendo sido repelida logo que enunciada. A interpretação é recebida como uma projeção inconsciente do analista, portanto incompreensível, embora ela encontre sua fonte nos recônditos do discurso consciente comunicado pelo paciente, e que é o simples fato de ter passado pelo discurso do analista que desapropria o analisando de sua fala e o aliena nos reencontros que acompanham seu retorno quando da escuta daquilo a que ela supostamente remete segundo o entendimento analítico. Talvez a enunciação em voz alta do pensamento seja suficiente para antecipar, sob uma forma que tem mais a ver com uma virtualidade do que com um discurso articulado, sua periculosidade potencial, pelo afluxo do imaginário assim solicitado do qual é preciso urgentemente se defender por uma técnica de terra arrasada. É aqui que a imagem do vazio associado à desapropriação se conjuga com o sentimento de transbordamento em face de um imaginário fortemente concentrado. O que está em causa, numa primeira abordagem, permite reconhecer o duplo impacto das angústias de separação e de intrusão, a concorrência de vínculos objetais e narcísicos. A comunicação do paciente permite tornar inteligíveis as modalidades processuais da introjeção e da projeção, que constituem o outro grande tipo de operação, complementares àquelas do trabalho do negativo. A diferenciação entre interior e exterior abre caminho a elaborações sobre o positivo e o negativo, desvencilhadas de suas expressões ligadas às funções corporais e reclamando intervenções de um nível de integração mais elevado. Não é raro constatar ocasionalmente a existência de zonas psíquicas onde essa diferenciação é mal realizada, constituindo-se em nichos delirantes cujo conteúdo fica no meio entre crenças populares e temas pertencentes à patologia. Essa constituição de isolados nem sempre permite identificá-los como tão inadmissíveis e potencialmente ameaçadores quanto eles são. Como algumas Erínias, pouco confiantes nas promessas enganosas para obter sua transformação em Eumênides, tendo perdido o poder de reinar sobre o mundo, se retraem em lugares retirados, fingindo ter desaparecido, para ressurgir nos momentos mais imprevisíveis, quando sua reivindicação desperta ao eco de qualquer falta pela qual elas se julgam lesadas. Um tal estado de coisas é incompatível com o desdobramento das capacidades do Eu; pior ainda, ocorre de essa ativação sísmica pretender estar a serviço deste último, para defendê-lo das afrontas que lhe são feitas. Pois, de fato, o Eu está absorvido entre duas frentes: a de suas pulsões – frequentemente ignoradas enquanto tais e camufladas em defesas, como é o caso, às vezes, com o narcisismo – e a do objeto – quase sempre incerta, se não dissimulada. Ora, desses dois novos inimigos, o segundo é considerado o mais perigoso – no mínimo porque que é preciso levar em conta suas pulsões.

A CASTRAÇÃO, O ÉDIPO E SEUS RECOBRIMENTOS

Nada disso consegue, como Freud compreendera bem, conjurar a angústia. Hoje nós acrescentaríamos... nem a depressão. Uma e outra se alternam sucessivamente, seja porque o Eu se encontra sob a ameaça de realizações pulsionais que não foram mediadas por representações-metas, provocando, ao se efetuarem, a extrapolação da capacidade de representação para o essencial daquilo que a constitui, seja porque ele sucumbe à culpa esmagadora que se refere muito menos às suas intenções pulsionais (ditas, conforme o caso, más, nefastas ou proibidas) do que aos raios fulgurantes que prostram por intermitências quando ele subitamente se dá conta da dimensão da ameaça de desmoronamento recíproco do objeto e do Eu, quando de um encontro carregado do contencioso de seus conflitos não superados – repetição provável de uma catástrofe que Winnicott tinha razão, sem dúvida, em considerar como não tendo podido ocorrer, mas sempre potencialmente suscetível de se produzir, sem mesmo acreditar em sua resolução possível pela liquidação de seu potencial conflituoso.

Kernberg insistiu sobre a confusão de metas genitais e pré-genitais. Isso é verdade. Devo acrescentar, no entanto, que essa frequente sobrecarga pelas pulsões pré-genitais não me parece explicável por uma fixação simples ou por uma capacidade regressiva espontânea. Duas causas desencadeadoras a provocam: em primeiro lugar, a ferida narcísica, que me parece não específica, surgindo a propósito de tudo e de nada e que, a meu ver, é geralmente o resultado do que eu chamaria de conversão de um conflito objetal em atentado narcísico com o objetivo de negá-lo. Em segundo lugar, a ameaça genital que obriga a uma reconsideração do conjunto do equilíbrio econômico, tópico e dinâmico em razão da existência de um objeto outro. Aqui, a especificidade nasce da conjunção sexualidade-amor. O fato de se tornar objeto do desejo do outro, finalidade mais ordinária das relações habituais, se torna o perigo maior. Por antecipação da perda possível de amor? Essa é a resposta dada pelos romances baratos. "Não, é impossível, eu não quero sofrer." A verdadeira razão é o temor de uma catástrofe destrutiva irreversível, mutuamente prejudicial ao objeto e ao Eu, devido à confusão deles no que eu chamaria de traumatismo de seu encontro. Não é a colusão de seus desejos que se discute aqui, mas a indistinção entre a mobilização pulsional em vista de uma satisfação por muito tempo esperada e a possibilidade enfim oferecida de autorizar uma vingança cujo dolo principal é ter sofrido os efeitos da não coincidência do desejo do sujeito e do objeto. Não é a ameaça da separação ou da perda que é o agente da atitude negativa em relação ao amor; é o sentimento do perigo da negação aniquiladora de toda aquisição e daquilo que pode fazer desaparecer para sempre o melhor que pôde ser e o resto, com o objetivo de conjurar o pior. A genitalidade é ameaçadora porque comporta o risco da negativação do desejo positivamente buscado da fusão sujeito-objeto, objetivo e marca do paroxismo do amor genital. Como compreender a problemática central subjacente? Há lugar na teoria freudiana para uma outra referência que não a da castração? A resposta não é de modo nenhum evidente, apesar de 40 anos de debates.

Pois, como se sabe, a força de ideia do conceito de castração reside em seu valor polissêmico, que conjuga a ameaça no que se refere à integridade corporal, à punição relativa à busca transgressiva do prazer com o objeto incestuoso, à saturação de uma relação com a alteridade potencialmente infinita, ao fechamento de uma dimensão de substituto simbólico de uma falta. Esse conjunto se completa com a força metafórica do conceito que abre implicitamente as vias da relação com uma morte que o inconsciente não conheceria. Resta que, se, teoricamente, a castração continua sendo um operador insubstituível, as formas variadas e mal-estruturadas sob as quais pode lhe ocorrer de se apresentar levantam o problema de suas relações com as expressões do complexo que leva seu nome, onde sua delimitação se produz de maneira até certo ponto claramente identificável. Ninguém duvida que não se poderia satisfazer com uma concepção escalonada, na qual esta viria coroar o edifício das limitações que ameaçam a organização psíquica, cujo fundamento seria representado por temores de aniquilação ou de desmoronamento sobre os quais se diria que eles não têm a mesma dimensão dos riscos, considerados comparativamente menores, que a sexualidade mantém com a angústia de castração. A discussão em detalhe de um problema que introduz o exame da diacronia na psicanálise, assim como a sobreposição intergeracional de organizações complexuais, não pode ser abordada aqui. Vamos nos restringir a indicar marcas, forjadas pela experiência psíquica humana em razão de argumentos antropológicos[19] ligados à dupla diferença de sexos e de gerações. Do mesmo modo, o valor da castração reside menos em revelar acidentes que marcam a saída do complexo de sua latência do que em tornar evidente nas estruturas não neuróticas recobrimentos graças aos quais sua revelação pode ser distanciada e retardada. Mesmo quando essas estruturas que a mantêm cativa a reduzem ao silêncio ou a tornam irreconhecível. Pois, se é natural responsabilizar fixações precoces ou regressões mais globais que afetam o Eu, todas essas descrições clínicas das quais ninguém poderia duvidar da autenticidade e das particularidades que lhes conferem uma legítima autonomia no plano clínico, não me convencem de que elas encontrariam nelas mesmas suas próprias razões de ser, bem distantes daqueles do Édipo. Acredito, ao contrário, que esses quadros que impressionam por sua rigidez e pelas limitações que se impõem àqueles que sofrem deles, mereceriam ser considerados como um sistema de fortificações – mantido de forma permanente e periodicamente renovado contra a possibilidade que é preciso sempre manter o mais afastada possível de ver aparecer na psique uma verdadeira organização edipiana, considerada, no fim das contas, como o perigo supremo. Esse perigo deve ser interpretado, e é nisso que está o mal-entendido. Ele não é aquele que acompanha a sanção de desejos edipianos: a castração; ele é aquele que o advento do Édipo, por sua mera instalação, ameaça: a ruptura da relação com o objeto primário e a exclusão do sujeito pelo reconhecimento do vínculo entre os pais. Não pela cena primária apenas, mas, ao contrário, em plena luz, na percepção de sinais discretos que mostram que eles têm uma vida à parte. O objeto se tornará uma espécie de perigo por sua existência em estado separado que expunha aos sofrimentos da não-coincidência dos desejos. E agora é pior: a colusão secreta dos desejos dos dois objetos parentais, mesmo que suas relações dessem os sinais mais evidentes de um desentendimento radical. Eles se entendem se desentendendo. A questão permanece: esse é o núcleo que secretou os recobrimentos, ou se deve acreditar, ao contrário, que o núcleo revela apenas um resíduo, quando o resto foi mais ou menos dissolvido por uma evolução favorável – para se recordar de que não se conseguiria jamais chegar à transparência ou à inocência. Seria preciso poder pensar de forma mais "complexa" que as diversas estruturações recobridoras do Édipo ainda por nascer não se produzem nem ao acaso nem conforme as configurações atuais do momento em que elas se organizam, isto é, em um tempo nitidamente anterior a qualquer forma reconhecível do Édipo, mas de uma maneira que só se torne inteligível sendo colocada em perspectiva com seu advento futuro do qual se tratará de impedir que as etapas que o precedem conduzam à sua sobrevivência. Outra figura da fecundidade do negativo. O que aconteceu, somente aconteceu em uma relação de negativação que não se define apenas em relação ao que é, mas em relação àquilo que, sendo, só se compreende em função de um devir que não é ainda e não é jamais reconhecível efetivamente naquilo que é, mas alusivamente em sua potencialidade de prefiguração. Como um labirinto que se construiria, mas tendo em cada bifurcação uma indicação sobre o caminho a seguir para encontrar a saída, sistematicamente apagada para designar uma direção oposta, que levaria a encontrar outros painéis igualmente desorientados que afastariam mais do objetivo. A imagem de um psiquismo anárquico, resultado de um tal desenvolvimento, que parece assemelhar-se às diversas fixações da evolução da libido, deveria ser vista na verdade por trás das aparências enganosas do ângulo de uma vetorização edipiana jamais perceptível como tal, porque ela só seria solicitada para dar lugar à sua negativação, ainda que se tenda sempre a evocá-la sem jamais encontrá-la, não porque ela não exista, mas porque apenas se desenha o contorno que faz pensar nela. Naturalmente, já ouço a pergunta: "quem faz isso e por quê?". Eu preferiria que cada um encontrasse sua resposta. Mas, visto que é preciso prestar contas do que se afirma, eu diria: "um par desigual em que cada um dos membros ignora as razões que fazem com que ela o ordene. O que é certo é que, no fim das contas os dois se encontram desorientados em relação às suas intenções iniciais."

IMPLICAÇÕES DA DEPENDÊNCIA

Para voltar ao trabalho do negativo do Eu, o exame de suas relações com o objeto permite verificar as ideias de Winnicott sobre o papel capital que desempenham a dependência e a luta contra a dependência. Mas trata-se, no caso, apenas de um nível intermediário ao qual retornaremos – a dependência sendo o desdobramento da vertente "externa" de certo tipo de conflituosidade entre a pulsão e o Eu. No limite, essa problemática abdica da preocupação de uma independência e de uma autonomia mais reivindicada do que verdadeiramente buscada, enquanto se perfilam as três principais segregações que o adulto conhece: a psicose (confinando no hospital psiquiátrico), a doença somática (elegendo domicílio no hospital geral), a delinquência (barricada por trás das portas da prisão)[20] como orientações gerais, mais do que como algo realizado. Essas capitulações são as mais trágicas, mas estão longe de ser as únicas ou as mais numerosas. Elas servem sobretudo à reflexão para traçar as diferentes linhas de horizonte até onde o trabalho do negativo pode ir bastante longe. Mas é como se o Eu traísse a si mesmo e se visse, tarde demais, além de uma fronteira que ele se aventurava a atravessar nos dois sentidos, até o dia em que, imprevisivelmente, ele é forçado a tomar conhecimento do lugar onde deverá permanecer, o caminho de volta lhe sendo barrado agora por um tempo mais ou menos longo. Não é que se esteja totalmente desprovido de meios para ajudá-lo a transpor o limite no outro sentido e reconduzi-lo ao lugar de onde partiu; é que a compulsão de repetição parece testemunhar uma imantação mais forte que o do prazer de viver, dado que este último precisa contar com os outros. Pode parecer excessivo ter de pensar nesses tipos extremos para compreender as apostas do negativo. Não se poderia subtrair a isso mesmo quando o objeto central da reflexão diz respeito às estruturas do Eu que não entram em nenhuma dessas três designações, mas que nos conduzem a elas permanentemente: no oco.

Pode ser que se tenha evitado interpretar essas limitações do Eu como consequência de exigências daquilo que se chamou de supereu "cruel". O supereu não é o único responsável por essa devastação. Sem dúvida, é preciso considerar a parte do ideal do Eu, mas isso tampouco esgota a questão. Talvez tenhamos o sentimento de nos aproximar do objetivo por essa invocação do irremissível narcisismo.

Muitas vezes é difícil conceber claramente a ação das instâncias guardiãs da moral, tais como as mostra a idade adulta, e aquilo que elas permitem antever de sua relação como o papel que elas supostamente exerceram na infância; subsistem poucos sinais do efeito inibidor que pode ter desempenhado no desenvolvimento do Eu, neuroses à parte. Como se a estrutura psíquica da idade adulta – o que se pode conjecturar dela, incluindo o inconsciente – parecesse cortada de seus fundamentos infantis. Nada na memória pessoal nem nas lembranças reportadas pelos pais tendo permitido prever, na maioria das vezes, as graves sanções da evolução posterior. Sustento que é em torno das escolhas de objeto amoroso que o sujeito se encontra brutalmente exposto a movimentos afetivos geralmente cataclísmicos.

Entra-se no universo que os outros chamam de patológico pela depressão, nem é preciso dizer, mas também pela decepção, o transbordamento do Eu em face de situações que comportam uma pesada carga libidinal e um grande impacto simbólico, a sedição, mais ou menos agida, decorrente do desejo de se libertar de uma imposição interior que, mesmo que se esteja em condições de identificar de maneira global seus agentes (a família, a infância, as circunstâncias atuais contrárias, as realizações pessoais que deixam um sentimento de carência ou de insuficiência, etc.), continua sendo de uma opacidade opressiva que levaria a buscar suas origens do lado de uma angústia às vezes explícita, mas frequentemente inominada, que, no entanto, se poupa dessa consciência dolorosa se lançando nos braços de sistemas de racionalizações prontos para o uso. Isso quase sempre se traduz em uma interrupção significativa, na impressão de um fechamento do futuro, no momento em que a aquisição da independência deveria permitir que um espaço se estendesse infinitamente diante de si, certamente indeterminado muitas vezes, mas sem demarcação imediata, mesmo que o futuro esteja longe de se apresentar sob uma luz de cores claras e com o desenho traçado de forma nítida.

Na verdade, o conjunto se reúne sob a impressão de que *o tempo não passa como deveria*... A razão nem sempre é identificável e nem sempre se manifesta à consciência. Quando ela se declara, o mal já ganhou um terreno do qual será preciso muito tempo para se desalojar: é o sentimento de incerteza e de precariedade sobre a natureza dos vínculos com os seres próximos – vínculos que é insuficiente tratar como conflituosos, que permanecem aqueles que são marcados pelo abandono da voz chamando no deserto, ou rompidos antes mesmo que a ligação se torne duradoura, porque o molde ao qual a novidade deveria se ajustar permanece prisioneiro de contenciosos do passado que o recalque não conseguiu reduzir ao silêncio. O que está em questão em todos os casos é o investimento da alteridade, sempre irritante, sempre decepcionante, sempre ameaçadora, sempre, no fim das contas, *obrigando a amar*, mesmo que o outro não tenha sido escolhido de tal modo que pudesse suscitar o amor ou ser amado, devendo deixar de amar a si mesmo.

Todas as formas de trabalho do negativo marcadas pela inibição e pela dependência veem aumentar consideravelmente as capacidades de solapamento, as suspeições de desconfiança, as manobras de esterilização das iniciativas pessoais, *na proporção da implicação subjetiva* que elas requerem. Um muro instransponível parece separar qualquer projeto dos benefícios que sua realização traria. Acusam-se a autodesvalorização, o rebaixamento de si, a alegação de inferioridade para dar conta do desapontamento experimentado regularmente após qualquer ação que necessita que se projete nela, qualquer que seja seu resultado, e que leva a lamentar o fato de ter ocorrido; embora antes que ela acontecesse, o deserto da solidão exerce seu império sobre o psiquismo e o sujeito esperava ardentemente que surgisse um acontecimento – às vezes sem importar qual – desde que pusesse um fim a ele. Caso se pense primeiro em atribuir essas lamentações ao masoquismo, seria melhor ir procurar o que pode se dissimular por trás desse rótulo. Seria preciso pensar antes em uma sedução exercida em relação ao objeto interno para lhe significar uma submissão que chegue ao ponto de consentir em eliminar a si próprio, desde que o vínculo com ele permaneça, e ao mesmo tempo, recubra, sem que nada possa fazer pensar nisso, mesmo a menor parcela de pulsionalidade identificável. Um tal discurso – depois de se instaurar em bases que ele considera as únicas possíveis – deve tentar tapar todos os buracos pelos quais poderia se trair: mascarar a acusação implícita em relação a um objeto que supostamente exige esse reconhecimento autoanulador sem sequer ter de pedi-lo; denunciar o desígnio puramente narcísico e unicamente preocupado com sua própria glória atribuída ao objeto; despistar, questionando-a apenas em modalidades puramente convencionais (concessão a uma prova de realidade observada pontualmente); a falácia da pretensa onipotência objetal, impedir a divulgação da ideia de que esse ídolo só poderia se sustentar sobre o barro, eventualidade mais temível ainda que os sacrifícios pessoais concedidos ao seu culto, e zelar pela preservação de um "segredo" do objeto, "entrevisto", mas do qual é sempre preciso dar a impressão de que ele não é nem visto nem conhecido. Finalmente, "mandar embora", como diria Laplanche, uma avidez de potência que não consegue jamais se organizar como sadismo, salvo nos casos em que pode se apoiar em uma problemática fálica (compensada, então, pela angústia de castração). Esta poderá se exprimir, na menina, pela inveja do pênis, com o único objetivo de uma rivalidade impossível com o pai, na medida em que este é menos falóforo, porta-voz da lei, do que provedor de filho à mãe. É a esse título que sua própria presença se torna injuriosa, na medida em que é o sinal da impotência a valer aos olhos de uma mãe (sendo indiferente que ela própria desvalorize o pai às vezes), pois, em qualquer situação, a criança que está lá – si mesma – é bem a prova de que entre os pais acontece alguma coisa que vai muito além daquilo que está em seu poder fazer acontecer. Se este último traço é reconhecido, sua razão é ocultada.

Depois de se desembaraçar de todos esses aspectos, chega-se à imagem mais íntima que o Eu oferece dele mesmo. Poderíamos ser tentados a escrever que tudo isso que já foi exposto e que resulta da relação com o objeto nas condições "mundanas" (no sentido filosófico) deve ser reexaminado. Não que seja suficiente passar das relações com os objetos externos às relações com os objetos internos. Nossa descrição, ainda que se apoie, bem ocasionalmente, nos acontecimentos ou nas maneiras de sentir, de reagir, de viver com os outros, ela se refere verdadeiramente à maneira como eles são apreendidos, vistos do mundo interior. (Aliás, como poderia ser de outra maneira na análise?) Em momentos muitas vezes imprevistos, certas figuras se mostram furtivamente, dando a impressão ao analista de que são a chave daquilo que se encontra sob as recriminações do mal de viver. Revela-se um Eu (sem) pele (Anzieu) sempre ameaçado de se esvaziar, sofrendo a impossibilidade de imprimir sua marca no outro, isto é, de fazê-lo não somente admitir que ele não é o que parece, mas também de impressioná-lo (no sentido literal) deixando nele o traço da maneira pela qual ele se percebe como baluarte último de salvaguarda e apreensão vital de seu objeto, o que não poderia ser posto em questão – isto é, analisado a título da defesa que serve de cobertura ao inconsciente. Como se já tivesse precisado fazer esforços demais de desvendamento desse outro Eu consciente para aceitar desprender essa figura de si mesmo. Curiosamente, o temor não se refere ao que ele teria a descobrir no inconsciente, mas à possibilidade de ser autenticado e confirmado o Eu consciente "público", tal como o sujeito pensa que ele aparece aos outros. Esse Eu de fundo duplo é o contrário da representação que se pode fazer das relações entre o consciente e o inconsciente. Pois esse uso da negativação da imagem de si, definível unicamente em termos de insuficiência e de falta, que faz tudo para ignorar que, ao validar o pretenso *diktat* do supereu, subscreve-se a isso apenas para se apoderar do objeto que está na sua fonte, para assegurá-lo de que só se fala por sua voz. Essa manobra serve para obturar as expressões de uma pulsionalidade sempre temendo se exprimir, sem mediação e, como tal, suscetível de pôr em perigo a idealização de si que aponta por trás das alegações masoquistas. Um sistema de racionalizações aprofundadas tende a isolar, mais do que a recalcar, a vida pulsional. Mais precisamente, a sexualidade que escapa ao recalque é submetida a preparações destinadas a demonstrar que ela é menos recusada pelo sujeito do que pela vida, e que levam geralmente a criar um estado de privação que desencadeia periodicamente retornos em forma de violência pulsional destacado de objetos significantes. Trata-se menos de pulsões parciais, como se poderia pensar, do que de uma sexualidade à qual a dimensão genital não falta, mas que parece não poder se exprimir a não ser em objetos indiferentes, conjunturais, não significantes, ou, quando o são, é apenas de maneira a tornar não significativa a expressão deles, extraindo esta última de qualquer contexto que pudesse fazer sentido para o seu objeto, de um modo que impõe à satisfação buscada um caráter de necessidade urgente e uma obstinação em empurrar aquilo que ela dá a experimentar para uma liquidação tão radical quanto possível. Isso quer dizer que o gozo vai aqui de par com seu próprio jogo amoroso. Quando a objetalização não foi sacrificada, testemunha-se que os afetos que a acompanham associam a ativação pulsional a uma submissão total do objeto, lutando tenazmente para conseguir deste que ele não tenha outra razão de ser senão a de coincidir com a fantasia do sujeito, desejando conformá-lo ao que este último imagina ser um objeto primário ideal, ainda que tal objeto tenha sido justamente escolhido de forma a repetir as carências do ambiente infantil. Em qualquer situação, a libido não pode aparecer no cenário do psiquismo, quando suas manifestações são postas em relação com suas fontes inconscientes, a não ser como uma apetência bruta, selvagem, impetuosa e tornada feroz pela ausência de qualquer saída no mundo dos outros, inadmissível como tal nas malhas dos diversos sistemas representativos, só oferecendo satisfações muito insuficientes nas atividades para as quais elas foram deslocadas. É fácil demais interpretar esses aspectos como ligados diretamente a fixações não elaboradas cuja expressão deveria ser associada a relações de objeto "precoces". É preciso mais, a meu ver, assinalar o incansável trabalho de dissociação entre representantes psíquicos pulsionais e as representações de objeto que lhes dão sentido. Uma tal desunião de matrizes psíquicas fundamentais, quando ela consegue cumprir os objetivos de um trabalho do negativo cuja ausência revelaria uma subversão do Édipo estrutural, põe na conta do narcisismo essa libido desenfreada e atinge os investimentos do Eu. Qualquer relaxamento da censura tem como efeito que as manifestações pré-conscientes, revelando essa ausência de mediação, vão ser recebidas primeiro como profundamente injuriosas para o ideal do Eu, sem mesmo poder proceder a uma idealização da pulsionalidade, em nome de uma espontaneidade revitalizante, e sem que suas manifestações possam se integrar ao Eu por uma continuidade de investimento; não se deixa a elas outra possibilidade a não ser se esgotarem ali mesmo, no lugar onde essas manifestações teriam conseguido se fazer ouvir, ou se tornarem fúteis, reportando-se a setores decorativos, menos destinados a embelezar a vida do que a fazer esquecer suas raízes. Pior: acuado quanto às modalidades de sua relação com o objeto e às reivindicações obscuras que o habitam, pode ocorrer que o Eu, forçado a aceitar a imagem de sua reflexão sobre ele mesmo, através do sonho, por exemplo, ceda à pressão pulsional tornando-se ocasionalmente seu objeto. Emergem então formações imaginárias que surpreendem seu hospedeiro, testemunhando uma fragmentação, um fracionamento corporal em que certas partes do corpo são dissociadas do conjunto e sofrem, sob o efeito da sanção que as atinge, o contragolpe de sua erogenidade, que utiliza o deslocamento para concentrar nela toda a libido disponível, escapando a qualquer controle. Às vezes, o imaginário não terá conseguido reter a angústia oferecendo-lhe suas capacidades representativas, e é a despersonalização que testemunha o destacamento do Eu em face da renúncia dos meios da representação, fazendo o sujeito conhecer a brutalidade das expressões de sua libido, inexorável, como dizia Freud. Um círculo vicioso se forma quando, enfim, essas manifestações pulsionais transpõem a censura; elas se colorem da enorme carga de frustração que impõe sua denegação reiterada, e sua acontecimentalidade se desenrola sob os auspícios de uma raiva vingativa. Descobre-se então que o parceiro delas na ordem das coisas é um Eu megalomaníaco clivando completamente os julgamentos que dirige a si mesmo e aqueles que os objetos dirigem a ele (o mesmo julgamento enunciado por ele e retomado pelo analista é inadmissível na versão que é apenas seu eco). Esse Eu está certamente desesperançado, e sua única possibilidade de reencontrar as condições "narcísicas" em que a loucura materna a organizou assim é reconstituir a situação, mas desta vez tentando desesperançar o outro como ele próprio foi desesperançado de ter de se renunciar ele mesmo. Pois ele só conhece a linguagem da simetria afetiva para se fazer compreender. Descobre-se então que ele investiu, como arma última contra a ameaça desorganizadora, a onipotência do negativo.

VOCAÇÃO E LIMITE DO OBJETO

Na transferência, se assistirá, portanto, a uma situação paradoxal. A transferência de desejo – enquanto tal é, eu não diria negada, mas inidentificável (mais do que de resistência, trata-se de não reconhecimento), enquanto que a transferência como necessidade (sem objeto, no sentido de sem razão) domina a relação.[21] Em suma, a consciência do caráter vitalmente necessário do vínculo com o analista oculta que aquilo que se vincula tenha a menor relação com o que se conhece – mesmo por ouvir dizer – com o nome de desejo. Nada, aliás, lhe dá um motivo compreensível. Seria ingênuo reportar essa condição a uma regressão qualquer à relação mãe-bebê, sob o pretexto de que o bebê que é separado da mãe mostra, a olho nu, seu desamparo em que o comportamento do paciente faria pensar. Pois, de fato, permanece viva a impressão de que o essencial é se afirmar estranho à existência de manifestações de desejo, na medida em que o reconhecimento delas sempre faz ressurgir os mesmos problemas. Primeiro, o do vínculo com o objeto sempre aleatório quanto à maneira como este último pretende responder à fantasia inconsciente do paciente; inconscientemente, ele é suspeito de agir submetendo seu parceiro tanto aos seus caprichos quanto à preocupação exclusiva com sua própria pessoa (sadismo projetado). Em seguida, a possibilidade de que sobrevenha o menor empecilho à ideia de uma pura simetria dos desejos, ou que cesse sua complementaridade sem falha, faz surgir a ameaça de uma atividade pulsional extravasada, suscetível de ver todas as aquisições conquistadas graças ao recalque varridas por um maremoto que despoja o psiquismo dos meios de fazer face ao perigo de desorganização, e que traz sempre o risco do desaparecimento do objeto do universo mental do sujeito.

Na verdade, não são as pulsões enquanto tais que são temidas, mas a súbita conversão de um Eu que foi imprevisivelmente ganho para a causa delas e que se alinha do lado de uma aspiração sedenta de acontecimentalidade, cuja qualidade catastrófica é percebida como dependendo indiferentemente de satisfações cegamente reivindicadas ou de um naufrágio de tudo o que ele parecia querer muito preservar, longe desses perigos exteriores e das tentações autotraumáticas. É impossível, portanto, atribuir apenas à relação de objeto o temor de saídas desastrosas, pois há o risco de ver o próprio eu arrastado na desorganização.

Estou plenamente consciente do importante papel do objeto nessas estruturas muito fragilizadas. Quero apenas assinalar isto: ao se admitir que o investimento pulsional constitui a base das relações consigo mesmo, com o outro e com o mundo, não sob a forma única de satisfações de zonas erógenas e de pulsões parciais, mas como fonte do prazer de estar vivo, é preciso acrescentar que jamais a relação com o objeto pode prover a esta. Ela tem outras funções: zelar para que a vitalidade não seja sufocada, partilhar a beleza e a bondade de encontros eróticos com os objetos (o que requer a admissão pelo objeto de seu próprio erotismo), reconhecer e preservar o próprio mistério do advento do prazer de amar, admitir a inevitável maldade de si e do outro e ter de reconhecer inclusive a parte de saúde que pode, às vezes, se manifestar na destrutividade, fazer face à inevitabilidade do sofrimento, consentir na limitação de nossos meios para reduzir o sentimento hostil que se apodera de nós diante daqueles que nos recusam o que desejamos e, inclusive, admitir o prazer que se tem em fazer sofrer – com os papéis complementares de vítima e de carrasco –, revoltar-se, demonstrar compaixão, admitir a expectativa, etc. Mas nada disso poderia ser confundido com o núcleo essencial de nossa participação na vida, e que só pode depender do sentido que damos a essa pulsionalidade que nos afeiçoa ao mundo e ao outro e faz com que sejamos afeiçoados por eles, o que o objeto por si só não poderia criar em nós.

A concepção da relação de objeto nasceu de uma superestimação da pessoa do analista na transferência, visto como colimador de todas as comunicações do paciente, como se a fonte da comunicação só pudesse se referir a outros objetos e a outras relações, sem que apareça o que permite a esses objetos adquirir essa existência sob essa forma, vê-la se modificar até ser eventualmente negada; e como se fosse excluída a ideia de que a análise é antes de tudo o confronto consigo mesmo, mas um si mesmo que não teria ideia do que seria um si, o que ele precisaria inventar para conceber o outro e também a ele mesmo.

Como se vê, a chave não deve ser buscada exclusivamente do lado do objeto nem do lado de uma pulsionalidade compulsiva – do gênero daquela que se pode ver deslanchar nas estruturas psicopáticas que parecem relacionadas a uma carência, mais do que a um funcionamento subvertido, em que a angústia mobiliza reações nas quais predomina a necessidade de descarga. Enquanto isso com o que temos de trabalhar é dominado pelo temor da desorganização interna consecutiva ao encontro entre Eu pulsionalizado e objeto. Estaríamos, antes, diante de um destino da vida pulsional que só parece tão difícil de viver porque o Eu não conseguiu se apropriar dele. E se não é incorreto pôr em questão o papel das identificações inconscientes aqui, é também porque as figuras que subtendem essas "captações", pertinentemente denominadas por Lacan, deixam emanar delas uma mistura indefinível de energia ardente e de sedução às quais nem sempre falta uma generosidade; no entanto, é marca de incoerência, de efusão incontrolada alternando-se com a negligência mais cega quanto à expectativa do outro. Há, nas respostas do objeto, uma total indistinção entre o pensamento de um adulto e o psiquismo de uma criança, uma dramatização do acessório ao lado de uma inconsciência do essencial, uma vitalidade quase animal coexistindo com uma espécie de mecânica da cotidianidade que coloca a existência inteira sob o primado de um fazer que não ignora os afetos, mas os emprega nessa tarefa de conjurar qualquer outra perspectiva. É nisso que há sobrecarga excitante, fazendo da identificação um polo que satura as capacidades de imaginar soluções (fantasmáticas, evidentemente) ao que solicita a expectativa, o questionamento sem resposta, a dificuldade de atribuir um conteúdo preciso ao que se experimenta de mais familiar, a obrigação de reconhecer que o outro sempre oporá à necessidade que sentimos de saber o que somos para ele, o mistério de sua própria ignorância a esse respeito, em suma, a saturação em questão tenta se opor à certeza da incerteza na fatualidade do outro. Esta, de fato, redireciona o questionamento em torno de significantes-chave e, antes de tudo, do sexual e do desdobramento de suas ramificações, que reconduzem sempre a si. As questões do sujeito serão mobilizadas sobretudo para detectar o sentido do eixo ordenador do mundo psíquico que, na falta de ser encontrado em si mesmo pelo reconhecimento da libido e das exigências de sua transformação, residirá supostamente no impensável caos que marca as relações parentais. Não é a presença de conflitos que é nela mesma um entrave à organização do pensamento, mas sim o fato de que estes, quando opõem as figuras de uma mesma comunidade familiar, adquirem um caráter inconciliável, incomensurável. O princípio do terceiro excluído cede terreno diante da relação mutuamente exclusiva. Essa tonalidade não é causa de cisão interior; é, antes, o questionamento deixado sem resposta acerca da identificação disso que funda a relação que mantém juntos os membros do casal parental.

A cena primitiva, como se sabe, é impensável. Seu estatuto ordinário é não dar lugar a nenhuma representação, sob pena de ver esta última contrair, por imantação, vínculos tão numerosos que ela comprometeria a manutenção da ligação como processo infinito e fundamento do sistema psíquico. Aqui, ao contrário, a erotização dos conflitos externos tem como efeito cristalizar a ligação, torná-la ainda menos deslocável – transferível – a partir de sua forma recalcada. Ainda menos "concebível" para o recalcado inconsciente, o vínculo parental não pode ser metaforizado (chegar a isso seria uma maneira de aceitá-lo!); não resta a ele outra possibilidade a não ser se repetir através de conflitos externos, de forma indefinidamente multiplicada sob as ocorrências mais banais. A ideia de que seria preciso ir procurar a causa da sua insistência em um lugar a explorar é ocultada, parecendo impedir essa investigação por uma espécie de ocupação do espaço psíquico de tal maneira que o Eu seja obrigado a ceder mais e mais terreno para encontrar abrigo apenas em uma posição na qual ele se torna mero espectador do que ocorre. Essa renúncia a se apoderar do conflito é frequentemente o prelúdio para uma retomada do deslanche pulsional. Porque os brotos exuberantes que engendra a ativação psíquica excederam, por assim dizer, as capacidades de transformação e de ligação. Referimo-nos àquelas cristalizadas pela erotização de conflitos externos, se bem que o que é deixado à disposição do Eu não é suficiente para a tarefa de reunir essas erupções em série num encadeamento significativo.

Volta-se ainda ao masoquismo quando se pensa nas lágrimas inesgotáveis derramadas que parecem garantir sozinhas uma perenidade de existência a esse Eu doloroso, a solidão desesperadora acabando por sugerir que, na ausência de qualquer outra expressão, é talvez a erotização que se deveria reconhecer sob esse gasto inútil. Não creio que se possa falar aqui de autoerotismo, apesar das aparências. Pois não se trata de uma substituição de objeto, mas de uma relação negativada com um objeto julgado por contumácia. Nunca sai nada de frutífero desses desesperos. Eu apostaria facilmente que o masoquismo aqui teria uma função que o diferencia das organizações em que seu lugar é reconhecido como central. Essa invasão pela tristeza de todo o terreno psíquico que, sem dúvida nenhuma, é, nesse extremo isolamento, um *tête-à-tête* com o objeto cativo no recinto da dor psíquica, tem como função essencial impedir o pensamento. Pensar é se dar conta da separação do objeto e descobrir as vantagens que podem nascer, mais do que se esgotar para recriar sua presença, da focalização das forças empregadas para obter sua reaparição no cenário de onde sua figura é esperada. Um espaço se oferece assim, não como simples consolo ou somente como *habitat* alucinatório, mas como ocasião de criar aí seu próprio objeto, não apenas como análogo ao anterior, mas como receptáculo que substitui a figuração que, de uma forma ou de outra, liga sua representação à sua percepção, por um sistema de relações eximido da obrigação de produzir o figurável. Ele subordina então o funcionamento que rege sua produção do figurável ao exercício da liberdade de expor não a semelhança, mas propriedades significativas que poderão, por sua vez, engendrar formas cujo objetivo de figuração se reduz a preservar um vínculo com o objeto através da grade de operações que conseguiram ocupar um lugar no espaço do pensamento. A vantagem da operação não é somente distender o vínculo excessivamente restritivo, respondendo à necessidade de tornar presente o objeto e de continuar preso à tarefa de reconstituí-lo, mas de ter engendrado em seu lugar menos um sistema de equivalência do que uma matriz geradora de formações psíquicas podendo evoluir em seu espaço próprio em múltiplas direções. Esta permanecendo ligada ao objeto que favoreceu sua geração, menos por referência à sua presença por intermédio de uma localização em um espaço determinado ou sob uma demarcação de suas formas, qualidades, propriedades, do que por uma relação de investimento. Ora, nós mostramos que a satisfação afetiva que invade o psiquismo reduziu o Eu à condição de espectador. Ele só pode, no caso, projetar a imagem de vazio esvaziando o lugar diante da invasão de afetos narcísicos sobre os quais ele já não exerce influência por esse meio. Ao contrário, dor, desespero, impotência, raiva nascem todos do mesmo efeito; agarrar-se a uma realidade que escapa e direciona todos os investimentos para o Eu, como se este último se oferecesse como pasto, em substituição ao que foge, frustrando qualquer aproximação. Ora, ainda que a autonomia seja reivindicada a todo momento na vida social – ou a transferência –, ela é, na verdade odiada, secretamente, porque sinaliza também a independência do objeto. A dor mantém, portanto, essa presença do objeto em si. Ela impede o exercício subjetivo. Aniquila qualquer perspectiva que não seja a do presente, como se cada tempo de solidão pudesse conduzir ao momento em que o luto estaria em via de esgotamento.

Quando o pensamento traça seu próprio caminho, ele tem a maior dificuldade de ser conduzido na experiência analítica pela mesma razão. Pensar afasta do analista.

É preciso, então, esperar a inversão da perspectiva, em que pensar seja visto como uma maneira de colocar, entre os parceiros da análise, uma espécie de ser terceiro que viverá sua própria vida.

O DESLIGAMENTO SUBJETAL

É aqui que é preciso demonstrar a armadilha dessa pretensa corrida ao objeto, dessa "colagem" que leva a acreditar que a explicação reside em alguma fixação primitiva. A realidade é outra; sua particularidade diz respeito ao investimento no trabalho do negativo. Nenhum dos qualificativos pelos quais ele é definido (objetal, narcísico) parece ser suficiente para descrever a situação. É preciso postular em sua forma extrema uma dissociação entre o Eu e o sujeito – em que o investimento realizado em nome do primeiro se desprende do segundo, isto é, procede ao desinvestimento da função da adesão ao vínculo que testemunha o engajamento. O vínculo é mantido e, portanto, não se trata de um ataque contra o vínculo; ele tampouco é desinvestido, pode até ser fortemente investido; é o engajamento ao objeto passando pela pulsão que se desfaz. Engajamento que não implica somente, nas formas ordinárias, a aceitação da satisfação obtida ou esperada graças a essa unidade de nova ordem formada pelo par sujeito-objeto, mas que se reconhece nessa realização de desejo e procede ao seu próprio reconhecimento – sem que necessariamente resulte daí um conhecimento consciente – enquanto fonte, origem, busca e expectativa da realização. Isso quer dizer: sujeito precisando suas forças na balança da luta para dar existência à meta buscada, para a preservação dessa aquisição ou para os apelos para que se produza o retorno do que é agora entronizado no campo do desejo marcado pela aspiração que faz nascer a vontade de reencontrá-lo. Assim, ao pré-requisito objetal pode se subscrever: a ligação estabelecida por necessidade prova isso, mas, em compensação, a persistência do perigo – que nesse caso não consiste apenas na não realização dela, mas inclui também, quando ela, ao contrário, se realiza, a imprevisibilidade do objeto, a pulsionalização do Eu, etc. – leva, nos casos mais extremos, a pôr em prática um *desengajamento subjetal*, quando as modalidades do trabalho do negativo do Eu não puderam admitir as vicissitudes da falta dentro das redes de sistemas de representação que supostamente ofereceriam um leque de orientações e de escolhas diversas que habitualmente difratam seu núcleo fundamental, como se o recalque tivesse sido inoperante. Sem dúvida, o afastamento da consciência cumpriu bem seus objetivos; ao contrário, a atração no recalcado preexistente não parece ter conseguido distribuir a solicitação premente da exigência de satisfação primeira – graças às operações de processos primários, ajustando-os aos significantes-chave e, de lá, difundindo-os às simbolizações que poderiam dar legitimidade a eles.

Uma tal atividade defensiva, sugerida pelo artigo final de Freud sobre o papel da clivagem no processo de defesa, insinuava o caráter revolucionário dessa constatação, sem ainda permitir desvendar suas modalidades. Nós a chamaremos de *fantasia de desligamento subjetal do Eu*.

Por que fantasia, visto que uma tal atividade é efetivamente posta em prática? Porque seu fundamento é o recurso a uma onipotência pretensamente controlada, ao passo que, quando o Eu chega a soluções radicais, ele é cada vez mais impulsionado por uma corrida concorrencial da qual paradoxalmente ele se torna a presa, entre pulsões cada vez menos ligadas por estruturas psíquicas que derivam delas (representações fantasmáticas, atividades sublimatórias, secundarização de processos psíquicos) e objetos cuja resistência própria nem sempre serve aos compromissos buscados ou que colocam como condição para isso um sacrifício prévio julgado exorbitante. Essa situação obriga o Eu, continuando a seguir o "curso das coisas", a desconectar nele as bases de sua subjetividade cuja provação é proporcional ao desejo. O que dá a ilusão de que esses sujeitos continuam parceiros de peripécias das quais a vida fornece enorme variedade é que eles parecem jogar o jogo do social como qualquer um. Com uma inversão apenas: eles ocultam (sem se dar conta da diferença) a distinção entre desejar e ser desejado, e supõem que os dois são equivalentes. É para dissimular aos seus próprios olhos o desengajamento subjetal que operaram em face de suas pulsões que eles sustentam que estas esperam apenas ser satisfeitas desde que um objeto consinta com isso; este, porém, jamais concorda.

Forma contemporânea de histeria? Eu acreditaria mais que se trata do fundamento que Winnicott chamou de falso-*self* e sobre o qual já uma confusão tão frequentemente, confundindo-o sabe-se lá com que inautenticidade que não está em questão aqui. O desejo de desejo insatisfeito vem bem atrás da preservação da ferida do ideal formado em contraponto ao objeto primário, mais do que derivado dele. E é isso que engana o analista diante desses casos: toda análise condensa um pouco o material e concentra seu impacto na relação do Eu com as pulsões e faz imediatamente surgir nelas a preocupação em face do objeto e da extensão de seu comando virtual.

Pois há também um paradoxo masoquista por trás de certos aspectos dessas configurações. O sujeito se coloca em tais situações geradoras de sanções, ao mesmo tempo em que finge pensar que poderia escapar delas – quando, na verdade, sabe que não poderia se subtrair a isso mais cedo ou mais tarde – sob o pretexto de que acredita já ter pago o suficiente na vida com seu sofrimento. De fato, a explicação decorre aqui de uma regressão anímica que consiste em atribuir a todas as circunstâncias que exigem uma renúncia a roupagem de objetos primários, que é preciso excitar sem descanso a fim de que eles mantenham o controle sobre o sujeito. O controle está longe de ser sempre um fenômeno ativo. Satisfaz-se assim a busca passiva do comando por um objeto anônimo, mas travestido de projeções – tanto mais fáceis de abandonar na circunstância quanto aquelas pertencentes aos objetos de origem atingirem uma rigidez que as torna duras, impessoais, abstratas, quase desprovidas de humanidade, todas características que são atribuídas às emanações sociais às quais são transpostas (instâncias administrativas, lei, etc.). Esses exemplos, encontrados com frequência, denotam um absurdo aparente que não foi inteiramente suprimido pela interpretação em termos de autopunição. Eles permitem esclarecer outras situações muito mais intensamente investidas no registro amoroso que já descrevemos, pelas manifestações intempestivas da vida pulsional. Toda essa ênfase no polo do objeto – sua imprevisibilidade, suas mudanças incompreensíveis, suas carências, suas contradições – é enganosa. Ainda que se esteja convencido de que certos traços poderiam ser reais e não necessariamente projetados, estes só desempenham sua função na economia psíquica do sujeito com a condição de serem subordinados a um postulado que consiste em deslocar a fonte da atividade pulsional do lado do objeto e em se colocar como objeto de pulsões do objeto. Daí o caráter trágico das buscas por levar ao arrependimento o parceiro de um diálogo que parece refletir uma fixação alienante. Na verdade, o que é ocultado é a manobra pela qual a projeção da fonte pulsional no objeto testemunha a retirada do Eu em relação às suas próprias excitações vindas das pulsões. Essa situação o absorve, obrigando-o a se obstinar a responder ao caráter indecifrável das pulsões do outro que se tornam matéria para desvario. Há um mal-entendido, pois o sujeito acredita estar em busca de uma realização de desejo, enquanto o essencial de sua atividade teria antes como meta escapar àquilo que ele supõe que sejam as pulsões do outro se retirando mais nele mesmo e desertando seus próprios investimentos pulsionais. O paradoxo dessa situação é que ela pode adquirir um contorno passional ao lado das acusações e das justificações recíprocas, ainda que, no fundo, quando se presta bastante atenção ao discurso do sujeito, as queixas que ele enuncia sobre os maus-tratos do objeto em relação a ele mascaram seu desengajamento para se colocar ao abrigo da consciência de seu próprio desejo de sujeição desesperada de um objeto fantasiado que se quer submeter, por antecipação da sorte que ele poderia querer fazer você sofrer, a uma rendição incondicional.

Por mais desconcertantes que sejam essas condutas – elas podem ser interpretadas conforme os parâmetros combinados da denegação da realidade, da provocação masoquista e da necessidade de autopunição –, elas se inscrevem antes de tudo na perspectiva do trabalho do negativo. Assim, quando de situações muito menos carregadas de implicações simbólicas – pois aquelas de que falávamos podem juntar o animismo invocado ao da potência parental –, a partir de contrariedades menores, de desarranjos de última hora de atividades planejadas, ou da decepção causada por certos objetos, cujas intenções, o humor ou as preocupações do momento não coincidem com o cenário fantasmático do acontecimento tal como ele foi previsto (não há, de fato, um cenário constituído, ele aparece somente após a infirmação pela realidade daquilo que o encontro *deveria ter sido*), uma reação surge brutalmente – aparentemente não relacionada com o conteúdo da contrariedade, do imprevisto desagradável, do desprazer em constatar a falta de colaboração do real para preencher a expectativa que se depositou nele –, dissociada de qualquer articulação detectável por uma causalidade consciente e adquirindo uma forma quase alucinatória, ainda que se manifeste sobretudo afetivamente. Essa reação é virulenta, minimamente significativa, peremptória, incompreensível segundo os dados do contexto. Ela tem duas vertentes: de um lado, um "não" radical, imperativo, irrevogável; de outro, uma reação de retirada, de isolamento, de ruptura com os outros e com o mundo. Talvez se pudesse pensar que isso tem a ver apenas com uma reação caracterial ou irritadiça, se não se surpreendesse com o fato de que, aos olhos do próprio sujeito, a reação parece imotivada, inexplicável, se não incoerente, e que nem mesmo se espera dela algo preciso. Não é o "não" do indisciplinado, mas antes do anoréxico, talvez no momento do risco maior de que a situação resvale para o lado da bulimia. Somente a reconstrução permite significar *après coup* o acontecimento, e compreender – pois evidentemente se pensou na identificação com o agressor, que não é suficiente para dar conta da situação – os efeitos da intervenção de um real contrário à realização de um projeto interior implícito; um simples encadeamento de ações se sucedendo umas às outras, mas em um sentido não análogo, é interpretado como uma separação brutal da mãe e da criança que necessita que se atue uma cena em que a realidade se torna uma representação metaforizada reunindo uma mãe que (se) recusa e uma criança exilada do mundo que ela representa para si mesma. O mais frequente é, de fato, o exutório de lágrimas. O todo permanece globalmente surpreendente, irracional, movido por uma vontade obscura da qual não se sabe o que ela quer. Na verdade, o cenário "negativante" já é em si um modo de representação que cria barreira à aniquilação. E é exatamente porque esses traços de reatividade participam de um conjunto muito mais coordenado – pelo menos aos olhos do analista – que uma atenção particular é voltada a eles por aquilo que podem testemunhar em sua capacidade emergente. O que é perturbador, no entanto, é o caráter eruptivo, espontâneo, cujo sentido parece escapar a qualquer apreensão. É que, de fato, por uma singular regressão, assiste-se aqui a uma capitulação da razão ordinária para explicar uma reação emocional que se procura tornar comunicável. Pode-se ver nisso uma preocupação de manter enclausurada a reação – como que para proteger os objetos que são visados por ela (indiretamente mas de maneira muito exposta, revelando proximidade deles com objetos da infância), ou como se fosse preciso substituir a ideia de motivo pela ideia de reação automática, a fim de privar o acontecimento psíquico de qualquer importância significativa. Aqui, o afeto não qualifica a representação; ele esgota, por sua explosão, as possibilidades de transmissão nos sistemas representativos. Seria o caso de dizer que tudo é reconduzido ao nível do representante psíquico da pulsão.

Ainda que se liguem essas explosões – menos de protesto do que denegadoras quando se reflete sobre elas –, ainda que a acusação ao real seja apenas a tela que permite camuflar aquela que se dirige a objetos que se reanimam ocasionalmente, elas me parecem menos ser rejeitadas em função de argumentos invocados habitualmente nessas situações banais ("Ele [ou ela] não é gentil", "Ele [ou ela] é egoísta", "Ele [ou ela] está se lixando para mim"), decorrentes de uma lógica predicativa – que me parece menos presente aqui – do que uma lógica de exclusão mútua entre o sujeito e o objeto. Se a fusão não é o paradigma ativo da relação, a existência do objeto – enquanto sujeito portador de uma intencionalidade independente – dessubjetiva o sujeito. Daí a reconstituição imediata do par sob um paradigma negativo que, no entanto, permite que o vínculo não seja rompido e que a própria dessubjetivação possa se contemplar como de fora nos movimentos que anunciam o exílio do sujeito. A intensidade da reação é proporcional ao desvanecimento do objeto. Na paz, deixa-se que ele escape para evitar o engajamento subjetal; na guerra, trata-se de retê-lo onde está e se faz o mesmo consigo mesmo, para não abrir mão e imobilizar.

O conjunto dessas estratégias não é facilmente inteligível: todos os argumentos que expusemos, mesmo conjugados e se potencializando mutuamente, não permitem conjeturar sobre as raízes secretas de onde brotam suas arborescências, sem dúvida, porque o analista hesita em pensar o que parece de uma audácia inacreditável. A meta inconfessada – inconfessável – que se acaba por desenterrar no fundo dessa transvalidação que não tem dificuldade de se declarar, sem nada revelar de seu método, é deter o tempo. Descobrem-se aqui os problemas que se coloca o analista quanto à constituição de tais formações psíquicas. Será que se trata de uma regressão? Circunstancialmente, sim – encontra-se inclusive uma série repetitiva de situações traumáticas que requerem uma tal explicação. E é muito evidente que se o funcionamento que descrevemos não tivesse sido precedido de uma evolução interrompida em um determinado momento de seu percurso, não teria sido preciso enfrentar uma psicopatologia de tamanha complexidade. As noções de imaturidade, de infantilismo, a inibição ordinária seriam suficientes para nos propor respostas? O que é dado a observar aqui não confirma isso.

DESPRENDIMENTO E DESENGAJAMENTO

Essa regressão não poderia, no entanto, ser caracterizada por um retorno a uma fixação fornecedora de um prazer conflituoso. Há realmente regressão, mas não retorno a um modo de prazer que teria escapado ao recalque porque sua obtenção não teria encontrado obstáculo no passado. Seria, antes, uma pausa regressiva, a fixação tendo como objetivo principalmente proteger de um risco que se deve menos à natureza permitida ou proibida disso que busca o desejo do que à ameaça de ver seu curso perturbado, obrigado a se assegurar de que nenhum obstáculo se oporá ao que possa ser tirado segundo "o bom prazer" do sujeito. O agradável não é o que é desejável – "prazerável" (para forjar um anglicismo) –, é o que é submetido inteiramente à minha concordância. Encontramos uma variedade do narcisismo que tem pouco a ver com o amor que o Eu dedica a ele mesmo. (Há todos os motivos para acreditar no inverso – o que não contraria em nada a megalomania) e que parece se exercer antes de mais nada em relação ao objeto cuja participação indispensável no prazer é sobretudo portadora de uma potencialidade traumática que faz dele – como o chamamos em outro lugar – um objeto-trauma.

Esse narcisismo nunca é diretamente detectável pelos traços que usualmente permitem reconhecê-lo (hipertrofia do Eu, presunção, atitude autoadmirativa, frieza ou arrogância, etc.); ele só se torna evidente por dedução e *après coup*, a partir da transferência. O que se descobre, assim, é o tratamento singular do objeto. São poucos os casos em que o analisando permite examinar as relações próximas, íntimas, com objetos aos quais ele estaria ligado por vínculos de erotismo partilhado que deixariam entrever, através do jogo de fantasias ou da ativação do desejo, uma organização libidinal cujos efeitos poderiam esclarecer a atividade psíquica inconsciente. Na maioria das vezes, a angústia suscitada pelas pulsões, o temor da rejeição e da perda provocando intermináveis dores de luto, de raiva, de desvalorização, a apreensão da intolerância à frustração levam o sujeito a se abster diante das aproximações do objeto, e mesmo a desencorajá-las abertamente ou a fugir de todas as circunstâncias de proximidade. Não é o medo da sexualidade que está em questão – esta, quando as condições se prestam a isso, pode ser vivida sem conflito, ao menos de forma temporária –, mas é na total cegueira do que ela pode representar para o parceiro. Mais uma maneira de dizer que é justamente o objeto que cria problema. Embora se deva tomar cuidado para não esquematizar descrevendo, somos obrigados a passar por isso para pôr em evidência o traço essencial que queremos destacar, relativo à clivagem do Eu.

A natureza narcísica da expressão libidinal conduz ao "encontro" com um objeto que se mostra coincidir, pelo efeito miraculoso de um decreto do céu ou de uma lei da natureza, com o que sempre se pensou que ele deveria ser, vindo a se amoldar perfeitamente à forma do sujeito. Mas aqui, uma sutil diferença o distingue do objeto de amor ordinário. Enquanto este último dá a feliz impressão de responder a uma longa busca cujo resultado se fez esperar, dando lugar ao sentimento da descoberta e incitando o desejo da relação amorosa como aspiração última, aqui o surgimento do amor se sobrepõe, por assim dizer, ao desejo, porque a fusão amorosa é, antes, um estado de fato, mais do que a realização de uma esperança há muito tempo alimentada. Em outras palavras, o amor de objeto não permite uma verdadeira saída de si para o outro, porque foi o outro que veio a si – sem mesmo suscitar a angústia de saber se a realização estará à altura da expectativa. O sujeito acredita amar, enquanto que o amor, no caso, é esse que ele vive de ser e aspirando apenas sê-lo.

Não é isso o essencial, não é o que cada um de nós procura reencontrar do paraíso perdido? Essa é a ilusão. Pois o paraíso está perdido para sempre: ele é, na verdade, apenas uma fantasia retroativa, nascida de nossa dificuldade de aceitar os obstáculos com que se depara nosso amor. Ninguém poderia escapar a si mesmo, diz Freud, e é grande a ilusão de que ser amado pode substituir a experiência de amar na medida em que esta pode comportar o risco de não ver todas as suas esperanças realizadas. Pois é com o amor que se vê o engajamento pulsional, o encontro do Eu com a pulsão, a revelação do sujeito da pulsão, porque o ser no mundo é uma concha oca se não é "ser-em-outro" (e não somente para outro). Sem dúvida, porque é através do outro que se percebe o ser como possibilidade. O que significa que essa virtualidade de ocorrências diversas não é nada se não é pôr em jogo ou pôr a prêmio sua própria cabeça. A inversão que consiste em se conceber como receptáculo do amor efetuou a virada – mais que o desvio – sem ter a menor consciência de que essa maneira de viver o amor o terá feito perder o essencial da experiência: o risco de amar, a aposta sem garantia de ganho. Quanto ele se engana sobre as virtudes da situação em que é amado, confundindo na mesma busca amorosa a satisfação das pulsões (ativas) com meta passiva e o fato de ser o objeto passivo das pulsões do outro. É aí que mora o narcisismo, que pode chegar ao ponto de ignorar a si mesmo e passar por uma coisa bem diferente aos olhos dos outros. Não é raro que uma relação assim estabelecida reverta em fracasso e em abandono. Pois, por mais gratificante que possa ser a condição de ser amado – por mais plenamente satisfatória que seja sua realização – resta que ela não deixará de levar o sujeito a se recolher nos refúgios mais dissimulados de seu ser, temendo se expor, escapando à vulnerabilidade. É essa dimensão que atingirá todos os investimentos libidinais de objeto e que só será descoberta mais tarde na experiência da transferência. Esta será sempre marcada – seja por medo das pulsões ou por medo da perda de amor – por esse desengajamento que é a cicatriz da relação com o objeto primário, mas que tem como consequência posterior que a apropriação marcará o Eu com sua falta. Não podendo evitar a existência do objeto, a conjuração da dor que este pode infligir, acreditando proceder à proteção do Eu pelo arranjo do espaço indispensável para prevenir o choque da interpretação psíquica, na verdade realizou, à sua revelia, um corte entre o Eu e as pulsões. Essa é a principal diferença entre recalque e clivagem. *O homem dos lobos* nos havia dito isso, mas não fomos capazes de ouvir. A pulsão se torna re-pulsão, sem que o desgosto explique isso, porque a alusão ao gosto foi eliminada, dando lugar ao desdém que faz crer que há coisa melhor a oferecer, sempre.

Essa posição revela o pivô de toda a organização libidinal difundindo seus modos de ação. O objeto admirado (mesmo que não suscite sentimentos amorosos) será um objeto de fascinação pelo que pode manifestar, ele próprio, de desdobramentos libidinais estendendo ao de fora os investimentos que brilham em todo o seu fulgor: mas a admiração é pura fascinação do de fora, e raramente o sujeito consente em se penetrar verdadeiramente, em se apreender, para entrar no jogo da troca. E o objeto que será fonte de frustração – aqui também mesmo não enamorado – suscitará a retirada se a cólera ou o sentimento de usurpação começarem a invadir a psique, pois a organização narcísica tenta preservar sobretudo sua possibilidade de desengajamento.

Em qualquer situação, o analista, que pode ocupar, conforme o momento, os diferentes papéis nesses dramas, provoca de tal modo a clivagem, sob a forma de desengajamento subjetal, que é sempre a mesma questão que se coloca – que já é como o brasão da relação analítica: "Não sei o que estou fazendo aqui e o que venho buscar". Não sem acrescentar: "Já você deve saber, sem dúvida...". Certamente, tirando o que se "supõe saber", o analista nunca é objeto de uma aprovação.

Foram descritos centenas de tipos de infortúnio em que é fácil atribuir ao objeto a responsabilidade: falho em sua função continente (o novo lugar-comum), malsucedido em "desintoxicar" as projeções, devorador, incapaz de fazer um luto, vampírico, inadequadamente interativo, etc. Não tenho, evidentemente, uma resposta definitiva a oferecer a um questionamento que é difícil imaginar que possa recebe-la nesses termos. O que importa é identificar da maneira mais precisa possível a natureza das manifestações que constituem a base da experiência tal como ela aparece ao analista.

Nesse caso, o trabalho do negativo, cujos aspectos se distribuem, como vimos, segundo um largo espectro, parece-me concentrar-se sob uma dupla polaridade. De um lado, uma pulsionalidade não assimilável, porque suas refrações através dos sistemas da representação e o papel mediador delas em face da realidade não foram objeto de um reconhecimento devido à ausência de apropriação pelo Eu – com o ônus para ele de se defender, se for o caso. De outro lado, um Eu que ficou marcado de forma indelével pela ferida que lhe causou a consciência de uma vida independente do objeto – portanto dos vínculos deste último com outros objetos (o outro do objeto). Esse mesmo Eu está destinado à solidão e ao desamparo tanto mais que ele próprio não conseguiu encontrar satisfação na aquisição de sua própria autonomia. Para concluir, ele se constituiu em bastião vivo sob a regra da *inibição das relações de alteridade*, em um suspense têmporo-espacial a despeito de uma existência que se deixa levar pela travessia dos espaços familiares e dos ritmos domésticos. Mas que não se conclua rápido demais de que se trata, no caso, de uma simples denegação da diferença, como se poderia invocá-la no quadro do narcisismo positivo.

Nem sempre é fácil captar a nuança entre o egocentrismo e essa alteridade impensável, porque esta luta sem saber no duplo *front* do outro em si (inconsciente) e do outro como não si, fora de si, obrigando a se apoiar no narcisismo empregado como fonte de negativação.

Esses modos de atividade e de reatividade serão submetidos à dura prova da transferência. O caminhar do Eu sobre sua aresta faz pesar uma ameaça de desorganização quando as possibilidades de manter o suspense são comprometidas. Então, o aleatório objetal (causa de desequilíbrios que deslancham funcionamentos pulsionais anárquicos e defensivos) pode levar ao extremo não somente seu desinvestimento, procedimento habitual e familiar, mas também o desengajamento subjetal que pode – muito mais radicalmente que o desejo suicida, porque este se torna um *modus vivendi* –, em certos momentos críticos, tocar no fundamento do sentimento de existência, a ponto de abalar a ancoragem corporal do Eu. Isso se manifesta por um leque de estados variados, desde os acessos de despersonalização mais típicos até expressões muito ansiosas de fragmentação corporal mais ou menos limitadas. A simbolização desses sintomas, para não ser totalmente opaca, é, em geral, grosseiramente indicativa, o que torna difícil colocá-la em perspectiva no conjunto da atividade psíquica. A referência à castração não está ausente aqui, mas a dominante narcísica e agressiva do sintoma que afeta o Eu corporal corta sua relação com o conjunto do contexto edipiano. O que se exprime em primeiro plano é a impressão de um rasgo no tecido psíquico do Eu que deixa escapar suportes de atividades pulsionais forcluídas.

Então, o desengajamento que se instala, quando a análise se previne da reconstituição de blocos que tendem a "mineralizar" a vida psíquica, pode ter repercussões geradoras de uma angústia extrema. Pois ela poderá atingir até o Eu, provocando o sentimento de sua própria extinção. A alucinação negativa deu uma ideia disso, mas, por mais temível que seja, ela afeta apenas a esfera da figurabilidade da presença para si sob o ângulo da autopercepção, e não como base de investimento. Quando esta é tocada, a ameaça do desaparecimento do Eu que sobrevém de súbito, é sentida como sinal prenunciador da morte. Esse afeto de inexistência, consecutivo a uma angústia de perda interna relativa à sua própria forma (ou melhor, uma silhueta, e mesmo uma impressão no sentido físico, segundo Tustin), apreende a si próprio como "forma infigurável" que se parece com ela mesma na retirada de sua presença. Sua relação com o Eu não é fácil de determinar com precisão, mas o que não deixa dúvida é que a parte do Eu que a continha se desvaneceu com ela. O próprio Eu é arrancado do mundo interior – pela onipotência conferida ao objeto que o arrasta em sua desaparição. O negativo atingiu seu limite.

Acontece de a literatura, ou a arte, de maneira mais geral, conseguir produzir evocações dele. Um mal-entendido pode se instalar entre o que seus apreciadores atribuem à fantasmática criativa e o que nessas obras se tenta relatar para uso daqueles que não tiraram os pés da realidade, essa travessia de tormentos. De maneira mais anódina, e salvaguardando a prioridade do figurável, resvalamos insensivelmente a cada noite para o risco desse mergulho do qual escapamos pelo sonho, do qual nada nos assegura que poderemos retornar. Sonhar é a esse preço.

SOBRE UM ÉDIPO SEM TRIANGULAÇÃO E SOBRE A TERCEIRIDADE

Se o "assassinato da coisa" teve seu momento de voga para evocar os poderes da ausência e a heurística do advento da linguagem, abertura infinita de um negativo constitutivo do humano, nossa posição aqui é oposta, porque talvez seja esse assassinato matricial do Eu pela onipotência do pensamento se voltando contra ele mesmo que consegue, à sua revelia, aquilo que possivelmente tem algum parentesco com o que Schreber chamava de assassinato da alma.

Mas, como a vida continua, o tempo não para, todo o trabalho psíquico se efetua nas bordas desse rasgo.

É usual explicar estruturas clínicas que apresentam o tipo de funcionamento psíquico que nos empenhamos em detalhar um pouco mais do que se costuma fazer como evocador da relação dual das primeiras idades de vida. Sem mesmo reiterar nossas reservas sobre a concepção de relação dual, devemos tentar compartilhar nossa surpresa diante do que constatamos a esse respeito. Ao descrever a psicose branca com J.-L. Donnet,[22] propúnhamos a ideia da bitriangulação edipiana. No que se refere à presente descrição, estamos em condições de dizer que, diferentemente das estruturas anteriores, seria preciso concluir por um *édipo sem triangulação*. A saber, que as duas imagos são, ao mesmo tempo, presentes e, até onde se pode afirmar, inteiramente diferenciadas. O problema aqui é, de um lado, o sentimento de exclusão do sujeito desse triângulo e, outra maneira de desenvolver a mesma ideia, a extrema dificuldade de estabelecer a natureza das relações que existem entre os diferentes vértices dele. Só são claramente inteligíveis as relações que concernem à fratria com os pais. Contudo, nem o vínculo *entre* os pais nem aquele que une a relação que o sujeito mantém com o casal parental, além daquele que tem com cada um deles, consegue fazer sentido. Nessas condições, as qualificações em termos de amor ou de hostilidade em face deste ou daquele, a caracterização em termos de Édipo positivo ou invertido não é significativa; ela é amplamente ultrapassada pelo *fundamento* do vínculo. Nós o caracterizamos de diversas maneiras sem que tenhamos pretendido ser exaustivos. Acrescentemos às generalizações anteriores mais esta: parece que uma das demonstrações do trabalho do negativo é a da dissociação do par do princípio de prazer-desprazer e sua reformulação em termos de princípio de *não-desprazer*. A fórmula por si só mostra bem que o não ocupou o lugar do prazer, isto é, que os processos psíquicos mais primários são regulados pela evitação do desprazer, e essa evitação supõe o abandono do objetivo da busca de prazer. O prazer só pode retornar, "invadir" o psiquismo. Ele só é vivido como tal sob a forma intrusiva de uma violação. Daí o círculo vicioso que tende cada vez mais ao imobilismo psíquico e à vigilância diante do retorno possível da ocasião desestabilizante. Pode-se, inclusive, levantar questões quanto à pertinência do termo conflito. Não é que houvesse dúvida sobre a tensão permanente que habita esses sujeitos; é o caráter pouco reconhecível dos dados que o estruturam que deve ser interrogado. Pois esses sujeitos têm muita dificuldade de saber o que esperam de uma relação cujo caráter indispensável é claro para eles. Talvez se trate essencialmente, sem que o percebam, de reencontrar seu estado de ser desejante. Mas desejar, no caso, é diferente se assassinar e ser assassinado? De fato, o conflito não é identificável porque ele é fundamental demais e diz respeito à escolha a fazer entre sobreviver e viver. Entre o intemporal repetitivo desvitalizante e o tempo perecível de um desejo que só tem para ele a promessa sem garantia de uma renovação. Talvez.

Ora, a hipótese desse tipo de vínculo, por sua mistura de fragilidade e intemperança, de variabilidade e obstinação, em suma, parecendo às vezes conhecer apenas a solução do tudo ou nada, e a ser concebido como fixação nas fases pré-edipianas, é uma hipótese que conviria questionar seriamente. Parece-me legítimo preferir aquela que veria cada novo patamar de evolução sofrer uma repulsionalização e um rearranjo defensivo com as mudanças de tipo de objeto, na dupla perspectiva de sua qualificação libidinal erótica e das repercussões narcísicas da mudança, a fim de circunscrever significatividades estruturais. Isso me parece mais fecundo do que referir essas constatações a momentos desenvolvimentais descritos pela teoria psicanalítica da qual logo se exigirá a revisão quanto à sua confiabilidade. Não se deixa, desde já, de apresentar muitos argumentos tirados de uma "psicologia interativa", promovida pela voga ambiente a título de uma pesquisa patenteada da qual se requisitaria que acreditasse em sua validade mais objetiva em razão de uma metodologia apoiada em uma aparelhagem tecnológica sobre a qual se projetam falaciosamente as propriedades dos instrumentos que fazem maravilhas no conhecimento do mundo físico. Outra moda – ideológica desta vez – da dessubjetivação como ideal de conhecimento![23]

Cem anos de história deveriam nos ter ensinado que, em matéria de psicanálise, isto é, no campo da análise da psique, não se pode tratar de forma apressada a questão das primícias do conhecimento. Se a teoria psicanalítica sofreu tanto com sua dispersão em orientações centrífugas – que se tenha sabido e pretendido silenciar sobre isso ou que se tenha ignorado – porque, com bastante frequência, aqueles que pensavam ter uma contribuição digna de interesse a oferecer ao corpo de conhecimentos existente apenas muito excepcionalmente consentiram em realizar o procedimento que permitisse especificar o que merecia ser trazido à luz e analisado depois, se fosse o caso – análise da análise já existente –, enunciar o novo paradigma, isto é, o conjunto das hipóteses de base – já conhecidas, modificadas ou totalmente novas – confere às suas proposições sua plena significação. É estranho que seja justamente a propósito do psiquismo que essas precauções – que são ainda mais necessárias nesse campo do que em qualquer outro – tenham sido negligenciadas. Seria o caso de se dizer inclusive que se está, para além da negligência, como que diante de uma espécie de intimidação sacrílega. Não se escapa, porém, à necessidade – tendo aceitado o risco de tratar aventuras do psiquismo – de responder ao que é exigido em retorno daquele que se lança em um tal projeto, que ele diga qual sua posição – como um navio no mar –, isto é, que nesse campo onde não existem duas opiniões concordantes se procure, antes, se dizer o que se vê aí, interrogar seu próprio olhar, não como dado subjetivo, mas como agente de *"opus incertum"*.[24] Não basta que a percepção detecte sua eventual imperfeição; espera-se também que ela esteja apta a demonstrar discernimento quanto às opções que comandam o que ela pode, quer ou escolhe esclarecer.

Isto, abruptamente: se, enfim, eu me debruço sobre o par pulsão-objeto – se, inclusive, não posso pensá-lo a não ser como um par – me encontro, tão logo formado esse acoplamento, diante da contradição do objeto-objeto e do objeto como componente da pulsão. Significa dizer que se o objeto é você, a pulsão é tanto eu como você ou, ainda, *"eu em mim e você em mim juntos"*.

Como, então, quando esta visar esse *"você em você"* que é o objeto, se poderia dizer essa relação de outra maneira a não ser como um *"ele"* antes mesmo que qualquer um venha se interpor nessa intimidade? Pois, se o *"você em você"* do objeto e a parte de pulsão que é *"você em mim"* se conectam entre eles, o que pode ser então o *"mim em mim"*, senão um *"ele"* a quem será dirigida a coisa colocando-o como intermediário por todo porvir do encontro?

Indexar esse modelo ao prazer, o que fazer então a não ser proceder à obrigação de permitir nascer o signo, cujo advento se torna o alvo do mundo, a espreitar, a circundar e a perenizar por seu encadeamento a outros signos? E o que é esse *"ele"*, em qualquer situação, senão um outro signo, pois ele pode intervir independentemente de mim e de você – e ser a cepa desse segundo mundo que faz recair sob sua jurisdição que parecia poder subsistir continuando a se abrigar por trás da proximidade de uma espontaneidade natural. Desde que se reconhece a indissociabilidade entre o psíquico e o interpretante, a terceiridade,[25] presente desde sempre, se torna reconhecível na constituição infinita de sistemas onde ela encontra, a cada vez, seu sentido pela definição simultânea de seus modos de encadeamento e de seus objetos.

Paralelamente, essa terceiridade se mostrará apta a suscitar tantos contramodelos – que somente nossas limitações julgam aberrantes – para reivindicar o direito de ser ouvido, impulsionado pelo grito que essas redes, que encerram na mesma trama o mundo e o sujeito, procuraram fazer entrar na garganta daquele que só é identificável por esse apelo.

NOTAS

1. Fizemos uma interpretação dos desafios desse momento e de seus prolongamentos no pensamento pós-freudiano no prefácio à nossa coletânea sobre *A loucura privada*: "A virada dos anos loucos".
2. S. Freud, *Le fétichisme* (1927), in *La vie sexuelle*, trad. D. Berger, p. 133-138.
3. S. Freud, *Le clivage du moi dans le processus de défense* (1938), trad. R. Lewinter e J.-B. Pontalis, p. 283-286, in *Résultats, idées, problèmes II*, PUF, 1983. Não se encontra a mesma hesitação no texto de Freud ao abordar o mesmo problema em outro lugar: "a clivagem do Eu, tal como acabamos de descrevê-la não é nem tão nova nem tão estranha como poderia parecer à primeira vista". *Abrégé de psychanalise*, 1938, trad. A. Berman, revista por J. Laplanche, p. 80, PUF, 1978. Não creio que a data, anterior ou posterior, seja suficiente para eliminar a contradição. Eu penderia mais para um estado oscilante entre duas disposições.
4. Sabe-se do amplo alcance semântico do fetichismo. Basta lembrar seu domínio em antropologia, a função que lhe foi atribuída por Marx em economia política. O campo das implicações que ele suscita em análise não é menos vasto: deslocalizando sua relação com a perversão, foi possível ligar sua função à organização da fobia como também à da área intermediária dos processos transacionais. Ele é considerado, portanto, ora como concentração semântica que dá lugar à delimitação de um objeto com características específicas, ora como expressão de uma simbolização criadora de um campo reflexivo. Assim, sua associação com a psicose não é fortuita. Freud termina seu artigo sobre "Neurose e psicose", de 1924, com comentários acerca do papel da fantasia na criação da neorrealidade e, prefigurando Winnicott, apontará em sua direção do lado do jogo e da simbolização. Infelizmente, este último, que os elevará a um alto grau de teorização, os dissociará da sexualidade.
5. Na verdade, é preciso distinguir várias etapas. Inicialmente, a constituição da nova plataforma em dois momentos: última teoria das pulsões e segunda tópica (1919-1923) procedendo à reorganização do campo teórico; depois (de 1923 a 1926), um conjunto de artigos curtos no prolongamento do complexo de Édipo, da sexualidade infantil, entrelaçados com outros sobre o masoquismo, as relações entre neurose e psicose e o funcionamento geral do aparelho psíquico – negação e bloco mágico –, cuja necessidade se explica pela precisão insuficiente do novo dado. Esse período intermediário dá lugar a uma nova revisão acerca da teoria da angústia (1926), terceiro e último momento antes da retomada por vir, precisamente com o fetichismo, que inaugura a fase final.
6. Cf. os comentários sobre a "transvalorização" mais adiante.
7. Em 1924, Freud havia manifestado uma opinião contrária em seu artigo sobre "A perda da realidade na neurose e na psicose", sustentando que a neurose, por si, não desmente a realidade ou, muito pouco, apenas o que é preciso para transformá-la, sem perda desta, o que quer dizer, em suma, sem... desmentida.
8. Era o que se esperava e que não ocorreu com a obra de Anna Freud (supervisionada por seu pai?), *O Eu e os mecanismos de defesa*. A montanha pariu um rato. Ao invés

da virada esperada – a desmentida está simplesmente ausente da obra de Anna Freud – um ajuntamento frouxo de modalidades defensivas das quais nenhuma levanta problemas comparáveis em riqueza e em fecundidade à desmentida e à clivagem. O pensamento de Melanie Klein, que havia incluído esta última, servindo-se dela para diversos usos, não encontrou, a despeito de certas resistências, nenhum verdadeiro obstáculo em sua rota. Ora, em *Inibição, sintoma e angústia*, Freud havia exposto seu questionamento sobre as relações entre o paradigma do recalque e o velho conceito de defesa, através da análise detalhada do funcionamento psíquico de certas neuroses, como a neurose obsessiva. A posição teórica do recalque não é muito clara em face das defesas dessa neurose que se distinguem dele.

9. Em *Análise terminável e interminável*, a propósito do Eu normal ou como se aproximando mais ou menos daquele do psicótico.
10. A regra é comandada pelo supereu, estabelecida pelo Eu. É nisso que ela varia. A norma é o reconhecimento do supereu, não sua emanação direta.
11. A redação com alguns meses de distância dos dois artigos sobre um tema que não faz parte dos problemas levantados por sua prática poderia indicar isso.
12. O que não permitiu levar mais longe a vantagem teórica que esse comentário podia abrir foi, sem dúvida, o fato de que hoje poucos analistas admitem que as perversões representam simples fixações da sexualidade infantil, ao abrigo do recalque e sem que o Eu tenha aí um papel. Mas esse argumento confunde o acessório e o essencial. A separação dos dois domínios, da sexualidade e do Eu, continua sendo legítima; o domínio das perversões permanece – a despeito de certos ataques – uma categoria que possui características próprias suficientes para merecer ser conservada.
13. É necessário recordar ainda que suas ideias sobre a adaptação foram forjadas na Europa antes da guerra e, portanto, *a fortiori*, antes que ele desembarcasse no solo dos Estados Unidos em 1941.
14. Era essa verdadeiramente a prova dos imensos recursos dessa pequena descoberta de Freud, com vantagens não desprezíveis, sobre as "inconsequências, extravagâncias e loucuras dos homens". Longe de considerar estas últimas como sobrevivências, "fueros", segundo a comparação de Freud, seria preciso, ao contrário, ancorá-los em um núcleo passional que reage de imediato a tudo o que pode sentir como uma ameaça ao seu narcisismo. Ora, por sua evolução própria e por aquela que marcou a história recente, foi isto que a psicanálise se tornou para a cultura: uma ameaça narcísica. Aqueles a quem ela interessa só consentem em abordá-la tentando proteger seu narcisismo por todo tipo de manobras em que eles próprios se enganam às vezes na visão sob a qual lhes agrada considerá-la. Ela é chamada então a perpetuar uma servidão voluntária, consequência das ilusões mantidas na esperança da infusão de um carisma que alimenta mais do que analisa as projeções persecutivas. Ou a vemos ainda tornar-se o objeto de uma dopagem naqueles que concebem assim sua transmissão, com a ideia de que as manobras mais suspeitas que envolvem sua prática, justificadas pelos raciocínios mais enganosos, estão supostamente a serviço de um ideal que os outros teriam vendido em troca de um reconhecimento social. Como último recurso restará a denegação. "Quem? Nós? Mas, como assim? Invejam-nos, cobiçam-nos. Porque somos jovens, bonitos e inteligentes... e modernos."
15. Dos quais eu mesmo faço parte.
16. É a um tal propósito que respondem minhas hipóteses sobre a função desobjetalizante e o narcisismo negativo.

17. Cf. *La folie privée*, cap. 1.
18. Ver "Le concept de limite" em *La folie privée*.
19. Cf. André Green, *Le complexe de castration*, Que sais-je? PUF, 1990.
20. A segregação política não faz parte desta série justamente porque ela só se realiza na luta por sua supressão.
21. Foge-se inteiramente à verdade ao qualificar esse tipo de relação transferencial de fetichismo, pois a escolha do fetiche tem a virtude de ter encontrado uma solução para a angústia. A eleição de um objeto, a esse título, não coloca problema para tê-lo à disposição, ou, mais exatamente, permite dosar a excitação erótica que ele proporciona, mesmo o imprevisto sendo previsto.
22. J.-L. Donnet e A. Green, *L'enfant de ça*, Minuit, 1973.
23. Não vejo, por outro lado, nenhum inconveniente em tirar o melhor partido dessas pesquisas enquanto fontes de conhecimento externo à psicanálise, sem nenhuma relação direta com ela e sem privilégio nenhum em relação aos outros campos onde se alimenta a reflexão psicanalítica.
24. Obra irregular.
25. André Green, "De la tiercéité', in "La psychanalyse, question pour demain", *Monographies de la Société psychanalytique de Paris*, PUF, 1991.

7
O trabalho do negativo e o alucinatório (a alucinação negativa)

> O não tangível é ou o que possui apenas em um grau muito fraco uma qualidade específica de corpos tangíveis – o ar por exemplo –, ou os excessos de qualidades tangíveis como os corpos destruidores
>
> Aristóteles, *Da alma*, II, 11, 4236.

> Os investimentos perceptuais não são jamais investimentos de neurônios isolados, mas sempre complexos de neurônios. Até aqui negligenciamos esse caráter; é hora de levá-lo em conta.
>
> S.Freud, Esquisse pour une psychologie à l'usage des neurologues in *Naissance de la psychanalyse*, PUF, 1969, trad. A. Berman, p. 309-395.

A proposição de admitir uma noção a mais no vocabulário psicanalítico é geralmente acolhida com reserva. Teme-se que esse acréscimo torne mais pesado um maquinário teórico que se desejaria, antes, tornar mais leve. Sobretudo quando a noção proposta não tem para ela o atrativo da novidade e a justificativa de preencher uma lacuna, mas parece, ao contrário, fazer reemergir da profundeza um esquecimento que se acreditava definitivo, sanção por sua pretensa inutilidade.

A alucinação negativa que me proponho a tratar neste capítulo remonta aos bons momentos do hipnotismo, antes mesmo do nascimento da psicanálise. Hoje, talvez seja mais conhecida do público, que a encontrou em livros ou em filmes, ainda que ignore seu nome, do que dos psicanalistas. Maupassant assegurou a posteridade dela com *O Horla*, escrito em 1887 – uma obra cuja filiação literária remonta a Hoffmann, Gogol e Dostoiévski. É preciso ainda considerar a participação que tiveram em seu nascimento as demonstrações de Charcot e de Bernheim, grandes mestres da hipnose aos quais o escritor assistiu, assim como Freud. Apenas 3 anos depois, em 1890, este último menciona pela primeira vez a alucinação negativa, em um artigo intitulado *"Tratamento psíquico"*. A ordem do hipnotizador é suficiente para suprimir a percepção de um objeto que "procura se impor" aos sentidos de um hipnotizado. Esse era apenas o começo de uma série relativamente longa de exemplos que serão emprestados dos histéricos, assim como dos normais. Na ocasião, Freud cita seu próprio caso, e o faz aparecendo fora de qualquer contexto de sugestão e de maneira inteiramente espontânea. O que poderia surpreender é a ligação estabelecida sem hesitação entre a alucinação e um fenômeno de negação – pois se trata da denegação da existência de um objeto. Desde o início, admitia-se a ideia de não se contentar em situar a observação em relação à percepção normal como uma simples falta, mas também em relação à alucinação como sua contrapartida. Ao *a-mais* da alucinação positiva ("percepção sem objeto") corresponderia o *a-menos* da alucinação negativa ("não percepção de um objeto"). É preciso ainda destacar, nas descrições iniciais, a referência comum a uma força que pesa de fora sobre o hipnotizado e que pode, à vontade, fazê-lo ver o que não está lá ou forçá-lo a permanecer insensível – no sentido etimológico do termo – ao que está lá. Porém, essa força exterior não é indispensável ao aparecimento do fenômeno – como vimos. Essa vontade estranha pode também ser substituída por uma força *interna* que o sujeito não reconhece fazer parte dele e que se opõe à sua própria vontade ou age à sua revelia, mas sempre pelo mesmo motivo: contra o que sua consciência parece querer. E Breuer, menos escrupuloso que Freud quanto aos termos, fala a esse propósito de "instinto negativo".[1] Quando a força age do interior do sujeito, há indícios que permitem inferir sua existência indiretamente: a conversão histérica, testemunho de sua derivação fora da psique; a representação obsessiva, cujo conteúdo não parece explicar a tenacidade obsidional e convida a buscar o deslocamento de que ela foi objeto; a alucinação, enfim, que designa com bastante clareza a projeção de seus brotos reconhecida desde os primeiros escritos de Freud. A descoberta dessa força interna não tarda a pôr em evidência aquele que resiste à sua manifestação, o recalque, sobre o qual se concentrará toda a atenção. Essas primeiras pesquisas são tributárias de um método ativo de investigação: hipnótico ou não.

Era fácil adivinhar que a invenção da psicanálise iria diminuir muito as ocasiões de se interessar pela alucinação negativa, ao dar ênfase à organização do mundo interior. Contudo, o valor paradigmático do sintoma permanece. E ainda que ela não tenha dado lugar a numerosos desenvolvimentos, ela nos volta à lembrança por sinais diretos e indiretos em momentos capitais do reexame de conceitos centrais da teoria analítica. Teremos ampla matéria para voltar a isso.

Assim, a alucinação negativa é um mecanismo que remete a duas categorias: a do alucinatório e a do negativo. O alucinatório nos conduzirá ao estudo de suas relações com a percepção e com a representação inconsciente; o negativo nos convidará a esclarecer sua relação com outras defesas mais familiares (recalque, clivagem, negação, etc.).

ALUCINAÇÃO: NEUROSE DE DEFESA OU PSICOSE?

Qualquer que tenha sido a frequência das alusões ao estranho fenômeno da alucinação negativa nos escritos de Freud,[2] sobretudo no início e, depois, mais raramente na sequência, está claro que a intuição do *setting* psicanalítico e a seleção daqueles para os quais o método era apropriado iriam privilegiar outras noções, cuja consideração se impunha de imediato: a representação mais do que a percepção, a realidade psíquica mais do que a realidade exterior, a reação à ausência mais do que à presença, a volta à lembrança mais do que a sensibilidade ao atual, a compreensão da fantasia mais do que a relação com o mundo percebido. Embora no início de suas contribuições clínicas Freud nunca tenha deixado de comparar a histeria e a neurose obsessiva à paranoia e à confusão alucinatória (amentia de Meynert), pouco a pouco essa perspectiva deixaria de fora do procedimento comparativo as duas últimas afecções.[3] Ora, estas apresentam alucinações, seja no quadro de um delírio crônico na paranoia, seja no curso do onirismo que ocasiona a confusão alucinatória. Contudo, seria errôneo acreditar que a alucinação seja sinônimo de psicose – aguda ou crônica. Ao contrário, na época em que Freud concentra quase todo o seu interesse na histeria, ele situa as alucinações dos histéricos entre os sintomas que examina. É que nesse momento de seu pensamento, todas as afecções que acabamos de citar são englobadas nas "psiconeuroses de defesa". É ali que o processo psíquico da "defesa" ou do "recalque"[4] faz sua entrada, um ano *após* lançamento de *Esboço*.

A leitura de *Novas observações sobre as psiconeuroses de defesa* apresenta um duplo interesse. De um lado, Freud analisa os diversos sintomas (histérico, obsessivo, paranoico – a alucinação desempenhando, evidentemente, um papel fundamental nesse último caso) uns em face dos outros, pondo em relação os mecanismos psíquicos próprios a cada categoria. Mas, de outro lado, por mais interessantes que sejam essas construções psíquicas, ele relativiza suas particularidades remetendo ao mecanismo comum que as explica: o recalque e seu corolário, o retorno do recalcado. O alucinatório perde sua importância por dois motivos. Primeiro, o privilégio – do qual usufruiu, às vezes, na semiologia – de ser o signo que permite identificar a psicose deixa de existir por sua inclusão em um quadro neurótico. Segundo, a análise de seu mecanismo o subordina a ser apenas um dos avatares do retorno do recalcado. Com isso, a questão se desloca. Mais do que se esgotar, buscando o sentido e a função da alucinação por uma técnica de investigação ativa, é a questão do acesso ao recalcado que se torna prioritária. Constata-se então que vale mais, ao invés de sair a buscá-lo, organizar a situação de maneira a deixar que ele se mostre: é a invenção da análise. Mas isso implica o sacrifício da alucinação, que não se presta tão facilmente ao jogo analítico quanto as duas outras neuroses. A alucinação negativa e a alucinação positiva cedem lugar a objetos de estudos mais dóceis. Em outras palavras, a negativação da situação terapêutica pela adoção de alguns critérios, tais como a associação livre, a atenção flutuante e a neutralidade benevolente, favorece menos a observação dos sintomas negativos do que eles aparecem nas condições ordinárias do exame ou quando da hipnose.

Essa atenção à clínica da alucinação se dissiparia, portanto, com a codificação do tratamento analítico. Isso significa que o alucinatório desaparece da reflexão de Freud? Nada seria mais falso do que acreditar nisso, como logo veremos. A posição de Freud é mais desconfortável do que parece. De um lado, não se pode impedir a ideia de que ele não pensou duas vezes antes de dispensar as psicoses declaradas inaptas à psicanálise; sabe-se que ele não sentia uma grande inclinação a abordá-las de perto. Mas, de outro lado, Freud ambicionava ser muito mais que um especialista em neuroses; suas concepções tinham o dever de cobrir todo o campo da psicopatologia. E bem mais, pois elas estendem seu campo de aplicação além da terapêutica. Vale dizer também que ele não podia negligenciar o estudo da psicose, mesmo que as fixações e as regressões impedissem sua análise. A publicação das *Memórias,* de Schreber, é, portanto, nessa conjuntura, um maná; a riqueza da introspecção do doente, a qualidade do documento que ele coloca à disposição de seus médicos, a precisão e a penetração que demonstra ultrapassam de longe as observações psiquiátricas mais minuciosas; a possibilidade que nos é oferecida de estudá-lo com todo o cuidado necessário compensa amplamente, nessas circunstâncias, a falta de dados diretos que só uma análise pode coletar. Ocasião inesperada para efetuar o retorno à psicose que permitirá pôr à prova as concepções desenvolvidas pela psicanálise há uma dezena de anos.

Se não há como não se admirar pela forma como Freud esclarece e interpreta a patologia do *Senatspräsident,* pode-se também se surpreender, com razão, sob certos aspectos. O diagnóstico do Dr. Weber, que Freud relata sem discutir, é "psicose alucinatória".[5] Ora, a brilhante exposição de Freud não diz quase nada sobre as alucinações de Schreber. Entendo, com isso, que Freud aborda o caso do ângulo do delírio e do mecanismo da paranoia, mas dedica à alucinação apenas um interesse muito limitado. Na verdade, desde sempre, a análise dos delírios alucinatórios enfatizou alternadamente o delírio ou as alucinações para sustentar que um estava na origem da gênese do outro. Freud teria simplesmente se alinhado do lado daqueles que optaram pela primazia do delírio? A prioridade dada ao estudo do recalque, da libido, do Eu e de suas relações não se esclareceria somente pela consideração do delírio? Mesmo neste último caso, ele não abre mão de examinar mais de perto o fenômeno alucinatório que permanece o signo de um funcionamento psíquico muito particular. Aliás, Freud não se furta a isso completamente: ele define a alucinação em poucas palavras por uma formulação de uma importância capital quando descreve o retorno, pela via do de fora, a da percepção, daquilo que foi *abolido* dentro – e não apenas reprimido ou recalcado. É o essencial, sem dúvida; mas ficar nisso é se contentar em marcar o fato só de passagem, dando a impressão de recusar se deter nas implicações do que foi afirmado. O próprio Freud quase reconhece isso, remetendo a continuação para mais tarde.[6] Aqui, ainda, o movimento de Freud é duplo. De um lado, como vimos, a elucidação das alucinações de uma psicose, porém qualificada de alucinatória, desaparece sob a análise do recalque – como em uma neurose. Mas, de outro lado – depois de refletir, e não de imediato –, Freud aponta uma diferença: não se trata de repressão afetando o de dentro (isto é, uma ação que se relaciona com o recalque), mas de *abolição*. Trata-se ainda de recalque? Freud não se pronuncia e nos pede para esperar pacientemente até que ele esteja pronto para nos oferecer suas reflexões sobre a projeção, que não conheceremos jamais. Sabe-se o que se deve a Lacan sobre a forclusão, mas não estou certo de que seus comentários esgotam a questão. É preciso explicar como a alucinação está relacionada com uma *abolição*, que Lacan considera como uma falha da simbolização. Falo e forclusão do Nome do Pai supostamente satisfazem nossa curiosidade e respondem à nossa expectativa? Será?

O enigma da diminuição do interesse de Freud pelo sintoma "alucinação" encontra solução no fato de relacionar esse fenômeno patológico com o sonho, do qual não se pode contestar a qualidade de normal, o que leva a buscar sua referência comum na construção de um modelo que explique cada um deles e que, por si só, merece consideração por seu alcance geral, que vai muito além das expressões que dele decorrem.

ESBOÇO DE UM MODELO – DIRECIONAMENTO PARA O SONHO

Se Freud se afasta da sintomatologia da alucinação, é para melhor atingir o cerne da vida alucinatória. Antes mesmo da descoberta do recalque, sem, portanto, que este desempenhasse o menor papel na sua primeira teorização, ele coloca as estacas de seu futuro modelo no *Esboço*, em 1895. A vantagem desse escrito – mesmo que tenha sido renegado pelo autor – é nos proporcionar a representação mais precisa da concepção que ele tinha dos elementos de base da vida psíquica e dos princípios essenciais de seu funcionamento. Assim, após a definição dos neurônios e das quantidades móveis, isto é, dos elementos mínimos, "atômicos" – no sentido etimológico –, e das relações que os unem, vem a descrição primeira das duas provas maiores da "psicologia": a da satisfação e a da dor. A prova da satisfação revela a analogia entre percepção e alucinação.[7] A reativação, sob a pressão de estados de tensão e de desejo, de *lembranças mnemônicas do objeto desejado e do movimento reflexo*, produz uma alucinação, escreve ele. É fácil reconhecer o que se tornará posteriormente a realização alucinatória do desejo, não nomeada nessa fase. Inversamente, a prova da dor visa evitar o retorno na psique da lembrança de experiências dolorosas. A acoplagem das duas "provas" estará na origem do futuro princípio de prazer-desprazer. Desde essa primeira tentativa de agrupamento teórico, Freud une estreitamente alucinações e processo primário.[8] A despeito das interpretações modernas que quiseram dissociar as significações temporais e estruturais do termo "primário", trata--se em Freud de uma denominação que cobre os dois aspectos. É, portanto, designado como primário aquilo que supostamente existe no início da vida psíquica no curto-circuito "reflexo", objeto desejado-objeto apresentado como (se fosse) real, construindo teoricamente o que constitui suas fundações, às quais a psique pode se sentir coagida a voltar, desdenhando muitas aquisições posteriores, quando, por exemplo, a realidade se torna insuportável demais pelas faltas que obriga a sofrer.

Compreende-se, então, a posição paradoxal de Freud: como clínico, parece que vai atribuir cada vez menos importância à alucinação; enquanto teórico, ao contrário, vai lhe conceder um lugar como ninguém havia feito antes. Uma vez que o modelo é "esboçado", ele dará lugar a todo tipo de desenvolvimentos e de construções que gerações e gerações de psicanalistas procurarão emendar para melhorar.

Contudo, ao lado dessas ficções neurobiológicas, o ensaio de Freud contém duas partes cuja leitura é, ainda hoje, de grande interesse: a análise de um sintoma histérico (o Próton pseudos) e uma primeira exposição de suas ideias sobre o sonho, na qual aproxima esse fenômeno da alucinação ("se fecha os olhos e se alucina"), anunciando a sequência – o livro sobre os sonhos e o caso Dora, com o subtítulo "Sonho e histeria". Uma outra razão levava Freud a dirigir a atenção para o sonho. A clínica o enganara. Ele tinha acreditado na realidade do traumatismo por sedução. Havia, portanto, muitos riscos em dar crédito demais aos doentes. Pois a questão – ao contrário do que se afirma – não é que a fantasia tenha substituído a sedução. Seria uma maravilha se a solução fosse tão fácil de descobrir. Era muito mais incômodo admitir que não se dispunha de critérios suficientes para dizer quando tinha havido sedução e quando não tinha. Remetendo a questão apenas às produções psíquicas do sujeito, fixava-se na fantasia um campo mais bem delimitado. Com o sonho, a questão dessa "prova da realidade" antecipada não se colocava. Mais ainda, com o inconveniente de uma fabulação possível do sujeito (consciente? inconsciente?), Freud responde não pelo controle ilusório de uma verificação que contava com o poder da consciência, mas, ao contrário, voltando-se para a análise de um mecanismo fabulatório livre de suspeita de ser de origem voluntária. A verdade do sonho acabava com a dúvida quanto à intencionalidade do narrador. Para a clínica, isso seria visto mais tarde. Procedimento exemplar de uma familiaridade profunda com os poderes do negativo.

Esse *Esboço* encontraria seu desfecho na teorização exposta em *A interpretação dos sonhos*. Não é inútil proceder aqui a um novo exame de dados bastante conhecidos, com o objetivo de mostrá-los sob uma luz diferente. Ao invés de proceder pela via progrediente, adotemos um outro método. Consideremos que as conclusões de Freud, tiradas de *A interpretação dos sonhos,* são menos descobertas reveladas ao final de um percurso que ignorava seu ponto de chegada do que demonstrações de hipóteses tiradas de seus tateios anteriores. Vamos resumir assim:

1. Não se pode tirar da clínica nenhum ensinamento direto. Nenhuma semiologia comparada pode dizer nada por si mesma sobre a razão de ser e o sentido dos sintomas. Somente o recurso aos mecanismos psíquicos em uma perspectiva dinâmica e comparativa pode esclarecer a diversidade, a estrutura e a função dos sintomas que devem obedecer a algumas chaves mais gerais.
2. A distinção entre normal e patológico se fundamenta em modos de funcionamento diferentes a partir de um conjunto de fatores. Em outras palavras, normais e neuróticos são habitados pelos mesmos desejos e os mesmos temores, mas estes não têm nada a ver com o que eles confessam espontaneamente de uns e de outros em trocas banais. A patologia só é misteriosa, e muitas vezes incompreensível, porque resulta de uma intensificação (involuntária) de procedimentos que concorrem habitualmente para a dissimulação dessas preocupações – intensificação proporcional ao crescimento do medo (em geral justificado) de que sua ativação as deixe transparecer, a despeito das precauções adotadas em relação a elas. Não basta dizer que aquilo que é patológico é misterioso e enigmático. Seria preferível reconhecer que aquilo que existe de misterioso e de enigmático no normal é o que pode se tornar a fonte do patológico no neurótico. Esse caráter misterioso, enigmático – ao qual Laplanche voltou – decorre, sem dúvida, da complexidade da estrutura psíquica, mas, antes de invocar esta última de maneira transcendental, é preciso tentar descobrir o que os homens escondem "abertamente", se posso dizer assim, e tirar daí todas as consequências sobre a forma como isso os obriga a funcionar psiquicamente em relação ao que eles dissimulam sem saber. Pois a experiência direta ditará esta constatação a Freud: os homens, embora o devam, são incapazes de guardar um segredo. E é menos aos outros que eles traem do que a eles mesmos. A chave estará, portanto, do lado do desvendamento do que existe, à sua revelia, no normal, mas que ele conseguiu, diferentemente do neurótico, tornar indecifrável. Em outras palavras, a patologia corresponde à luta visível entre retorno do recalcado e recalque, enquanto que, graças ao êxito do recalque, essa mesma luta é imperceptível no normal. Mas a inaparência da luta não poderia

ser suficiente para desviar nosso interesse do que, distanciado dela, retorna mais tarde. Se, portanto, esse fator comum é o recalque, trata-se de referi-lo àquilo que ele procura recalcar.

3. O êxito do recalque no normal é muito relativo. Não apenas há indícios que testemunham falhas de funcionamento, como existe um espaço e um tempo em que a diminuição das censuras, ainda que não elimine o recalque, atenua sua ação repressiva o suficiente para permitir "soltar o vapor" e aliviar a tensão interna que ele cria. O sonho é uma tentativa de prevenção do retorno intempestivo do recalcado e, na maioria das vezes, evita ao normal a saída do conflito. Ora, diferentemente das falhas de funcionamento, o sonho não é restituído de imediato, anulando, por correção, o que teria traído. Ele consegue constituir uma *outra* realidade. O homem tem, então, o poder de criar um mundo segundo, contido nos limites do sono, no qual ele pode realizar desejos fazendo acreditar na realidade desse outro real no qual essa realização acontece. É isso que efetiva a realização alucinatória do desejo. A "realização" significa tanto a efetivação da satisfação quanto a criação de uma realidade em que uma tal satisfação se torne possível. Finalmente, a alucinação é, portanto, o modo de funcionamento que consegue realizar esse outro mundo onde o desejo, não sucumbindo ao recalque, existe sob uma forma graças à qual a vontade, dissimulada de maneira não identificável, pode se instalar em um universo de "realização" indiscernível da realidade. Contudo, a diminuição das censuras no sonho não equivale, nem de longe, a uma supressão do recalque. A realização do desejo só se efetiva graças ao trabalho do sonho. Não é menos importante assinalar que, mesmo dentro dessa outra realidade, que é a do sonho, o desejo não aparece como realizado à consciência do sonhador. Somente a análise do sonho permitirá descobri-lo. Apesar dessas condições particulares, não se pode evitar que isso que aconteceu – o conteúdo manifesto – seja objeto de compromisso. A realização alucinatória encontra seu complemento no trabalho do sonho que acentua a diferença entre o conteúdo latente – que permanece insuspeitado – e o conteúdo manifesto que se apresenta sob sua forma alucinada ao sonhador. Mas o sonho só consegue criar uma realidade segunda ao preço do sentimento de incoerência e de absurdo que faz o sonhador experimentar. Dupla incidência do negativo que é preciso ir buscar sucessivamente no trabalho do sonho e na elaboração secundária.

4. O ensinamento será tirado, portanto, não do próprio sonho, mas do que o estudo de seu funcionamento permite deduzir, cujo resultado é a realização alucinatória do desejo. Isso vale como modelo. Pode-se sustentar a observação feita mais acima sobre a natureza

alucinatória do processo primário. Disso não decorre que toda realização de desejo se efetive alucinatoriamente, assim como não é necessário que o processo primário assuma obrigatoriamente a forma alucinatória. Basta admitir que o desejo pode chegar até esses extremos em certos casos, convencendo-nos da potência que ele pode desenvolver às vezes. O modelo completo tem a vantagem de nos mostrar até onde se pode ir longe demais. Ele não nos faz esquecer, com isso, de que está arriscado a funcionar assim, além dos limites permitidos, pela atividade biológica do sono, ultrapassando as condições espaço-temporais limitadas deste. Em contrapartida, confinar a realização do desejo e o processo primário à sua modalidade alucinatória é muito mais restritivo. O exemplo da fantasia inconsciente mostra que o processo primário pode ficar aquém de seu desfecho alucinatório, e sua modalidade consciente, por ser "sonhada", nem por isso é um sonho. Assim, realização do desejo e processo primário poderão se atribuir as características psíquicas do funcionamento do sonho *sem com isso chegar até o funcionamento alucinatório*, mas conhecendo essa eventualidade. As representações inconscientes tomarão o lugar atribuído às alucinações. Às vezes, uma e outra podem se confundir, como no sonho. Geralmente elas se distinguem, como na vida desperta, onde se pode designar por dedução uma representação inconsciente que nenhuma consciência atesta, por definição. Como concluir sobre as relações entre representação inconsciente e alucinação? Da maneira mais simples: a representação inconsciente não pode jamais ser *percebida* nem do interior nem do exterior. Ela pode assumir uma forma figurável depois de ter sido primeiramente elaborada pelo próprio sujeito ou por um outro que comunique ao sujeito seu pensamento. Mas, então, será apenas uma representação consciente que supostamente tem alguma analogia com a representação inconsciente impossível de conhecer. A representação pré-consciente é percebida do interior, somente assim. A alucinação é uma representação essencialmente inconsciente, transformada em percepção por deslocamento para o exterior, devido à sua impossibilidade de receber uma forma aceitável pelo sujeito mesmo unicamente no interior. Ela só pode ser percebida do exterior (ao contrário da representação pré-consciente) fazendo--se passar, eventualmente, por uma percepção, isto é, como originada no exterior. Quando ocorre de se falar sobre uma percepção interna, trata-se não de uma representação ou de um acontecimento psíquico, figurável ou pensável, ou seja, apreensível como objeto (ob-jeto) do psiquismo, mas antes sentido à maneira das sensações vindas do exterior, às vezes pouco significativas. Em contrapartida, o que é preciso concluir é que realização do desejo e processo primário *tendem para* o alucinatório, a tal ponto que o problema se coloca *a contrario*: como frear o movimento espontâneo para o alucinatório? Esse problema reteve Freud durante mais de 20 anos.[9]

O RETORNO DA ALUCINAÇÃO NEGATIVA

Complemento metapsicológico à teoria do sonho: nessa grande preparação da *Metapsicologia*, Freud volta à comparação entre sonho e alucinação vista segundo a primeira tópica e com a ajuda da noção de investimento. Três estados são considerados como muito semelhantes: o sonho, a confusão alucinatória aguda e a fase alucinatória da esquizofrenia (que assume o lugar da antiga paranoia). Os dois primeiros podem ser englobados sob o título geral de "psicose de vontade alucinatória",[10] e o terceiro se explicaria pelo retorno dos investimentos para os objetos. Freud observa que não basta fazer passar no consciente vontades inconscientes para tomá-las como reais. A crença na realidade parece o privilégio da percepção pelos sentidos ou da regressão na alucinação. Mas, como se produz a alucinação? Responder pela regressão é insuficiente, pois podemos deixar que imagens mnésicas visuais muito nítidas invadam a consciência sem confundi-las com percepções. Em outras palavras, 20 anos depois, as alucinações dos histéricos podem ver contestada sua qualidade alucinatória. A revivescência (regressiva) não é a alucinação.

O que está em jogo nessa discussão é a relação com a realidade. Essa tarefa é atribuída à percepção, mas como a alucinação (de vontade) se parece com ela a ponto de se confundirem, é preciso pensar que o psiquismo é dotado de um dispositivo suplementar: a prova da realidade. Na normalidade, percepção e alucinação de vontade se diferenciam: o sujeito não toma (alucinações de) desejo(s) por realidades, assim como não confunde o que parece ser e o que é graças ao dispositivo em questão. Contudo, este último pode ser neutralizado como fazem pensar a amentia e o sonho.

A resposta é então a seguinte: o sistema Cs, também denominado P (percepção), pode ser investido do interior e não, como normalmente, apenas do exterior. É nesse sentido que a regressão pode provocar a alucinação. Está em questão, portanto, não somente a vividez ou a revivescência regressiva, ou seja, a intensidade estésica da representação, mas também a possibilidade de ocupar o terreno da consciência e de fazer de modo que realidade interna e realidade externa deixem de ser distintas. Ou, mais exatamente, que a realidade interna consiga passar para a realidade exterior. O princípio de realidade, postulado há muito tempo e há pouco teorizado nos *Dois princípios* (1911), se dota de uma prova antes de cair sob o golpe de um "discernimento" (de existência).

É nesse momento que Freud acrescenta uma nota que foi o ponto de partida de minha elaboração: "acrescento como complemento que uma tentativa de explicação da alucinação não deveria dirigir seu ataque à alucinação positiva, mas, antes, à alucinação negativa".[11]

Por essa única nota, Freud nos permite antever toda uma constelação psíquica na origem da produção alucinatória. Esta resultaria de uma dupla ação a partir de uma interface em:

- sua face externa: uma percepção indesejável, insuportável ou intolerável provoca uma alucinação negativa que traduz o desejo de recusá-la a ponto de negar a existência de objetos da percepção;
- sua face interna: uma representação inconsciente de vontade (abolida) que procura se tornar consciente, mas que é impedida pela barreira do sistema Cs (P). Ao ceder esta à pressão, o lugar da percepção denegada deixa o espaço vazio.

A conjunção desses dois aspectos autoriza a pensar que poderia haver aí potencialização de afetos, ou seja, que a percepção insuportável é "inconciliável" (para retomar uma velha expressão de Freud) com a representação inconsciente e, em vez de esta última se extinguir, é a percepção que é invalidada. No espaço liberado pela alucinação negativa vem se instalar, por projeção, a representação inconsciente sob uma forma difícil de determinar, mas da qual se poderia pensar que ela se reveste dos atributos da percepção, não sob um aspecto que levaria a confundi-la com esta última, mas pela forma que adquire nesse caso a denegação que "branqueia" o que se apresenta à mente, deixando supor a intervenção de um mecanismo que Freud qualifica de "arrancamento" ao percebido. Entre a realidade externa, que se sobrepõe à realidade interna, e a realidade interna, que se recusa a se inclinar, o aparelho psíquico escolheu favorecer esta última, a ponto de lhe atribuir créditos concedidos às percepções, como se estas tivessem neutralizado as censuras. Assim, a alucinação negativa é o processo pelo qual o Eu pode romper ou interromper suas relações com a realidade. Portanto, ela pode legitimamente ser considerada como o processo fundamental que regula a relação que esta última mantém com o Eu e que pode chegar, nos casos extremos, até o processo duradouro de recalque da realidade que Freud descreve na psicose. Isso se efetiva graças a uma retirada de investimento ou, mais radicalmente, por um desinvestimento.[12] Pode-se, a esse respeito, distinguir a renúncia voluntária do sonho e o "recalque"[13] estendido e forçado da amentia.

PERCEPÇÃO E DENEGAÇÃO – A CLIVAGEM

Freud voltará mais tarde à questão. Dispondo do recuo necessário para formular suas concepções em uma visão de conjunto, e tentando extrair o essencial sob o pretexto – bem-vindo para nós – de uma exposição (imaginária) a um público ao qual é preciso comunicar as aquisições recentes da psicanálise, ele escreve:

> Esse sistema (Pc-Cs) é voltado para o mundo exterior, ele transmite as percepções que vêm dele; nele se constitui, durante seu funcionamento, o fenômeno da consciência. É o órgão sensorial de todo o aparelho que não é, aliás, somente receptivo às excitações que chegam do exterior, mas também a outras que chegam do interior da vida psíquica. Não há necessidade de justificar a concepção que pretende que o Eu seja a parte do id que foi modificada pela proximidade e a influência do mundo exterior, que foi preparado para acolher as estimulações e para se proteger delas, que é comparável à camada de casca de que se reveste uma pequena parte de substância viva [...] Na efetivação dessa função [representação do mundo exterior "junto ao id"], o Eu deve observar o mundo exterior, consignar uma reprodução fiel dele nos traços mnésicos de suas percepções, descartar pela prova da realidade aquilo que nessa imagem do mundo exterior é fonte de excitações internas.[14]

E acrescenta que o trabalho do pensamento se intercala entre a necessidade e a ação. Dois traços são assinalados aqui:

- a tarefa de reproduzir fielmente os dados do mundo exterior com uma ênfase particular na distinção da fonte interna ou externa de excitações e informações;
- a constituição de um limite que desempenha o duplo papel de interface de registro e de proteção seletiva.

É difícil não ver que essas duas funções têm como vocação se tornarem contraditórias.

O esclarecimento, por Freud, das relações alucinação-percepção não deveria nos levar a acreditar que esses são os únicos casos em que se coloca a questão das relações de percepção da realidade. O curto artigo sobre *A perda da realidade na neurose e na psicose* (1924)[15] faz uma nova alusão a isso. A importância da atividade alucinatória responderia à necessidade de construir a neorrealidade por um afluxo constante de novas percepções. Ao lado dessa superabundância alucinatória da qual a psicose nos dá o exemplo, é necessário também considerar o caso em que a alucinação negativa (da qual a alucinação positiva é o corolário) não ocorre, enquanto que o disfuncionamento se refere à percepção. É assim com o fetichismo. Aqui, também a percepção é intolerável: a criança se recusou "a tomar conhecimento da realidade de sua percepção".[16] O que se passa exatamente? Freud levanta a questão: trata-se de uma escotomização? Isso sugeriria que a percepção foi completamente varrida. "Ao contrário, explica Freud, a situação que descrevemos mostra que a percepção permanece e que se empreendeu uma ação muito enérgica para manter sua denegação".[17] E propõe, nessa ocasião, o mecanismo da *Verleugnung*, ou seja – segundo a tradução de Jean Laplanche – a denegação [déni]. Em outras palavras, a denegação, na alucinação negativa, passa pela abolição da percepção e pela desmentida [démenti] na *Verleugnung*: o sujeito não acredita em seus olhos, mas é justamente porque ele vê, e não porque seria cego.

Todas essas situações evocam a necessidade, tratando-se da percepção, de separar o objeto desta do discernimento que ela faz sobre o que é percebido. Com isso, a ideia de uma percepção "neutra" é fortemente questionada. E a diferença entre percepção e representação de desejo é menos evidente do que se pensa. Contudo, é justamente a manutenção da percepção que nos interessa, assim como a instalação de um modo de discernimento clivado em que a percepção tem como correlata a instauração de uma dupla linguagem que reconhece e denega ao mesmo tempo a castração. Além disso, o resultado da operação é a fixação ao fetiche na medida em que ele é o substituto do pênis do qual a percepção revelou a falta. O artigo sobre o fetichismo não é apenas uma elucidação das perversões, mas é também uma análise notável de certos processos de pensamento não menos instrutivos do que aquele induzido pelo par representação-alucinação.

AS PERCEPÇÕES INTERNAS – CORPO E PENSAMENTO

Somos naturalmente levados a associar a percepção à relação do Eu com o mundo exterior. De fato, essa restrição do campo perceptivo é de um esquematismo reconfortante. No capítulo II de *O Eu e o id*, cujo título é retomado para designar o conjunto da obra, Freud se empenha em reapreender as diferentes modalidades do devir consciente, pois esse é o nosso único meio de saber. Nessa ocasião, ele separa as percepções segundo sua origem; àquelas que provêm do exterior por intermédio da sensorialidade ele opõe aquelas que vêm do interior: sensações e sentimentos. E ainda acrescenta a elas os processos de pensamento, que se tornarão perceptíveis graças às representações de palavra.

Podem-se opor, então, dois tipos de percepções internas: aquelas vindas do corpo e aquelas relacionadas com o pensamento. No que se refere às primeiras, Freud retoma, para afirmar o contrário da opinião que havia expressado na *Metapsicologia* quanto à inexistência de sentimentos, isto é, afetos, inconscientes. Portanto, os sentimentos podem também ser recalcados (e não somente reprimidos).

Mas, tem mais. A psiquiatria clássica nos advertiu há muito tempo sobre a existência de um "delírio de negação" de Cotard, que se observa muito menos porque a evolução da afecção durante a qual ela aparecia parou, prevenindo sua manifestação. Durante a síndrome de Cotard, após uma fase melancólica, o paciente apresenta quase sempre uma atitude negativista muito estendida. Todo mundo morreu, o sujeito não tem mais os pais, etc. Mas, o mais curioso é a negação de órgãos: o paciente afirma não ter mais órgãos no interior de seu corpo. O que engendra por contragolpe uma megalomania delirante: a ausência de órgãos produz a ideia de imortalidade e, paralelamente, o corpo, perdendo seus limites, conhece uma expansão que o leva a ocupar todo o espaço do universo.[18] Assim, o sentimento do corpo próprio, no qual repousa a consciência mais imediata de sua própria existência, pode ser objeto de uma denegação que aniquila sua percepção.

Se hoje esses quadros tão estranhos são observados mais raramente, outras formas muito mais discretas podem ser consideradas como decorrentes de uma problemática comparável. Assim, a alexitimia descrita por Sifneos não designa apenas uma ausência de palavras para nomear os afetos, mas sim, no sentido que a entendo, a impossibilidade de conhecer os estados afetivos, isto é, de tomar consciência deles. J. Mc Dougall levou mais longe a análise de pacientes que apresentam manifestações desse gênero postulando que o afeto inconsciente está cortado do sistema de representações de palavra.[19]

Isso que dizer que, na falta de uma "leitura" apropriada que permita pensar em sua significação, o afeto não pode jamais ser objeto de uma denominação. Todos esses casos, aproximados daqueles estudados pela escola psicossomática de P. Marty, conduzem a comparar psicose e psicossomatose. Essa visão perspectiva coloca problemas tão complicados e tão vastos que não podemos examiná-los aqui. Limitamo-nos a essa menção pontual da negativação possível das sensações ligadas ao corpo próprio e ao afeto. Ao aproximá-los da alucinação negativa, levantamos a hipótese de que a hipocondria ou certas manifestações passionais de caráter mais ou menos delirantes se produziriam sobre um fundo de alucinação negativa na esfera do corpo ou na da emoção. Quanto à eventual pertinência de uma tal hipótese, aplicada aos transtornos psicossomáticos, pode-se pensar que o fechamento da barreira do pré-consciente, invocado por P. Marty, poderia decorrer de um mesmo fenômeno cuja extensão se referiria também a outras barreiras tópicas.

Na análise comparada dos sintomas a que Freud se dedica no artigo a respeito das *Novas observações sobre as psiconeuroses de defesa*, pode-se ler:

> o que é inteiramente particular à paranoia e não pode mais ser esclarecido por essa comparação [com a neurose obsessiva] é o fato de que as repressões recalcadas retornam em forma de pensamentos em voz alta; nesse processo, as repressões devem sofrer uma dupla deformação, uma censura que leva à substituição por outros pensamentos associados ou à dissimulação por modos de expressão indeterminados e a relação com experiências recentes simplesmente análogas às antigas.[20]

Esse modo alucinatório será amplamente ilustrado nas *Memórias de Schreber*, sem ser objeto de uma atenção particular. Todavia, em trabalhos posteriores, Freud proporá uma concepção original e nova da linguagem. Ele atribuirá a ela a função, graças aos traços mnésicos verbais, de tornar perceptíveis os processos de pensamento. Em suma, a linguagem permitiria "exteriorizar" o pensamento. Mas, é claro que a linguagem só é percebida do exterior por aquele que escuta; aquele que enuncia, aquele que ouve seus pensamentos exteriorizados sabe ser o autor deles e só vive a linguagem como uma projeção de seus pensamentos à maneira como uma *rêverie* consciente o pode ser. Nem um nem outro perdem o sentimento de pertencer ao sujeito, enquanto que nas alucinações auditivas as vozes são atribuídas a um outro que tem também o poder de conhecer os pensamentos, mesmo quando eles não são verbalizados. A interpretação desses sintomas supõe uma clivagem do pensamento acompanhada de uma projeção e de um retorno do projetado sob forma alucinatória.

A questão que se apresenta é saber se, também aqui, as alucinações positivas são precedidas de alucinações negativas, isto é, de uma denegação da percepção de pensamentos verbalizados, pertencentes à linguagem interior, sem ser enunciados em voz alta. Muito provavelmente, esse é o caso.

Contudo, se a alucinação negativa pode existir a título isolado, sem ser obrigatoriamente seguida de alucinações positivas, como acontece geralmente, pode-se perguntar se não é preciso fazê-la intervir em certas ocorrências do tratamento analítico. Refiro-me a certos momentos da análise de casos-limite em que o analisando não compreende certas interpretações do analista ou, inclusive, não parece reconhecer suas próprias falas quando o analista as rememora para ele. À primeira vista, o analista pensa em uma resistência banal ou em uma ação do recalque. Mas eu acabei pensando que se trata mais de uma verdadeira agnosia psíquica, decorrente não apenas de uma tentativa de afastamento do consciente, mas também de um não reconhecimento das palavras, das frases, das proposições, sejam elas proferidas por ele mesmo, repetidas pelo analista ou, ainda, novamente enunciadas por este último, mas tendo uma relação bastante estreita com o que deve ser denegado.

Assim, nosso percurso nos conduziu da alucinação negativa da hipnose, encontrada sobretudo a propósito de percepções visuais, à análise do modelo da realização alucinatória do desejo, que se refere ainda à esfera da visão, prevalentes nos fenômenos de figurabilidade do sonho, depois nas comparações entre representações inconscientes, alucinações e percepções, para abordar finalmente o caso das alucinações auditivas e suas relações com a linguagem e o pensamento. Esta última abordagem reconcilia, de algum modo, a investigação do fenômeno alucinatório com as condições do *setting*, que implicam uma restrição perceptiva, principalmente visual. O caso da alucinação auditiva, ainda que raramente permaneça compatível com a prática da análise dita clássica, tem pelo menos o interesse de recentrar a investigação no discurso e na linguagem, na medida em que a cisão interna do sujeito redobra a relação analisando-analista do tratamento "clássico". De fato, o principal interesse de uma tal aproximação é esclarecer o caso de estruturas não neuróticas que, quando são objeto de um tratamento psicanalítico, com arranjos do *setting* requeridos por seu estado, podem colocar o analista em presença de situações inesperadas que ele naturalmente tende a interpretar com os parâmetros em uso nas neuroses, mas que logo fazem sentir que eles exigem outros tipos de interpretação, evocando menos a lógica do recalque do que a da denegação vista do ângulo específico do não reconhecimento perceptivo.

O CASO EXEMPLAR DO HOMEM DOS LOBOS

O conjunto de considerações que desenvolvemos está presente, a maioria delas, no caso do homem dos lobos. Em um trabalho anterior,[21] eu havia analisado em detalhe a alucinação do dedo cortado que o paciente menciona. Recordamos as circunstâncias: o pequeno Serguei tem cinco anos, está brincando no jardim ao lado de sua babá e relata "eu estava entalhando com meu canivete a casca de uma dessas nogueiras que aparecem também em meu sonho quando notava subitamente com um terror indizível que tinha cortado o dedinho, de tal maneira que ele estava preso somente pela pele. Eu não sentia dor nenhuma, mas apenas um grande pavor".

Freud intercala aqui uma nota para citar uma outra versão relatada em uma ocasião posterior pelo doente em que este afirma ter confundido essa lembrança com uma outra, "alucinatoriamente falsa", em que ele cortava a mesma árvore com sua faca e em que tinha visto sangue brotando do tronco. A evocação dessa passagem de *O homem dos lobos* suscita muitas observações. O pequeno Serguei confessa ser incapaz de lançar um olhar para o seu dedo. O medo de ver a fantasia materializada, o que autenticaria a percepção do dedo, provoca uma recusa de olhar. De resto, ele consegue em sua alucinação – isto é, em um momento em que a percepção é substituída por seu equivalente – não "ver" o sangue que acompanharia o corte. Em outras palavras, no momento da instalação da alucinação, a fantasia do sangue é negativada.

Do mesmo modo, nenhuma dor é sentida. Contudo, o estado de desmoronamento é tão intenso (e a impressão de realidade aparentemente tão convincente) que a criança não procura de imediato se assegurar, considerando a hipótese de uma ilusão de seus sentidos. A constatação de traços de negativação, nesse "momento alucinatório" – que não sobrevém em um estado de confusão ou de consciência perturbada, mas, ao contrário, em um contexto lúdico e na presença de sua babá –, permite construir uma matriz simbólica: uma mulher-mãe... afastar a vista de... sentir o sangue correndo de uma ferida por corte... causando uma dor intolerável (pelo gozo que ela proporciona)... fazendo pensar em [a árvore de] meu sonho. A sequência do trabalho associativo mostrará que as numerosas ramificações às quais uma tal lembrança pode se ligar. Vamos reter, de toda elas, apenas aquela que Freud recorda em nota, uma "retificação" do paciente: "acho que eu não estava entalhando a árvore; é uma fusão com uma outra lembrança, ela também ferozmente falsificada por alucinação, segundo a qual eu estava fazendo um entalhe na árvore com minha faca, o que fazia sair sangue da árvore."[22] O menos surpreendente não é o fenômeno do "já contado", contestado pelo analista, ao qual o relato da lembrança dá lugar.

No caso do homem dos lobos, o objeto da denegação na infância volta pelo viés de uma alucinação temporária e também sob a forma de um sonho repetitivo angustiante. Mas o trabalho do negativo, tão patente no tratamento sob a máscara da racionalização – à qual Freud se deixa prender admirando as qualidades intelectuais de seu paciente – permite pensar que temos bons motivos para interrogar a natureza desse recalque e que estamos justificados para supor uma forclusão. Aliás, a leitura das considerações de Freud sobre o erotismo anal sugere a aproximação – que ele no entanto não faz aqui – entre o russo e Schreber.[23] Ao invés de nos conduzir a uma elucidação dos desejos inconscientes, a conotação alucinatória das associações resultou em uma potencialização negativante do trabalho psíquico que procede à elaboração delas.

Assim, "eu estava brincando de entalhar a árvore e..." é secundariamente negado para dar lugar a uma outra lembrança, na qual o entalhe da casca da árvore teria dado lugar "à mesma" árvore, que não teria sido seguida de nenhuma alucinação de dedo cortado, mas na qual o sangue pareceria brotar do tronco. Aparentemente, há apenas substituição de uma alucinação por outra. Somos inclusive levados a preferir a versão retificada à versão inicial, pois um detalhe semântico capital se revela ali a céu aberto: o vínculo entre o corte e o sangue. Pois, *para nós*, há preservação do semantema anterior: a alusão ao dedo cortado. E é provavelmente aqui que passamos ao essencial, a saber: que, para o homem dos lobos, a retificação não completa a lembrança precedente, acrescentado a ela um sentido que lhe faltaria. Ao contrário, essa aproximação do consciente que se traduz na explicitação do semantema "sangue", dando-nos a ilusão de um vínculo mais estreito entre ferida e sexo; tem como função, na verdade, tentar anular o vínculo inconsciente entre dedo cortado-sexo cortado. Do mesmo modo, o que a lembrança deixa entrever do trauma referente à natureza alucinatória que, ultrapassando os limites da fantasia, surge de surpresa de um acontecimento imprevisto e tão aparentemente "real" e mergulha o sujeito em um estado de colapso, deixando-o sem reação, tornou-se agora anódino ao longo do relato pela inocuidade familiar de um já contado ao qual podemos acrescentar a hipótese de um pensamento recalcado ("e nada se seguiu de desagradável..."), neutralizando assim uma revivescência transferencial da fantasia de um Freud castrador, diferentemente do homem dos ratos, saltando para fora do divã à evocação do suplício dos ratos.

Essa maneira de pensar induz a hipótese de uma disjunção de causalidade semelhante àquela que evoca a neurose obsessiva. Mas aqui, as manipulações de representação devem ser interpretadas não segundo os vínculos semânticos das representações – ou, em todo caso, não somente a partir deles –, mas no nível da relação entre investimentos e representações. Em outras palavras, os vínculos apenas se referem às relações de sentido na medida em que estas remetem às *crenças*, isto é, às demandas pulsionais onde se enraízam tanto a relação com o outro quanto a relação consigo mesmo. Voltemos às lembranças alucinadas nas suas versões sucessivas.

De um lado, um corte do dedo sem sangue, de outro, sangue sem corte de dedo. Ora, sabemos bem que se algum líquido brota do tronco de uma árvore, há fortes chances de que ele evoque *primeiro* o líquido seminal. O sangue está ligado, portanto, ao pensamento negado e à representação negativada do esperma, ou seja, ao pênis. Recordemos apenas que a incitação a produzir essa alucinação estaria ligada, segundo o paciente, ao relato de uma parente nascida com seis artelhos, cujo supranumerário teria sido cortado a machado.[24] Reconhecimento e denegação: há corte ligado a uma amputação corporal violenta, mas este deixa intacta a integridade corporal e até a torna mais "normal". Não se está longe da ideia: "sim, as mulheres são castradas porque lhes é retirado o pênis que elas têm *a mais*, e que portanto não poderia, em nenhum caso, levantar a ideia de que a castração poderia ter como consequência que eu possa ter um membro *a menos*, pois, de fato, a castração a torna parecida comigo e nos faz igualmente constituídos".

Belo exemplo do que nós chamamos de a bi-lógica do homem dos lobos.[25] Não é indiferente assinalar que esta não se contenta em tomar como suporte de suas manifestações a representação. Aliás, graças às possibilidades evasivas que criam a conjunção e a disjunção das representações de coisa consciente e inconsciente, a negativação está em obra e, mais ainda, se enraíza até no jogo pulsional. Recorda-se aqui a contradição entre as diversas "correntes" em torno da castração, que dá a Freud a oportunidade de descrever o "eu não quero saber nada sobre isso", designado depois por Lacan pelo termo forclusão e, por Laplanche, de rejeição; essa recusa se expande até na ambivalência afetiva e intelectual, como os sucessores de Freud junto a Serguei Pankejeff tiveram a possibilidade de provar amplamente.

O caso do homem dos lobos é, sob vários aspectos, exemplar, mas de quê? Primeiro, de que a alucinação negativa passa despercebida aí, recoberta pela lembrança de uma alucinação positiva em cujas sobras ela se dissimula. Em seguida, de que as graves perturbações do pensamento do paciente não deram lugar ao desenvolvimento das potencialidades alucinatórias que ele tinha. Em compensação, nele, a regressão, quando assumir uma forma evocadora de psicose, se manifestará sob o aspecto de uma hipocondria quase delirante, se não delirante. Finalmente, essa hipocondria incidirá sobre um órgão – o nariz – que é o objeto de uma contração simbólica, verdadeiro curto-circuito da representação. Este levando a verificações perceptivas constantes com todos os benefícios possíveis da erotização dos cuidados até o colapso – repetitivo daquele da alucinação do dedo cortado – quando o paciente é informado do caráter definitivo de sua lesão. Em uma análise anterior de toda essa passagem de *O homem dos lobos*, eu concluía assim:

> A alucinação do dedo cortado é precedida da alucinação negativa do dedo supranumerário ocultada no conteúdo alucinatório, este não fazendo senão positivar, a partir dessa alucinação negativa, uma amputação já operada no pensamento.[26]

Não se poderia passar em silêncio a relação entre esse extremo investimento daquilo que, de seu corpo, é perceptível tanto quanto exibido, e a total ausência de percepção das mudanças de estado de espírito de sua mulher – cuja união foi uma das questões em sua análise com Freud, que não hesitou em dar sua autorização a esse projeto de casamento depois que reencontrou Theresa. Essas mudanças a levarão a um suicídio bem-sucedido que, nas palavras do russo, foi uma surpresa total para ele.

Freud provavelmente subestimou no paciente a parte que cabe, nas relações do sujeito com a percepção, ao trabalho psíquico, pois era inteiramente solicitado pela análise das representações (o sonho), das lembranças da neurose infantil e, enfim, pela reconstituição da cena primitiva. Esta última mobilizava todo o questionamento de Freud sobre a busca de provas (contra Jung) de sua percepção mais do que provável: ela o terá desviado de se dedicar às relações entre mundo interior e mundo exterior de outra maneira a não ser através da amnésia e da lembrança, às quais será obrigado a voltar mais tarde.

Finalmente, a exemplaridade do caso do homem dos lobos residirá no longo período durante o qual o paciente, que havia servido de caso *princeps* para a demonstração da "neurose" infantil, fez esquecer que sua estrutura psicopatológica na idade adulta não podia mais ser considerada de maneira convincente do ângulo da neurose – o que os analistas que tiveram de cuidar dele sentiram dificuldade de aceitar em sua teoria, pensando com isso respeitar o trabalho de Freud – uma alucinação negativa, sem dúvida, que remetia, ao mesmo tempo, ao texto de Freud, à percepção do caso que havia dado origem a ele e à relação que ligava um ao outro. Freud, ao descrever a *Verwerfung*, sustentou implicitamente a hipótese – que hoje seria vista como impossível – de que essa mesma "rejeição" podia poupar a transferência. Na verdade, essa suposição implícita se impõe inteiramente sobre a teorização de Freud. A descoberta da "cena primitiva" não poderia escapar à sua influência, como as palavras do homem dos lobos, posteriores à sua análise, mostrarão.

REVISÃO DA REALIZAÇÃO ALUCINATÓRIA DO DESEJO

A forma como a leitura da obra de Freud autoriza a ideia de um trabalho do negativo nos mostrou seu interesse incontestável. Além disso, seu exame testemunha a originalidade com que a psicanálise pode enriquecer essa noção. Mas isso não seria suficiente. Espera-se a proposição de um modelo melhor para dar conta da prática e para oferecer uma imagem mais satisfatória do psiquismo humano.

O que é que não satisfaz mais o psicanalista hoje ao examinar modelos freudianos? No que se refere a mim, não são os conceitos mais arriscados de Freud que eu tenderia a pôr em questão. Aceito o caráter frequentemente conjuntural deles porque me parece – no estágio atual dos conhecimentos – inevitável. Trata-se menos, a meu ver, de rejeitar os conceitos freudianos do que de assinalar o que falta neles. Mais precisamente, de extrair o implícito sobre o qual eles repousam.

Voltemos, por exemplo, ao modelo da realização alucinatória do desejo. Ele supõe, no início, a inscrição prevalente e suficientemente atestada de traços de uma experiência de satisfação que serve de referência, "em caso de necessidade", pelo recurso à representação (realização alucinatória) da tal experiência de satisfação como meta a atingir para reencontrar a calma. Isso quer dizer que a experiência de satisfação, aconteceu e de forma suficientemente repetida para dar lugar a uma inscrição de referência e sem efeitos contrários – isto é, sem desprazer, angústia ou dor que contrarie sua prevalência. Do mesmo modo, os modelos do aparelho psíquico, e particularmente aquele que Freud expõe no artigo sobre *A negativa*, contam com a eficácia do aparelho psíquico para se desembaraçar do que é sentido por ele como mau, por meio de uma expulsão para fora que propus chamar de excorporação. Isso, a fim de que a incorporação e, depois, a introjeção deem lugar a um Eu-prazer purificado, núcleo estrutural do psiquismo, cuja constituição é pré-requisito para toda evolução. Ora, pode-se recordar a nota de Freud relativa ao sistema prazer-desprazer em *Os dois princípios*, texto no qual ele faz alusão à necessidade de incluir os cuidados maternos para que o sistema funcione. Pode-se dizer o mesmo aqui: para que a realização alucinatória do desejo seja posta em prática, para que o Eu-prazer purificado se instale, é necessário que o sistema de funcionamento que eles supõem disponha de uma cobertura materna.

A realização alucinatória do desejo se apoia, de algum modo, na atividade pulsional sempre em busca de satisfação. O papel de quase-objeto que a realização alucinatória do desejo oferece à psique nos conduz a ressaltar essa dependência da constituição de objetos imaginários ao objeto primário real que evoca a realização alucinatória do desejo. Assim, se é necessário fazer intervir no nível do sujeito a estrutura pulsional que impulsiona à criação dessas formações, esta, não esqueçamos, repousa sobre os traços de experiências reais que supõem a ação de um objeto *real*. Esse real deve ser levado em consideração menos por sua qualidade, como oposta à do imaginário, do que por sua influência nas produções deste e de suas relações com os outros modos de funcionamento do psiquismo.

O desenvolvimento da obra de Freud conduz à última teoria das pulsões. O modelo de realização alucinatória do desejo é contemporâneo de uma dualidade pulsional que opõe conservação e sexualidade. Ele se revela perfeitamente adequado a esse contexto teórico, pois a realização alucinatória do desejo responde à fome (portanto, à autoconservação) e à sexualidade (prazer de sucção). A realização alucinatória sobreviverá intacta à introdução das pulsões destrutivas, o que não deixa de surpreender.

Em certos escritos tardios,[27] Freud fala com frequência da importância das primeiríssimas experiências, assim como daquelas que lhes são contrárias. Manifestamente, ele faz alusão aqui ao "contrário" das experiências de satisfação. Ora, levar em consideração o equilíbrio ou o antagonismo das experiências de satisfação com as da dor (ou do desprazer) faz intervir a função do objeto. Se, na experiência de satisfação, ele desempenha, sobretudo, um papel de proteção, limitando-se a assegurar as condições que tornam a satisfação possível, na experiência da dor, sua carência, colocando o sujeito a descoberto, tem como efeito provocar uma forte destrutividade que se propaga pouco a pouco, não conseguindo impedir uma realização alucinatória de dor ou de desprazer, responsável pela criação de um seio "mau" com o qual o sujeito pode acabar por se identificar (eu sou o seio) ou, ainda, a destruição de qualquer representação que signifique a perda de qualquer esperança de uma realização alucinatória de desejo (satisfatória).

Está claro que uma tal retificação do modelo freudiano, a partir da consideração dos efeitos das pulsões destrutivas e do papel do objeto na produção de experiências de satisfação e de dor, esclarece o valor paradigmático do modelo do *setting* e do tratamento e, consequentemente, a função do objeto no trabalho do negativo.

Essa reformulação nos terá permitido compreender melhor os dois aspectos do trabalho do negativo: o de função da realização alucinatória do desejo, que está na base das teorias do sonho e da neurose e podem se associar à função da ilusão de Winnicott; e o de negativismo dos casos-limite, em que ele assume as formas do masoquismo moral, da reação terapêutica negativa, do "aspecto negativo das relações" (Winnicott) e da experiência da função beta de Bion. No primeiro caso, as pulsões de vida ou de amor supõem um vínculo com o objeto fundado na esperança, que permitirá o deslocamento para outros objetos e um reconhecimento do proibido. No segundo caso, a referência às pulsões de destruição explica a atitude negativa em face do objeto que, paradoxalmente, visa ao agarramento parasitário quase sempre mutuamente esterilizante. É preciso paciência, resistência, estoicismo e tenacidade em demasia para suportá-lo na transferência. O trabalho do negativo oscila entre, de um lado, a análise da transferência negativa e das projeções destrutivas em direção ao analista e, do lado oposto, os estados de não representação, de vazio, de branco, em que o pensamento se torna exangue sobre um fundo de alucinação negativa de suas próprias produções psíquicas. Esse processo de desertificação do tratamento é a expressão das pulsões destrutivas. Essa situação permite compreender a que ponto a função de representação é mais uma aquisição do que um dado.

A referência à consciência, sob uma forma negativa (o inconsciente), permanecia próxima pelo espírito de uma intencionalidade que certamente não desaparece do contexto novo do aparelho psíquico da segunda tópica, mas que rompe com a ideia de uma causalidade plenamente inteligível. Mantém-se a ideia da efetivação de um querer: este não nasce sobre o modelo de ação projetada mas não efetivada, encontrando o meio de se realizar na mente e adquirindo, por essa realização interna, um estatuto que a aproxima de uma ideia. Mesmo a referência à ação seria imprópria aqui e se gostaria de poder defender a necessidade de uma nuança discreta entre a ação e o agir. E, no entanto, seria trair o espírito do conceito dar-lhe como conteúdo uma força cega, predestinada, imotivada e sem "alma", caso se ouse dizer. É nesse ponto que nos damos conta de que a pulsão é um conceito limite e que compreendemos a escolha de Freud em favor do id. "Id" não pode ser nem Eu nem um outro; id tampouco pode ser uma coisa e, menos ainda, a manifestação de uma potência espiritual. Id é uma determinação indeterminada. Determinação porque seus efeitos estão sob o comando de um certo número de fatores que decorrem da estrutura do humano. Indeterminada porque nenhum sujeito pode dar uma ideia clara e não ambígua dele. Mas, em contrapartida, id reivindica ser a fonte de toda intencionalidade posterior que se chama de Eu, sujeito ou outro, estes últimos estando ligados a uma ação que se chama de desejo, voto, intenção, projeto, etc. Não há dúvida de que Freud situa o id qualificando-o de uma maneira equívoca em relação à organização natural. Ele depende dela, não se reduz a ela e não tem direito a nenhuma identidade que se liberte dela. O id não está, de fato, nem na organização natural nem fora dela. É isso pelo qual se manifesta o sentido de que uma tal organização existe e que é necessário corrigir suas imperfeições. Não há motivo para se referir a ele quando o aparelho psíquico funciona na melhor de suas possibilidades. Mas a integração que faz desaparecer o sentimento de sua individualidade – dissolvida nas operações em que as diversas instâncias colaboram para que esqueça sua existência em estado separado –, trata logo, quando seu poder unificante falha, de lembrar seu peso determinante e a dificuldade de ver sua influência se fundir no interior de formas psíquicas mais diferenciadas. Id é uma pré-forma incoativa, uma primeira forma que se separa do funcionamento fisiológico sem ser ainda capaz de apreendê-lo – não digo nem senti-lo –, mas talvez de se sentir ligado e de procurar estabelecer um estado no qual desaparece essa impressão de imposição, seja anulando a tensão que aprisiona, seja se desligando dela. Vê-se aqui o cruzamento em que as diversas vias são, às vezes, indiscerníveis, entre as avenidas da exigência pulsional e as do objeto apto a satisfazê-la – de onde pode, nos dois casos, emergir um Eu.

O que significa essa mudança? Na primeira tópica, a realização alucinatória do desejo repousa em um postulado: que tenha havido uma experiência de satisfação, que esta tenha sido registrada, que sua inscrição sirva de referência e de modelo a fim de que ela guie as experiências posteriores. E é esse o fundamento da adoção do critério da representação como dado da experiência e da aposta da satisfação. Com o encargo para essa aposta de transformar essa exigência de satisfação em realização do desejo, condição de emergência do prazer a reencontrar. O prazer nasce da sustentação na necessidade. O desejo é um conceito intermediário, pois não se poderia ignorar que é a satisfação da necessidade que deslancha sua operação, de tal maneira que esta pareça empenhada na salvaguarda vital da necessidade, enquanto ela visa de maneira mais oculta (porque recoberta pela necessidade) a reprodução do prazer. Estamos agora mais preparados para compreender a função do prazer. Proporcionando as sensações agradáveis que estão na essência de sua manifestação e instaurando um objeto como dispensador desse deleite, o prazer prende o Eu ao objeto de tal forma que o apego não se limita a prover à necessidade (devido à imaturidade do organismo), mas se prolonga, de uma outra forma, deixando de ser determinado pela realização de metas sob a dependência de condições biológicas. Através dela, efetua-se a operação da busca de uma meta deslocável, não somente de uma meta a uma outra, mas também de um objeto para um outro, em uma dimensão temporal, histórica, geracional. Além disso, o objeto é necessário ao prazer, o prazer é relação do Eu com ele mesmo e pode, em certas circunstâncias limitadas, encontrar no próprio corpo do sujeito um objeto-substituto. Como se vê, o essencial dessas ideias é permitir conceber o entrelaçamento dos diversos registros e o desenho de certos circuitos funcionais.

Compreende-se, então, a função de *duplo vínculo* do prazer: ligando um Eu embrionário (que talvez nasça apenas *après coup* da relação), ele liga essa alguma coisa que ele ainda não é a alguma outra coisa que não é ele mesmo e que só poderia ser um duplo "fora". Enquanto que paralelamente encontrando nele o meio de se proporcionar um prazer substituto, ele desdobra esse Eu (por autoerotismo) constituindo seu duplo interior, "em". O Eu nasce, portanto, desse duplo desdobramento "fora" e "em". Somente o prazer pode realizar isso. Ou seja, constituir a mediação que obrigará o sujeito a se colocar "entre" para escapar ao aprisionamento do de dentro e ao descentramento exigido pelo de fora.

Compreende-se que id se refere a essa designação pré-Eu igualmente ligada àquilo (fora) como a isto (em). E id se torna "id" como prelúdio de um Eu.

A diferença com o modelo inicial da realização alucinatória do desejo é que, nessas condições que variam segundo o parâmetro da satisfação dependendo do objeto, nada é menos garantido que sua "realização posterior". Sem dúvida, pode-se supor que o dispositivo assegurado pela espécie tenderia a fazer com que o equilíbrio pendesse para a esperança de realização que a alucinação de desejo satisfaz, para que se constitua o Eu-prazer purificado em um amplo leque de situações encontradas. Mas, justamente tendo em vista a passagem da necessidade ao prazer e, portanto, ao desejo (que construirá sua realização alucinatória), ligando o prazer, de um lado ao objeto (aquilo), de outra parte à zona erógena (isto), supõe-se que, enquanto a necessidade se limita à anulação de uma tensão, o prazer procurará, por sua vez, uma anulação semelhante, não pela simples obtenção do prazer na zona erógena, e sim considerado o estatuto de desdobramento que o Eu adquiriu, pela combinação do prazer da zona erógena *com o reflexo projetado desse prazer sobre o objeto*. Que essa anulação (da tensão) seja acompanhada da recompensa do prazer como mais-valia da operação, explica a vantagem que terá essa modalidade, mas não elimina com isso a meta à qual ela continua presa. Procedendo assim, o Eu encontrou meio de se ligar à zona erógena e de se assegurar o apego do objeto nos primeiros esboços de apreensão do tempo, como antecipação de experiências futuras em que o objeto será necessário.

Ora, se o prazer da zona erógena comporta certa parte de automaticidade em virtude da organização natural, a parte projetada e refletida sobre o objeto deve encontrar, vindo deste, na falta de sua realização, uma resposta que, pelo menos, não a contradiga. Em outras palavras, se a projeção não é confirmada – isto é, no caso de haver uma contradição evidente entre o vivido e o percebido – nasce um prazer dividido entre seu reforço no Eu e o aprofundamento do hiato com o objeto. Nesse caso, a realização alucinatória do desejo é conflitualizada, levando à versão agressiva do prazer (na expectativa frustrada do objeto), ao reflexo masoquista do prazer do objeto sobre a zona erógena ou, enfim, à tentativa de extinção do prazer pela impossibilidade de enfrentar o desprazer: branco, afânise.

O desenvolvimento precedente tende a mostrar que a segunda tópica coincide com uma modificação do estatuto da representação. Esta não é mais uniforme (representação de coisa ou de objeto investida pela pulsão), mas desdobra-se em representação psíquica da pulsão *e* representação de coisa e de objeto; ela não é mais um dado para a edificação do psiquismo, mas uma efetivação deste; ela sofre a marca do corpo e, ao mesmo tempo, acentua, a despeito das aparências, a funcionalidade do objeto como complemento necessário. Quem diz pulsão diz duplamente objeto (interno à montagem desta e externo à pulsão). E é isso o que explica o paradoxo do último estado da teoria: um aparelho psíquico que, com o id e seu fundamento, parece mais solipsista do que nunca – enquanto que essa instância matricial do psíquico, composta de pulsões de vida ou de amor, institui o objeto de forma indispensável nesse último caso.

O trabalho do negativo não se referirá, de agora em diante, à atividade psíquica tal como se pode imaginá-la fora dos aspectos positivos da consciência; ele escolherá como aposta a relação com o objeto em meio ao fogo cruzado das pulsões de destruição, de um lado, e de vida e de amor, do outro. O trabalho do negativo se resume, então, a uma questão: como, em face da destruição que ameaça tudo, encontrar uma saída para o desejo de viver e de amar? E, reciprocamente, como interpretar todo resultado do trabalho do negativo que habita esse conflito fundamental: o dilema que nos coloca entre a bigorna da satisfação absoluta, de que são testemunhos a onipotência e o masoquismo, e o martelo da renúncia, da qual a sublimação seria uma saída possível? Fora desse conflito, perfila-se o desapego, etapa para o desinvestimento que supostamente libera de toda dependência de qualquer um e do que quer que seja, a fim de poder reencontrar a si mesmo pagando o preço do assassinato do outro.

Esses comentários que estudam a incidência das condições determinantes da realização alucinatória do desejo não devem ser considerados como uma relativização da importância desta. Ela continua sendo o alvo natural do aparelho psíquico: a atividade onírica de todas as noites testemunha isso. Mas nós vimos igualmente que a vida alucinatória noturna não se limitava ao sonho. E se Freud ainda podia salvar sua teoria com uma interpretação engenhosa dos sonhos de angústia – como sonhos hipócritas –, os psicanalistas de hoje são unânimes em reconhecer que o pesadelo deve ser considerado à parte. Isso, portanto, nos reafirma no fato de que a vida psíquica inconsciente tende efetivamente ao alucinatório, enquanto a realização do desejo só se aplica a uma parte de sua produção. Poderíamos evocar as razões que levaram Freud a trocar o inconsciente pelo id. A substituição das formas psíquicas (representacionais) pelas moções pulsionais (de vida e de morte) talvez o tenha conduzido a omitir-se de considerar certas formas de representatividade em que a capacidade de figuração foi, digamos, suplantada por um coeficiente dinâmico mais ou menos desorganizador da representação ou, mais precisamente, suscetível de romper o vínculo da representação com a realização do desejo. Seja que a qualidade dinâmica se encarrega de investir o potencial representativo operando uma destruição da relação com o objeto, seja que essa destrutividade retorna ao próprio poder representativo. São todos pontos de inflexão da vocação, que chamamos de "natural", da representação para suprir os obstáculos que o real coloca à realização do desejo. Talvez se possa chegar até a sustentar, inversamente, que a reprodutibilidade por meio do figurável oferece a possibilidade acrescida de reverter os motivos que subentendem esse modo preferencial de funcionamento do lado da realização de desejo. Encontra-se diante da mesma ordem de reflexões que levaram Freud a concluir, em *Além do princípio de prazer*, pela necessidade de que a instauração deste seja precedida de um modo inaugural de concatenação cujo estabelecimento é precondição para a soberania do princípio de prazer. A ligação é a operação primeira: o prazer; mantendo seus efeitos ricos em possibilidades, o investe, por assim dizer, de uma supremacia que fará dele seu arauto. Poderíamos voltar então ao estatuto do objeto, duplamente dividido entre sua participação na montagem pulsional e sua exterioridade a ela. Agora podemos formular isso de outra maneira, distinguindo entre objeto-desejante e objeto-caução. Este último só poderia ser apreendido sob os auspícios do "enquadramento" de cuidados maternos, e não seria nem perceptível nem representável – sua instauração tendo como papel favorecer a produção da realização alucinatória do desejo. Esta contribuiria para a construção do objeto-fantasia e do objeto objetivamente percebido como *responsável* pelo objeto fantasmático. Fechando o círculo, ainda que não exista possibilidade de proceder à junção deles, o objeto real seria a forma conceitualizável do objeto-caução. Assim, realização alucinatória do desejo e caução objetal estariam em relação estreita, mas não poderiam se fundir em um, pois a condição da realização alucinatória é se desenvolver sob a caução do objeto e mesmo do desejo do objeto que o Eu (do *infans*) deseja, e que por sua vez o deseja. Mas este escapa à figurabilidade. O paradoxo é, então, que Freud leve aos extremos a defesa da hipótese solipsista de uma pulsão de morte, enquanto tudo leva a crer que o que ele descreve se explica pelas vicissitudes da dependência ao objeto. Inversamente, seria um erro pôr na conta desta as realizações a que procede a estrutura psíquica vista do ângulo de suas propriedades intrínsecas. Aqui devem ser feitas as necessárias distinções entre a posição de realização alucinatória, que dá prevalência ao intrapsíquico (Freud), e a da relação de objeto (de M. Klein até os autores que descrevem as interações precoces), que pende para uma perspectiva relacional, ou melhor, intersubjetiva; não para chegar a uma síntese falaciosa, mas para mostrar o que cada uma delas permite pensar, cabendo ao analista alternar os pontos de vista examinando as propriedades do campo teórico do qual elas fazem parte.

Mas, se não é bem assim, ou seja, se a primazia deve ser atribuída à ligação, a relação com o alucinatório aparece, então, como exigência de repetibilidade, de reprodutibilidade, de figurabilidade e de reorganização à prova do princípio de prazer. Em outras palavras, o Eu abandonado a ele mesmo no sono é levado a verificar a validade da caução do objeto, este sendo integrado à sua organização interna. Trata-se, portanto, ao mesmo tempo de uma prova de validade sobre as efetivações das introjeções que lhe permitiram se constituir enquanto tal. Não esqueçamos que Freud se serve do exemplo dos sonhos traumáticos para fundamentar o abandono por ele da referência ao princípio de prazer como organizador primeiro dos processos psíquicos. O pesadelo, cuja estrutura é bem próxima, nos permite acompanhar o sentido das modificações que se impuseram a Freud. Os terrores noturnos da criança se inscrevem no mesmo contexto. O que está em jogo nessas estruturas oníricas, sobre as quais o princípio de prazer não estende sua soberania, não é, ao contrário do sonho, a guarda do sono, mas o despertar, que livra o sonhador da situação de perigo que o ameaça. Podemos assim traçar um paralelo entre o fim do pesadelo pelo despertar e a intervenção da alucinação negativa para suprimir uma percepção insuficientemente projetada dos limites que permitem mantê-la bem à distância das representações inconscientes – ou separada delas por alguns filtros. Quando se pensa nos pesadelos da fase IV do sono, que são acompanhados de uma ressomatização da angústia e de uma supressão das inibições motoras que se instalam normalmente durante o sono, provocando uma agitação desordenada, há boas razões para supor que, sob a influência de fatores patógenos, é o conjunto do sistema de limites que deixa de assegurar as necessárias separações de diferentes registros da vida psíquica: portanto, são igualmente o limite somatopsíquico, o pré-consciente, a pára-excitação que parecem estar sujeitos a infiltrações ameaçadoras. Claude Janin descreveu os colapsos da tópica psíquica que operam de maneira muito mais discreta e são indicadores preciosos dos movimentos que se produzem durante o tratamento analítico clássico.[28]

A alucinação negativa nos parece, portanto, inscrever-se com razão nos desenvolvimentos que Freud consagra à atividade perceptiva; estas aparecem menos como um tema insuficientemente explorado e ainda por desbravar do que se impõem em razão da impossibilidade de resolver as questões levantadas por certos fenômenos psíquicos. Mas não se deve esquecer com isso que aqui, como em qualquer parte, é a dependência dessa atividade ao princípio de prazer e aos seus acólitos, ligação da repetição e princípio de realidade, que guiará a reflexão.

REENCONTROS DO MUNDO E EXIGÊNCIA REFLEXIVA

Nenhuma concepção da percepção pode ignorar as reflexões que seu estudo suscita, da neurofisiologia à psicologia experimental. É difícil para a clínica encontrar sua legitimidade diante das precisões a que conduz o procedimento científico. E a perplexidade nasceria do vasto campo que vai de *Desconhecimentos e alucinações corporais*[29] ao das agnosias decorrentes das afecções cerebrais mais variadas. Mas ocorre também de a clínica expor diante de nós fatos de uma riqueza incomparável, convidando-nos a retomar a especulação a partir de uma experiência que, por si mesma, diz mais que anos de experimentação.

Eu lembraria aqui a história de um sapateiro, cego desde os 10 meses de idade, pertencente à pequena burguesia, que gostava muito do ofício que exercia com uma eficácia quase total, a despeito de sua ambliopia. Ele jamais perdera a esperança de que os progressos da ciência lhe permitissem um dia recuperar a visão e se consultou regularmente durante 30 anos para reclamar uma cirurgia com esse objetivo (transplante de córnea). De resto, ele tinha um temperamento confiante, aberto e alegre. Depois de várias de suas solicitações terem sido rejeitadas em razão do caráter demasiado aleatório do resultado, ele foi considerado operável aos 52 anos. O interesse dessa observação relatada por R. L. Gregory e J. C. Wallace[30] é enorme por vários motivos; reteremos apenas os aspectos que parecem de interesse para nós. Examinado 48 dias após a operação, pareceu estranho que o anseio enfim realizado de ver não causasse nenhuma surpresa diante da descoberta do mundo. Não é difícil compreender que a recuperação da visão deixava que subsistissem as modalidades de seu universo de cego. Quando lhe pediram para reproduzir objetos através do desenho, ele só conseguiu representar bem graficamente as partes que eram acessíveis ao seu tocar de cego. A aquisição de novas aptidões exigia a transferência das experiências ligadas ao tocar. Ele não foi capaz de aprender a ler.

Durante seis semanas ele viveu na euforia, mas logo seu humor mudou. Ele se entristeceu, não gostou mais da aparência de sua mulher que lhe desagradava olhar, assim como não gostava de olhar seu próprio rosto. Acabou por admitir que achava o mundo decepcionante, diferente da forma como o imaginava. Ele notava todos os detalhes que testemunhavam imperfeições ou degradações, tinha fobia de sujeira. Parecia preocupado quando o sol caía. Pior ainda, se estava adaptado às suas tarefas quando era cego, foi incapaz, ao ver, de realizar ações usuais, e se sentia deficiente em relação aos videntes. Na casa em que vivia, à noite, ele se sentava diante de um grande espelho virando as costas para os seus amigos. Uma depressão se instalou progressivamente, e ele morreu dois anos e meio após a operação. Os cirurgiões concluíram retrospectivamente que o transplante de córnea que lhe havia dado a visão tinha sido um erro.

Essa observação contém inúmeros ensinamentos e é uma experiência crucial para o conhecimento perceptivo, porque a lesão não estava nem na retina nem no cérebro visual, mas na extrema periferia do olho, no lugar mais superficial do órgão da percepção. Gregory e Wallace assinalam que os perigos encontrados nesse novo estado de vidente se referem às propriedades não óticas dos objetos. Isso nos chama a atenção para o fato de que a interpretação do córtex cerebral torna as informações significativas quando elas visam as propriedades não óticas dos objetos segundo modelos referentes à visão. Resta o enigma desse fascínio pelos espelhos, embora a visão que eles refletiam fosse desagradável; o espetáculo do mundo só é tolerável quando se volta as costas para ele e se recebe sua imagem refletida; a visão do espelho, longe de ampliar a informação, busca a possibilidade de se desviar do real. O fechamento dos olhos era mais seguro que a visão quando, ao se barbear, tinha de estar atento para não cortar o rosto. Leonardo, em seu *Tratado de pintura*, já recomendava aos pintores preocupados em avaliar a qualidade do próprio quadro que o olhassem em um espelho, dizendo que assim poderiam julgá-lo melhor, como se este aparecesse da mão de um outro mestre.

Sabe-se, agora, que a percepção é acompanhada de uma interrogação de modelos interiores tão ativa quanto a investigação do campo perceptivo externo. Esse "olhar interno" é um componente de qualquer movimento visual ou cognitivo. As atividades exploratórias difusas – a varredura – completam as informações vindas de focalizações especializadas do toque ou da visão, estas comunicando mais amplamente, nada se fazendo sem a ajuda da detecção de traços simbolizados, identificáveis no mundo exterior, ao longo de uma atividade que não só nada tem de passivo como a busca é concomitante com a criação de informação.

Percepção e memória talvez se excluam em seu modo de aparecer à consciência, mas olhar externo e olhar interno se refletem mutuamente em sua tarefa de assegurar a imersão no presente, invisivelmente apoiado na busca que liga o atual ao inatual.

O CAMPO FENOMÊNICO DA ALUCINAÇÃO NEGATIVA

Se o "reflexo" é o fundamento – imperceptível – da teoria mais geral da percepção, a alucinação seria aquele pelo qual uma concepção psicanalítica deve passar. A análise de ocorrências da alucinação negativa mostra que esta pode sobrevir nas situações mais comuns, como nos estados patológicos mais afastados da norma. De fato, passada a fase da surpresa diante da plasticidade psíquica que a sugestão hipnótica permite apreender, é durante manifestações da psicopatologia da vida cotidiana, ou quando de impressões fugazes que fogem do comum e comportam uma carga de estranheza, mas de curtíssima duração (já contado, já visto, falso reconhecimento), que se podem detectar nas pessoas que experimentam essas manifestações a presença excepcionalmente marcante de mecanismos de denegação. Há, portanto, em qualquer um, a possibilidade de recorrer a um mecanismo de alucinação negativa, pontualmente e sem consequências indesejáveis para o funcionamento psíquico. Contudo, levar em consideração essa possibilidade obriga a reexaminar a tese da virgindade dos receptores do sistema de percepções. De fato, o que mostra a maioria dos exemplos citados é que a alucinação negativa que sobrevém em estados não patológicos atesta a proximidade de pensamentos pré-conscientes e percepções externas, com uma representação inconsciente tendo valor de figuração de uma fantasia original ou, melhor ainda, servindo de ponte que põe em comunicação vários deles. Enquanto o funcionamento psíquico oferece justamente à representação inconsciente a possibilidade de se decompor, de deslocar ou de condensar certos aspectos dessa decomposição, ou mesmo de submeter a essa sorte os investimentos de afetos, a ocorrência da alucinação negativa mostra *aprés-coup* – isto é, após o restabelecimento seja de percepções ocultadas, seja, na falta disso, da reconstituição da continuidade de sucessões perceptivas – a série mais ou menos completa de associações de pensamento. É o valor – de um modo quase analógico invertido – de *prova* de quase materialidade da interpenetração entre representação inconsciente e percepção externa, sem diversionismo possível. Quero dizer que, ao contrário da hipótese que consiste, para tornar mais inteligível uma sequência de fenômenos psíquicos considerada como completa do ponto de vista da consciência, em propor a inserção de uma representação inconsciente e, por isso mesmo, tendo um caráter conjuntural e submetido à dúvida, no caso que estamos tratando é a falta inteiramente perceptível de um dado do percebido que obriga, para reconstituir a completude da sequência de qual ele faz parte, a referir essa falta a uma representação cujo caráter inconsciente não levanta as mesmas dúvidas quanto à sua existência, porque a suposição de sua participação no advento da negativação perceptiva assume um caráter mais necessário quando se procede ao restabelecimento da continuidade interrompida. A ligação que existe entre a percepção e sua supressão mostra claramente a necessidade de apreendê-la pela representação inconsciente, cujo caráter hipotético de momento é substituído por uma impressão de convicção. Por que essa solução se impõe, excluindo qualquer outra? É preciso buscar a explicação no fato de a representação inconsciente se encontrar investida pela moção pulsional, mas de tal modo que o aspecto afetivo permanece inteiramente inconsciente, só se manifestando pela conotação significativa marcada da representação inconsciente. Essa conotação designa uma simples marcação da representação inconsciente sem qualidade afetiva suscetível de passar à consciência, mas se traduzindo pela dificuldade dessa representação de ser deslocada – substituída por uma outra menos diretamente significativa. Assim, a colisão com a percepção externa confere a essa conjuntura o valor de uma realização traumática da ordem de um "demais-percebido" que destrona a submissão à realidade exterior material para dar credibilidade à realidade psíquica sem modificar a anterior. Ora, Freud sempre distinguiu as excitações internas das excitações externas pela impossibilidade de se livrar pela motricidade das primeiras, enquanto o mesmo meio permitia se libertar das segundas. Tudo se passa, portanto, como se uma "imagem motriz" fosse mobilizada em sentido inverso daquele em que ela intervém normalmente na prova de satisfação, procedendo à retirada de investimento da percepção. Nesse caso, é menos apropriado invocar uma verdadeira denegação do que um *reconhecimento inconfessável* (mais ainda do que desmentido). Evidentemente, o interesse maior desses fenômenos está em nos mostrar a extensão das possibilidades de intervenção de defesas que testemunham que nem a realidade exterior poderia escapar à influência deles.

Restam dois outros casos. O primeiro é o das psicoses nas quais existe uma forte carga alucinatória. Sem entrar no detalhe, vamos nos contentar em retomar os dois grandes exemplos da amentia e da paranoia. No que se refere à primeira, esclareceremos que o onirismo que se desenrola ali por esta observação da XXIX<u>ª</u> Conferência sobre a revisão da teoria do sonho, na qual Freud escreve:

> o estado de sono faz com que nos desviemos do mundo exterior real; assim, está dada a condição adequada ao desenvolvimento de uma psicose. O estudo mais atento das psicoses graves não nos permitirá descobrir nenhum traço que seja mais característico desse estado patológico. Mas na psicose, o fato de desviar-se da realidade é provocado de duas formas diferentes: ou quando o recalcado inconsciente se torna forte demais, de tal modo que domina o consciente que se liga à realidade, ou porque a realidade se tornou tão intoleravelmente dolorosa que o Eu ameaçado se lança, em uma revolta desesperada, nos braços do pulsional inconsciente. A inofensiva psicose do sonho é a consequência de uma retirada conscientemente desejada e apenas temporária do mundo exterior, e desaparece logo que se restabelecem relações com ele.[31]

A comparação do sonho e da psicose testemunha a atenção que esta última requer agora da parte de Freud – contra a vontade dele, sem dúvida. Portanto, além de ter a mente alerta àquilo que deixa o espaço psíquico vazio para o Eu se lançar "nos braços do pulsional inconsciente", precisamos compreender que se trata aqui menos de desprazer do que daquilo que causa uma dor intolerável, da qual só pode dar conta o que ele chamou de recalque da realidade, sem explicar bem o mecanismo a que se refere e que é esclarecido em parte aqui.

Nesse caso, prevaleceria não o reconhecimento inconfessável, mas a realidade desmentida. E se a alucinação é a prova das capacidades quase ilimitadas das transformações que a psique pode operar (e isso até criar a neorrealidade necessária às suas realizações ou proceder à anulação da percepção do intolerável), o mesmo resultado pode ser obtido pelo simples pensamento que se contentará em ignorar o mundo ao invés de construir um novo. Em suma, se a alucinação negativa se negativa a si mesma pelo recobrimento da alucinação positiva, nada impede de supor, na paranoia puramente interpretativa, a negativação – desde sua germinação – de um alucinatório potencial. Então, a desmentida não deverá se referir à materialidade de uma realidade percebida – o demais-percebido de que falávamos –, mas esta seria de algum modo "deixada ser", tornando-se o objeto de percepções do Eu, ao passo que as relações das percepções com as representações é que seriam remanejadas pelo investimento vindo das moções pulsionais se exercendo sobre as ligações entre as representações. Seriam, então, modificadas as relações entre moções pulsionais, representações inconscientes e representações da realidade. No caso da paranoia, compreenderíamos o comentário de Bion, segundo o qual a alucinação é a pausa encontrada pelo que não pode ser. E é em torno do eixo das representações pré-conscientes, das quais é preciso lembrar o papel fundamental nos processos de pensamento, que se operaria a intervenção do negativo na articulação entre representações de coisa e representações de palavra. É assim que se poderia imaginar que o funcionamento psicótico se tornaria perceptível, pois as representações de palavra têm duas funções essenciais. De um lado, sua atividade é o meio pelo qual nossos processos de pensamento podem nos tornar perceptíveis – elas são, por assim dizer, seu suporte material principal, se não exclusivo, o significante deles – e, de outro lado, elas estão estreitamente associadas às representações de coisa (elas mesmas resultantes de percepções). Há, portanto, um dispositivo que reúne o pensamento, a linguagem e a esfera perceptivo-representativa. Como, além disso, as representações conscientes de coisa estão, por si, em interconexão com as representações inconscientes dinamizadas pelas moções pulsionais que o Eu não integrou, vemos produzir-se como que uma subversão das representações de coisa. Assim, portanto, a infiltração de moções pulsionais tem tendência a se difundir no conjunto da cadeia descrita, agindo mais intensamente sobre seu elo mais fraco (as representações inconscientes), provocando defesas drásticas que se mobilizam na circunstância em detrimento, no que se refere ao mundo exterior, das percepções e, quanto ao mundo interior, dos discernimentos e das ideias representando a realidade no Eu, isto é, atividades de pensamento. A "abolição" de que fala Freud, a saber, a retirada de investimento, desequilibra todo o sistema, pois se trata de um mecanismo "local", e não global – este último caso correspondendo mais ao da amentia. Esse "buraco", ou esse vazio da psique inconsciente, não realiza, como no recalque, um corte ou uma amputação a partir da qual o sistema se reorganiza para dissimular esse remanejamento. Ao contrário, as coisas deixadas aqui, "abandonadas" – pelo menos provisoriamente –, criam um espaço fragilizado por essa evacuação que obriga, antes de tudo, a excluir o que seria suscetível de mobilizar a lembrança dessa ação que atinge a integridade do psiquismo e tem suas consequências graves. A primeira é que as excitações externas, não sendo tratadas a não ser com uma menor resistência, terão tendência a se precipitar no buraco deixado pela abolição de significantes-chave, desordenando o que resta da organização das representações que foi ultrapassada no tratamento das informações sensoriais investidas. Mas, de outra parte, a desorganização das relações entre os diferentes tipos perceptivos (externos e internos) vai levar a uma despsiquização somatizante, com recepção de influxos sensoriais internos do corpo (recorporação regressiva). Estes, sem se manifestarem como tais, terão como resultado, antes de tudo, tornar mais pesada a tarefa psíquica (sobrecarregada pelo peso do narcisismo corporal menos psiquizado, confrontado com as fantasias de grandeza do eu), tendo de enfrentar a experiência do caos interno. Eles são forçados a um crescimento da projeção toda vez que o sistema representativo é atingido em sua capacidade de fazer frente às estruturas simbólicas. A linguagem se torna, então, a aposta de uma luta que não permite mais concebê-la, como Freud a pensava, unicamente do ângulo do processo restitutivo, mas ela aparece como lugar de desmentida do pensamento, de subversão do discernimento e de criação de um outro Eu – um segundo Eu para o Eu – onde sua capacidade reflexiva, ao invés de tomar corpo por ocasião da relação com o objeto, aplica a ela mesma uma clivagem que separa o Eu não somente dele mesmo, mas também do outro Eu que ele criou. A denegação torna-se essencialmente negação da afirmação, que permite a negação com a substituição do Eu unificado por sua clivagem. A relação com o objeto é marcada pela necessidade da conjuração desse que permite substituí-lo – denegando sua alucinação negativa – pela luta de morte entre as duas partes de um Eu em guerra contra ele mesmo, que se tornou cego à sua divisão.

O sistema-memória (e, portanto, o das representações de objeto) é esmagado pelo peso de um puro presente que invade todas as figuras da temporalidade para que não se constitua jamais uma reserva de traços suscetíveis de proceder, de qualquer maneira que seja, o reencontro do objeto perdido. Não há nada a encontrar: pode ser que...

Do mesmo modo que o "desencadeamento" perceptivo-representativo não poderia deixar intacto o equilíbrio pulsão-ação, paradoxalmente, a psicose exclui qualquer consideração do id, pelo simples fato dos funcionamentos que descrevemos em termos de desmentida, clivagem, duplicação do Eu conjurando o objeto. E se a reserva de temporalidade vem a fazer falta, é o acesso à tomada de consciência da compulsão de repetição que cai sob o golpe não apenas do inconsciente, o que é seu estado habitual, mas de uma incompetência (no sentido jurídico) à tomada de consciência. Isso, não pelo sentimento de uma falta ou de uma insuficiência, mas por proclamação de não-qualificação, mais do que de desqualificação, menos, portanto, uma carência de propriedade do que uma impropriedade, como se a demanda de tomada de consciência se enganasse de destinatário.

O que acabo de descrever sobre a psicose não seria inteligível sem a experiência dos casos-limite, sem que para isso se adote a construção ultrapassada que os concebe apenas como estruturas nos limites da psicose. No modo de funcionamento psíquico próprio a essas estruturas, constata-se o perpétuo retorno de uma à outra das esferas da representação e da percepção. E trata-se aqui de uma ampliação da função da alucinação negativa, que leva a apresentar de forma mais articulada as relações desta com o recalque. Isso nos convida, portanto, a olhar para trás, para as ideias que nos são familiares acerca das defesas mais comumente acessíveis à experiência do tratamento.

RECALQUE E ALUCINAÇÃO NEGATIVA

Nós nos representamos com uma clareza suficiente os mecanismos que presidem o recalque, que continua sendo a defesa prototípica. Mas este é empregado contra os processos internos, que são as moções pulsionais, os afetos e as representações, enquanto a alucinação negativa é dirigida contra as percepções. Quer se trate de uma percepção externa ou interna, não se deve confundir representação e percepção, e é o papel da prova de realidade fazer a distinção entre ambas. A esse respeito, veremos que a linguagem apresenta um problema particular.

O que se passa quando de uma alucinação negativa em relação a uma percepção externa? Proponho considerar as coisas da maneira que segue. No momento de uma alucinação negativa, há, de fato, o desenrolar quase simultâneo de duas cenas em dois teatros diferentes. De um lado, entre pensamento pré-consciente e representação inconsciente; de outro, entre pensamento pré-consciente e percepção. É essa situação que não é compreendida, porque se trata de evitar a qualquer preço o encontro entre uma representação inconsciente e uma percepção, como se a percepção adquirisse, então, o valor de uma realização alucinatória do desejo. No plano do teatro interior (da atividade fantasiada), o pensamento – ou a preocupação pré-consciente – está relacionado à representação inconsciente, mas esta está recalcada. Por exemplo, o pensamento pré-consciente pode exprimir uma contrariedade, um temor, sem mais precisão, ou mesmo ser acompanhado de uma representação consciente muito atenuada em relação à representação inconsciente. Mas existe uma corrente de investimento de duplo sentido. Sobre esse fundo psíquico, a percepção que aparece e que é interpretada segundo a disposição de espírito do momento, isto é, na direção de preocupações pré-conscientes, atravessa-as, por assim dizer, e se dirige ao encontro de um fenômeno psíquico desconhecido, como dois trens que partem a toda velocidade nos mesmos trilhos vão de encontro um ao outro. Os dois trens são, desta vez, a representação inconsciente recalcada e a percepção consciente que ultrapassa a ligação precária das representações pré-conscientes. É isso que dá à percepção o valor de uma realização alucinatória de desejo, mas uma tal realização tem sempre como consequência um perigo – direto ou indireto – de atingir a integridade narcísica do sujeito (ameaça de castração realizada, de implosão ou de desintegração). Assim, o único meio de enfrentar isso é a disjunção com a percepção, porque a moção pulsional que está na base da representação inconsciente não pode ser freada e superou as censuras. Tanto mais que a representação inconsciente cai sob o golpe de uma incapacidade devida à proibição de fazer trabalhar a representação como fonte de pensamento. Ao contrário, é preciso calar para impedir que apareça o sentido da representação inconsciente e seu ajustamento às suas conotações essenciais sincrônicas e diacrônicas.

Na realidade, as coisas não são simples, pois a ligação entre a representação inconsciente e a percepção não coloca em presença duas formas psíquicas equivalentes. Parece, então, que um trabalho psíquico intenso e extremamente rápido se realiza entre as representações derivadas da fantasia central e o cerne desta, assim como entre a percepção e as lembranças associativas que ela evoca.

É preciso assinalar que a alucinação negativa não se limita à não-percepção, mas se completa pela inconsciência da não-percepção. Do mesmo modo, o trabalho de desconexão poderá ser completado interiormente pelo deslocamento-substituição da representação inconsciente para uma representação inconsciente conexa, como no mecanismo do fetichismo, em que a percepção que falta (a do pênis da mãe) é recoberta por aquela de uma peça de roupa próxima do sexo ou de uma outra parte do corpo que tenha qualquer semelhança ou relação de contiguidade com o pênis. É claro que a negativação se refere essencialmente ao encontro entre o interior e o exterior, isto é, entre a representação inconsciente e a percepção. A percepção negativada poderá ceder o lugar no investimento psíquico a uma representação deslocada de substituto que ocupará a mente do sujeito nesse momento, fornecendo à racionalização a desculpa da "distração" [*distraction*]. Seria mais conveniente falar de "destração" [*dystraction*]: tração causada por uma dificuldade, um estado defeituoso quanto à possibilidade de recalcar um acontecimento psíquico destinado a um estado de supressão-conservação, porque sua inclusão no recalcado, longe de protegê-lo, o colocaria em perigo, fazendo-o correr o risco de uma implosão-explosão. Ora, essa eventualidade seria temível por várias razões. Dinamicamente, é evidente, devido à perda da organização do Eu, que o deixaria exposto aos riscos do caos. Mas topicamente também (isto é, em relação à regressão formal), porque uma tal implosão-explosão significaria inevitavelmente para o Eu isso que ele procura se dissimular, ou seja, que seu funcionamento é ameaçado por sua relação com fantasias originárias das quais ele ignora, de fato, a significação, as origens e o objetivo. A alucinação negativa aparece, portanto, como uma defesa radical e extrema – mesmo no caso em que é de curta duração –, porque ela procede a uma condensação de denegações em relação à sideração das capacidades usuais de descondensação: deslocamento-substituição, recalque-racionalização, repressão-inversão afetiva, etc. Se a realização alucinatória do desejo é suscetível de vir a ocupar o espaço do mundo interior, a desrealização deste como modo de funcionamento do Eu, efetivado sem traço de sua intervenção negativante, pode se tornar uma tentação. É por esse motivo que, do ponto de vista do Eu inconsciente, a alucinação negativa é realmente representação da ausência de representação, como sustentei em *Le discours vivant*.

Quanto ao destino desse mecanismo de defesa, ele está aberto a múltiplas possibilidades, das quais uma delas – não a mais frequente nem a mais obrigatória –, como no caso de *O homem dos lobos*, pode dar lugar a uma alucinação cujo destino está submetido a um conjunto de fatores que decidirão o futuro psíquico do sujeito.

Como se vê, não se poderia ligar a alucinação negativa unicamente à desmentida ou à denegação, segundo a terminologia. Talvez não seja suficiente explicar a disjunção pela evitação do encontro entre representação inconsciente e percepção; sem dúvida, é preciso também interpretar o fenômeno em relação ao que Freud designa como "ideias e discernimentos que representam a realidade no Eu". Haveria, portanto, na verdade, quatro termos em questão: o pensamento pré-consciente e a percepção, ambos em contato imediato e, mais a distância, do lado do pensamento pré-consciente, a representação inconsciente e a representação não especular da realidade (o discernimento). A realidade atribuiria, então, à representação inconsciente, nas situações na origem da alucinação negativa, uma perigosa preeminência que, limitando sua aparição à consciência, julga, porém, indispensável cortar suas ligações com a percepção, e levaria à desmentida desta. Tivemos pouca ocasião, em análise, de constatar a presença de alucinações negativas, embora esta ocorra às vezes. É o caso quando o analisando encontra o analista fora da sessão, quando certas modificações do *setting* analítico não são notadas pelo analisando ou, mesmo, quando lhe acontece de descobrir bruscamente um detalhe desse *setting* que lhe parece novo, embora sempre tenha estado lá. Essas constatações importam menos quanto ao conteúdo daquilo que as provoca do que por levarem à recordação da eventualidade da intervenção delas em contextos relativos a aspectos centrais da organização conflitual do paciente.

Eu gostaria de me deter no caso da não percepção dos pensamentos através da linguagem. Refiro-me a pacientes cujo transtorno se situa no nível do pensamento, como Bion descreveu. De minha parte, tentei compreender os mecanismos do branco do pensamento. Acho que se poderia compreendê-lo desde que se conseguisse imaginar um pensamento não apenas sem imagens – sem representação –, mas também sem palavras, para perceber o que se pensa. É nesse sentido que a linguagem é, ao mesmo tempo, uma representação e uma percepção; ela representa as relações entre as coisas e as relações de relações do pensamento, e permite a este ser percebido. Assim, a alucinação negativa do pensamento se manifesta na situação analítica por uma impossibilidade de se exprimir com as palavras que não é o silêncio da emissão de fala, e sim o da formação de palavras como ferramentas de pensamento ou o da relação entre a morfologia e a semântica das palavras. As palavras podem ser, então, a rigor, sensorialmente percebidas, mas o que se perde é a relação das palavras com seu sentido segundo a referência ao inconsciente. Não falo, evidentemente, do inconsciente que permaneceu como tal, e sim dessa parte dele que já foi objeto de uma interpretação analítica. Já se teve provas, em outras ocasiões, de que esta terá sido entendida, mas ela parece de súbito ignorada, menos esquecida do que considerada com a mesma novidade que da primeira vez, ou mesmo remetendo ao estado anterior a qualquer interpretação. Quanto a isso, existe no paciente uma combinação de amnésia (do que foi dito na última sessão ou alguns minutos antes), de afasia, como uma impossibilidade de falar porque as palavras faltam, e de agnosia, quando o analista recorda palavras já ditas pelo paciente em um outro período da análise sem conseguir fazer com que sejam reconhecidas pelo interessado. É claro que só recorri a essa terminologia emprestada da psiconeurologia para dar uma ideia do que se passa no nível psíquico.

NEGATIVAÇÃO ALUCINATÓRIA E REPRESENTAÇÃO INCONSCIENTE

Se a alucinação negativa nos aparece como um exemplo privilegiado do trabalho do negativo, como ela encontra seu lugar dentro do conjunto que se define assim? E é verdade, como indica o caso do homem dos lobos, que nem sempre é fácil diferenciar entre uma representação inconsciente e uma negativação alucinatória. Não basta opor "representação da ausência de representação" e recalque de uma representação. Tomemos o caso do sonho como desdobramento dessa atividade alucinatória que Freud relaciona com a realização de desejo, ou o consideremos (segundo as formas tardias deste) como *tentativa* visando uma tal realização. É comum que, ao relatar o sonho, o sonhador diga: "nesse momento, o sonho fica confuso e eu não vejo mais o personagem de que estava falando, mesmo sentindo sua presença"; ou: "tal personagem aparece sem que eu veja sua fisionomia". Pode-se limitar a pôr na conta da censura, destinada a mascarar o sentido, esse apagamento dentro da representação, enquanto esta é, ao mesmo tempo, onipresente e os mecanismos do trabalho do sonho asseguram as dissimulações necessárias? Não há fracasso da figurabilidade e/ou fracasso da realização de desejo, inapta a se servir de travestimentos que estão à sua disposição? O que dizer senão que se pode compreender esse apagamento como um marcador de negatividade, designando, por falta de dissimulação e de representação, aquilo que, investido pela moção pulsional, ultrapassa a plasticidade representativa e não parece mais se contentar, para assinalar sua importância, em recorrer à vividez alucinatória. Esta provê habitualmente ao sentimento de realidade do sonho, chamando, assim, a atenção para o que se diz nesse tempo do sonho, incitando à busca da interpretação que tornará acessível a fantasia inconsciente na fonte do sonho. Aqui, o apagamento simultaneamente circunscreve o detalhe e suprime sua existência, como que para significar também o perigo que se imagina ser a causa desse apagamento. Uma maneira de dizer: "Você está sonhando!". O que na língua do sonho se diria: "Você não está sonhando com isso!", como na vida desperta se diria: "Você não está pensando nisso!".

Ou, ainda, para se exprimir na língua analítica, traduzir o "eu não tinha pensando nisso" (que confessa negativamente seu contrário: "foi exatamente nisso que eu pensei, mas eu não deveria") no dialeto do sonho: "eu não sonhei com isso", traindo que não poderia haver, mesmo em sonho, mesmo na realidade "realizada" da alucinação onírica, lugar para um tal pensamento assim traduzido na "presença de espírito".

Já em L'enfant de ça, ao descrever a psicose branca – na qual o conceito de alucinação negativa dá conta dos transtornos do pensamento – assinalamos, com J. L. Donnet, a diferença no discurso dos pacientes entre a expressão "eu não me lembro mais" ou "tenho um buraco" e aquela aparentemente semelhante, "eu tenho um branco". Não é inútil observar hoje que Z, o paciente que foi objeto de nosso estudo, e no qual postulávamos transtornos do pensamento – o que foi confirmado por outros colegas que o haviam examinado de sua parte à nossa revelia –, não sabia como dizer, não tinha palavras à sua disposição para sustentar afetos que, no entanto, ele podia nomear corretamente. Aqui ainda era a representação que estava em questão.

Devemos compreender então a diferença entre alucinação negativa e negativação dentro da representação. A negativação da representação se refere sempre a uma representação, a um retorno (do recalcado) ou de qualquer traço mental que já sofreu uma elaboração no interior da psique. O único caso que poderia escapar a essa característica é o da percepção de sensações internas e de sentimentos, mas pode-se supor que são menos esses sentimentos que estão em questão enquanto tais do que as associações que eles estabelecem com as representações. Na alucinação negativa, vimos, ao contrário, que a aposta se refere ao estatuto da realidade exterior que é enfraquecido como presença atualizada e não deixa presumir nada de suas ressonâncias com raízes cuja negativação destrói qualquer possibilidade de suposição. A ligação com as representações inconscientes na violência do encontro não pode se reduzir a uma realização de desejo, modo a que está habituada a realidade psíquica, mas tem a ver com uma resposta "realizante" por parte da realidade que marca indiretamente o estatuto proibido ou impossível do desejo e, com isso, aumenta o potencial de perigo da materialização da fantasia originária.

A questão que emerge é saber como se situa a percepção dos pensamentos através da linguagem. Pois, se a percepção é modo de ser da presença, ela sempre remete a um par, aquele que ela forma com um outro parceiro que define o campo de sua problemática: separação às vezes impensável em sua ligação com a alucinação, problemática em sua relação com a representação ou, ainda, como acabamos de ver, a reduzir pela ligação à representação inconsciente. Com as percepções internas, essa separação se desloca entre dois extremos: o primeiro, através das sensações internas, se refere ao sentimento de existência pelo fundamento corporal deste, que se acomoda mal a qualquer divisão ou reflexão; o segundo, ao contrário, só pode ser apreendido na reflexividade da linguagem que, em sua própria manifestação, supõe a existência de polaridades duplas, que ela fale do mundo ou dela mesma, que estabeleça relações entre um emissor e um destinatário – às vezes distintos, às vezes confundidos – ou, ainda, que deva enfrentar as alternâncias da presença e da ausência (Lacan). No caso da psicanálise, a dimensão da transferência nos levou a proceder à sua decomposição em transferência ao objeto e transferência à palavra, em que se encontra o conjunto das problemáticas que abordamos.[32]

A MUDANÇA DE PARADIGMA E SUAS FONTES FREUDIANAS

Desde que o pensamento psicanalítico se viu quase obrigado a tomar consciência da insuficiência da teoria freudiana em face dos problemas apresentados pelas estruturas não neuróticas e a responder a essa carência, não foi apenas um capítulo novo que se julgou oportuno acrescentar ao *corpus* tradicional; foi, de fato, uma orientação axiológica diferente a adotar. Essa orientação, que se procurava definir à luz da experiência contemporânea, poucos se deram conta de que Freud já havia pressentido e que teria sido necessário pensar logo em fixar seu rumo, o que a duração de seu percurso de vida não permitiria que ele mesmo realizasse. Muito sumariamente, a teoria psicanalítica estava interessada, sobretudo, em revelar o continente insuspeitado da realidade psíquica do mundo interior, limitando-se a considerar a realidade externa – amplamente tratada, por outro lado – do ângulo do favor ou do desfavor atribuído às aspirações inconscientes e à necessidade indispensável de levá-las em conta – Freud tendo decretado que os casos marcados pelo recalque da realidade eram inanalisáveis. Sabe-se que essa prescrição – que foi também uma proscrição – não impediu que alguns (dentre os quais o próprio Freud) tirassem observações de grande interesse do funcionamento psíquico estabelecidas a partir da investigação de certos estados psicóticos. Discípulos desprezaram os oráculos do mestre. Muitos deles seguiam os passos de Melanie Klein, corajosa pioneira que, sem dúvida, contou com as melhores chances de reversibilidade nas crianças cujo desenvolvimento em curso ofereceria possibilidades de retomada da evolução libidinal em vias mais próximas do comum. O resultado da operação acabou por levar, a meu ver, a um agravamento do mal-entendido, na medida em que, necessariamente, os estados psicóticos da infância só podiam acentuar a polarização da busca no mundo interior. Ora, a leitura de Freud mostra claramente que, sem modificar a pouca inclinação que ele sentia a abordar os psicóticos, desde a "virada de 1920", a referência a opor à neurose não era mais a perversão (como inverso desta), mas a melancolia, de um lado – pura cultura das "pulsões de morte" à qual caberá a exclusividade da categorização das neuroses narcísicas – e, de outro lado, as psicoses que não pertencem mais à mesma denominação, mas continuam a ser definidas por sua relação com a realidade. De resto, o interesse pelas perversões não desaparece, mas se centra de outra maneira. De fato, a consideração do prazer buscado pelas pulsões parciais na prevalência de zonas erógenas, de metas e de objetos, parece ceder o passo ao mistério da exclusão da ameaça de castração. É o fetichismo que ocupa uma função paradigmática. Não é indiferente assinalar que a clivagem vai servir de defesa, permitindo juntar perversão e psicose, como testemunha à leitura do *Esboço* de 1938. Depois, Freud pressente (no trabalho do mesmo ano) o papel central dela no processo de defesa. Ora, a novidade do discurso introduzido com o artigo sobre *O fetichismo*, e que deveria prosseguir até as últimas linhas traçadas pela mão de Freud, provinha de uma abordagem inteiramente original da percepção e das possibilidades de denegação que se opunham a ela, pondo em perspectiva o clássico recalque (agora ligado ao afeto) com a desmentida (ou denegação, cuja ação recai sobre a percepção). Foi isso que os psicanalistas não souberam ler em sua obra, ou porque tentaram ser fiéis ao Freud explícito consagrado pela tradição da psicanálise dita "clássica e ortodoxa", continuando a articular seu pensamento à perversão somente, ou porque foram atraídos pelas novas vias abertas por Melanie Klein, na pista de arcaísmos insondáveis.

Ora, o que Freud dizia, de fato, é que se tornava impossível para a psicanálise continuar a seguir o caminho que lhe havia assegurado o interesse de seus contemporâneos por revelar formas psicopatológicas próximas da normalidade; agora, o progresso só podia vir da busca da articulação entre realidade psíquica e realidade exterior. O que não foi entendido nos ocorreu após a tomada de consciência dos impasses do pensamento de Melanie Klein. Este, por sua vez, foi posto à prova, dentro do movimento kleiniano, por Bion, que renovou a visão kleiniana da psicose destronando a fantasia inconsciente em sua interpretação arcaizante para substituí-la por uma nova dimensão dada à identificação projetiva – esta estando mais próxima dos avatares das moções pulsionais de Freud. A isso se acrescentava a inovação de uma teoria do pensamento (totalmente ausente dos escritos kleinianos antes dele) no fundamento da psicose. Além disso, Winnicott, inicialmente seduzido pelo procedimento kleiniano, acabaria por se separar dele para devolver ao ambiente seu papel bastante subestimado. Além disso, ele o enriqueceria, levando em conta as relações entre mundo interior e mundo exterior, pela descoberta do espaço intermediário. Essas duas orientações se completarão para relativizar a hipótese Klein-Isaacs da fantasia inconsciente como equivalente psíquico do funcionamento pulsional, hipótese lançada no contexto polêmico das discussões entre adversários e partidários das ideias de Melanie Klein nos anos 1941-1945.[33]

Contudo, a deriva ao largo do pensamento freudiano impediria que sua reinterpretação pela psicologia do Eu de Hartmann conduzisse, a despeito do êxito desta, a perspectivas fecundas. A alucinação negativa é de fato evocada, por exemplo, nos trabalhos de Arlow e Brenner, seus discípulos, a propósito da abordagem psicanalítica das psicoses. M. Mahler faz alusão a isso, de passagem, na observação da criança e a propósito do autismo, mas o fenômeno nunca deu lugar a uma reflexão que ultrapassasse o plano dos fatos observáveis. E Lacan ficará bastante feliz de encontrar, na visão curta dos autores de além-Atlântico, razões para levar seus leitores a preferir sua concepção do Eu como alienado em suas identificações especulares – tese defendida a partir da percepção da imagem acoplada do sujeito e do outro no espelho, remetendo para muito mais tarde a teorização do real, de uma maneira incompreensível.[34] A instauração tardia do tripé real-imaginário-simbólico – RIS – evitava cuidadosamente ligar de alguma maneira, como em Freud, a relação com o real e com a percepção. E se o nome de Merleau-Ponty não poderia passar em silêncio na evocação do contexto cultural em que evoluiu a psicanálise francesa – *Fenomenologia da percepção* era regularmente citado em qualquer trabalho sobre a alucinação –, será para recordar sua breve intervenção no Colóquio de Boneval, de 1960, dando conta de sua surpresa de ver a linguagem ocupar todo o espaço sem que se faça menção à relação com o mundo que revela a percepção.[35] Acrescentemos, para ser generosos, que, em compensação, a teoria da representação foi mais longe na psicanálise francesa do que em qualquer parte.

A percepção retornaria por um viés inesperado. Habitualmente, o pensamento psicanalítico não via ocasião de falar dela a não ser a propósito dos enganos da consciência, segundo o exemplo célebre das construções torturantes de Swann, observando da rua a janela iluminada de uma Odette inacessível até dar-se conta de que errou de andar. Mas eis que a investigação de certos pacientes, cujos sintomas se desenvolvem no cenário somático, vai dar oportunidade ao psicanalista de observar um *superinvestimento perceptivo*, logo concebido como o sinal de uma irregularidade do funcionamento mental atribuído a uma permeabilidade vacilante do pré-consciente.[36] Assim, não era mais pela via das psicoses – onde as elaborações sobre a relação com a realidade[37] ocuparam pouco a teoria, só conseguindo descrever o manifesto com palavras do vocabulário psicanalítico por não possuir os instrumentos que permitissem descobrir seu agenciamento – que se abriam novas perspectivas, mas por aquelas das doenças somáticas. Seria preciso seguir o caminho que fazia do percebido não somente o objeto de um deslocamento, como indicam os pacientes psicossomáticos, mas provavelmente o de um retorno a um mundo exterior ao qual o sujeito deve se agarrar, por não dispor de ancoragens em que o refluxo libidinal pudesse organizar refúgios protegidos para receber aí os produtos complexos da regressão. A psique aparece melhor nas configurações em que ela é posta em perigo, vítima de seu esmagamento entre soma e real.

A CRÍTICA DA TEORIA FREUDIANA DA PERCEPÇÃO E A REFERÊNCIA À REPRESENTAÇÃO

Era forçoso constatar que a concepção freudiana da percepção ou não tinha sido suficientemente compreendida ou não possuía alguma coisa, o que limitava sua utilização. O problema estava, sem dúvida, no postulado freudiano da disponibilidade indefinidamente renovada das superfícies de recepção perceptiva, cuja necessidade era evidente em uma oposição exclusiva entre percepção e memória, mas da qual muitos pontos permaneciam obscuros. Como, então, articular percepções e representações, admitindo-se que as segundas derivavam das primeiras? Onde se encontrariam os investimentos vindos do exterior e os do interior? Certamente, a ideia de uma interface se impunha bem facilmente, mas a complexidade dessas relações seria compatível com a imagem de um espelho plano, mesmo que fosse dotado das propriedades do vidro sem aço? Nós queríamos mostrar as correções sucessivas que se impuseram a Freud a propósito das ideias que ele havia atribuído à origem da percepção como garantia de uma relação confiável com a realidade.

De fato, para tomar apenas o exemplo da percepção visual, fonte de quase 80% da informação perceptiva, como conciliar a ideia da receptividade, sempre pronta a recolher novos dados para ligá-los à consciência, e a existência de uma *pulsão de ver*, cuja meta escópica é assegurada por moções pulsionais que supõem implicitamente um dinamismo em vista do cumprimento de um desígnio que vá de par com a busca do objeto apto a satisfazê-lo, e que é pouco compatível com a serenidade requerida para um registro "fiel" de informações vindas do mundo exterior? E se há alguma razão para deplorar que Freud tenha destruído seu artigo sobre a projeção, é também pelo fato de que esse lugar vazio nos deixa desprovidos para a elaboração de uma teoria da percepção.[38]

É legítimo afirmar – eu fiz isso várias vezes – que a referência da psicanálise é a representação, conceito que se desenvolve em vários registros, incluído o das representações da realidade na psique. Nos vemos aqui duplamente embaraçados: se não temos meios para ir além dessa constatação sumária que atesta o caráter incontornável de tal noção, não podemos avançar muito mais na falta de poder determinar do que essas representações são a representação, ou seja, como estabelecer uma concepção psicanalítica da percepção.

Aparentemente, no que se refere ao correspondente da atividade perceptiva no mundo interno – as representações – a solução é mais fácil. O espaço do consciente não é habitado apenas pela representação de coisa, com o complemento linguístico relacionado a ele, ou não se pode conceber que a coisa assim representada poderia também ser acompanhada daquilo que ainda transparece de sua relação com a representação de coisa inconsciente, por ressonância com o pré-consciente, sem que a parte inconsciente seja discernível como tal? Pode-se imaginar este último aspecto, porque a linguagem não se contenta em se referir à representação de coisa consciente, mas contém também o traço *de relações* entre representações de coisas conscientes e inconscientes. Melhor ainda, através do afeto e além, as moções pulsionais ou seus derivados mais longínquos infiltram a linguagem. Em outras palavras, se é inegável que as representações de palavra se relacionam *diretamente* com as representações de coisa conscientes e não poderiam manter com o inconsciente relações diretas, elas indiretamente contêm o traço não de representações inconscientes apenas, *mas de relações representações inconscientes-representações conscientes,* estas últimas sendo de uma natureza que permite uma intrincação com a língua das palavras, não sem que essa marca dominante oscile por vezes.

A teoria da percepção – se ela impõe que se a considere em relação com as representações, e de preferência as relações conscientes – implica, no entanto, a potencialidade de uma infiltração indireta pelo inconsciente. A teoria da percepção é por isso decepcionante para o espírito investigativo em psicanálise. Sua análise requer a intervenção de parâmetros ao mesmo tempo mais rígidos e mais desconcertantes em comparação com os mecanismos descobertos pelo funcionamento inconsciente. Um fato fundamental emerge daí: diferentemente da representação, cujas propriedades – referindo-se à pulsão, à imagem ou à palavra – abrem sempre uma possibilidade de fracionamento após qualquer tipo de operações de combinação e de recombinação (com a supressão de certos elementos e, evidentemente, transformação extensa de formas primitivas, etc.), *a percepção, ela mesma, não se divide.* Pode-se ocultá-la – em parte ou na totalidade –, mas não proceder à sua decomposição. A percepção pode ser considerada segundo diversos fatores nos quais intervêm a qualidade (com todas as componentes de ritmo, de intensidade, etc.), a nitidez ou a confusão, a focalisação ou a difusão, a distinção ou a fusão, às quais podem se acrescentar os traços observáveis nas configurações de vivências da despersonalização, da projeção, da denegação, da alucinação positiva e negativa, mas ela não se presta nem ao fracionamento nem à combinatória. Há uma "linearidade" da qual é difícil escapar na análise do fenômeno perceptivo. E Lacan, antes de descobrir a saída inesperada que lhe proporcionava a promoção da linguística à categoria de disciplina-piloto, se exauria buscando as formas do imaginário no jogo de espelhos côncavos e convexos, engendrando as ilusões de vaso invertido: elas não deixaram muitos traços na mente de seus discípulos.[39]

Uma feliz exceção: a do encontro inesperado com um Winnicott que, inspirado pela leitura da fase do espelho de Lacan, propunha o papel de espelho do rosto da mãe. O dilema percepção/representação era habilmente superado pela ideia de que o que a criança via no rosto da mãe era ela mesma. Afirmava-se também que a dependência excessiva às impressões percebidas no rosto materno criava uma desilusão prematura, antes da instalação da onipotência indispensável à constituição de um bom objeto subjetivo.

A ALUCINAÇÃO NEGATIVA E A PALAVRA

Quando a alucinação negativa é apenas um fenômeno acidental ou mesmo pontual – quando, por exemplo, o aparelho psíquico parece ser pego de surpresa e reage à situação inesperada por meios que não lhe são habituais –, parece que a situação analítica não oferece o meio nem de pôr em evidência uma tal defesa nem de compreender em detalhe o desenrolar dos processos que a desencadeiam, e tampouco o resultado de seu emprego. Como mostrou o caso do homem dos lobos, é realmente em sujeitos nos quais se suspeita de modos de trabalho psíquicos diferentes daqueles das neuroses que se espera encontrar suas expressões. Mas, visto que é na relação com a realidade que essas manifestações são mais identificáveis, o analista está malsituado para interpretá-las, sobretudo porque, por uma espécie de duplicação do fenômeno – nos casos em que o analisando se dá conta disso, o que está longe de ser o mais frequente –, quando é relatado em sessão, o fato é banalizado e não suscita a impressão de curiosidade que se apodera em geral do sujeito neurótico diante da constatação introspectiva de um ato falho, por exemplo. Em suma, há no sujeito neurótico um "prejulgamento de intencionalidade" que, quando não é claramente sentido antes do tratamento, se põe em ação desde que este é iniciado, pois se trata do indicador pelo qual se apreende – em todos os sentidos do termo – a transferência. O analista é certamente o guardião do *setting*; na medida em que este seja amplificado pela potencialidade significativa do sujeito. O *setting* é o espaço-tempo significado ao sujeito pelo desenvolvimento da palavra que ele mesmo significa ao objeto que se supõe ouvir. Compreende-se que a operação não seja isenta de risco quando o duplo sentido do discurso é malprotegido dos perigos que o atravessam. Parece que a alucinação negativa torna-se um procedimento regular, e não apenas ocasional, em todos os casos em que o real é, no seu conjunto (realidade do corpo assim como realidade do mundo), e não mais apenas por meio de um ou outro de seus representantes situados em posição simbólica, sentido de forma hostil. Este pode não ser percebido diretamente, mas apenas por meio da identificação histérica. Em qualquer situação, a alucinação negativa é destinada a denegar o temor do sujeito dos efeitos de sua própria hostilidade, em razão do prazer que o emprego desta proporcionaria se ele tivesse o poder de exercê-la livremente. Diferentemente do que ocorre nas psicoses, essas projeções não se devem a um desejo (forcluso) situado no exterior, como a paranoia nos dá o exemplo regularmente, e cuja existência se pressente através da homossexualidade forclusa. Embora também se possa antevê-la como reivindicação por trás da queixa da indiferença cruel dos outros, ela é também uma projeção do narcisismo do sujeito, narcisismo denegador do objeto, que só poderia ser decepcionante, traidor e pouco confiável. Não é necessário se estender longamente sobre os fatores que já foram evidenciados: fixações pré-genitais, fragilidade e vulnerabilidade das defesas do Eu, ao mesmo tempo rígidas e ameaçando o colapso, prevalência de mecanismos de clivagem e de identificação projetiva, carência autoerótica, forclusão da constituição do simbólico por falta de referência à lei paterna, ausência de funcionalidade da representação, relação de objeto marcada pela intolerância à separação, impossibilidade de fazer lutos, etc. Situaremos essas descrições diversas sob a primazia de processos que devem muito à alucinação negativa. O *setting* da análise – sobretudo e ainda mais quando os arranjos deste na relação face a face situam os parceiros da análise no campo da percepção – é a oportunidade de uma excitação que angustia o sujeito quanto à insuficiência de seus meios de contenção, que ele teme muito que escapem quando a presença do objeto fizer falta e ele estiver privado de sua ajuda, mesmo se, quando ela está presente, essa ajuda solicitada é ameaçada por uma espécie de realização alucinatória (agir) que afeta a qualidade da transferência. A alucinação negativa é empregada pela angústia ante o retorno do recalcado, que não é percebido como tal, mas como atualização realizante – a transferência não reconhecendo sua conotação de repetição constitutiva, e parecendo se desenrolar na atmosfera de um trauma na plenitude de seu advento. Em suma, seria mais um retorno (sem ir) de um acontecimento psíquico a esgotar (mais do que a recalcar), dotando-o de meios de consegui-lo, diante de um objeto ao mesmo tempo impotente para enfrentar isso e, por vezes, levado a vir em socorro, por uma inadvertência suspeita, daquilo que se situa do lado do traumatismo. É preciso, portanto, ir em direção ao extremo acima. E visto que a representação inconsciente não pode oferecer à psique um potencial de significação elaborável, isto é, deslocável, condensável, etc., e que esta se vê de algum modo pressionada pelas exigências da moção pulsional, o Eu não encontra outra solução senão inverter o próprio curso da acontecimentalidade psíquica, situando esse acima do lado da superfície mais próxima daquilo que se apresenta a ele: isto é, em direção à palavra.

Ele a utiliza com a palavra, assim como o recalque com a moção pulsional ou seus representantes, tentando neutralizá-la, mas, uma vez que não pode ocultá-la – como teria feito com a representação inconsciente, dando-lhe plenos poderes para oferecer ao pré-consciente apenas produtos censurados, filtrados, sobretudo suficientemente depurados para ser "pensáveis" –, dado que essa solução está fora de alcance, o front do conflito se desloca para a cadeia de representações de palavra. E da mesma maneira que é importante que a alucinação negativa se aproxime tanto quanto possível da expressão familiar "nem visto, nem conhecido", que para ser plenamente entendida deve ser vista do ângulo "não visto, não tomado", o todo resulta no efeito: "desconhecido, não a tomar". É preciso, portanto, mantendo as coisas como estão, reportar o trabalho do negativo à função de percepção do pensamento que assegura a linguagem, esperando, assim, deter o curso associativo no plano das representações de palavra – "horizontalmente", se podemos dizer assim – e imobilizar as relações entre sistemas representativos de palavra, de coisa, assim como do corpo (pulsão como "representante psíquico") e de realidade (julgamento de existência) em direção à profundidade.

Como se vê, para referir sua ação à palavra, o que se visa, no fim das contas, são na verdade as relações que se estabelecem com o corpo e com a realidade. Para compreender melhor isso, é preciso se reportar à nossa hipótese que exige distinguir entre representante psíquico da pulsão (como representação de excitações do interior do corpo chegando ao psiquismo, delegação não figurável) e representação de objeto ou de coisa (como representação figurável derivada da percepção), a conjunção das duas formando o representante-representação, o famoso *Vorstellungs-Repräsentanz*.

> A coaptação do representante psíquico como demanda corporal, mas infigurável, o movimento dessa demanda corporal, infigurável, vindo investir um traço anterior deixado pelo objeto que proporcionou a satisfação, constitui o tempo inaugural do pensamento. E é dessa ligação originária que parte a possibilidade do trabalho analítico pela transferência como relação com a fixação e com o deslocamento.[40]

Em outras palavras, a relação representação de palavra-representação de coisa, característica da atividade consciente, é tributária de uma tal coaptação, pois esta governa as relações do recalcado e determina dinamica, economica e topicamente o regime de representações inconscientes em toda a extensão de seu domínio e, portanto, através do pré-consciente, com aquilo que é representado das relações palavras-coisas. Se, como sustentei, a representação de coisa está entre pulsão e linguagem, pode-se, de forma comparável, dizer que a representação de palavra está entre os objetos representados e o pensamento. Mas, enquanto cada elemento das noções precedentes remetia a um suporte representacional que se ligava com o do nível de organização superior, o pensamento oferece a particularidade de só dispor, dentro do aparelho psíquico, do suporte material do nível subjacente a ele: a linguagem. Apresentar aqui uma concepção psicanalítica da linguagem ultrapassaria o âmbito deste trabalho, mas está claro que não se pode avançar na compreensão da natureza do processo psicanalítico sem esclarecer um mínimo de noções.

A distinção saussuriana entre palavra e linguagem, ou entre mensagem e código, parece realmente necessária e indispensável. Mais recentemente, H. Atlan propôs cindir a abordagem da linguagem em duas: a das relações cérebro-linguagem e a das relações linguagem-pensamento.[41] Contudo, não poderíamos esquecer o paradoxo que exige que passemos pela linguagem para conhecer o pensamento, mesmo que o exame da linguagem só possa nos revelar o que é da própria linguagem e que não tenhamos outro meio de conhecer o pensamento a não ser por intermédio dela. No entanto, há várias razões para se convencer de que o pensamento existe independentemente da linguagem. Resta que a ideia de Freud, que vê na linguagem a possibilidade de *perceber* os processos de pensamento, é prenhe de consequências. Trata-se menos de isolar esse nível de outros do que inscrevê-lo no prolongamento da atividade de figurabilidade. Escutar a palavra de um paciente significa "imaginarizá-lo", é, portanto, operar uma conversão imaginária para palavra a fim de extrair dela não apenas uma representação, mas uma rede de operações elevada a esse nível de inteligibilidade pela referência ao figurável, a partir de uma situação que não o é caso se continue a aderir aos fundamentos pulsionais da atividade psíquica. Mas, por sua vez, essa figurabilidade pode dar lugar a operações de uma outra natureza que não recorrem mais ao figurável. O que importa compreender é a manutenção – mesmo sob aspectos diferentes – do investimento que permite construir o sentido em todas as etapas.

O par de conceitos identidade de percepção-identidade de pensamento está presente desde os primeiros tempos da psicanálise. Mas o que se torna a identidade de pensamento se ela depende de uma linguagem-percepção do pensamento? Não há nenhuma razão para acreditar que a alucinação negativa – que, como vimos, pode afetar a experiência do corpo – se detenha às portas da linguagem porque esta é feita de uma matéria verbal. Ao contrário, há todas as razões para pensar que a linguagem, em razão de sua vocação relacional, pode ser o alvo preferencial da alucinação negativa. De fato, a linguagem é, de um lado, superinvestida pelas próprias condições da análise – a palavra analítica desenluta a linguagem, escrevíamos nós em outro lugar – e, de outro, se abre ao retorno da palavra do outro. Assim, a ação da linguagem não só se expõe na comunicação com o outro como também está exposta a esta. A fonte da linguagem é, portanto, endo e exopsíquica; seu exercício torna sensível à percepção daquilo que é da mesma natureza que seu próprio pensamento. Ela é a interface sempre ameaçada de surpresa por si mesma e por outro, e se torna, assim, objeto de excitação e de vigilância, ocasião de excitar o outro e de burlar sua vigilância.

Nas estruturas em que os diversos regimes de funcionamento são objeto de confusão e/ou de clivagem, pode-se, no momento de identificar esses mecanismos, depois de ter por muito tempo questionado o recalque, conceber que a compulsão de repetição – ou a ausência de mudança – seja produzida por processos até ali desconhecidos. Daí a não-percepção da identidade (de pensamento) entre um material produzido pelo analisando e sua interpretação pelo analista. É claro que sempre se pode questionar a pertinência ou a justeza da interpretação. Mais ainda. Em certas ocasiões, a evocação das palavras sustentadas anteriormente pelo paciente – e essa anterioridade pode não ser muito antiga – não é objeto de nenhum reconhecimento por ele. Nesse caso, a não identidade de pensamento passa realmente por um não reconhecimento de uma identidade de percepção pouco discutível. E não é sem motivos que o analista acredita em um esquecimento – isto é, em uma resistência como repetição do recalque. De fato, penso que não se deve hesitar em invocar aqui uma alucinação negativa de formas emprestadas para exprimir o sentido das palavras, que era indissociável da formulação delas antes de sua reevocação. Há toda uma série gradual de denegações que vão do não reconhecimento das palavras pronunciadas à não compreensão do sentido delas e, deste, às associações estabelecidas com esse entendimento. Além disso, a alucinação negativa pode se referir ao afeto (conotação da transferência) que servia de marcador às palavras. Ela também pode referir seu potencial denegador à presença do objeto. Às vezes, ainda, de forma mais complexa, o objeto difícil de pensar não é apenas rebelde à figurabilidade, mas se dá como uma presença infigurável, fazendo alternar (e coexistir!) o excesso de peso que ele faz recair sobre o sujeito e a facilidade com que o contato com ele se volatiliza.

Mas, por que falar aqui de alucinação negativa mais do que de representação – e dos avatares desta? Talvez se pensasse que se complicam inutilmente as coisas se não fosse preciso chamar a atenção para o fato de que a ênfase deve ser dada aqui, devido às dificuldades ligadas ao ato de pensar, menos ao domínio da atividade psíquica interna do paciente do que ao de sua relação com aquilo que o torna sensível à percepção como fenômeno de atualização, de "realização". Em suma, menos à reapresentação como novo acontecimento a considerar na ausência que permite conceber a que ele se refere do que à apresentação daquilo que, por sua própria presença, não deixa outra saída a não ser sua negativação alucinatória.

E a tarefa do analista será justamente apresentar ao paciente um outro tratamento dos acontecimentos psíquicos do qual o *setting* é o testemunho, ou seja, tratá-los como produtos a conservar transformando-os, o que lhes conferirá o estatuto de representações de transferência, disponíveis para transferências de representações. E será assim até que a própria representação possa se ausentar delas, isto é, até o ponto em que a angústia, a raiva, a impotência, as ideias de ódio e de morte – em suma, o negativismo – possam um dia chegar à fórmula que já não se esperava mais. "Você vai pensar sem dúvida que minha intenção era...". E ali, verdadeiramente, o analista não tinha pensado... ou tinha deixado de pensar que esta pudesse ser pensada assim. Sem dúvida ele sabia, mais ou menos à sua revelia, que ele seria destituído de suas funções apenas pelo pensamento do paciente que se permite ir sonhar com outra coisa.

EVOCAÇÃO DE UM DESENVOLVIMENTO CONCEITUAL

Quando abordei pela primeira vez a alucinação negativa,[42] eu propunha um modelo da dupla inversão.[43] Dedicando-me a conceber uma construção que seria menos fundada nos representantes-representações da pulsão do que nos investimentos pulsionais – hoje eu diria nos representantes psíquicos da pulsão[44] – e sugerindo a hipótese de um funcionamento anterior ao emprego do recalque, eu supunha que a combinação do redirecionamento contra a própria pessoa e da transformação em seu contrário – a dupla inversão – criava um circuito fechado, delimitando espaços opostos (internos e externos) e podendo ser concebido como uma estrutura enquadrante do espaço psíquico suscetível de recolher, de inscrever, de fazer agir entre elas as representações.

Acrescentava então que era preciso juntar a isso um mecanismo que eu chamava de decussação.

> Nessa inversão por decussação, é, de algum modo, como se a resposta esperada do objeto estivesse entranhada nesse movimento onde se intercambiam, na corrente pulsional, as posições extremas do interior e do exterior. [...] O que se constituiria, assim, é um circuito que não se reportará às propriedades do objeto, mas à resposta deste que, ao mesmo tempo mantendo o objeto em sua ausência, o delegará junto ao sujeito, *como se* fosse o objeto que efetivasse sua realização; onde se poderia ver uma operação de metáfora. Eu prosseguia comparando pára-excitação e recalque, afirmando que não há correspondência, como entre um exterior e um interior, mas [...] entre eles se realiza um cruzamento a fim de que aquilo que está no interior possa ser tratado como é tratado o que vem do exterior, com a condição, para o interior, de poder ser percebido como do exterior, *sem fusão de um e do outro*. Isso esclarece e prolonga a fórmula de Freud segundo a qual o id é o segundo mundo exterior do Eu.

O que falta, portanto, à teoria psicanalítica da percepção é sua inclusão em um espaço de inversão[45] que descrevemos para os investimentos pulsionais, englobando aí uma parte que pode ser ligada à resposta da mãe e onde propusemos uma figuração que permite compreender o trânsito exterior-interior. Contudo, o problema específico da percepção aguarda suas referências de identificação. Algumas indicações deverão ser suficientes por ora, mas sua importância não pode ser subestimada.

É preciso, antes de tudo, recordar que, para Freud, a percepção não é primeira. O que é primeiro é a atribuição ao objeto de conotações de prazer e de desprazer, com as consequências conhecidas da incorporação e do que chamei de excorporação.[46] Se há o percebido, este último é tomado em uma configuração em que aquilo que o percebido pode veicular de informação é englobado no que é acompanhado pela moção pulsional, onde o dominante se constrói em torno da modalidade *contato-movimento,* a especialização no tocar e a cinestesia herdarão. A percepção emerge desse conglomerado que inclui as esferas das relações tocante-tocado, em movimento-parado, preso-solto, em simbiose-desamparo, etc., todos recobertos pelo par contrastado prazer-desprazer, acoplado com o que eu não saberia qualificar melhor a não ser de forma muito imprecisa, *"com-sem"*, como pré-forma da futura distinção presença-ausência. Essas considerações importam apenas para a compreen-

são do que se segue. *Perceber não é conhecer, mas re-conhecer; re-conhecer é percorrer novamente a trajetória de um movimento definido por seu valor substitutivo a um tocar qualificado como desejável ou indesejável ou, em lugar disso, como aceitável ou inaceitável.*
Essas precisões talvez esclareçam meus comentários de 1967.

> A mãe é tomada no quadro vazio da alucinação negativa e se torna estrutura enquadrante para o próprio sujeito. O sujeito se edifica lá onde a investidura do objeto foi consagrada no lugar de seu investimento.[47]

Por essa definição, ampliei consideravelmente o sentido da alucinação negativa. Ela já não se confina ao registro mais ou menos regressivo das manifestações da denegação, da psicopatologia da vida cotidiana na confusão alucinatória. Seu suporte não é mais a percepção interna, mas a alucinação do processo primário que Freud torna equivalente à percepção. Essa alucinação não deve ser confundida com uma representação, embora seja lícito supor isso. Pois se trata de distinguir as manifestações do trabalho do negativo, que são o recalque, que se refere às representações ou aos afetos, e a alucinação negativa, que está relacionada à tentativa de *criar* o perceptível ou de se opor ao próprio percebido no que concerne às manifestações psíquicas internas. A alucinação negativa efetua um trabalho que impede o acesso direto à representação como incitação feita ao sujeito de levar em conta uma certa realidade que se diz no discurso do figurável, como ocorrência de um acontecimento psíquico a pensar. Sem que o cuidado seja deixado às vicissitudes do fenômeno e ao destino da representação, como no caso em que a medida defensiva se limitou à condenação e/ou ao afastamento do consciente (recalque). É por isso que a chamo representação da ausência de representação, para assinalar sua relação por vir com o pensamento. É por isso também que não há nada de surpreendente em falar dela apontando seus efeitos dentro da mesma representação, na medida em que, diferentemente do recalque, que não deixa a possibilidade de um conhecimento a não ser diferido através do retorno do recalcado, é no presente que ela cumpre sua função informativa, fazendo-nos ver como seu objeto "branqueia" e mancha dessa mesma maneira pela qual desaparece.

Não há exemplo mais eloquente que o dessas mãos negativas traçadas nas paredes das grutas neolíticas. Uma mão desenhada jamais dá a sensação de seu poder preensível e da indiscernibilidade de sua preensão, do engano da percepção e da marca que ela imprime em nosso corpo no lugar onde este percebe.

Nesse sentido, importa pouco que a distinção entre os suportes da alucinação negativa nos faça às vezes hesitar entre percepção e representação, pois o capital, ao contrário, é compreender que a "alucinação negativa (da mãe) [...] *tornou as condições da representação possíveis*".[48]

ABERTURA PARA A INVESTIGAÇÃO FUTURA

A evocação que acabamos de fazer dessas elaborações nos permite tomar consciência de que estas operam em dois quadros. Incluindo na constituição da dupla inversão a "resposta" do objeto, situamos todo o conjunto em uma dupla perspectiva: aquela que tenta apreender o que se convencionou chamar de um "funcionamento mental" e aquela que implicitamente postula uma "relação de objeto" (ainda que ela seja vista sobretudo do ângulo do narcisismo primário). Essas duas abordagens remetem constantemente uma à outra. Pois, para voltar à estrutura enquadrante, como conceber sua formação sem colocar a questão daquilo que provém de fontes perceptivas nas condições que presidem sua instalação? De fato, o quadro interno em questão não se explica apenas pela negativação das representações sobretudo visuais da presença materna, evocada pelos traços mnésicos daquilo que nela provém do que é "olhável", mas também pela transformação de dados não visuais, táteis e cinestésicos, entre outros, que vão fornecer a esse fechamento o que lhe permite "segurar" e que remete àquilo que, na criança, se sente (conforme se empregue a terminologia de Winnicott ou a de Bion) "held" (segurado-guardado) ou "contained" (contido). E é essa mesma impressão – ou esse afeto, como se preferir – que não será "percebida" de forma material figurável, mas fará com que tudo aquilo que se passa no cenário psíquico seja "segurado" junto: ligado e suscetível de criar o ligável. E, certamente, a possibilidade e a inevitabilidade do desligamento estarão incluídas nessa ligação, mas estarão englobando a perspectiva de uma religação possível. Vê-se, então, que a estrutura enquadrante não é perceptível enquanto tal, mas somente através das produções às quais dá lugar o quadro, que permanece silencioso, invisível, "imperceptível" de outro modo que não por referência à dimensão da latência. Ei-nos confrontados com a aporia das matrizes simbólicas do pensamento.

Como não dizer que lá se encontra, para nós, a profunda justificação do *setting* analítico, de sua necessidade assim como de sua função de revelador do *setting* interno que preside os destinos das esferas perceptivas e representativas? Pois é, de fato, na relação percebido-representado que se desenvolve toda a dimensão do que Lacan chamava de não especularizável que, evidentemente, nada mais é senão o pensar.

As relações entre o de dentro e o de fora devem ser pensadas em relações ora exclusivas de um com o outro, ora submetidas à interpenetração recíproca, ora apenas tangenciais. Todas as situações hipotéticas que nos permitem sair da fatalidade linearizante das relações ligam habitualmente a percepção e seu objeto. Não é menos forte a ligação que une o destino da percepção à consciência, até no próprio Freud. Mas basta se deter um momento para constatar sua inadequação, quer se invoquem limiares de atividade psíquica aquém da consciência (e se pensa aqui nas "apercepções" desde Descartes e

Leibniz até Husserl), quer se proceda à assimilação da percepção ao entendimento em germe. Não é uma outra maneira de fazer justiça ao agrupamento operado por Freud, cobrindo o campo que vai das sensações internas ao pensamento? E não há dúvida também de que a fenomenologia moderna preferiu redistribuir as cartas da problemática, preferindo, a qualquer outra, a ideia de "aparições" (à consciência) que acaba com as divisões tradicionais entre percepção, representações e, mesmo, alucinações. Essas distinções terminológicas seriam desprovidas de fundamento? Deixando para trás o critério da atividade consciente, proporemos, antes, examinar a qualidade perceptiva do ângulo do "tornar presente a si", o que infere uma forma de existência não restrita à consciência, uma implicação de mudança de estado e uma pluralidade de modos de existência alternando-se uns aos outros, sem ligá-los a um fenômeno "consciente". Com isso, se compreenderá que a tese central de Freud é, ao mesmo tempo, confirmada e recusada. Confirmada por aquilo que é a postulação de uma latência indefinidamente renovada, a fim de que a presença a si possa advir na plenitude necessária para se colocar como exterioridade definível enquanto tal, e recusada por essa manifestação que remete também a uma interioridade, sempre prestes a vir "se imiscuir na conversa". A "presença a si" é necessária para dar conta dessa transformação que permite julgar o que é, não somente em razão da dimensão de ausência que ela recobre implicitamente e à qual remete de forma obrigatória, mas também porque essa "apresentação" convoca os elementos que entram em jogo nas formas elementares do conhecimento e, particularmente, a divisão entre o que há para conhecer e isso graças ao que existe do conhecível.[49]

Assim, nós teremos nos livrado dessa relação de imediaticidade sobre a qual se obstina a experiência perceptiva, opondo-se à discursividade do entendimento. A percepção é discursiva, assim como o pensamento requer se tornar perceptível para "se" pensar. E é também, sem dúvida, o que explica a renovação do interesse pela percepção – vista do ângulo do investimento –, seja em psiquiatria (R. Angelergues) ou na teoria psicanalítica (C. e S. Botella).[50]

Essas orientações são plenas de consequências, pois levar em conta a percepção remete a várias considerações essenciais. Algumas são conhecidas desde sempre; elas são lembradas apenas para se situar dentro do conjunto que, só ele, as torna inteligíveis. Recordemos, a título de indicação, os dados que remetem à distinção Eu-não Eu, dentro-fora (tão eloquentemente traduzido na fórmula dos Botella "somente dentro, também fora"), subjetivo-objetivo, etc. Essas oposições subentendem o que a teoria recobre das relações percepção-representação supondo a precedência, discutível, da primeira sobre a segunda. É o que assinala a relação com a materialidade insistente da referência ao objeto da percepção, oposta ao esvanecimento impalpável da representação. A essas noções clássicas, a psicanálise acrescentou novas propriedades. Primeiro, a dominante "mimética" da atividade psíquica que se exprime na "equivalência" perceptivo-alucinatória. Em seguida, a propriedade negativante que pode modificar, transformar e mesmo suprimir a percepção que ameaça suscitar um desprazer; enfim, a convertibilidade tanto entre os diversos registros da percepção (externa-interna, remetendo ao corpo ou ao pensamento) quanto entre percepção e representação. Foi o que desenvolvemos ao longo destas páginas. No fim das contas, o fundamento a que remete a atividade perceptiva é justamente o *investimento*, pois ele é o único que explica tanto a fascinação perceptiva do Eu em busca de objeto, imantando sua atividade por encontrar ali a falta à qual a existência mesma do objeto responde,[51] quanto a maneira como a dor pode, segundo a expressão de Freud, "arrancar o aparelho psíquico à percepção". Essa imagem tão impressionante do "arrancamento" nos dá a medida da importância da visão bipolar da atividade psíquica. Esta não é apenas compartilhada entre o Eu e seu outro (o objeto, o id, o supereu), mas vê, também, se repetir essa partilha dentro da imediaticidade mais profunda que habita a experiência do Eu, como implica a referência à "presença a si". Relação com o objeto indicando, sem nomeá-la, a polaridade complementar graças à qual uma relação é pensável – reflexividade própria entre percebente e percebido, assim como entre representante e representado, encontramos aqui todos os subentendidos que habitam as definições da psique, com a condição de não se confundirem os produtos da duplicação com a representação no sentido clássico que desemboca em uma teoria do ilusório que só pode concluir pela inanidade de seu próprio procedimento. Ilusão em que não cai, por exemplo, um Winnicott defendendo a ideia do paradoxo insuperável que divide (e reúne) o sujeito entre objeto subjetivo e objeto objetivamente percebido. E será, finalmente, para compreender a função atribuída no tratamento à linguagem que fala da coisa e dele mesmo em uma única ação, que está ligada à consciência e às suas representações e que – sem jamais sofrer sua influência direta e sempre por meio do desvio da representação de coisa consciente – entende as ressonâncias e os harmônicos desta ou do que pode ser transmitido pelo funcionamento de uma tal estrutura, das emanações representativas do inconsciente, deixando antever – outra forma de presença a si – as ondas que vêm do id e mesmo aquém do soma, assim como a consciência reproduz, em seu funcionamento mesmo, uma parte do real.

A divisão do sujeito tem seu fundamento na diversidade que caracteriza o aparelho psíquico. A experiência perceptiva que parece o suporte mais irrecusável da imediaticidade não resiste à ilusão solipsista e unitária que subentende seu aparecer. Na falta de ter a clara concepção de sua duplicação constitutiva, ela faz, no entanto, a experiência, através de sua negativação na alucinação negativa, do que mantém o sujeito dividido entre afirmação e denegação, presença e ausência, investimento e desinvestimento.

NOTAS

1. J. Breuer e S. Freud, *Études sur l'hystérie*, trad. A Berman, PUF, 1956, p. 18. Breuer não atribui a mesma significação ao fenômeno, sendo sensível sobretudo ao aspecto de ausência deste.
2. Cf. C. Coucreur, "L'illusion d'absence. Hallucination négative et hallucinatoire négatif", F. Duparc, "Nouveaux développements sur l'hallucination négative et la représentation", Conférence à la Societé Psychanalytique de Paris. Esses dois trabalhos, que se apoiam em nossas publicações anteriores, serão utilizados aqui. Ver o nº 1, de 1992, da *Revue française de psychanalyse*, p. 85-100 e p. 101-121.
3. Cf. *La naissance de la psychanalyse*, trad. A. Berman, PUF, 1956, e "Nouvelles remarques sur les psychonévroses de défense", in *Névrose, Psychose, Perversion*, trad. J. Laplanche, PUF, 1973.
4. "Nouvelles remarques", p. 61.
5. *Cinq psychanalyses*, trad. M. Bonaparte e R. Loewnstein, PUF, 1970, p. 267.
6. *Loc. cit.*, p. 314. Sabe-se que esse "mais tarde" não virá nunca, pois Freud destruiu o estudo sobre a projeção que devia figurar na Metapsicologia, sem voltar ao tema tratando-o a fundo.
7. *La naissance de la psychanalyse*, p. 338.
8. A possibilidade que tem uma carga de desejo de produzir uma alucinação é a primeira intuição de Freud sobre o que é um processo primário.
9. Ele foi abundantemente retomado e desenvolvido pelos trabalhos de S. e C. Botella e, particularmente, em "La problématique de la régression formelle de la pensée et de l'hallucinatoire", in *La psychanalyse: question pour demain*. Monographies de la Revue française de psychanalyse, 1990.
10. S. Freud, *Œuvres complètes*, PUF, XIII, p. 253.
11. *Loc. cit.*, p. 255. A se considerar a prova da realidade como terceira experiência crucial ao lado daquelas introduzidas pelo *Esboço*, satisfação e dor, fica claro que a alucinação negativa se situa entre dor e realidade.
12. "Uma tal retirada pode se alinhar aos numerosos processos do recalque", *loc. cit.*, p. 257.
13. As aspas são de Freud.
14. *Nouvelles conférences d'introduction à la psychanalyse*, XXIe Conférence. "Décomposition de la personnalité psychique", trad. Rose-Marie Zeitlin, Gallimard, 1984, p. 104-105.
15. S. Freud, "La perte de la réalité dans la névrose et la psychose", *Œuvres complètes*, XVII, p. 35-42.
16. S. Freud, "Le fétichisme", in *La vie sexuelle*, trad. J. Laplanche e colaboradores, PUF, 1970, p. 134.
17. *Ibid.*
18. Cf. H. Ey, *Études psychiatriques*, t. II, Étude n. 16, Desclée de Brouwer, 1950, p. 427-451.
19. J. Mc Dougall, *Théâtres du Je*, Gallimard, 1982, cf. sobretudo cap. V e VII.
20. *Nouvelles conférences d'introduction à la psychanalyse*, p. 81.
21. "L'hallucination négative", *L'Évolution psychiatrique*, 1977, 42, p. 645-656. Cf. *infra* Anexo 2. Na verdade, não era a primeira vez que eu "me atacava", segundo a expressão de Freud, essa questão. Eu já havia expressado meus pontos de vista em "L'objet a de J. Lacan, sa logique et la théorie freudienne", *Cahiers pour l'analyse*, nº

3, Le Seuil, 1965, e havia proposto uma modelização em "Le narcissisme primaire, structure ou état", publicado em 1966-67 e reproduzido em volume em *Narcissisme de vie. Narcissisme de mort*, éditions de Minuit, 1983.
22. S. Freud, *Œuvres complètes*, *loc. cit.*, t. I, p. 83.
23. Nas considerações sobre os relatos "Chier *sur* Dieu", "Chier *pour* Dieu", *loc. cit.*
24. Uma associação que se refere a um dedo a mais e que aparece no contexto de um relato suplementar (já contado): redobramento da denegação?
25. A. Green, "Travail psychique et travail de la pensée", in *Revue française de psychanalyse*, 1982, XLVI, p. 419-430.
26. Itálicos meus. "L'hallucination négative", *L'Évolution psychiatrique*, 1977, t. XLII, p. 650, ver *infra*, anexo 2.
27. *Moisés e o monoteísmo*.
28. C. Janin, "L'empiètement psychique: un problème de clinique et de technique psychanalytique", *La psychanalyse, questions pour demain*, p. 151-160. PUF, 1990.
29. Título da obra de H. Hecaen e de J. de Ajuriaguerra.
30. R. L. Gregory e J. C., em *La fonction du regard*, éditions INSERME.
31. *Nouvelles conférences d'introduction à la psychanalyse*. XXIXe conférence, *loc. cit.*, p. 25.
32. A. Green, "Le langage dans la psychanalyse", in *Langages*, Les Belles Lettres, 1984.
33. Cf. *The Freud-Klein controversies 1941-1945*, edited by Pearl King and Ricardo Steiner, Tavistock Routledge, London, 1991.
34. Cf. J. Lacan, "Au-delà du principe de réalité" (1936) em *Écrits*, Le Seuil, 1966, p. 73 et sq.
35. *L'inconscient*, Colloque de Bonneval de 1960, publicado sob a direção de Henri Ey e Desclée de Brouwer, 1965, p. 143.
36. P. Marty. M. de M'uzan, C. David, *L'investigation psychosomatique*, PUF, 1963.
37. Não se poderia esquecer o monumental *Traité des Hallucinations,* de Henry Ey, Masson, 1973, coroamento de sua obra e ápice do saber de sua época. A homenagem que prestamos a ele foi justamente nosso trabalho sobre *L'hallucination négative*, que traz como subtítulo "Note pour un addendum au Traité des hallucinations".
38. Nós propusemos um modelo da gênese – fundada em deduções hipotéticas – da função perceptiva em nosso trabalho "Méconnaissance de l'Inconscient", in *L'inconscient et la science*, editado por R. Dorey, Dunod. 1991. Remetemos o leitor a ele.
39. Ver nos *Escritos* os comentários sobre o relato de D. Lagache.
40. A. Green, "Pulsions, psyché, langage, pensée", in *Revue française de psychanalyse*, 1988, p. 493. Ver também "La représentation de chose entre pulsion et langage", *Psychanalyse à l'université*, 1987, n. 12, p. 357-372.
41. H. Atlan, "L'émergence du nouveau et du sens" em *L'auto-organisation*, sob a direção de P. Dumonchel e J. P. Dupuy, Le Seuil, 1983.
42. Pouco depois de ter assinalado sua importância em uma intervenção no seminário de Lacan, em 21 de dezembro de 1965. Cf. "L'objet a de Jacques Lacan, sa logique et la théorie freudienne; convergences et interrogations", in *Cahiers pour l'analyse*, nº 3, Le Seuil.
43. Cf. *Narcissisme de vie. Narcissisme de mort*, Minuit, 1982, p. 177 et seq. Publicação original em 1966-1967. Esse avatar do trabalho do negativo me dá a oportunidade de esclarecer que utilizei uma expressão próxima (momento negativo) pela primeira vez em 1960, na discussão do relato de J. Laplanche e S. Leclaire sobre o inconsciente nas Jornadas de Bonneval de 1960. Cf. *L'inconscient*, *loc. cit.*

44. Ver A. Green, "La représentation de chose entre pulsion et langage", in *Psychanalyse à l'Université*, 1987.
45. Um trabalho de Guy Lavallée, "La bouche contentante et subjectivante de la vision" postula um processo comparável fundado da visão da introjeção e da projeção. (Comunicação pessoal).
46. Cf. A. Green, "La projection", in *La folie privée*, Gallimard, 1990.
47. Le narcissisme primaire: structure ou état. Reproduzido em *Narcissisme de vie. Narcissisme de mort, loc. cit.*
48. *Loc. cit.*, p. 127.
49. Cf. A. Green, "Méconnaissance de l'Inconscient" em *L'inconscient et la science*.
50. Que o primeiro tenha feito um longo desvio pela psiconeurologia antes de voltar à psiquiatria dá ainda mais peso ao seu procedimento. E que os segundos se esforcem por apreender o que recobre o conceito de figurabilidade como "figura" comum à representação e à percepção deve ser destacado.
51. C. Botella, "Sur le statut métapsychologique de la perception et de l'hallucination". S. Botella, "Le statut métapsychologique de la perception et la irreprésentabilité", *Revue Française de Psychanalyse*, 1992, t. LVI. Intervenções na jornada de estudos de 17 de janeiro de 1991, organizada pelo Centre R. de Saussure, em Genebra. Comunicação pessoal. "O sujeito percebente é afetado para sempre pelo fracasso da solução alucinatória, pela marca de sua própria existência no objeto perdido da satisfação."

8

A sublimação: do destino da pulsão sexual ao serviço da pulsão de morte

> First to possess his books; Remember for without them
> He's but a sot, as I am, not hath not
> One spirit to command: they all do hate him
> As rootedly as I. Burn but his books.*
>
> Shakespeare, *The Tempest*, III, II, 90-93

Nas aquarelas de Cézanne, acompanhando a evolução do pintor, a parte deixada em branco vai aumentando na obra. O que dizer? Que o branco do suporte é utilizado como uma cor ausente da paleta, mas encontrada ali mesmo, "no local de trabalho", pronta para entrar na composição? Ou então que esse branco, verdadeiro buraco na aquarela ou "branco do olho" do olhar do pintor, vem figurar aqui, à maneira de uma alucinação negativa, a representação da ausência de representação? Ainda que minhas preferências pendam para essa última solução, talvez se trate, no entanto, de uma mistura das duas. O fato é que esse branco se funde no conjunto, perde o privilégio da ausência de cor que ele designa em relação aos outros toques multicores e contribui para dar a impressão ao mesmo tempo da luz ofuscante das paisagens do campo de Aix em pleno verão, do calor sufocante da vida natural e da transparência no nível da aquarela, que se torna comparável à mais fina das rendas de Flandres.

Aix en Provence. 1990

UM DESTINO DE PULSÃO NÃO TRATADO

"A teoria das pulsões é nossa mitologia": que psicanalista desconhece a frase? Ela é eloquente, aberta a comentários opostos. Como toda mitologia, ela apresenta o problema de enunciados contraditórios dos quais se procura

---

* N. de R.T. Mas, primeiro, é preciso que te lembres de lhe tomar os livros, pois, sem eles, é um palerma como eu, já não dispondo de espírito nenhum sobre que mande. Todos, como eu, lhe têm ódio entranhado. Basta queimar-lhe os livros. (Disponível em: http://p.download.uol.com.br/cultvox/livros_gratis/tempest1.pdf)

tornar o conjunto coerente. O que se refere à teoria das pulsões pode-se dizer ainda do destino das pulsões, que é a sublimação. A ideia de que as pulsões têm um "destino" destrói na origem a concepção de uma expressão direta delas por uma simples passagem do estado quiescente ao estado ativado. De resto, o postulado principal da pulsão, a excitação *contínua* que a anima, faria imaginá-la como uma fonte inesgotável exercendo sua atividade, seu impulso, sem descanso. Uma pulsão só pode cessar desde que sua demanda seja satisfeita e no momento em que essa satisfação aquieta o Eu (momento muito aleatório, pois ocorre de o desejo recomeçar de novo logo que a satisfação é obtida). Mas o caso mais frequente é aquele em que a pulsão deve se transformar, sofrer um destino. E é desse lado que a mitologia poderia reaparecer.

Recorda-se que Freud nomeia – e a ordem da nominação está longe de ser sem significação – quatro destinos: a transformação em seu contrário, o redirecionamento contra a própria pessoa, o recalque e a sublimação. Reuni os dois primeiros sob a denominação de *dupla inversão*, extraindo do texto de Freud a ideia de que esses mecanismos aconteciam *antes* do recalque. Hoje, eu tenderia a juntar também os dois últimos – recalque e sublimação –, a ligação existente entre eles me parecendo de natureza dialética. O recalque, como seu nome indica, empurra os derivados pulsionais (representantes) nas profundezas, até dar a impressão de que aquele que sofreu essa sorte nunca foi, enquanto a sublimação "conserva superando"; em outras palavras, por meio de uma espécie de decantação ou de "volatilização" (transformação do estado sólido ao estado gasoso), a satisfação reaparece sob uma forma dissimulada e aceitável, desde que tenha abandonado seu estado originário, isto é, rompido suas ligações primeiras, e que ela se baste de gratificações menos diretamente sexuais. Pode-se sugerir que sublimação e espiritualização são sinônimos? Creio que sim, não somente em relação à purificação moral, que é indiretamente visada aqui, mas também no sentido em que se fala de espírito do sal, da madeira ou do vinho.

Um comentário se impõe: *Pulsões e destino das pulsões* só fala praticamente dos dois primeiros modos, cuja unificação eu nomeei de dupla inversão. *O recalque*, tratado no estudo seguinte da *Metapsicologia*, tem direito a um capítulo só para ele. Já a sublimação não será estudada à parte. Sabe-se que Freud, provavelmente descontente com o resultado, destruiu seu manuscrito, deixando para mais tarde satisfazer nossa curiosidade. Assim, a metapsicologia foi privada para sempre da sublimação como da projeção.

INSISTÊNCIA DA SUBLIMAÇÃO

Sublimiert já tinha aparecido na escrita de Freud; em *Dora*, primeiramente: a ideia, na origem, é a de uma derivação ou de um desvio[1] em favor da civilização. Se a neurose é o negativo da perversão em um plano individual, no nível coletivo a cultura seria o negativo da natureza, no sentido em que esta última poderia ser compreendida como espontaneamente perversa. À ideia do bom selvagem, Freud opõe a criança perversa polimorfa; contudo, essa perversão natural é inocente, o recalque se instalando tanto sob a influência do objeto quanto do interior do sujeito. Pode-se dizer que é o objeto que tornará o sujeito consciente da perversidade que seria ligada a ele, esta se exercendo na origem "naturalmente". Mas é a ideia de civilização que se deve reter aqui, pois ela está presente em Freud desde as origens, sem mesmo que ele tenha a teoria que permita pensá-la, e que só abordará mais tarde. É interessante que seja a propósito de um texto sobre a histeria – e, portanto, potencialmente sobre a *conversão* – que Freud defina a sublimação como um destino de pulsão. Aqui Freud fala de "edições revistas e corrigidas" – sem dúvida nenhuma, emendadas e expurgadas – e não de "reimpressão".[2] Transferência, como repetição transformada e censurada. Quando a civilização não é citada em primeira linha, é a arte que a substitui. Há uma ligação metonímica entre arte e civilização para Freud. Pois a beleza não pode desmentir sua relação com o gozo; este seria o produto de transformação da passagem do objeto parcial genital, dispensador de satisfação limitada, ao corpo inteiro; prêmio de prazer concedido a essa bela forma, esteticamente admirável. Observemos o papel prevalente da visão nessas primeiras reflexões.[3]

Pode-se extrair desses comentários a ideia de desvio ou de derivação, devido à influência civilizadora, de uma pulsão, originalmente sexual, que é levada a se deslocar quando se transporta ao campo social, e a se modificar em consequência, de tal maneira que não possa mais se exercer cumprindo sem freio suas metas sexuais. Freud será forçado a voltar a isso quase 30 anos depois em *Mal-estar na civilização*, sem que possamos dizer com isso que ele tenha respondido à nossa expectativa. De fato, há duas maneiras de abordar a sublimação. A primeira, aquela que procede (teoricamente) de forma progrediente: a sublimação é uma vicissitude pulsional, um dos avatares da pulsão. Ainda que o peso da influência cultural seja tamanho que não se imagina como se poderia escapar a ela. A segunda, ao contrário, se inspira em um procedimento regrediente; por trás das expressões valorizadas pela cultura, vislumbram-se traços da atividade pulsional que o pensamento coletivo terá tornado inaparentes.[4] Na verdade, a síntese dos dois procedimentos poderia levar a duas conclusões:

1. a pulsão está *na origem* de todas as atividades psíquicas, não somente individuais, mas também sociais;
2. as atividades sociais mais aparentemente distantes das pulsões contêm *o traço das transformações* destas.

Tais são as posições de Freud, se não as de todos os seus sucessores. É justamente em relação ao recalque que a sublimação deve ser situada. A saber, como destino de um certo contingente pulsional que teria escapado *parcialmente* à sua ação. Não se subtrai ao recalque como a uma ação única, mas também quando dos retornos do recalcado suscetíveis de "deixar passar" o recalcável. É necessária uma transformação para escapar à atenção dos censores: o deslocamento para uma meta não sexual e para objetos de valor social elevado. Vamos reter essa definição *negativa*: uma meta não sexual. Pode-se chegar a dizer *antissexual*? Eu acreditaria nisso facilmente, pois Freud utiliza como argumento sobretudo a arte e a curiosidade intelectual, embora devesse pensar também na cobertura religiosa de muitas dessas atividades, pelo menos no passado. Não ou anti, a marca do negativo é pouco contestável. Quanto à valorização social, como não assinalar aqui que o social que decorre do "processo civilizador" também está submetido à pressão ética que encontrará seu nome mais tarde, com o superego?

O grande texto sobre a sublimação – não somente como destino de pulsão, mas igualmente como desvendamento desse mesmo destino – é *Leonardo da Vinci e uma lembrança de sua infância*. O caso do pintor permite examinar de maneira privilegiada as relações entre a arte e a investigação intelectual. Ao lado dos avatares do pensamento (a sexualização deste e a inibição a agir), já descritos na origem do sintoma obsessivo, os efeitos da sublimação permitem descobrir mecanismos próximos no mesmo campo. Uma parte da libido se subtraiu ao recalque: "sublimando-se desde o início em avidez de saber e se associando à potente pulsão de investigação, enquanto reforço".[5] A sexualidade toma conta do pensamento, ela se modifica no gozo parcial do olhar e submete este último ao deslocamento intelectual que assegura o domínio e a segurança do saber. O objeto que estava só afastado do olhar se dissolve em uma exploração que faz esquecer as primeiras excitações pelas quais ele se manifestou.

É justamente essa ideia de sublimação "desde o início" que implica uma dessexualização imediata – como se esse sacrifício fosse necessário para salvar uma parte da libido, modificando-a. O desejo sexual se transforma em avidez de saber. Será que por uma referência comum à ideia de "possuir" [*posséder*] o objeto – de outra maneira? Fala-se de dominar seu tema [*"posséder" son sujet*] para se referir a um trabalho intelectual. Pode-se invocar aqui uma repetição do movimento regressivo da pulsão sexual, refluindo até os pares contratados voyeurismo-exibicionismo, sadismo-masoquismo? A avidez de saber não seria estranha ao par voyeurismo-sadismo – a epistemofilia tomando o lugar da escopofilia e o desejo de domínio o da dominação sádica.

"Desde o início" levaria a pensar em uma espécie de bivalência pulsional que pende ora para o desejo sexual libidinal, ora para o seu negativo: a sublimação.[6] Já é possível, em uma tal oposição, pressentir a seguinte: a sublimação-dessexualização constituiria a maneira de ser de uma pulsão adversa da sexualidade. Mas, na época, em 1910, Freud ainda não suspeitava da existência dela, inteiramente ocupado em inscrever a sublimação no percurso evolutivo da pulsão sexual. Pode-se objetar que "deslocamento" para metas não sexuais não equivale a uma dessexualização? Freud não se explica muito claramente sobre isso antes da segunda tópica. Ele queria manter a sublimação no quadro dos destinos da pulsão sexual; não se pode considerar que seu estudo sobre Leonardo permita supor isso quando ele sustenta que o desejo de saber inibiu a atividade pictórica, inegavelmente mais sensual, embora Leonardo a tenha pretendido inteiramente "*cosa mentale*".

Toda questão reside nesses últimos comentários. De um lado, a sublimação aparece como um destino da pulsão sexual, uma forma depurada que tem seu lugar entre outros destinos possíveis, mas que permanece no patrimônio de Eros; de outro lado, está na contraparte adversa que, longe de servir às suas metas, se alinha ao lado das forças que são antagônicas a elas. O paradoxo não é facilmente superável, e é esse percurso que a obra de Freud (produto de sua sublimação!) seguirá.

REVERBERAÇÕES DA SUBLIMAÇÃO

Pensemos no romance de S. Zweig, *Confusão de sentimentos*. Um professor reflete sobre seu passado por ocasião de seu sexagésimo aniversário e de seu trigésimo ano de professorado – contemplando o *Festschrift* que lhe foi consagrado, em que sua obra e sua vida parecem ser apenas uma. Aparentemente, pois há um segredo bem guardado, o da influência que deveria marcar com seu impulso toda a sua vida intelectual.

Pouco inclinado aos estudos e moderadamente atraído em sua juventude pela filosofia, que se tornaria mais tarde a companheira de seus dias, ele iniciara sua vida de estudante em Berlim, entregando-se aos prazeres da cidade grande, que suplantavam em muito os do estudo. A atração pelas mulheres tinha a maior parcela nisso, no clima de liberdade recém-adquirido da vida estudantil. Por ocasião de uma visita inopinada de seu pai, eis que a vida boêmia é desvendada e o veredicto das notas não comunicadas até então não deixa nenhuma dúvida quanto ao emprego do tempo do rapaz. A hora das decisões paternas soou: é o fim da permanência em Berlim, a matrícula em uma pequena cidade universitária de província, com raras distrações, tanto mais que os estudos ali são estritamente vigiados. O professor do lugar coordena um seminário em que conhece pessoalmente cada um de seus alunos. Ele até se oferece para hospedar o rapaz. Contudo, novas alegrias aguardavam o estudante. Professor excepcional, o Mestre é fascinante para espíritos jovens que tudo o que querem é ser galvanizados por seu dinamismo. Ele fala de Shakespeare com uma paixão ardente. O teatro se torna arena, "*circus maximus* em que as bestas-feras do pensamento se precipitam umas contra as outras transtornadas de fome".[7] No teatro elisabetano, tal como o descreve o professor, "o tumulto desenfreado de todos os instintos humanos celebra sua tórrida orgia". Naturalmente, os alunos bebem tudo o que sai da boca preciosa do mestre. Como não subscreveriam suas palavras sustentando que "todo espírito vem do sangue, todo pensamento da paixão, toda paixão do entusiasmo"?[8]

O jovial berlinense de outrora se converteu. Aderiu à literatura inglesa como à religião. Ele é não apenas o hóspede do professor como também seu secretário voluntário, escrevendo a obra que este vai lhe ditando e que sempre se prometeu publicar sem chegar a fazê-lo. O estudante se torna, por força das circunstâncias, como que o filho da família, partilhando as refeições do casal professoral que, aliás, não tinha herdeiro. A esposa do professor, de uma discrição exemplar, quase não é notada. Um dia, quando decide se dar uma folga e se dedicar ao seu esporte favorito, a natação, ele repara em uma mulher que produz nele um efeito dos mais excitantes. A vida parece ter voltado a esse corpo enferrujado pela inércia da existência estudiosa. Ele segue a mulher, alcança-a, acompanha-a até sua casa até se dar conta, no final, que ela não é outra senão a esposa do professor que ele nunca observara. Treme só de pensar em ser denunciado, em perder o amor do ser "sublime" (sic) que é o professor, quase sempre austero, sombrio, mas, sobretudo, extremamente reservado.

Esse homem misterioso desaparece de tempos em tempos por alguns dias, ninguém sabe para onde ele vai e nem o que faz. As ausências dele o deixam ardentemente saudoso. Logo o trabalho compromete a saúde do rapaz. Ele teria adoecido se a jovem mulher não o tivesse chamado de volta para as realidades de sua idade. Ele se vê dividido entre o amor ao seu professor e a afeição de e por sua mulher. O leitor não tem nenhuma dúvida sobre a natureza amorosa dos sentimentos do estudante. Uma noite, quando o trabalho chega a uma etapa importante de seu percurso, o professor se mostra mais caloroso em relação ao estudante, mas o estudante se esquiva, sentindo-se espreitado pela mulher. Ei-lo atingido pela febre. Após essa aproximação frustrada, o professor desaparece de novo por alguns dias, enquanto seu discípulo é objeto da solicitude materna de sua mulher. Ele decide (sob o impacto da decepção da partida do professor) ir se divertir também – sem muito êxito. Um novo dia no campo e se ata decisivamente o idílio latente entre o estudante e a mulher. Nessa ocasião, ele fica sabendo da castidade que reina nas relações do casal. O professor retorna, e o aluno, tomado de remorso, quer ir embora. O leitor constata então com surpresa que o professor não vê motivo para condenar esse adultério. Finalmente, vem a confissão: o professor também ama o aluno. A homossexualidade suspeita é agora revelada. Em uma confissão comovente, o professor conta sua vida e a sua conduta se esclarece. O amor que o professor experimenta naturalmente por seus alunos era de fato pederastia, propensão que ele sacrificava durante suas escapadas para resistir às tentações que seus alunos despertavam. Na hora do adeus, no momento de se despedir, o estudante recebe do Mestre um beijo apaixonado: "seus lábios pressionaram avidamente os meus em um gesto nervoso, e em uma espécie de convulsão trepidante ele me apertou contra seu corpo. Foi um beijo como eu nunca tinha recebido de uma mulher".[9]

Embora o romance de Zweig dê hoje uma sensação de anacronismo, a despeito da habilidade do autor e de seu sentido de suspense – na verdade, um pouco gasto para os nossos contemporâneos –, ele tem pelo menos o mérito de levantar questões que, por serem tratadas de forma mais aberta atualmente, nem por isso estão superadas. Elas guardam seu peso de verdade e se aplicam bem à problemática da sublimação, cujas falhas revelam os componentes recalcados.

Confusão de sentimentos: entre sublimação (para o teatro elisabetano) e homossexualidade sublimada (Shakespeare e o professor); entre homossexualidade sublimada e homossexualidade agida (o estudante e o professor), mas também entre heterossexualidade sublimada (o embate esportivo com a jovem mulher) e heterossexualidade transgressiva (o adultério), entre homossexualidade inconsciente e heterossexualidade consciente. Em cada um desses aspectos se encontra o recalque e aquilo que da pulsão lhe escapa ou se evade, o sexual, seus deslocamentos para metas não sexuais e finalmente a dessexualização. O excesso da sublimação desvia da vida e de seus prazeres, eróticos sobretudo. Sem a intervenção da esposa do professor, o estudante provavelmente teria sucumbido à doença. Mas é também a sublimação da homossexualidade do aluno em relação ao professor que corrói o rapaz, que o atormenta sem que ele tenha consciência do que está acontecendo com ele e faz temer aqui uma doença psíquica. Após essa leitura, não se surpreende mais com as afinidades entre Stefan Zweig e o "cher professeur" Sigmund Freud. Pode-se, com isso, esquecer o suicídio final do autor, que as explicações de ordem política talvez não ajudem a esclarecer suficientemente?

"NEGSEXUALIDADE"

Como se assinalou, o conteúdo das ideias relativas à sublimação preexistia à psicanálise. Sua conotação religiosa, abertamente exprimida em certos casos, e ética em todos os casos, situa-a no domínio da purificação moral. Purificação, e não purgação como no caso da catarse. Elevação, e não transe. O que é que se desprende do solo, se eleva e em direção a quê? É a terra que se abandona – e seu detrito, o do corpo animal, sua lama e seu chiqueiro. É o céu que, tal como o orante, se implora, tentando encontrar as forças etéreas, os deuses de cima. A psicanálise faria apenas parafrasear a ideologia? Talvez o que exista de mais específico na concepção psicanalítica tenha a ver com a origem desse mecanismo. Em primeira aproximação, atribui-se à problemática pós-edipiana – na qual a intervenção do supereu é fundamental – o papel decisivo naquilo que se poderia chamar sem erro de "conversão" em direção ao espírito. Mas não de sublimação, tampouco sem perversão prévia. Não de sublimação sem substituição da problemática anterior por uma ideologia social mais ou menos desenvolvida. De fato, a tendência é se indagar sobre a constituição de valores "civilizadores" ou simplesmente sociais. Um fio liga o pensamento de Freud, que encontra sua fonte desde o *Esboço*, torna-se aparente com os *Três ensaios sobre a teoria sexual*, prossegue até *Mal-estar na civilização* e chega a *Moisés e o monoteísmo*. E esse fio que a teoria criou é estendido entre o objeto primário, o seio da mãe, e aquilo que Freud chama de progresso na vida da mente, pelo qual é ao pai, ao intelecto, que se confere a primazia. No meio desse percurso, o supereu, precedido de seus incontornáveis prolegômenos: a pulsão de morte.

Muitos autores que escreveram sobre a sublimação preferiram se ater às primeiras formulações de Freud – digamos, aquelas expostas no *Leonardo*. Alguns prosseguiram até *Mal-estar*, sem entrar na polêmica da última teoria das pulsões, contentando-se em caracterizar os efeitos da civilização, do recalque das pulsões exigido pela cultura. As relações da sublimação com a pulsão de morte raramente são objeto de comentários detalhados. Certamente, pode-se situar a sublimação de maneira comparativa e diferencial em relação a outros mecanismos psicanalíticos: a formação reacional, a pulsão com meta inibida, mas se chega rapidamente à conclusão de que o problema é outro. Como observa Jean Laplanche, "não resta no sublimado *nem* o objeto, *nem* mesmo a fonte da pulsão, embora se suponha que possamos encontrar, finalmente, apenas a 'energia sexual' [...] ela mesma 'dessexualizada', desqualificada, colocada a serviço de atividades não sexuais".[10] Eu tenderia a qualificar a sublimação de *"negsexualidade"*, do mesmo modo que se diz neguentropia.

FUNÇÃO DO IDEAL – SUPEREU – SUBLIMAÇÃO

Em um estudo já antigo,[11] abordei o problema da dessexualização e de suas relações com a pulsão de morte do ângulo da função do ideal. Parece que desde a segunda contribuição ao estudo da psicologia amorosa (*Sobre a tendência universal à depreciação na esfera do amor*, 1912), Freud chega a pensar que a pulsão sexual sofre o efeito de um *fator intrínseco a ela mesma* que impede sua plena satisfação. Em outras palavras, o recalque não explica tudo. Encontra-se em suas notas póstumas de junho de 1938 um comentário inteiramente análogo. A função do ideal, base sobre a qual se edifica o supereu, poderia estar ligada ao fenômeno em questão. Ela atribui mais valor à renúncia à satisfação pulsional do que a esta última. Não há nada que os religiosos temam mais do que o pecado do orgulho; a transgressão comparada a ele é apenas um pecadilho que se supera com certa facilidade, a culpa ajudando. O perdão presta aqui serviços indispensáveis, livrando, entre outras coisas, da obstinação de considerar seus próprios pecados como irremissíveis. Que rigor!

O exame atento da questão da sublimação em *O eu e o id* ressitua-a dentro de um conjunto marcado por uma série de transformações. Em outras palavras, a rede compreende o narcisismo, a identificação, a dessexualização. Todos têm em comum, em última instância, uma função antagônica de Eros.

Quando se examinam as mudanças ocorridas desde o advento da última teoria das pulsões, constata-se que o primeiro tempo da sublimação consiste, antes de tudo, em um desvio das metas sexuais. É preciso fazer uma distinção entre desvio de meta (que pode adquirir a forma de uma inibição) e dessexualização, este último ato comportando uma modificação da sexualidade em sua natureza própria, muito mais que uma simples subtração de propriedades. Assim, em *O Eu e o id*, no capítulo sobre o supereu – não é indiferente destacar isso –, a dessexualização está ligada àquilo que se poderia chamar de narcisização da libido, aquela que se associa ao objeto se transformando em libido do Eu. Trata-se então "de um abandono – e não somente de um desvio – de metas sexuais, de uma dessexualização; portanto, de uma espécie de sublimação".[12] Assim, não está claro que na mente de Freud a sublimação realizada (e não o "início" desta) consiste em uma dessexualização. Mas aqui Freud se indaga: uma tal transformação não poderia ter como consequência uma disjunção (desintrincação) das pulsões?

Para Freud, qualquer diminuição da intrincação das pulsões tem como efeito liberar as pulsões destrutivas. O paradoxo é que o aparente "enriquecimento" do Eu, que se beneficia desse acréscimo de aporte ligado ao crescimento da libido narcísica em detrimento da libido de objeto, tem como contrapartida deixar mais espaço à pulsão de morte. Eis, portanto, a surpreendente conclusão; a sublimação está a serviço do antagonismo de Eros. A comparação com a identificação se impõe. Recordemos que a resolução do conflito edipiano do menino passa por substituir o desejo sexual dirigido à mãe pela identificação com o pai. O que Freud chama de *"uma modificação do Eu que se opõe ao resto do Eu como ideal do Eu ou supereu"*.[13]

A sequência do desenvolvimento insistirá sobre a maneira como o Eu infantil se reforça pela operação de recalque que erige nele esse obstáculo. "Em uma certa medida, ela (a criança) toma emprestado do pai a força necessária, e esse empréstimo é um ato extraordinariamente carregado de consequências."[14] O trabalho do negativo consiste em sustentar as energias do contrainvestimento, tomando emprestado do proibido vindo do pai sua força e, assim, se apropriando dele. Está claro que Freud procede aqui a uma contração: a força está relacionada, no início, à potência de sanção do pai deslocada para o proibido que a designa alusivamente. A apropriação se refere, portanto, ao poder castrador do pai; este teria sofrido as transformações que consideramos como a expressão estruturante do trabalho do negativo. Nos termos da metapsicologia freudiana, o Eu trabalha através da identificação contra ele mesmo para pôr em prática uma dessexualização. Esta corresponde àquilo que, no homem, dá a imagem dele de "o ser superior". ("A representante de nossa relação com os pais".[15]) A relação entre ideal do Eu e sublimação é estrita. *É inclusive legítimo pensar – sem que isso seja dito explicitamente – que Freud oferece pela primeira vez um fundamento metapsicológico à sublimação como resultado da ação do ideal do Eu e do supereu.*

A MUTAÇÃO TEÓRICA: A SUBLIMAÇÃO DO LADO DA PULSÃO DE MORTE

No capítulo de *O Eu e o id*, consagrado às duas espécies de pulsões, Freud se indaga sobre as relações que as ligam (junção-disjunção) e sobre o que rege essas relações. Nesse ponto, Freud estabelece os eixos de duas grandes revisões: a teoria das pulsões e as instâncias do aparelho psíquico. Em outras palavras, ele pensa as relações entre as duas espécies de pulsões, de um lado; e entre o Eu, o id e o supereu, de outro. Ele insere aí a forma como se concebe, nesse novo contexto, o princípio de prazer-desprazer. Passando do plano metapsicológico ao plano clínico, ele se debruça sobre as relações amor-ódio (como expressões de duas espécies de pulsões), do ângulo da transformação de um no outro. As configurações clínicas mais diversas se sucedem (neurose obsessiva, paranoia) na esperança de que seu exame possa oferecer a solução dos problemas pensados. O que intriga Freud é a transformação, a mutação do amor em ódio (sobretudo na paranoia).

> Parece plausível que essa energia, ativada sem dúvida no Eu e no id, deslocável e indiferente, venha da provisão de libido narcísica, que ela seja, portanto, Eros dessexualizado.[16]

Nesse ponto, Freud assinala mais uma vez o caráter contingente do objeto, o que ele sempre sustentou pelo fato de este ser substituível – a preeminência sendo sempre atribuída à pulsão. O problema talvez não seja tão simples, e seremos forçados a voltar a ele.

O essencial não está ali, mas está no que vai se seguir. "Se essa energia de deslocamento é libido dessexualizada, então se pode também dizê-la sublimada, pois ela manteria agora e sempre o objetivo principal de Eros, que é reunir e ligar, servindo à instauração desse conjunto unitário pelo qual – ou por inspiração no qual – se caracteriza o Eu."[17]

Como se vê ainda, quem diz dessexualização diz sublimação e também narcisismo: Ego-ismo. A ação se estende aqui até os processos de pensamento, eles também efeito de sublimação. A sublimação procede por mediação do Eu – mas de um Eu que muda seus objetivos. Ele renuncia a satisfazer a libido erótica esperando satisfazer a ele mesmo em lugar dela. Há uma circularidade do pensamento de Freud: a libido dessexualizada é libido sublimada; a libido de objeto que se tornou libido do Eu é dessexualizada; a libido de investimentos de objetos abandonados se torna libido ligada no Eu e se transforma em seu interior em identificações; essa transposição em libido do Eu é acompanhada de um abandono de metas sexuais: dessexualização.

Nesse ponto, o raciocínio se inverte; enquanto algumas linhas acima o Eu era apresentado como representante do trabalho de ligação de Eros, mesmo que por intermédio da libido dessexualizada, sublimada, eis que, realizando sua unidade – em detrimento de investimentos de objeto – ele se torna o inimigo de Eros. Retomemos a citação anterior seguindo adiante.

> Se incluímos nesses deslocamentos os processos de pensamento, em sentido ampliado, então é pertinente que o trabalho de pensamento seja também assumido pela sublimação de uma força de pulsão erótica.
> Aqui, nos encontramos de novo diante da possibilidade aflorada anteriormente de que a sublimação proceda regularmente por intermédio do Eu. Recordamos o outro caso em que esse Eu liquida os primeiros investimentos de objeto do id e, certamente, liquida também os posteriores, acolhendo sua libido no Eu e ligando-a à transformação do Eu instaurado por identificação. A essa transformação em libido do Eu está naturalmente ligado um abandono das metas sexuais, uma dessexualização. Em todo caso, obtemos assim a compreensão de uma operação importante do Eu em sua relação com o Eros. Apoderando-se dessa maneira da libido de investimentos de objeto, colocando-se como objeto de amor único, dessexualizando ou sublimando a libido do id, ele trabalha em sentido contrário aos objetivos do Eros, coloca-se a serviço de moções pulsionais adversas.[18]

Esse raciocínio – digo isso sem ter a impressão de forçar o raciocínio – é heraclitiano ou hegeliano. Ele procede desse extraordinário sentido da dialética que se exprime naturalmente em Freud (que não gostava nem de Heráclito nem de Hegel). Com uma grande facilidade, ele concebe a sublimação no campo do Eros, em razão de sua ação ligante (e mesmo dessexualizada), como fundadora da unificação do Eu. Uma vez realizada essa ação, ele recorda o caso em que os investimentos de objeto foram abandonados – sua libido sendo recolhida no Eu que só consentiu nesse abandono se modificando por identificação (um Eu habitado, em suma, "visitado", como diz Alain de Mijolla). Esse afastamento, ou essa retirada no Eu, correspondente a uma dessexualização, levou a uma unificação, a uma espécie de totalidade entitária. O Eu revestido assim (por identificação) da roupagem do objeto dessexualizou as relações com este e, deixando de amá-lo, se coloca como rival contra ele. Mais ainda, ele pretende ser superior ao objeto pela dessexualização-sublimação: promete o céu e larga o amor terrestre em que se enraíza a vida. Ele se tornou o apólogo da morte por seu desvio de Eros, o amor (substitutivo) dele mesmo, não podendo ser equivalente ao Eros do qual são investidos os objetos. Em suma, a conotação narcísica passou aqui de um narcisismo de vida a um narcisismo de morte. O que Freud quer dizer é que a apropriação pelo Eu da libido reduziu as tensões causadas pelo Eros e favoreceu a estagnação libidinal. É importante lembrar que a sublimação não é suficiente para calar as exigências da libido erótica.[19] Aqui, não há apenas dessexualização, mas *engano*; o Eu sublimado, dessexualizado, renuncia menos à satisfação do que alimenta a pretensão de se oferecer para um gozo "superior".

Recorda-se que Freud conclui esse desenvolvimento estendendo a ação da pulsão de morte ao estado do organismo após o orgasmo – Eros tendo sido posto fora de circuito pela descarga da satisfação obtida. As concessões (no sentido territorial) feitas à pulsão de morte podem parecer com razão exorbitantes; a parte de Eros se reduziria como uma pele de onagro? Seguramente, estamos aqui diante do Freud mais especulativo, um Freud metafísico apesar dele. Mas é bem verdade que se teria tudo para protestar, em nome da clínica, esperando ser ganho para sua causa? Quem de nós não conheceu um desses grandes narcisos, cultivados até a menor fibra de seu ser, artistas com gosto dos mais seguros, sutis, de inteligência esclarecida, aguçada, de julgamento refinado, mas fechados entre as quatro paredes de seu egoísmo, sem ligação viva com nenhum objeto real, tentando, às vezes, enganar por paixões amorosas destrutivas que não convencem ninguém, renascendo perpetuamente de suas decepções enraizadas na idealização de sua imagem, que eles tentam ludibriar, graças ao objeto eleito, atravessando o prisma de seu amor por eles mesmos? A descrição é tão banal que não é preciso se alongar.

Ora, essas caricaturas são apenas caricaturas: exageros de traços que todos trazem em si, mais ou menos à sua revelia. Jamais, porém, se impõe com tanta força a ideia de que a psicanálise de Freud *não é uma psicologia*. Pode-se taxá-la, por vontade, de mecanicismo ou de fisiologismo. De psicologismo, não. Na verdade, ela é uma dialética do trágico que encontra seu fundamento no caráter inexorável da exigência humana de satisfação pulsional e das manobras que criam os obstáculos que ela encontra para sua realização.

A IDENTIFICAÇÃO COM O MODELO PATERNO: SUBLIMAÇÃO, DISJUNÇÃO

A descrição de Freud não chegou ao seu termo. Assim, ele ainda volta à sublimação no último capítulo de *O Eu e o id*. Se a leitura dos desenvolvimentos anteriores pode alimentar essa impressão de um jogo de forças que se deslocam, se substituem, se combatem ou se reforçam, essa é apenas uma das polaridades do pensamento de Freud. O supereu finca suas raízes no id, certamente, mas se estende ao todo do Eu e se constitui, graças à identificação com o pai da pré-história.

> O super-Eu, de fato, apareceu por uma identificação com o modelo paterno. Toda identificação desse gênero tem o caráter de uma dessexualização ou mesmo de uma sublimação. Ora, parece que, quando de uma tal transposição, se produz também uma disjunção pulsional. O componente erótico não tem mais, após a sublimação, a força de ligar toda a destruição associada a ele, e esta se torna livre como propensão à agressão e à destruição. É dessa disjunção que o ideal, em geral, tiraria esse traço duro, cruel, que é o "você deve" imperioso.[20]

Eis uma passagem anunciando uma sequência que se desenvolverá durante mais de 15 anos, e que só deterá seu curso com *Moisés e o monoteísmo*. Essas reflexões nos esclarecem sobre a natureza do Eu. A obra não termina com o capítulo sobre suas relações de dependência? Freud tem aqui palavras muito duras para esse Eu que não se aguenta mais. Esse Eu que é Eu, você, todos nós, no regime ordinário de dias cinzentos.

> Na posição intermediária entre id e realidade, ele sucumbe com bastante frequência à tentação de se tornar bajulador, oportunista e mentiroso, mais ou menos como um político que, mesmo tendo uma boa compreensão da situação, quer cair nas graças da opinião pública.[21]

Contudo, o pobre coitado está envolvido em uma tarefa que ultrapassa em muito suas possibilidades. Enquanto parece preocupado em garantir sua sobrevivência nas condições menos penosas, por um hedonismo vulgar, ele é, de outra parte, importunado pelo sublime.

> Entre as duas espécies de pulsões, ele não se mantém parcial. Por seu trabalho de identificação e de sublimação, presta assistência às pulsões de morte no id pelo domínio da libido, mas, ao fazer isso, corre o perigo de se tornar objeto de pulsões de morte e também de se extinguir. Ele precisou, para as finalidades dessa assistência, se preencher de libido; com isso, torna-se ele próprio representante do Eros e quer, portanto, viver e ser amado.
> Mas, visto que seu trabalho de sublimação tem como consequência no superego uma disjunção pulsional e uma liberação das pulsões de agressão, ele se expõe por seu contato com a libido ao perigo de sevícias e da morte.[22]

Posso afirmar que essas proposições que parecem tão abstratas, tão pouco traduzíveis na linguagem das relações correntes da vida, são a tradução fiel – na língua da teoria – de situações que a prática psicanalítica leva a encontrar que remetem a estruturas cuja coerência contraditória permite circunscrever essa tensão entre uma sublimação protetora do narcisismo que só pode frutificar ao preço de uma singular limitação das relações com um outro, uma sublimação aberta e fecunda mas exigindo importantes sacrifícios, uma sublimação dolorosa, martirizada, sempre inquieta quanto à sorte de suas realizações, sempre insuficientemente amante para o Eu, invalidando qualquer reconhecimento positivo ao se lançar com precipitação contra todos os juízos desvalorizantes, o que não impede que este que ela mantém sob sua sujeição invoque, se não a antipatia, pelo menos a indiferença de um outro, sua pouca solicitude, sua insensibilidade, deixando o sujeito em face das torturas da autodepreciação. O masoquismo pode também ressexualizar a sublimação para tentar seduzir o ideal. Só posso ver vantagens em uma explicação mais convincente que dispense essas especulações pessimistas, mas não conheço nenhuma que, a meu ver, mereça ser citada.

COMENTÁRIOS CRÍTICOS

Todo esse desenvolvimento, que deixa um tanto perplexo – admito – permite captar, por trás das posições afirmadas, uma concepção de conjunto que trabalha subterraneamente. De onde surge essa fonte subterrânea? Eu não temeria pôr em perigo seus postulados reconhecendo que não é impossível que estes se enraízem na experiência subjetiva do próprio Freud. Pois, em quem pensar diante dessa exposição a não ser no autor? Qual é essa sublimação fora do comum que tem como resultado desviar da sexualidade,[23] que conduz o Eu a querer ser amado em lugar do objeto? Freud é apegado à sua obra mais do que a qualquer outra coisa. Isso lhe valeu atritos com aqueles que ele elegera sucessivamente como seus amigos. Ele devia nutrir a esperança absurda de que essa amizade fosse capaz de lhe valer o reconhecimento de seu talento pelo acesso dos objetos de sua afetuosa admiração a uma objetividade serena, isenta de qualquer mesquinharia. As reações deles a seu respeito não respondiam apenas ao desejo de salvaguardar seu amor próprio. Elas dissimulavam o rancor de não poder se elevar ao mesmo nível que ele. Ele teve de se resignar a abrir mão das opiniões dos outros e a passar a ser o único testemunho e o único juiz da validade de suas ideias. Isso só o deixava mais atormentado devido ao rigor de suas próprias críticas. Mais isolado também, não podendo contar com ninguém, menos ainda no final de sua obra do que no início. Esses são dados de experiência tão banais que não vejo em que o fato de assinalar seu aspecto subjetivo diminuiria sua importância, salvo a constatar que eles afetam o discernimento daquele que os induz em uma teorização.

Portanto, esse fundamento subjetivo não é para mim uma causa de desqualificação. E há outros exemplos que confirmam essa hipótese dos efeitos da sublimação[24] como provocando regressões narcísicas autodestrutivas. Vamos tentar então trazer à luz essa teoria implícita.

É preciso se reportar a *Mais além do princípio do prazer* para compreender sua importância. Desde que a vida psíquica mais fundamental se encontra dividida entre a atividade das duas espécies de pulsões, a tarefa principal de Eros é *ligar*, o que significa, ao mesmo tempo, manter juntos elementos disjuntos para chegar a constituir unidades maiores (o organismo e, em um outro registro, o Eu) e neutralizar integrando-a – sempre em modo de ligação – à pulsão de morte desligante. A fusão – mixagem ou mistura, em todo caso, misto – se torna uma prioridade fundamental para a manutenção da predominância das pulsões de vida. O que mantém a vida... em vida é Eros, são as pulsões chamadas por Freud de vida ou de amor.

É preciso ouvir a voz do *erótico*, que é inconcebível sem que se faça intervir o objeto – de uma maneira ou de outra. E é nisso que esta última formulação da teoria das pulsões rejeita a crítica de solipsismo que chegou a ser dirigida ao seu autor. Pois, mesmo que a libido erótica seja eminentemente deslocável e transformável, tudo o que nos vem revelar o texto freudiano é o oposto disso. A saber, que os diferentes deslocamentos e transformações não poderiam equivaler ao apego aos objetos primordiais que, de algum modo, conserva esse algo de indeslocável da libido que é ligada aí. E é nisso que a criação de totalidades, rivais do objeto, querendo captar todo o amor em seu proveito, traz nela um perigo mortal, sempre mais ou menos mesclado de agressão (a ambivalência inextirpável do desejo humano) como porta-voz de um paradoxo. O Eros da vida, sem mitigação, sem modificação (sem recalque), é invivível, mas é a vida em toda sua potência. Inversamente, quando o Eros é transformado, deslocado, desviado para aquilo que ele mesmo contribuiu para criar a fim de permanecer vivível, na medida em que suas criações se imporão inevitavelmente como concorrentes da vida, elas só poderão preparar a chegada das pulsões de morte. Freud, sem propor uma síntese conciliadora, indica-nos a via pela qual se encontrou um compromisso. Visto que a alteridade é, ao mesmo tempo, apelo de investimentos, ocasião de uma "saída" de si, conquista de uma fonte de prazer enriquecedora do Eu, como profusão e propensão a uma maior capacidade a sustentar sua existência e valorizá-la, nada poderia superar isso que a vida erótica supõe de ultrapassagem de si em um crescimento que engloba um não-si, um outro ao qual ela aspira se acoplar. Mas essa tração pulsional, essa transposição de limites que põe em prática toda a vida erótica, deve contar, a um só tempo, com seu próprio desbordamento, que poderia exceder suas capacidades, e com a possibilidade de uma ação da erótica do objeto, não concordante em suas formas, em suas metas ou nos meios que ela adota para realizá-las. Seja que esta última tema por sua própria organização – devido à potencialização de seus próprios desejos sob a influência daquilo que a mobiliza ou vindo de uma outra origem –, seja pelo fato de a ameaça de cair sob a dependência do "bom prazer" dessa origem estranha que solicita sua fusão com ela, mas ocultando o objetivo de dominar totalmente a situação, seja ainda porque o comportamento desse parceiro pode variar: ele pode deter bruscamente o curso do prazer, contrariá-lo por razões que são as suas – todas as ocorrências suscetíveis de despertar a destrutividade. Uma única solução: capturar a morte na vida, ligá-la à mesma sorte, construir metas convergentes e fazer evoluir a forma de suas ligações. Contudo, nada de definitivamente adquirido com a constituição dessa aliança que a sequência poderá pôr em questão. O interesse dessa aquisição é, no entanto, que ela pode se traduzir em uma dupla interpretação (uma ou outra podendo prevalecer conforme as circunstâncias), seja exprimindo os dois aspectos (agonistas e antagonistas) dos desejos de um mesmo sujeito, seja ela sendo compreendida como a relação que liga o sujeito ao outro. Fórmula que assegura simultaneamente a necessária separação que distingue o sujeito do objeto e contradições ligadas ao desejo de aspiração à sua reunião, sempre temporária e aleatória. Não há solução prescrita por antecipação. Estas só podem ser encontradas no caminho, postas à prova, reconsideradas na medida dos meios de cada um; se o movimento erótico é preconizado para a salvaguarda dos valores da vida, a descarga em que Eros se esgota – de forma momentânea, felizmente – é perigosa, pois o investimento estando expandido, por assim dizer, o terreno é abandonado por um tempo à outra pulsão, dita de morte, que se desdobra sem freio e sem ligação. A que corresponde essa ideia, à parte seu valor puramente especulativo? Talvez ao fato de que, após a descarga orgástica, as possibilidades de investimento são reduzidas, sendo muito forte a tentação à regressão narcísica.

É hora de tratar dessa questão do narcisismo, sobre a qual mostramos longamente a que ponto ela é pouco clara e decisivamente embaraçosa desde a última teoria das pulsões.[25] De um lado, Freud jamais deixa de assinalar a contingência do objeto – o exemplo dos três alfaiates e do ferrador é sempre lembrado: um dos três alfaiates será punido no lugar do ferrador, culpado mas insubstituível no povoado. Mas, de outro, se poderia acrescentar que se essa possibilidade de substituir um objeto por um outro é muito ampla, se mesmo essa capacidade de substituição pode se estender ao próprio Eu que não hesitará em roubar os investimentos destinados ao objeto (narcisismo secundário), as consequências de uma tal mudança (objetal → narcísica) não são menos perigosas. Ou o Eu acaba precisando tanto amar a si mesmo que se torna indiferente ao mundo exterior onde residem os objetos, e isso é um retraimento prejudicial para a economia erótica e psíquica, ou esse deslocamento para o Eu da libido só pode ser insatisfatório, em relação aos investimentos de objeto, devido a certos limites impostos à gratificação pulsional substitutiva; pois apenas os objetos detêm as condições da satisfação completa, e um estado de frustração potencial pode se instalar. Vê-se, então, que aquilo que no início é uma vantagem – a vicariância oferecida pela substituição – se torna, com o tempo, uma fonte de fragilização que expõe a sortes incertas. Freud vai mais longe: esse desvio do investimento para o Eu – como se fala de desvio de herança – desfaz o misto das duas espécies de pulsões. Assim como toda vez que a pulsão de morte não é mais "retida" pelas pulsões eróticas, ela se torna agressão livre e pode atacar a estrutura eroticamente investida; aqui, o Eu.

Há, portanto, um impasse nessa posição de Freud: de um lado, o objeto é contingente, de outro lado, ele não o é absolutamente e sem limites, sobretudo no que se refere às suas formas primárias. Eros, que pode investir tudo e não importa o quê, é levado também, por inclinação, a buscar a satisfação visada por meio do objeto, não obstante o autoerotismo. Recordemos que, no *Esboço*, Freud designará sob o emblema metafórico de Eros não as pulsões sexuais (a sexualidade não é mais senão uma função de Eros), mas as pulsões de vida ou *de amor*. Ora, se as pulsões de vida evocam uma abstração, um pouco difícil de conceber na imaginação, as pulsões de amor, ao mesmo tempo em que preservam seu estatuo conceitual, remetem elas mesmas a uma experiência imediata comum. Ora, não há amor que não implique um objeto. O Eu pode constituir o engano pelo qual uma tal operação pode ser tentada e mesmo bem sucedida. Mas é a um preço muito elevado e com o risco de neurose... narcísica (no sentido primeiro do termo). A restrição da expressão à melancolia após 1924 não invalida o comentário precedente. Que o risco seja de psicose – por fragmentação do Eu sob os ataques de pulsões destrutivas – ou de melancolia – por clivagem única em bom e mau –, nos dois casos o amor que o Eu dedica a ele mesmo não escapa nem às limitações nem às decepções. Será preciso concluir de tudo isso que a posição de Freud peca por excesso de autofechamento. Freud se encerra nos limites do aparelho psíquico que construiu e se choca com impasses, talvez em razão de uma concepção insuficiente do objeto, mesmo visto na perspectiva da primazia atribuída à pulsão.

O IDEAL, A IDEALIZAÇÃO: INTRODUÇÃO DO OBJETO

O ideal foi designado por Freud como uma das três grandes funções aplicadas aos diferentes tipos de materiais que entram na composição das diversas instâncias do aparelho psíquico: a função do ideal é para o supereu o que a percepção é para o Eu e a pulsão para o id. Sabe-se, ainda, que, no início, Freud não faz grande diferença entre ideal do Eu e supereu.

Segundo uma distinção amplamente aceita na psicanálise francesa, o supereu é herdeiro do complexo de Édipo, sendo o ideal do Eu herdeiro do narcisismo primário. Contudo, a *idealização* supostamente se refere ao objeto, diferentemente da sublimação, que é um destino da pulsão. Em um trabalho anterior,[26] chamamos a atenção para as numerosas ligações entre o sublimado e o ideal – um remetendo frequentemente ao outro a ponto de, às vezes, as duas noções tornarem-se indistintas. O sublimado tem relação com um objeto ideal. Dessexualização quer dizer desmaterialização, e desmaterialização é sinônimo de idealização. Incorporal, espiritual e ideal se comunicam amplamente. A idealização pressupõe a espiritualização, e esta se torna o modelo de um ideal.

Se agora se aplicam esses dados gerais à teoria psicanalítica, pode-se religar Eu-prazer "purificado" e Eu ideal. Ora, o Eu-prazer-purificado só se constitui, com isso, em um objeto pronto a assegurar as tarefas de sobrevivência. Ele é uma organização narcísica que nega sua dependência ao objeto e pode estender essa denegação à existência do próprio objeto, em certos extremos.

O desenvolvimento do raciocínio freudiano leva a pensar nessa atitude. Ele minimiza o papel de objeto repetindo a denegação de sua importância, e só se preocupa com essa alquimia sem comunicação com o exterior que preside as transformações da libido e do conflito entre as duas espécies de pulsões. Compreende-se que Freud tenha pretendido se assegurar de que aquilo que ele tinha descoberto não fosse nem minimizado nem relativizado em excesso. Era preciso, ainda, que a teoria não fosse considerada em falta.

A clínica proporciona sua fonte de observações preciosas. Não se poderia, em um sujeito que apresenta os traços dessa sublimação narcísica, ocultar o papel das imagos – a identificação não faz parte do processo? Não é somente o modelo paterno superegoico que se encontra aqui, atuando no registro do proibido, mas também aquele em que a imago materna tende a se ajustar à precedência da do pai. Longe de ocupar o lugar do proibido, as posições que ela defende em nome de um bem ainda superior permitem entrever, à sua revelia, uma transgressão paterna no recurso que ela encontra para invocar para a ocasião, seu próprio pai, a fim de se opor à influência, carente e mesmo nefasta, de seu cônjuge. Ela consegue fazer deste o seu filho, em toda a inocência, pouco mais velho que o seu, situando-os, em todos os casos, em um gênero menor. O peso considerável dos ideais da mãe que o filho é encarregado de realizar, para a glória do narcisismo materno carente, atrela o filho a essa tarefa familiar, ao invés de ajudá-lo a encontrar seus próprios valores. As realizações do filho devem, supostamente, compensar as insuficiências de um pai que teria decepcionado a mãe. Na verdade, o treinamento pela mãe para o exercício de uma sublimação por longo tempo joga em favor da idealização do objeto que ela quer encarnar para o filho. Isso conduz – em espelho – à idealização narcísica do sujeito, a mãe especulando sobre a repulsão das satisfações pulsionais que são assim desvalorizadas. A sexualidade "bestial" é, então, a marca do opróbrio com a qual o pai é estigmatizado. Essa é pelo menos a versão oficial que é transmitida ao filho. Este, secretamente, encontrará uma saída que lhe permita, sob a aparência de estar executando o programa materno, sabotá-lo de fato em um protesto mudo.

Foi depois de Melanie Klein que o papel do objeto foi revalorizado. Havíamos nos surpreendido com essa afirmação de Freud que via a instalação da sublimação "desde o início" ou "desde a origem". Com Melanie Klein, essa referência ao originário se refere à relação de objeto. Ela compreende a sublimação no quadro da reparação contemporânea da fase depressiva. Essa é uma constante do pensamento dos kleinianos – não somente a própria Klein, mas também seus sucessores (H. Segal, em particular) – destacar o papel da reparação na criação. O ato criador foi supostamente precedido por uma destrutividade intensa (de tipo esquizoparanoide). Como se vê, o tempo da sublimação é remetido para muito antes, ao primeiro ano de vida. De fato, quando se considera o papel que Melanie Klein atribui à idealização do seio – como simétrico e inverso da persecução que marca as relações da fase esquizoparanoide –, constata-se que as vias da sublimação são abertas pelos caracteres da relação objetal primitiva. É claro que a inspiração kleiniana está muito longe daquela de Freud. Lá onde este último supõe uma dessexualização em ação, Melanie Klein faz intervir uma ligação totalizante que só lhe interessa como religação reparadora, sem uma consideração efetiva por seu estatuto em face da sexualidade.

Melanie Klein voltará ao caso de Leonardo,[27] interpretando-o à sua maneira. Sem entrar no detalhe de suas ideias, notemos a inversão que se produz nessa reavaliação. Enquanto Freud postula uma deriva, um desvio da libido que prepara a chegada da dessexualização, um processo que ele assemelhará ao narcisismo, Melanie Klein assinala, ao contrário, a capacidade muito desenvolvida de identificação com os objetos. Aqui, seria mais a libido narcísica que se transforma em libido objetal, prestando-se, assim, à sublimação.[28]

Sem dúvida, acentuei de forma excessiva as oposições de Freud e Klein, pois é verdade que as relações entre Eu e libido de objeto são mais complexas. Para Melanie Klein, trata-se de reformular, à sua maneira, as trocas entre libido de objeto e libido do Eu, assinalando a predisposição do Eu a atrair para ele o investimento erótico para transformá-lo em investimento narcísico (pela formação de símbolos), por meio de uma identificação com os objetos eróticos (mamilo, pênis, rabo do pássaro, no caso de Leonardo[29]). Pode-se falar aqui em dessexualização como em Freud? A questão é eclipsada pela necessidade de assinalar a participação de objetos na passagem do prazer erótico aos interesses do Eu (percurso do investimento do símbolo "rabo do pássaro" ao interesse por seu vôo, que exige a consideração da totalidade do objeto). Reencontraremos a inspiração de pensamento preocupado em dar conta da transição do parcial ao total. É legítimo levantar a hipótese de que uma tal transição seria acompanhada de uma dessexualização? O processo é exposto aqui do ângulo da outra espécie de pulsões: passagem da destrutividade sem freio da posição esquizoparanoide à culpa reparadora da posição depressiva (tentando chegar à totalização do objeto e mantê-lo).

A mudança de perspectiva aberta por Melanie Klein nos terá conduzido a examinar o papel de uma dimensão ausente em Freud, a do luto. Agora, vamos nos voltar à questão das relações entre sublimação e luto através do processo da reparação. Mas, é absolutamente verdadeiro que esse aspecto seja totalmente negado por Freud? Parece que a conclusão que ele nos propõe ao final de *O Eu e o id*, a identificação com o modelo paterno, implica isso. Visto que Freud não deixa de assinalar que um tal modelo deve ser encontrado no totemismo, e que ele é o germe de todas as religiões, não se poderia alegar seu desconhecimento.

De fato, as diferenças não são redutíveis. Melanie Klein se coloca em uma ótica estritamente ontogenética: ela só conhece o bebê e sua mãe, e se coloca no quadro limitado da evolução individual de suas relações. A ênfase no pai, de que falamos anteriormente, não traduz apenas uma simples evolução da mãe ao pai; tem como aposta a passagem da visão ontogenética àquela da filogênese que a referência à cultura obriga a levar em consideração, pelo menos na visão de Freud. A adaptação de Melanie Klein tenta reconduzir ao quadro de um ontogenetismo estrito à especulação filogenética de Freud. O que este último faz operar no quadro de um hipotético assassinato do pai *primitivo* é, a meu ver, retomado e modificado por Melanie Klein – esta última retendo a hipótese das pulsões de destruição e aplicando-a ao *primeiro* objeto: a mãe. O papel que Freud atribui à religião e à cultura receberá nela uma outra expressão, em uma visão desenvolvimental: a reparação do objeto primário. Lá onde Freud opera uma superação da perspectiva individual na psicologia coletiva (portadora de traços da filogênese), Melanie Klein efetua um movimento correspondente no quadro de uma concepção individual desenvolvimental (ainda que especulativa): transformação do objeto parcial em objeto total e aparecimento da reparação como mudança do eixo relacional. Melanie Klein, por ter pretendido evitar – mesmo sem dizê-lo expressamente – os mitos da ideologia freudiana relativos à história da espécie e à aplicação dos fundamentos da teoria a campos sócio-históricos, vai cair, por sua vez, em uma outra mitologia que lhe valerá críticas mordazes: sua concepção do desenvolvimento se revela, de fato, a despeito de numerosos apoios encontrados junto a pediatras e psicólogos, improvável. Ela não poderá evitar a necessidade de recorrer a certas hipóteses teóricas que suscitam tantas reações de rejeição quanto aquelas dos críticos mais resolutos de Freud (exemplo: a fantasia de um pênis do pai no ventre da mãe, cuja explicação só poderia provir "razoavelmente" de uma teoria filogenética, considerada a data postulada de sua ocorrência). Seria inútil ignorar que há aqui uma verdadeira questão: aquela que deve responder sobre a constituição de matrizes de sentidos individuais e coletivos. Assim, não seria de se surpreender de ver a inspiração freudiana referente ao pai, se não seu conteúdo, reaparecer em textos de outros, cuja influência não será menos decisiva. É o sentido do sucesso das ideias de Lacan.

Na medida em que a preeminência atribuída ao pai tem como consequência um progresso na espiritualidade, como Freud sustenta em *Moisés e o monoteísmo*, é o próprio "processo civilizador" que se liga ao que Lacan chamará de o pai morto.

CIVILIZAÇÃO E ÁREA CULTURAL

Se é difícil atribuir um estatuto metapsicológico ao que Freud descreve como processo civilizador e se, por outro lado, a referência à civilização parece ausente das preocupações de Melanie Klein, Winnicott voltará a essa questão propondo uma solução inesperada. Aqui, não é através da sublimação que o problema é abordado, mas do estatuto de objetos culturais. Tentando localizar a experiência cultural[30] na tópica psíquica, Winnicott asila os objetos culturais no espaço intermediário entre realidade exterior e interior, espaço que ele já havia definido como abrigando os objetos e os fenômenos transicionais. Winnicott não se interessa muito pela dessexualização ou pela reparação, mas pelas características próprias às obras de arte, que é pouco pertinente tratar segundo os critérios do discernimento de existência – eles não são nem reais nem imaginários (no sentido de não existentes).

A problemática do encontrar-criar se apresenta aqui. Winnicott designa com isso o dilema que se relaciona àquilo que, existindo na realidade, é simplesmente encontrado, em oposição ao que é criado pelo sujeito. Outra maneira de falar do objeto objetivamente percebido (encontrado) e do objeto subjetivo (criado). Como se vê, a ênfase se desloca para a criação. O interesse do procedimento de Winnicott é múltiplo. Ele dá um estatuto psíquico singular às produções culturais do lado do transicional, área intermediária (entre dentro e fora), campo da simbolização (lugar de reunião potencial no local onde a separação ocorreu), do paradoxo (o objeto transicional é e não é... o seio), etc. A questão é saber se a sublimação participa desse processo. É seguro que a instalação da área cultural e do espaço intermediário requer, além da existência de um bom objeto interno – é a dívida em relação a Melanie Klein que Winnicott paga aqui – uma elaboração que supõe a não consumação do objeto. A satisfação pulsional é acompanhada da descarga que esgota a tensão e o desaparecimento do objeto oralmente engolido. Há, aqui, portanto, "salvação" do objeto na periferia, no limite em que ele poderia desaparecer. A criança que aperta contra si seu objeto transicional ou o acaricia (ursinho ou pano) não o coloca na boca. Esse prazer não é denunciado, ele é somente confiado ao autoerotismo e seus instrumentos (polegar, indicador ou mesmo indicador e médio) que investem a cavidade primitiva e mantêm o objeto transicional na mais estreita proximidade, mas à parte. A área intermediária é, portanto, um espaço limítrofe entre dentro e fora, e a criatividade à qual ela pode dar lugar desenvolve um vasto campo de possibilidades.

Há, sem dúvida, mais de uma diferença com a sublimação, pois não se poderia identificar o sublimado e o transicional. Mas o que nos importa aqui é a *criação de uma nova categoria de objetos*, diferente daquela dos objetos externos ou internos que, pelo fato da teorização que supostamente dá conta dela, recorre amplamente à simbolização – da qual ele estende a elaboração – e enriquece a negatividade à qual se pode logicamente ligar a transicionalidade.

O negativo já estava presente na teoria freudiana como dessexualização; em Klein, estava implícito através da ideia de reparação; eis que ele adquire agora a forma de paradoxo, dimensão terceira, em face das oposições precedentes mutuamente exclusivas. Pela primeira vez no debate psicanalítico, essa terceiridade se dirige à natureza do modo de existência de objetos da sublimação.

Poderíamos assinalar o sentido dessa evolução. A sexualidade foi vista pela psicanálise primeiramente como fonte de prazer. Em um segundo momento, na medida em que a dimensão de prazer se revela insuficiente, arrisca-se mais a falar de amor (transformação das pulsões sexuais em pulsões de vida ou de amor). É preciso agora completar o quadro acrescentando a ele a dimensão *criadora*. Não me refiro à ligação entre sexualidade e reprodução. Foi justamente ao dissociá-las que a psicanálise pôde alçar vôo, chamando a atenção para a necessidade de não confundir genitalidade e sexualidade. Falo da propriedade inerente à sexualidade psíquica de criar estruturas e objetos que assumirão seu lugar, seu estatuto e suas funções dentro da economia psíquica.

FUNÇÃO OBJETALIZANTE

O lugar do objeto na concepção de Freud é tanto mais reduzido quanto a substituição é sua propriedade mais fortemente marcante. Mas se poderia considerar que ela é mais importante do que Freud pensava. Pois, mesmo que se considere que o processo pelo qual os objetos são intercambiáveis contesta a superestimação que se observa, por exemplo, no amor passional com a escolha de um objeto único e insubstituível, resta que é preciso dar conta dessa eventualidade. Os pretendentes ao lugar de objeto amado e investido eroticamente não faltam. Não é necessário que eles venham de fora, pois, como vimos, o próprio Eu se oferece ao id para ser amado por ele, no lugar do objeto do qual assumiu a roupagem se transformando por identificação. Se é verdade que os "apaixonados são únicos no mundo", nem por isso é uma relação "autística" que é vista aqui como felicidade fechada, quase circular, autossuficiente.

Além disso, há de fato duas concepções, mal-ajustadas, entre o objeto de que fala Freud em *Pulsões e destinos das pulsões* e aquele ao qual ele se refere em *Luto e melancolia*.[31]

Já recordamos as ligações estreitas estabelecidas por Klein entre posição depressiva e sublimação; na melancolia, o Eu assume o lugar de, se identifica com o objeto perdido, menos por escolha do que por força e coação. Ele se cliva em dois, uma das duas metades assumindo o papel que seu titular abandonou por seu desaparecimento. A estrutura melancólica é dual, podendo ser expressada em diversas oposições:

- eu – objeto
- eu – Eu, identificado com o objeto perdido
- eu – supereu
- objeto bom – objeto mau.[32]

O fato de o próprio Eu, no caso da sublimação assim como no da melancolia, poder se transformar a ponto de querer "se fazer objeto" nos leva a considerar que o processo pelo qual um objeto pode sempre substituir um outro se estende bem além dos objetos nomeadamente designados como tal. Melanie Klein dá a entender alguma coisa semelhante quando mostra a passagem entre a série de objetos parciais (mamilo – pênis – rabo do pássaro) ao interesse dedicado ao vôo do milhafre. Pelo processo da sublimação, o vôo do pássaro se tornou um objeto.

Foi isso que chamamos em outro lugar[33] de *função objetalizante*. Sugerimos a hipótese de a função principal das pulsões de vida ou de amor ser a de estabelecer ligações com os objetos e, para fazê-lo, procedem à transformação em objeto (do Eu) não apenas do que deriva da relação com os objetos primários por extensão metonímica, mas também daquilo que, na origem, não pertence à categoria de objetos – o que pode ser um processo ou uma função. A sublimação permite a uma atividade alcançar o estatuto de objeto e ser considerada como uma possessão do Eu. Assim, na sublimação – para voltar ao caso considerado – não se trata apenas de modificar por dessexualização "o pássaro", mas de fazer da pulsão de investigação (observação do vôo) um objeto. Essa é a realização da função objetalizante.

Evidentemente, não escapa à pessoa que uma objetalização que transforme a epistemofilia em objeto só conseguirá isso constituindo uma categoria particular de objetos, bem diferentes daqueles aos quais se aplica o investimento erótico ou a identificação. Mas, justamente, desde Winnicott, nos habituamos a complexificar o campo objetal. Não podemos mais nos contentar em dividir os objetos em objetos externos e objetos internos, opondo suas propriedades. A aparição dos objetos transicionais enriqueceu consideravelmente a lógica psicanalítica: suas operações, seus produtos.

A que responde essa nova categoria que sugere a hipótese de uma função objetalizante atuando na sublimação? Graças a essa concepção, a sublimação já não está mais presa no dilema dessexualização-reparação. Ainda que se constatasse o papel das pulsões destrutivas nos dois casos (devido à disjunção em Freud e em razão da posição esquizoparanoide, em Melanie Klein), resta que, em Freud o objeto está, no mínimo, em segundo plano; enquanto em Klein, ele ocupa uma posição primordial. A questão que temos a resolver é a seguinte: a sublimação é um enriquecimento nas realizações da vida psíquica, um prazer novo do qual o aparelho psíquico se torna capaz ou ela apenas prepara o caminho do progresso da pulsão de morte? Freud, assim como Melanie Klein, mas de um modo diferente, opta por uma visão pessimista a despeito da função consoladora que ambos atribuem a ela. A sublimação – como todos os efeitos da civilização – tem uma ação atrofiante em face da sexualidade. O sacrifício que ela reclama é exorbitante. Ele não tem contrapartida? Parece que se despreza um pouco demais o prazer obtido das atividades sublimadas por considerar somente a renúncia que é seu preço.

Estranho paradoxo que afirma que a análise desmistifica o sublimado, mostrando o preço necessário a se pagar para atingir o sublime, enquanto, por outro lado, atribui ao tratamento, como um de seus objetivos mais valorizados, o acesso à sublimação! Se a sublimação ainda comporta numerosos enigmas não esclarecidos, talvez seja necessário, antes de querer acabar com os mistérios que nos interrogam continuamente, assinalar alguns de seus traços aos quais nem sempre se deu a atenção que eles merecem. Trata-se, por exemplo, da ideia de *desvio*, sistematicamente lembrada em todas as menções à sublimação nos escritos de Freud. Ele pretende distinguir esse mecanismo daquele do recalque. Associa-o à ideia de uma *atração*[34] pelas metas não sexuais.

A originalidade do pensamento freudiano foi subestimada aqui. Ela implica, antes de tudo, o reconhecimento da propriedade da pulsão, não somente de trocar as metas sexuais por metas não sexuais, mas, sobretudo, de se exercer muito *longe* delas. Freud fala também de uma atração para metas distantes. Portanto, a suposição implícita sobre a qual repousa essa propriedade é essencialmente o que se poderia chamar de "irradiação" da pulsão, que pode ser posta em prática quando a ligação direta entre o impulso e a meta sexual não é desejável. O "desvio" condensa nele a distância em relação à forma habitual de relação e a ação complementar da atração daquilo que foi desviado para longe de suas metas iniciais. Contudo, quando se atém ao contexto a propósito do qual Freud faz esses comentários, constata-se que ele se refere ao campo do visível. Seja diretamente, na ordem da pulsão escópica com o par voyeurismo-exibicionismo, seja na derivação representada pela curiosidade sexual e pela epistemofilia em geral. Temos, portanto, motivos para pensar que a esfera do visível e do invisível representa, em relação à do tocar, um polo favorável às substituições que agem no sentido do desvio-atração. Encontraremos, mais adiante, correspondências com a identificação que retomam e desenvolvem aquilo que já mostramos a propósito da oposição de dois tipos de relações: objetal (com o seio da mãe) e identificatório (com o pai da pré-história). Estaríamos prontos a lançar a hipótese de que uma particularidade da categoria do visível (acoplada ao invisível) é realizar as condições de um "tocar-sem contato", a distância, tocar "metaforizado" (transportado-transferido), de tal forma que sua não realização na ordem do tocar teria como contrapartida a dinâmica do desvio-atração, mobilizadora de sua orientação para metas não sexuais com conservação (transformada) de sua carga libidinal, sem que esta última se efetive à maneira da satisfação pulsional e sem que essa transformação a faça perder a qualidade que continua a associá-la à categoria dos fenômenos pulsionais.

Não se poderia negar, a pretexto de desilusão quanto aos seus efeitos preventivos sobre o aparecimento da neurose, que a sublimação seja não apenas socialmente apreciada, mas verdadeiramente fonte inovadora de prazer. E pretendo aqui não limitar a importância desse comentário à sublimação criadora, artística, mas a todas as formas de sublimação que a criatividade implica, graças à implementação de processos de transformações psíquicas. Contudo, são abundantes os exemplos de personalidades excepcionais em muitos campos, demonstrando capacidades de sublimação muito acima do comum, que deixaram os testemunhos mais irrecusáveis da fecundidade de seus dons e que, no entanto, foram consumidos por conflitos intoleráveis e angústias torturantes. Mas, então, por que buscar essa meta e se felicitar quando ela é visível em um paciente?

Na verdade, a sublimação não garante nada, não protege de nada. Ela permite apenas gozar "de outra maneira", em uma partilha comum de emoções, criando um espaço particular de relações "civilizadas" que não têm nenhum poder de suprimir outras modalidades na origem de satisfações muito mais brutas. Seu poder talvez permita, por sua função desobjetalizante, ser acompanhado, ao longo da vida, de alguns objetos amados, que têm a vantagem sobre os outros de permanecer fiéis, pois não podem desaparecer a não ser que os abandonemos. É preciso ainda distinguir entre os criadores, sempre condenados pelas exigências de seu ideal a ficar insatisfeitos com suas criações, e os apreciadores das obras, que se tornam companheiros de vida sem forçarem-se à tarefa de ser os autores da criação. Talvez se deva ver a sublimação como esse trabalho do negativo constantemente dividido entre as forças de vida e de morte psíquicas, e mesmo físicas. Entre objetalização e desobjetalização.

A SUBLIMAÇÃO ENTRE REPARAÇÃO E DESTRUIÇÃO: AURÉLIA

Se há um exemplo em que a sublimação parece pôr em jogo todos os fatores que examinamos (dessexualização, reparação, criação, etc.), é o de Gérard Labrunie, pseudônimo de Nerval. Ele já mereceu o interesse e a consideração dos analistas.[35] Uma de suas obras foi escrita na proximidade imediata de suas descompensações psíquicas e precede um pouco seu suicídio: *Aurélia*. A obra tem como subtítulo "O sonho e a vida" e, logo de saída, começa por: "o sonho é uma segunda vida".[36] Por trás dos clichês que circularam sobre esse tema, creio que Nerval sugere que o sonho é, nesta terra, um equivalente para os crentes do que se supõe ser a vida no além, quando a morte tomou posse do tempo da vida. O sonho se antecipa à morte que ameaça, e precede esse acesso ao além, para encontrar, antes de morrer, o que se perdeu hoje – tempo da dor presente –, repetindo a perda de um outrora longínquo, que se pensava esquecida e superada. E que realmente está, de certa maneira, pois em lugar da lembrança, a forma como ela perdura se traduz por essa inaptidão a viver que não somente espolia do prazer de existir aquele que é atingido por ela, como aproveita todas as ocasiões de sugá-lo no abismo mortal onde ele desaparecerá definitivamente, atualizando o passado, mais do que o evoca na memória. Mas essa saída deve ser conjurada a fim de que morrer possa se tornar uma causa de esperança. O sonho que aguarda no limiar do nada atrai o sujeito com uma força irresistível para ocultar a atração do não ser. A crítica literária, atenta unicamente à escrita de Nerval, só se preocupou em reportá--la ora a uma vida que existe apenas no real, ora a uma vida criada unicamente por ela, sem muita relação com a de qualquer um. Aliás, a literatura não poderia se referir a esta, assim como não se refere àquilo que revela um universo patológico, pois, na verdade, o êxito da obra o livra de seu pertencimento à doença. Essas racionalizações são facilmente reduzidas a quase nada quando se dispõe a examinar um conjunto de clivagens necessárias a Nerval, mas que nós temos a tarefa de reconhecer. Dois estatutos são atribuídos ao sonho, segundo a acoplagem deste. Um primeiro par une sonho e loucura (ele foi objeto de discussões na psiquiatria da época); o segundo reúne o sonho e a imaginação poética. O resultado em Nerval é condensar – pela supressão dos intermediários – a imaginação poética e o delírio, a primeira transcendendo o segundo. Suspeita-se que essa continuidade ininterrupta entre o sonho e a vida poderia ser o sinal de um processo patológico. Contudo, a abertura de *Aurélia*, mesmo interpretada desse ângulo, nos faz entender que a doença não é insensata, nem mesmo ilógica; ela tem, por trás das formas descosidas que o delírio a obriga a adotar, a alta dimensão significativa da vida sonhada. Às vezes, Nerval recusa o julgamento dos médicos (somente de alguns deles: certos julgamentos e certos médicos), enquanto em outros momentos ele reconhece lucidamente sua doença. De fato, o sonho parece ser uma espécie de lugar geométrico em que o modelo daquilo que ocorreu durante o sono se transpõe às *rêveries* da véspera e às alucinações do delírio. Sonhar dá o que escrever. E escrever é dar acesso, através do prisma da criação, àquilo que habita a criação do sonho.

Não se poderia, no entanto, destituir *Aurélia* de sua qualidade de obra literária, mas é o próprio Nerval que recusa que ela seja apenas isso. A ambiguidade do estatuto de obra literária, seu pertencimento à categoria do "transicional", permite reconhecer nela os elementos de um misto em que se encontram diversas abordagens: aquelas de arrolamento de episódios vividos quando da experiência psicótica, ou melhor, das experiências psicóticas fundidas aqui em uma única, rememorações, que são elas mesmas compostas de lembranças mescladas de sonhos despertos construídos *a posteriori*, fantasias, sobre as quais não se poderia dizer se elas têm relação com aquilo que foi vivido, se elas respondem às necessidades de uma ficção literária ou, enfim, se são o produto de uma ideologia cuja origem é difícil situar em conhecimentos adquiridos ou naquilo que fornece sua substância ao delírio. Pode acontecer que Nerval nos apareça como um precursor do Presidente Schreber. É inútil querer desatar os diversos fios desse emaranhado: a singularidade da obra se dissolveria. Observemos apenas que foi preciso muita lucidez e "saúde mental" para conseguir a composição de uma obra que, no entanto, nos faz penetrar, melhor do que qualquer outra, na intimidade do universo da doença mental.[37] De fato, a obra escrita, em sua relação com o real, não é apenas do âmbito do testemunho tampouco da "tomada de consciência", ainda que tenha como desfecho uma conclusão feliz. Ela é tentativa de restituição, como diz Freud, ou de reparação, na perspectiva de Melanie Klein.

Essa transicionalidade permite a fusão, dentro de uma obra, de várias identidades: a do sujeito da experiência psicótica que acaba de ser vivida, a do espectador que, tomando distância, analisa-a retrospectivamente e, enfim, a do poeta, que faz obra de arte se servindo das duas anteriores para fundi-las na experiência poética. É preciso ainda contar com uma quarta, dissimulada nas entrelinhas da obra, que alguns traços permitem identificar: a do médico que ele quer acreditar e fazer acreditar que é, que continua sendo e que jamais deixou de ser, procurando, assim, obter as graças do pai, tanto quanto rivalizar com ele, para apagar as marcas da decepção deste quando ele abandonou seu curso de medicina.[38] Nada mais patético que essa busca de Gérard para tentar recuperar o amor de um pai que se mantém insensível à afeição dolorida do filho, assim como parece não entender nada do que transparece de seu ser profundo, no qual se percebe a todo momento a ameaça de afundar definitivamente na alienação. Poder-se-ia pensar que esse pai, que é o destinatário implícito dessa obra, é solicitado a servir de testemunha dessa busca, assombrada a cada página pela fantasia de reencontro com a mãe, e na qual a esperança de uma reunião definitiva com ela deve dar lugar a uma sucessão de aproximações e distanciamentos, marcados por tantos encontros trágicos quanto rupturas brutais – cada um desses momentos se dissipando iterativamente como a miragem de uma visão evanescente. E, caso se queira penetrar mais no fundo oculto da relação de Nerval com seu pai, é para as relações de Gérard com o doutor Blanche que se deve dirigir a atenção. Estas, de uma tonalidade humana lancinante e de uma sinceridade comoventes, lançam plena luz sobre esses conflitos com a imagem paterna, mistura que alterna a provocação, a violência, a ternura, o remorso e até a suspeita de ciúme homossexual por ocasião do casamento do médico – o poeta confessando sem reservas seu sentimento de abandono. Nota-se que *Aurélia* tem mais de um título para nos instruir sobre o emaranhamento dos fios da sublimação.

No entanto, esse sobressalto de vida que permite a Nerval "melhorar" será efêmero. *Aurélia* é o ponto final desse combate entre destruição e criação. Após a redação dessa obra, o mal retoma seu curso. Agora Gérard vagueia, sem eira nem beira, e o inverno é rude. Em 26 de janeiro de 1855, três semanas após a publicação da primeira parte de *Aurélia*, ele se enforca na rua de la Vieille Lanterne. Dois dias antes, a última carta que ele escreve é endereçada à sua tia, que ele chama de "a melhor das mães", prometendo-lhe um lugar no seu Olimpo como ele teve na casa dela, "quando tiver triunfado sobre tudo". "Não me espere esta noite, pois a noite será preta a branca."[39]

No dia seguinte, uma carta de Godefroy, endereçada ao chefe de polícia, solicita a transferência de seu corpo do necrotério ao cemitério de l'Est "devido à recusa de sua família em cuidar da inumação".[40] Os direitos da segunda parte de *Aurélia* pagarão, em parte, o enterro.

AMOR DA MÃE, AMOR DA MULHER

Gérard será sempre perturbado. Desde que nasceu, em 22 de maio de 1808, foi levado para a casa de uma ama-de-leite perto de Mortefontaine. Seu pai, médico militar, serve no Exército do Reno, e a esposa o acompanha em seus deslocamentos. Enquanto este último dirige um hospital em Glogau, na Alemanha, a mãe morre ali, aos 25 anos. Gérard tem apenas 30 meses. Essa mãe que ele nunca conheceu será o objeto de uma afeição indefectível. Em 25 de novembro, após uma crise de delírio furioso, ele escreve ao doutor Emile Blanche, ao qual é ligado por uma autêntica transferência: "se o senhor me viu chorando ontem, não pense que foi por fraqueza; eu só achava que não estávamos nos compreendendo mais. Ora, é demais se fazer de louco quando se é racional e não é o dia do aniversário de minha mãe que eu teria coragem disso."[41]

Em um primeiro esboço de *Aurélia*, inferior à versão definitiva, enquanto Gérard está ao violino (como em posição de ama-de-leite?), ele tem uma alucinação: "uma mulher vestida de preto surgia diante de minha cama e me parecia que ela tinha os olhos ocos. Somente no fundo dessas órbitas vazias me pareceu ver lágrimas brotando, reluzentes como diamantes. Essa mulher era para mim o espectro de minha mãe morta na Silésia."[42] A imagem dessa mulher, desde essa primeira menção, aparece sob traços persecutórios e idealizados (anjo tutelar, [...] olhos cintilantes, [...] um vestido de arminho, [...] a paladina do cisne").[43] A projeção nela de sua própria tristeza satisfaz seu desejo de vê-la atormentada pela aflição de ser privada de seu filho. Em um texto definitivo, a mãe será tratada de forma mais alegórica, geralmente por alusão. Uma condensação a une a Aurélia e à Morte. Aurélia é criada principalmente em torno do personagem de Jenny Colon, único amor de Nerval. Contudo, desde a segunda página, são evocadas a Beatriz de Dante e a Laura de Petrarca – Aurélia se aproxima muito do anagrama de *Laura*: a mãe de Gérard nasceu Laurent. Nas duas versões de *Aurélia*, as circunstâncias desencadeadoras da loucura lembram as do primeiro acesso de Nerval em 1841 – enquanto a maior parte da narrativa de 1854, 13 anos depois, faz alusão a episódios contemporâneos. Assim, os diferentes momentos da doença são objeto de condensações em torno de certas constantes temáticas.

Em Aurélia, a lembrança da mãe que se mantém permanentemente no pensamento se mistura com os acontecimentos mais recentes da relação com Jenny Colon. O primeiro episódio da doença de Nerval foi logo depois de seus reencontros interrompidos com Jenny Colon.[44]

A NARRATIVA

Aurélia quer abrir as portas do sonho – mas ela nos faz penetrar sobretudo no reino dos mortos. "Uma mulher que eu tinha amado por muito tempo, e que chamarei pelo nome de Aurélia, estava perdida para mim." A perda é seguida da tentação de morrer – "direi mais tarde porque eu não tinha escolhido a morte". Esse amor é marcado de um sentimento de falta. Mas a escolha de sobreviver obriga Gérard ao desapego. "Que loucura, dizia a mim mesmo, amar assim com um amor platônico uma mulher que não o ama mais, [...] eu me transformei em uma Laura, [...] uma pessoa comum de nosso século." Essa lucidez superficial levará à busca de um prazer que parece com aquele que provoca uma mania de luto, defesa contra a melancolia ameaçadora e que protege o objeto perdido do ódio. O deslocamento para o amor de substituição (Marie Pleyel) muda de sentido e se resolve na amizade. Parece que esses efêmeros encontros com o objeto de amor, interrompidos por uma nova separação imposta por um "dever imperioso", tiveram um papel no desencadeamento da crise de loucura. Na narrativa, uma aparição feminina sinistra, "mulher de aparência cadavérica, com olhos ocos" evoca a lembrança de Aurélia. "Digo a mim mesmo: 'é *sua morte* ou a minha que me é anunciada.'". Essa intercambialidade é característica da identificação primária da melancolia. Uma outra aparição, que lembra o Anjo da *Melancolia*, de Durer, assombra o sonho noturno, aterrorizando o sonhador. É para escapar à morte e à melancolia que nasce a tentação de fugir "*para o Oriente*", como fez Gérard após a morte de Jenny? Uma estrela ("Minha única Estrela morreu") guia seus passos até a morte. A partir desse momento, Nerval está totalmente confuso; em estado de morte, ele espreita o momento em que a alma supostamente se separa do corpo, dividida entre o desejo de abandonar o mundo e a saudade da terra. Contudo, a parte do Eu identificada com a alma nutre a esperança de reencontrar o objeto. De fato, o ódio mortal se idealiza – a morte mudando de sentido e significando o reatamento definitivo com Aurélia.

Eis que aparece um duplo, talvez anunciador da morte. Durante esse tempo, Gérard parece, na verdade, entre duas mortes: uma já ocorrida; outra prestes a acontecer. Essa segunda morte promete um reino de felicidade – *la vita nuova* –, a segunda vida. Ele coloca um talismã (um anel) em sua nuca, no lugar por onde a alma supostamente sai do corpo (sinal de união mística?). O delírio prossegue, na narrativa, na casa de saúde para onde foi levado. Protegido pelo isolamento, o aspecto feérico do sonho-delírio se atenua para dar lugar a conteúdos muito mais familiares. Uma velha empregada que Gérard chama de Marguerite[45] aparece em suas visões, acolhendo-o na casa alegre do tio materno. Pode-se supor que se repete aqui uma crise grave do pequeno Gérard que a fantasia da morte da mãe englobou no *après-coup*. O deslocamento da cena para a casa da família lembra uma festa familiar que marca o retorno dos pais distantes.[46] O recomeço dessa segunda vida permite reencontrar a linhagem no lar edênico do qual o autor é oriundo. Tudo está imerso em uma luz ofuscante e em um clima de inocência. Esse universo de mulheres e de crianças permite dimensionar dolorosamente aquilo a que Gérard foi arrancado. "Pus-me a chorar lágrimas copiosas como à lembrança de um paraíso perdido." Aqui, a infância real de Gérard e a idealização retrospectiva, sob a proteção de uma bondade divina, são apenas uma em sua mente. Um outro sonho permite reencontrar mulheres conhecidas na infância. Uma delas se destaca e o guia até o jardim, com o qual ela se confunde antes de evanescer; Gérard procura em vão retê-la. Ele logo vê um busto *"seu"*... E o jardim se transforma em cemitério. "O Universo está na escuridão." Aurélia só voltou para desaparecer de novo.

O texto faz pensar que é a estrutura onírica que torna Aurélia evanescente, enquanto ele apenas traduz os movimentos pulsionais que alternam pulsões eróticas e pulsões de destruição, sem poder decidir se o Eu quer viver ou morrer.

"Aliás, ela me pertence bem mais em sua morte do que em sua vida." As aparições negam a perda. Mas essa ilusão dura pouco, pois o destino delas é ver o objeto desaparecer de novo. A suavidade das reencarnações, todas marcadas de bondade mística, não consegue conjurar a angústia que ameaça o corpo.

O próprio processo de escrita é integrado no pensamento que se concede o poder de fazer aparecerem os personagens benéficos. Mas a construção do texto obedece às mesmas alternâncias que veem as intervenções das potências favoráveis contrariadas por figuras hostis, devastadoras. O êxito da escrita corresponde talvez àquilo a que Freud se referia ao falar da captação pelo Eu (aqui seu duplo pela escrita) das roupagens do objeto, reclamando ser amado em lugar deste último e provocando a disjunção pulsional. A criação é logo seguida da perseguição por monstros. Na sucessão de raças benéficas, faz sua entrada a dos Afrites,[47] ávidos de potência, cercados de mulheres e de escravas. Gérard é prisioneiro deles. As imagens de esterilidade e de morte invadem a narrativa. É o reino do mal, das epidemias, da morte. "Por toda parte, morria, chorava ou definhava a imagem sofredora da Mãe eterna." Por que essa maldição é associada ao Oriente? É que *a posteriori*, na contrição da melancolia, os prazeres que Gérard conheceu após a morte de Jenny poderiam ser a causa de sua danação e alimentariam o remorso de ter sobrevivido a ela.[48] "Eu lastimava tanto mais na medida em que a morte não me reunira a ela. Depois, pensando nisso, digo a mim mesmo que eu não era mais digno dela. Eu me recordava amargamente da vida que tinha levado depois de sua morte, reprovando-me não por tê-la esquecido, o que não acontecera, mas por ter tido amores fáceis, ultrajado sua memória."[49]

A reprovação vinda do ideal do Eu, por não ter conseguido se impor a abstinência absoluta em memória da amada, é agravada, em um segundo momento, pela acusação de ter sujado sua imagem. Uma profanação que cobra o arrependimento. Sublimação e dessexualização são solidárias. A reparação não contradiz isso, mas deve ser ligada a um processo de purificação no qual a idealização da mulher é subjacente às autocensuras ligadas aos maus-tratos infligidos ao objeto de desejo. Durante a viagem ao Oriente, Gérard inicialmente fica chocado com a maneira como as mulheres são tratadas. Mas logo acabará por ceder às tentações de usá-las ao seu bel prazer. No *après-coup* do delírio, o abandono do objeto (a mãe e Jenny preferiram ambas seguir outro homem) faz reaparecer o desejo recalcado de puni-lo e de tratá-lo com menos consideração ainda – saciando todas as pulsões sádicas e de domínio que vingam o antigo desapontamento. Mas essa regressão à crueldade é severamente condenada, e a idealização, procurando restaurar o objeto profanado, não encontra solução para se reconciliar com ele a não ser na fantasia de fusão, que selará definitivamente sua união mortífera. A culpabilidade sexual é pressentida por trás de um combate entre o bem e o mal. Essa divisão, essa partilha dual faz surgir novamente na narrativa o duplo, agora reconhecido por Nerval como sua "forma idealizada e aumentada". O refluxo no Eu permitiu integrar ao sujeito essa dualidade maniqueísta projetada no objeto. Pressente-se, no entanto, que o trabalho de luto que se associa ao mau objeto não para aí. Ele faz também com que a posição depressiva reverta na posição esquizoparanoide (é nisso que ele fracassa, pois *"o outro"* é hostil a Gérard). Implicitamente, o leitor é levado a pensar que essa perseguição provém do sentimento de que o objeto pertence agora a um outro. "Aurélia não era mais minha!..." O texto procede à fusão do perseguidor – figura do mau – e do pai rival a quem pertence a mãe.

A narrativa prossegue com a chegada a um castelo onde os homens roubaram dos deuses o mistério da criação. Gérard vai para uma sala preparada para o casamento do duplo! Com Aurélia, evidentemente. Para evitar que sua derrota seja definitiva, Gérard apela aos recursos da magia. Um grito corta o ar, é o de Aurélia. É como um despertar. Mas o sentimento da maldição é a sanção por ter pretendido perturbar a harmonia do universo. Aqui termina a primeira parte de *Aurélia*.

Tudo parece consumado – a derrota do herói não permitindo pressagiar outros desenvolvimentos.

PERDÃO

A única preocupação de Gérard é se reunir novamente a Aurélia – não importa a que preço! Mas não se sabe se ele tem mais chance de encontrá-la entre os mortos ou entre os vivos. Um enterro o leva ao cemitério no qual estão sepultados muitos de seus parentes.[50] Ele procura Aurélia ali. O casamento e o enterro conduzem ambos à perda. Eles testemunham que o primeiro sobrevém em proveito de um outro, o que faz surgirem desejos de morte. Gérard reencontra Aurélia no reflexo de uma vidraça de albergue; ele só pensa em seu casamento, enquanto vozes lhe repetem: *"Ela está perdida"*.[51] Em sonho, ele vê uma mulher que o havia cercado de cuidados na infância reprovando-o por ter chorado Aurélia mais do que seus parentes. A lógica não está ausente nem da escrita nem do delírio. As mulheres do Cairo são preferidas à casta lembrança de Aurélia, a perda de Aurélia-Jenny é mais chorada que a de sua mãe. Em suma, uma única morte merece a comemoração: a da mãe. De onde se poderia concluir que as buscas amorosas junto a outras mulheres são tentativas de reencontrar o amor perdido. Em compensação, a procura desses remédios para o desespero leva a reprovações por insensibilidade e pelo consolo rápido demais do luto primitivo. Todas essas manifestações que trazem a marca da culpa se referem sobretudo a um de seus aspectos: o desvendamento pelo supereu do desejo de exercer um domínio sádico sobre o objeto idealizado para reduzi-lo à sua mercê, e saciar seus desejos mais impiedosos em variantes intercambiáveis deste, conjurando assim qualquer novo perigo de perda. "Jamais conheci minha mãe, que queria acompanhar meu pai no exército como as mulheres dos antigos germânicos; ela morreu de febre e cansaço em uma região fria da Alemanha, e meu pai não pôde ele mesmo orientar de lá minhas primeiras ideias."[52] Quanto mais o texto acentua a dimensão traumática desse acontecimento do qual, criança, ele foi a primeira vítima, mais ele se expande em arrependimentos e em exames de consciência que o condenam.

O esforço de reparação é arrasador.[53] O socorro da religião é bem frágil – as ideias de suicídio abrem caminho através da consciência. O sentimento de fim de mundo, sinal de desmoronamento psicótico, assombra sua mente. Algumas peripécias nem sequer disfarçam mais a luta interior que ele trava para continuar vivo. Gérard retorna ao bairro de Saint-Eustache onde vai se recolher pensando em sua mãe. A visão de sua mãe (Marie) lhe aparece no sono. Essa aparição visa sem dúvida fazer esquecer a blasfêmia pronunciada algum tempo antes. "A Virgem está morta e as preces são inúteis."[54] Não obstante essa graça, o sentimento de falta não o abandona, e as ideias de suicídio assaltam o Eu. E eis *O sol negro*.[55]

A repetição habita o texto. É apenas o retoque de uma matéria difícil de trabalhar? Não se terá recuado diante da interpretação que vê aí uma técnica narrativa? Na verdade, talvez seja a única maneira encontrada por Gérard para nos fazer sentir que ele é habitado por uma força iterativa à qual nada lhe resta senão se submeter. Ela vem forçar sua mente a sonhar, mais do que lhe conceder essa liberdade. Se o sentido parece repetir situações já depositadas no texto, a repetição está ali justamente para testemunhar que a verdadeira aposta, da qual a obra recolhe vestígios e que envolve até sua existência, é a hesitação não resolvida entre o desejo de ressuscitar o objeto para finalmente internalizá-lo e o de aniquilá-lo para sempre. É essa indecisão que é repetida incansavelmente, enquanto uma sorte paralela afeta o Eu acorrentado ao objeto, não podendo assegurar que o impelirá sem retorno nem na via de sua salvação nem na de sua precipitação no abismo. Enquanto a obra está por escrever, há a suspensão dessa escolha vital, a fim de que esta possa ser levada a termo. Mas isso é apenas adiado, pois o problema emergirá novamente após a obra realizada – o Eu sendo literalmente "desempregado".

Após uma nova hospitalização e uma nova saída, sete semanas depois, a tendência delirante (esquizoparanoide) se sobrepõe à depressão. Contudo, o delírio é menos a expressão de uma fragmentação projetiva do que a formação de uma neorrealidade à qual Gérard se agarra desesperadamente, atribuindo-se o poder de restabelecer a harmonia universal. Eis que chegamos a um ponto em que fica impossível discernir no texto o que prevalece da preocupação de transcrever um relatório dos acontecimentos vividos por um ser cada vez mais atingido pela doença ou daquela de fazer obra de arte. As duas se juntam no trágico dessa solidão entregue a uma invasão psicótica inexorável, a despeito do retorno intermitente, mas cada vez mais precário, da fé na proteção de divindades maternas. Isso não vai muito longe, pois a narrativa prossegue com imagens de mulheres torturadas, mutiladas, retalhadas "como que pelo sabre"; em outros contextos, é um emaranhado sangrento de membros e de cabeças, mas de mulheres, exclusivamente.

Os pensamentos diretamente relacionados com a mãe emergem, alternando-se com imagens apocalípticas. Testemunha-se o combate que se trava no interior do Eu entre a submersão por forças elementares desorganizantes e a tentativa de reunir figuras simbólicas a fim de dar mais realidade ao objeto. "Sou a mesma que Marie, a mesma que sua mãe, a mesma também que, sob todas as formas, você sempre amou."[56] Esse esforço patético de dar à sua mãe uma forma figurável, que coincide com a escolha de um bom objeto, parece destinado ao fracasso. Essa esperança de chegar a conhecê-la – dado que ele não poderia reconhecê-la, pois jamais a conheceu – leva-o a escrever uma frase que resume por si só o processo psíquico em curso, assim como o da escrita. "A cada uma de suas provações, eu tirei uma das máscaras com as quais escondo minhas feições, e logo você me verá tal como eu sou." A limpidez da formulação e a lucidez retrospectiva sobre o progresso da narrativa levam a pensar em uma superposição estreita entre o autor e o narrador que se juntam na pessoa de Nerval. Em contraponto, o Eu, que tem esperança nesse reencontro celeste com seu objeto idealizado, se reveste de uma identidade napoleônica. Ninguém duvida que a situação prevê que se revele da solução que lhe permitirá encontrar uma saída desse impasse. E é novamente o hospital.

A partir de agora, a escolha de viver só poderá ser sustentada pelo recurso a forças místicas veiculadas pelas religiões. A luta do bem e do mal ultrapassa os limites estritos de Gérard para englobar não somente o mundo em que Gérard vive, mas também o universo do qual ele é apenas um ínfimo fragmento. Sua redenção pelo reatamento com o bem lhe permite incluir-se em um sistema que engloba diversas divindades, diferentes religiões, sob os auspícios do Deus de todos os outros deuses, que é mais que o Deus único.

Algumas páginas concluem a obra, tendo como título *Memoráveis*. São hinos cujo cabeçalho evoca Swedenborg. Aurélia se tornou "a grande amiga" das visões paradisíacas. "O céu se abriu em toda a sua glória e eu li a palavra perdão assinada com o sangue de Jesus Cristo."[57] A harmonia universal é restabelecida. A purificação parece ter advindo enfim. Ela está consubstancialmente ligada à certeza de imortalidade (da Virgem mãe). É, sem dúvida, um sentimento de morte interna que Gérard procura superar, fazendo reviver repetidamente a única potência que lhe permite conjurar as catástrofes, uma mãe longínqua, capaz de lhe oferecer um amor incondicional, aceitando-o como seu duplo.

O TRABALHO DO NEGATIVO NA SUBLIMAÇÃO

Se me estendi em *Aurélia* é por ser é raro dispor de uma auto-observação tão detalhada, que se desenvolve duplamente no nível da doença e da sublimação. Esta é vista de dois ângulos: dentro do processo psicótico e no trabalho de escrita que o transpõe a um outro plano. Seria errôneo, sem dúvida, se fiar apenas no texto de *Aurélia* para fazer um juízo sobre a doença de Nerval, o desenvolvimento da crise e sua resolução. Agiríamos como se o autor tivesse conseguido nos fazer esquecer sua obra e se contentasse em nos fornecer a observação de sua crise psicótica. Mas o que pensar do suicídio de Nerval entre a publicação das duas partes de sua narrativa? Como se a edição que dava vida ao texto lhe tirasse a sua, drenando para ela o que restava de sua alma para despojá-lo totalmente dela.

Na verdade, nenhuma atitude é isenta de críticas em se tratando do estudo dessa obra. Se decidíssemos abordá-la exclusivamente como um texto literário, pertencente inteiramente ao domínio da ficção e do fantástico, padeceríamos da culpa por ter fingido ignorar a tinta de angústia e de sofrimento *reais* em que foi temperada a pena que traçou seus caracteres. Sente-se isso desde as primeiras linhas: não há necessidade de reportá-la aos biógrafos do poeta. Fazer abstração do que sabemos da história de Nerval, de suas desilusões amorosas, de seu destino de órfão, não é se pretender incorruptível em face das exigências da literatura; é ceder às tentações do esteticismo que nos leva a encerrar a escrita em um cofre imaterial. Se, por outro lado, tomamos ao pé da letra tudo o que é relatado aqui, nós não apenas não estamos menos sujeitos a cair na armadilha da escrita, reduzida aqui à sua função de inventário, como também negamos seu poder de criação, confundindo o que lemos com o trabalho de um alienista. Aceitemos o arbítrio da posição que adotamos. É surpreendente ver a que ponto os literatos elevam o prestígio da escrita; eles a concebem de tal maneira como a realização mais elevada que um homem pode atingir que, quando alguém deu provas de sua capacidade de ter êxito nessa criação, não conseguem se convencer de que ele seria *verdadeiramente* vulnerável a uma angústia que outros não teriam dificuldade de reconhecer como um sinal de pedido de socorro. Desde que ele esteja em condições de criar formas artísticas, estas – supõe-se – fornecem a prova de que seu tormento psíquico não poderia arrastá-lo ao fundo. É surpreendente constatar como o precedente de artistas que naufragaram na loucura se apaga da memória ou se torna objeto de uma esterilização da imaginação. Essa circunstância assinala, sobretudo, a incompreensão daqueles cuja situação coloca em posição de ter de se ocupar, por um motivo ou outro, das obras do artista. E quando, por infelicidade, o suicídio não pôde ser evitado, ele geralmente é exaltado, concebido como um ato de liberdade que não poderia estar ligado à doença. "Busca do absoluto". Não esqueçamos o abismo que separa o que significa a escrita para o escritor e o que ela significa para nós! Se a sublimação pode ser melhor situada no campo recentemente descrito da era transicional, e se é verdade que Winnicott mostrou de maneira convincente o enriquecimento das possibilidades assim oferecidas à psique e a vitalidade ampliada do psiquismo que pode tirar partido dessas produções, nada autoriza a acreditar que sua mera execução é suficiente para proteger o sujeito da ocorrência de catástrofes psíquicas. E o próprio Winnicott reconhecia que a instalação de um bom objeto interno era pré-requisito para a instauração da área intermediária. De fato, o campo transicional desempenha o papel de uma formação atravessada pelas influências vindas de dentro e de fora, tentando lastrear o Eu acoplando-o a esse tipo de produções para dar ao desenvolvimento a ilusão de possibilidades de ancoragem que sirvam de pausa e de filtro contra as defesas mais devastadoras. Assim, a tentativa de Nerval não pode ser julgada, do ponto de vista da sublimação, nem em termos de fracasso nem em termos de êxito em relação à sua organização conflitual psíquica. Ela foi apenas o meio de esperar e de acreditar, tentando transformar o sonho em delírio, como que para exorcizar a dor transportada, e o delírio em sonho, como que para acreditar que, graças a essa apropriação, ele restabeleceria o contato com ele mesmo. É para nós, a quem essa sublimação é oferecida, que *Aurélia* pode desempenhar o papel de objeto de amor, favorecido pelo exercício da função objetalizante. Além disso, o texto nos coloca em uma situação privilegiada para reencontrar aí os movimentos de um trabalho do negativo de acordo com os mecanismos que já analisamos. Há, portanto, na escrita – e pela escrita – traços suficientemente convincentes dessa retomada de um trabalho do negativo que consegue encontrar sua coerência na e pela escrita.

A escrita tem como efeito criar, pela construção de seu espaço próprio, seu objeto: a obra. Mais do que nenhuma outra, ela nos leva a reforçar o estatuto transicional de uma tal criação. Impossível descobrir nela o critério que permite concluir se ela se refere a uma realidade existente – ou que existiu realmente – ou se a realidade em questão é psíquica e inteiramente tirada do mundo interior de seu autor, sem que o controle deste tenha escapado. Aquele que não dispusesse de nenhuma cultura prévia, ignorando até mesmo quem foi Nerval, caindo nessa narrativa nua e sem comentários, não teria, ao fechar o livro, nenhum meio de saber se Aurélia tem alguma relação com um personagem ou uma história real. Mas, seja como for, não escapará ao sentimento de verdade do que terá lido. E nisso reside o êxito da obra. Não de conseguir "traduzir" a atmosfera da loucura – sendo capaz de sair dela – ou de se fazer admirar imitando-a tão bem que se juraria que se "está nela", visto que se ignora do que ela é feita, mas de fazer com que a obra seja capaz de bastar por ela mesma, de tal maneira que a questão de sua relação com a realidade não mais se impõe.

Que essa questão não devesse ser ressaltada, isso não significa que se esteja proibido de propô-la nem que tentar respondê-la diminui seu interesse. Pois a vantagem de uma tal realização é justamente não se contentar em chegar a essa transicionalidade permitindo um recorte múltiplo que a faz aparecer ora sob a luz da loucura, ora sob a da literatura. E não se poderá intitulá-la sem prejuízo qualificando toda literatura de louca, assim como não se ousará contentar-se em dizer que toda loucura é literária. Até não muito tempo atrás, não se teria hesitado em fazer o elogio fácil da "vidência" de Gérard e em proclamar a superioridade da alienação sobre o estado dito normal.[58]

A beleza da obra não é somente a de uma língua soberbamente desenvolvida e de uma honestidade impiedosa que se abstém de qualquer protocolo; ela é também a marca que traz na testa aquele que, tendo conhecido o inferno, conseguiu voltar por alguns momentos ao nosso convívio, justamente para nos falar dele antes de seguir sua rota, irremediavelmente sozinho.

A ideia de que a criação artística seria animada pelo desejo de reparação e se oporia à destrutividade do processo psicótico encontra aqui uma ilustração. A repetição que caracteriza *Aurélia* poderia receber uma interpretação menos unilateral. O fato de se encontrá-la no texto leva à pergunta sobre se essa reprodução no cenário da escrita é uma pura e simples transcrição do que ocorreu no do delírio. Um jogo de referências recíprocas obriga a nuançar um pouco as explicações propostas. Se Nerval escreve, na abertura da sua narrativa, que o sonho é uma segunda vida, ele não deixará de interpretar aquilo que se apoderou de sua mente como um sonho. Não que uma tal comparação seja infundada; ela foi formulada por eminentes psiquiatras da época – mas, no seu caso, ela adquire um sentido diferente, dado que o sonho é igualmente considerado como a fonte da imaginação poética. Os sonhos do haxixe servem, então, de modelo para invocar mecanismos psíquicos que se traduziriam em manifestações análogas cuja intervenção se suporia – a moda do Oriente talvez não seja estranha ali – tanto nas fontes do delírio quanto da poesia. Vista desse ângulo, a experiência de Nerval, remetendo seu delírio ao sonho, procura a via que lhe dará acesso à sua transformação artística, assim como à sua produção artística, remontando até suas supostas fontes oníricas, que lhe permitirá dar sentido ao seu delírio. Não esqueçamos seu desejo de ser reconhecido como médico. A poesia é sua terapêutica; superior, para ele, sem sombra de dúvida, à do doutor Labrunie, obstinadamente fechado a tudo o que diga respeito aos males da alma.

Contudo, quando o sonho, como aqui, remete, através das conquistas amorosas frustradas, à vida sonhada com a figura materna que lhe disseram ter sido arrancada deste mundo e vivendo no outro, a segunda vida adquire uma dupla significação: ela é a promessa do além da existência terrestre após a morte, e é, ao mesmo tempo, neste mundo, o que atesta a presença daquilo que não está morto por ser passado, se tornando, ao contrário, atualizável a qualquer momento, como aquilo que foi, na falta de ser vivido, ardentemente desejado. A permanência da lembrança é a prova de que nada desapareceu definitivamente, de que nada poderia verdadeiramente estar morto. A esperança invencível de refazer contato com a mãe desaparecida, ultrapassando os confins da existência individual, é tanto mais forte na medida em que esta, não estando mais submetida às limitações da vida, se torna como que onipresente, esperada em todos os lugares, surgindo por trás de qualquer personagem que ocupe o pensamento do momento, irradiante como uma força imaterial e luminosa sobre os seres tocados pelo amor de Gérard.

Assim, a sublimação deixa de ser a expressão do mero desejo de criação. Ao ser remetido incessantemente ao delírio, longe de permitir a reintegração deste na atividade psíquica, ela reinicia seu processo, obriga o conflito, de algum modo, a uma escalada, como se ele se recusasse a ser pacificado por sua apresentação na forma poética. Pior ainda: encontrando seu limite, a arte apenas constata sua impotência; ela excitou a psique. A salvação que ele colocou em poder da criação não é ilusória: a multidão daqueles que amarão a poesia de Nerval é a garantia de que esse poder existe. Mas, no que diz respeito ao autor, ele pagou o preço mais alto por esse sucesso que só beneficia os outros. Poderia ser que as exigências da obra tivessem vindo subtrair em seu proveito as forças de vida que habitavam o poeta. É verdade que ele não tinha escolha. É nesse sentido que se justifica a estranha afirmação de Freud que, contra a opinião geral e a despeito do fato de que ele não via objetivo mais elevado para o psiquismo humano, declarou a sublimação aliada das forças de morte.

Três dias antes de sua morte, Gérard completou a lista de suas obras completas. Faltava apenas assinar.

No manuscrito de *El desdichado*, Nerval, que havia dado como título ao poema "*Le Destin*", acrescentou cinco notas para explicar certas palavras.

Ele escreveu assim o verso 3:

⊖

"Ma seule *Estoile* est morte – et mon luth constellé"
e esclareceu:
⊖, le signe de la Terre et de la Tomba,[59] au-dessus de *morte*.*

Eu acrescentaria este comentário: esse signo é o inverso daquele que designa o feminino (♀): ⊖, Terra, Tumba-*Mãe*.

---

* N. de T. "Minha única *Estrela* está morta – e meu alaúde consteladoˮ/⊖, o signo da Terra e da Tumba, acima de *morte*.

O FUTURO DA SUBLIMAÇÃO

São inúmeros os psicanalistas que se queixam do caráter insatisfatório da teoria da sublimação. Vimos que não bastaria examinar as diferenças que a separam da idealização, e que seria preciso, ao contrário, trazer à luz as numerosas ligações que aproximam duas noções, mas sem que isso conseguisse nos esclarecer completamente. Talvez se pudesse pensar a psicanálise – prática e teoria – sendo ela mesma um efeito da sublimação, e a obscuridade que afeta essa questão se explica pelo fato de que ela está na essência do procedimento que realiza esse questionamento. Não se vê por que – sendo assim – esses enigmas são difíceis de resolver quando não se dá conta de que a escolha da psicanálise – quero dizer, aquilo que nos levou a fazer dela nosso objeto de estudo – comporta uma parte de negatividade que parece criar obstáculo a uma elucidação suficientemente completa de sua natureza.

Eu tenderia a acreditar que o que embaça nossa mente tem a ver com as últimas teorizações de Freud a esse respeito. Estas não são o fruto de um movimento de pensamento irrefletido. Entre as primeiras ideias relativas à sublimação, nascidas por ocasião dos *Três Ensaios*, em 1905, e a conclusão apresentada por *O Eu e o id*, transcorrem quase 20 anos. Poucos psicanalistas aceitaram seguir Freud até ali, nas tentativas que puderam fazer para ir mais adiante na matéria. Admite-se que a sublimação é um aspecto incontornável do psiquismo, e eu não conheço nenhum analista que acredite que se poderia prescindir da noção. Conclusão: não podendo aderir às ideias de Freud, eles optaram por atalhos. Foi o que fizeram tanto Melanie Klein quanto Jacques Lacan, para falar apenas deles.

Defender a ideia de uma pulsão de morte para dar conta de certos efeitos da doença somática ou psíquica, ou mesmo de certas crises que a História e as sociedades situam periodicamente em primeiro plano no cenário mundial, isso, com extremo rigor, poderia passar, ainda que se prefira um outro modo de explicação que acabará por ser encontrado, com a ajuda do tempo.

Ora, não apenas essa esperança não se realizou como se viu desmoronarem as teorias alternativas (como o marxismo) que tinham tido um sucesso impressionante. Isso abala um pouco mais nossa fé na validade de sistemas de ideias globalizantes. A posição de Freud, exposta em *O Eu e o id*, tem um caráter radical, que ele manterá com *O mal-estar na civilização*, em que se trata relativamente pouco da sublimação e muito da possibilidade de que nossa civilização, esgotada, se aniquilasse. Os comentários sobre a sublimação frustram nossa expectativa, sobretudo diante de um tema como esse. Freud, no entanto, apela ao futuro da pesquisa em metapsicologia.[60]

Se prestamos atenção às sinuosidades do pensamento de Freud, podemos pressentir os caminhos que nossa pesquisa poderia seguir. Com *O mal-estar na civilização*, a sublimação revela as duas vertentes por onde ela poderia ser abordada. A longa nota que fecha o Capítulo IV (pode-se supor que ela tenha sido escrita após a primeira redação, na releitura do texto) trata da natureza animal do homem – sua organização neurobiológica, como se diria hoje. Ela vem como desenvolvimento da ideia, já sustentada por Freud, que atribuiria a ausência de satisfação sexual completa à existência de um fator intrínseco à pulsão sexual. Depois, corolários são expostos aí: a existência de uma bissexualidade indo contra a possibilidade de uma satisfação direcionada a todas as facetas da constituição sexual, e uma hipótese que iria mais longe, em profundidade, e que ligaria essa limitação à passagem à postura erigida que provocaria uma repressão "orgânica", assentada eletivamente sobre a sexualidade. A sublimação é mencionada de passagem. Nota-se que, se Freud sempre se opôs a levar em conta uma tendência inata à perfeição ou à "elevação", aqui ele procura, em um mecanismo da evolução, a explicação de um distanciamento das satisfações sexuais em relação ao afastamento das metas sexuais de que é testemunho a sublimação. Embora não se possa dizer que os progressos da neurobiologia tenham confirmado a hipótese de Freud, pelo menos se deve apontar essa direção de pensamento.

A segunda via seguida pela reflexão de Freud – mais uma vez consignada em uma nota, no final do capítulo II – é o reconhecimento do papel desempenhado pela sublimação no trabalho. E Freud liga este último à economia da libido. O trabalho possui, a seu ver, um valor "que não cede em nada àquele que lhe confere o fato de ser indispensável ao indivíduo *para manter e justificar sua existência na sociedade*".[61]

Freud atribui, portanto, às realizações da sublimação uma função capital da organização social, aquela não podendo ser em nenhuma hipótese considerada como uma simples extensão dos atributos humanos, e sim como inerente à estrutura do homem. As explicações últimas: repressão orgânica e existência social, longe de serem opostas, são implicitamente reunidas na complementaridade.

Mas então se torna impossível, em minha opinião, limitar-se a um estudo individual ou ontogênico da sublimação. Esta requer, de fato, no exame de sua efetivação, o *afastamento* (das metas sexuais) e a *atração* (por metas sociais). O estudo dessas metas sociais "atrativas" na relação (oculta) que elas continuam a manter com as metas sexuais revela uma faceta insuspeitada, ausente nas proposições explícitas de Freud sobre a sublimação. Os herdeiros de Freud, desencorajados pela dificuldade da tarefa, preferiram se abster de aprofundar a relação que liga o "afastamento" e a "atração". Temo, no entanto, que eles não tenham escolha, visto que os impasses da perspectiva centrada no indivíduo não tardaram a se opor a qualquer avanço verdadeiro do problema.

O recurso à cultura, aos depósitos deixados pelo pensamento na História, às dificuldades que experimentamos em demarcar o sentido disso que envolve o desenrolar do presente de nossa vida quando estendemos o horizonte de nossa visão à nossa época, estão aí para testemunhar a indissociabilidade do que rege ao mesmo tempo nossa organização natural e cultural. Mas nos encontramos aqui diante de tantas obscuridades que às vezes ficamos divididos entre sistemas explicativos opostos. O próprio Freud não podia se deter em face dessas especulações grandiosas, esmagadoras, mas cujo poder de convicção só pode se assentar na possibilidade de apresentar ao nosso entendimento as figuras de pensamento que nos permitam captar os elos cujo encadeamento forneceria a inteligibilidade de uma causalidade psíquica *representável*. Ora, esta não era visível para ele. Tivesse ele – especulação que decorre da pura ficção – sobrevivido à última guerra mundial, talvez tivesse entrevisto o que seria essa cadeia de causalidades encaixadas e articuladas. Pois, para voltar a essa atração para metas sociais, parece que não é suficiente, para explicá-la, referir-se ao simples encontro de um sujeito com a cultura que o circunda. Ora, que se trate desta ou de vetores familiares cuja mediação é necessária para que ela se integre intimamente ao seu psiquismo, a dimensão histórica tem um peso particular, mesmo sem nenhuma referência abertamente expressada em relação à historicidade que a habita, mas por sua simples apresentação, como se todo encontro com o presente, desde que ultrapasse o campo dos dados imediatamente em contato com um indivíduo, revelasse sua dimensão temporal, estruturada sob a apresentação mais simples dos fatos dessa natureza aos quais o indivíduo está exposto. Somente essa organização portadora de história, que esta se assuma como tal ou que se deixe adivinhar, pode ultrapassar o papel de uma influência e adquirir um poder verdadeiramente atrativo. Freud provavelmente tinha consciência disso, mas precisava enfrentar a dificuldade de harmonizar suas ideias quanto às causas últimas (postuladas pela teoria das pulsões) com a exposição de um processo mais facilmente concebível pela mente. Ele terminaria sua obra com uma mistura epistemológica de progressão audaciosa e de volta atrás com *Moisés e o monoteísmo*. Não se trata mais aqui de pulsões de morte ou de destruição, mas de promoção de um traço da vida psíquica com o qual ele nos havia familiarizado – ainda que tenha demorado muito tempo para lhe dar sua plena coerência –, o assassinato do pai. Estávamos habituados de longa data a considerá-lo como capital. *Totem e tabu* nos advertira que Freud o situava na origem dos fundamentos da cultura. A especulação do assassinato do pai primitivo e de suas consequências na formação do totemismo e das religiões não se limitava a esclarecer os costumes dos selvagens. Era possível encontrar ainda vestígios longínquos deles na psicologia coletiva contemporânea, como ele mostrará em um segundo momento. O caso de Moisés permitia retornar a isso, como que para tentar preencher um vazio entre as hipóteses fundamentais de *Mal-estar* e os organizadores inconscientes de natureza histórica da vida social contemporânea. Mas esse retorno a uma "figurabilidade teórica" pela aplicação das ideias de base da psicanálise à religião monoteísta mais estruturada, mais exigente – se poderia ser tentado a aproximar a proibição de fabricar imagens às dimensões não especularizáveis de uma teoria cuja infraestrutura é representada pelas pulsões –, não podia visar a consistência a não ser invocando uma transmissão filogenética aplicada à cultura como substrato das capacidades necessárias ao desenvolvimento da sublimação. Hoje, ao mesmo tempo em que se reconhece a necessidades de marcar o cultural por propriedades que vão além da variedade de suas expressões e do caráter aleatório de suas manifestações, pode-se responder de maneira diferente da solução de Freud, se esta não se impõe de maneira evidente.

Em qualquer situação, e para nos restringir ao objeto de nosso questionamento, duas conclusões parecem irrecusáveis: a primeira se refere à necessidade indispensável da sublimação na compreensão do psiquismo humano; a segunda, à impossibilidade de uma teorização que tiraria sua única substância de uma perspectiva limitada ao indivíduo visto do ângulo daquilo que nos permite captar hoje uma perspectiva desenvolvimental.

NOTAS

1. *Fragment d'une analyse d'hystérie*, p. 36, in *Cinq psychanalyses*, trad. M. Bonaparte e R. Lowenstein, PUF, 1954.
2. *Loc. cit.*, p. 87.
3. *Cosmos* significa belo, como me lembrou N. Nicolaïdis.
4. É o procedimento que seguem Laplanche e Pontalis em seu *Vocabulaire*.
5. *Un souvenir d'enfance de Léonard de Vinci*, trad. J. Altounian e colaboradores, Gallimard, 1987, p. 85.
6. J. Laplanche, *Problématiques III*, PUF, 1980, p. 111, sustenta um ponto de vista parecido.
7. S. Zweig, *La confusion des sentiments*, trad. A. Hella e O. Bournac, Stock, p. 34.
8. *Loc. cit.*, p. 38.
9. *Loc. cit.*, p. 182.
10. *Loc. cit.*, p. 122, itálicos do autor. Esse duplo *nem* assinala a força do trabalho do negativo no caso.
11. "Le narcissisme primaire: structure ou état", publicado pela primeira vez em 1966-1967, reproduzido em *Narcissisme de vie. Narcissisme de mort*.
12. "Se quisermos, podemos reconhecer nesse desvio quanto à meta um início de sublimação de pulsões sexuais", *Psychologie des masses et analyse du moi*, O. C. XVI, p. 78.
13. *Loc. cit.*, p. 277.
14. *Loc. cit.*, p. 278.
15. *Loc. cit.*, p. 279.
16. *Loc. cit.*, p. 287.
17. *Loc. cit.*, p. 288.
18. *Le moi et le ça, loc. cit.*, p. 288-289.
19. "A pulsão recalcada jamais deixa de tender à sua satisfação completa, que consistiria na repetição de uma experiência de satisfação primária; todas as formações substitutivas e reacionais, todas as sublimações não são suficientes para suprimir a tensão pulsional persistente; a diferença entre o prazer da satisfação exigido e aquele que

é obtido está na origem desse fator que nos impulsiona, não nos permite jamais permanecer em uma situação estabelecida, mas 'nos empurra, indomada, sempre em frente', segundo as palavras do poeta (Mefisto em *Fausto*, ato 1, cena 4)."
20. *Le moi et le ça, loc. cit.*, p. 297.
21. *Loc. cit.*, p. 299.
22. *Loc. cit.*, p. 299.
23. Pensa-se mesmo na ligadura de deferentes – operação de Steinach – a que Freud decidiu se submeter voluntariamente, acreditando que isso influenciaria positivamente sobre a evolução de seu câncer.
24. A. Green. "Une variante de la position phallique-narcissique, considérée plus particulièrement sous l'angle du jeu et des fonctions de l'activité fantasmatique dans la création littéraire en regard de la sublimation et de l'idéal du moi", *Revue française de Psychanalyse*, 1963.
25. Cf. *Narcissisme de vie. Narcissisme de mort*, 1983. Freud talvez tenha negligenciado o caso de uma descarga comparável ao orgasmo, no nível do Eu, comportando os mesmos perigos. Essa hipótese poderia ser aplicada à droga e a outras toxicomanias.
26. "L'idéal: mesure ou desmesure" (1983) in *La folie privée*, Gallimard, 1990.
27. Ver M. Klein, "L'analyse des jeunes enfants", in *Essais de Psychanalyse*, Payot, 1967.
28. *Loc. cit.*, p. 121.
29. Para uma reinterpretação da problemática da lembrança de infância, ver nossa obra *Révélations de l'inachèvement, Léonard de Vinci*, Flammarion, 1992.
30. D. W. Winnicott, *Jeu et réalité*, trad. C. Monod e J. B. Pontalis, Gallimard.
31. Cf. nossa discussão em "La pulsion et l'objet", prefácio à obra de B. Brusset, *La relation d'objet*, Le Centurion, 1989.
32. Não há equivalência entre os diferentes termos situados do mesmo lado do traço separador.
33. "Pulsão de morte, narcisismo negativo, função desobjetalizante", Capítulo 4 deste mesmo livro.
34. Cf. S. Freud, *Trois essais sur la théorie sexuelle*, trad. Ph. Koeppel, Gallimard, 1984.
35. J. Kisteva, *Soleil Noir*, Gallimard, para nos limitar aos trabalhos mais recentes.
36. *Aurélia*, Plêiade, I, p. 359. Daqui em diante, as citações e as referências a essa edição se limitarão a indicar a página.
37. Com exceção, talvez, de *O umbigo dos limbos*, de A. Artaud. Mas neste último caso não se trata de psicose aguda.
38. Nerval escreve a seu pai em 2 de dezembro de 1853. "Disponho-me a escrever e a constatar todas as impressões que me deixou minha doença. Não será um estudo inútil para a observação e a ciência. Nunca reconheci em mim mais facilidade de análise e de descrição. Espero que você também pense assim." (p. 1117) Os aspectos contraditórios das opiniões de Nerval diante de seus estados psíquicos e dos escritos que tratam deles dependem do interlocutor a quem se dirige. Aqui é ao pai e ao médico que ele fala – Gérard, alguns meses antes, escreve a seu pai (queixando-se de seu silêncio), relatando certas peripécias de seu último acesso e dando conta de seus esforços para que as pessoas próximas reconheçam sua competência médica. "Não consegui convencer ninguém aqui de que sou um pouco médico. [...] Mas eu só queria constatar uma coisa [Gérard quer dizer provavelmente 'que constatassem']; é que, juntando a um curso de medicina inacabado a obser-

vação filosófica e a experiência [aqui Gérard usa como argumento ter enfrentado a peste e a raiva], tenho algum direito de dar minhas opiniões e a me considerar hakim [termo que significa doutor em árabe]." Carta ao doutor Labrunie, de 21 de outubro 1853 (a segunda esse dia), escrita aparentemente em um estado de excitação mental causado pelas preocupações com a empregada de seu pai. Ele ficará sabendo da morte dela entre as duas cartas. Ele havia apresentado, em 12 de outubro, um estado de delírio furioso, ou seja, alguns dias antes. Em seguida ao acesso de 1853, Gérard parte para uma longa viagem à Alemanha, durante a qual teria ido a Glogau, lugar onde morreu sua mãe – mas sua correspondência não diz nada a respeito, embora ele escreva regularmente ao pai. Não há dúvida de que a mesma disposição de espírito anima Gérard quando ele decide escrever *Aurélia*, após sua estada de 1854 na clínica de Passy. Ele sairá de lá prematuramente, após a intervenção da Associação de Escritores. As cartas que se seguem à sua saída mostram sem sombra de dúvida que o episódio psicótico ainda prossegue. Encontra--se, ainda que de maneira menos acentuada (mas o que agora vai além, "Iniciado e vestal"), o desejo de fazer com que reconheçam seus pontos de vista sobre seu estado contra as opiniões dos médicos (carta de 24 de outubro de 1854, *loc. cit.*, p. 1187). Durante esse período, Gérard se desdobra em promessas em relação ao pai e lhe testemunha calorosamente sua afeição. Escreverá a ele pela última vez em 2 de novembro de 1854, ou seja, quase três meses antes de seu suicídio. Esta última carta prenuncia um encontro próximo. Ele ocorreu? Se a resposta é sim, o que se passou que faça pensar na hipótese de uma ruptura, visto que seu corpo foi abandonado pela família e recolhido pela Associação dos Escritores?

39. p. 1197.
40. p. 1199.
41. p. 1108. Não pretendemos evocar aqui mais que um número muito restrito de fatos biográficos, que não têm outro objetivo senão guiar nossos comentários.
42. p. 420. Na sequência aparecem três crianças empaladas, e Gérard se reconhece em uma delas.
43. *Ibid.*
44. Refaçamos rapidamente a cronologia dessas relações. O poeta teria conhecido a atriz em 1833. Ela acelerará a dilapidação da herança de seus avós devido às despesas excessivas que ele fez para conquistá-la. Em 1836, enquanto Gérard está na Bélgica, realizou-se a transferência dos corpos da mãe e da avó de Nerval do cemitério Montmartre para o sítio de Nerval em Mortefontaine. É no ano seguinte que nasce a paixão de Gérard por Jenny, inicialmente correspondido, ao que parece. Ao longo dos anos 1837 e 1838, as cartas a Jenny Collon nos revelam a tonalidade masoquista desse amor. E já se pode ler: "Morrer, grande Deus! Por que essa ideia me volta a propósito de tudo, como se apenas minha morte fosse equivalente à felicidade que você promete! A Morte! Essa palavra, no entanto, não semeia nada de sombrio em meu pensamento: ela me aparece coroada de rosas pálidas como ao final de um festim; sonhei algumas vezes que ela me esperava sorrindo na cabeceira de uma mulher amada, não à noite, mas de manhã, após a felicidade, após a embriaguez, e que ela me dizia: Vamos, rapaz! Você tem sua noite como outros têm seu dia! Agora venha dormir, venha repousar nos meus braços; eu, de minha parte, não sou bela, mas sou boa e prestativa, e não proporciono o prazer, mas a calma eterna" (p. 758). Na verdade, Gérard associa essa imagem à de uma mulher que se parecia com Jenny e com quem ele passou uma noite, em Nápoles, tendo que se safar ao amanhecer

antes do retorno do amante regular da amada, oficial da guarda do rei. Em 1837, Jenny abandona Gérard para se casar com um flautista que lhe dá muitos filhos. Em dezembro de 1840, por intermédio de Marie Pleyel, ele revê Jenny Colon em Bruxelas. Em 21 ou 23 de fevereiro, primeiro acesso de loucura necessitando de internação. Gérard já havia atravessado crises depressivas sem ser hospitalizado. Desta vez, é na casa de saúde da rua Picpus. Ele ficará doente até o final de novembro. Em 5 de junho de 1842, Jenny morre, esgotada por numerosas gestações e pelas exigências de seu ofício. No final do ano, Gérard parte para o Oriente.

45. É o verdadeiro nome de Jenny Colon. O sonho se situa às margens do Reno (local de destacamento do pai).
46. O pai de Nerval só voltou à França no final de 1812. Gérard viverá com ele até 1834.
47. Termo árabe que significa os diabos; a alusão à viagem ao Oriente é clara.
48. Cf. Carta a Th. Gautier de 2 de maio de 1842, p. 934, ainda que a desilusão não devesse tardar.
49. Cf. p. 934: "O Fonfrède é bem razoável. Ele comprou uma escrava indiana (*segue um detalhe íntimo*). [...] Dispõe-se de outras mulheres, tantas quantas se quiser. Casa-se com a egípcia, a grega, e é muito menos caro do que comprar mulheres; como um companheiro teve a estupidez de fazer. Elas são criadas nos hábitos do harém, e é preciso servi-las, é fatigante." "Oh mulheres! Com vocês tudo muda: eu estava feliz, contente com tudo." *Voyage en Orient*, "Les femmes du Caire", Pléiade II, p. 183.
50. Entre os quais, sua mãe a sua avó.
51. p. 391.
52. p. 393.
53. "A massa de reparações a fazer me arrasava em razão de minha impotência." p. 395.
54. p. 396.
55. Trata-se, na verdade, de um desaparecimento do sol (*loc. cit.*, p. 397) que F. Duparc relaciona a uma alucinação negativa. No mesmo momento, as estrelas se apagam.
56. *Loc. cit.*, p. 329.
57. p. 410.
58. Apesar de André Breton, que tateou um momento da psiquiatria e flertou com o inconsciente, *O amor louco* não é *Aurélia*. A despeito de um saber fazer da melhor maneira, esse amor revela o esforço que custou ao autor. Breton terá seu Nerval ao alcance da mão com Artaud, e não estou seguro de que sempre soube o que estava fazendo com ele. Se fosse o caso, seria pior ainda.
59. p. 1220.
60. Cf. S. Freud, in *Malaise dans la civilisation*, trad. Ch. Odier, PUF.
61. *Malaise dans la civilisation*, p. 25, n. 1, os itálicos são meus.

Em um caminho escarpado

Sabe-se como os psicanalistas ficam embaraçados para se definir aos olhos dos outros, mas também aos seus próprios olhos. Basta perguntar sobre sua identidade ou sobre a natureza de sua prática para vê-los se debaterem em uma confusão que levaria a pensar que a perturbação deles trai uma necessidade de dissimular alguma coisa de inconfessável. Eles hesitam em qualificar o que fazem, não estão satisfeitos com seu confinamento no papel de terapeutas (embora protestem também quando se tenta contestar essa sua função) e não poderiam mais aceitar ser classificados entre os hermeneutas. A literatura psicanalítica contemporânea testemunha o mal-estar dos psicanalistas em se situarem; nenhuma das roupagens que lhes propõem vestir parece adequar-se à imagem que eles gostariam de passar deles mesmos, mas não chegam a dizer com o que ela deveria se parecer.

Porém, o analista não ignora que aqueles que vêm a ele são movidos pelo desejo de uma mudança, tendo de sofrer os efeitos de um estado que lhe parece nefasto e que pode ir do mal-estar desconfortável e persistente, que torna sua vida penosa, ao sentimento agudo de um mal que os corrói sem trégua, proibindo-lhes as alegrias triviais da existência, que parecem reservadas aos outros. Mesmo diante destes últimos casos, cuja frequência ampliada mudou o perfil da população que procura o consultório dos analistas, eles têm certa repugnância em aderir ao modelo da doença. Contudo, pouquíssimos analistas negam que muitas afecções psiquiátricas (não é porque estas escapam à sua ação que eles as consideram de uma natureza fundamentalmente diferente da dos transtornos dos pacientes dos quais se ocupam) pertencem de fato a um quadro do âmbito da patologia. E não haveria razão para acreditar que eles estariam inclinados a negar isso. A verdade é outra. Ela reside no fato de que sua prática e sua reflexão não lhes permitem se reconhecerem no modelo da doença, pois eles não se sentem abarcados nem pela caracterização social desta (embora estejam aptos a avaliar os impactos sociais sobre a condição do doente) nem pelo modo de pensamento que explica sintomas observados por desregramentos naturais que se traduzem em desvios das normas biológicas. Disso, se poderia concluir que é a consequência da compreensão adquirida por meio da relação de proximidade que os liga aos seus pacientes, atitude que repugnaria proceder a uma etiquetagem anonimizante destes. Uma outra explicação, levando ainda mais longe o comentário anterior, veria na identificação do analista com seu paciente a fonte dessa repugnância. Pois essa identificação o conduz, muitas vezes, a constatar nele mesmo mecanismos mais ou menos próximos daqueles que o analisando lhe revela, com a ajuda da transferência. Não seria, portanto, apenas o paciente que ele protegeria dessa agregação consagrada pelo estado de doença, mas também ele mesmo. De fato, ainda que essas razões possam pretender alguma verdade, elas estão longe de ser suficientes para responder à nossa curiosidade.

Creio profundamente que essas hesitações de ordens diversas e as reações que elas provocam estão ligadas, sobretudo, à dificuldade real de delimitar o que são o ser do analista e a natureza da análise. O homem, segundo a psicanálise, situando-se de um lado ou do outro do divã, é concebido essencialmente em sua relação com a desordem que habita intrinsecamente a condição humana, e que pode, em certos casos, evoluir de tal maneira que aquele que a vive por sua própria conta tem o sentimento de que as consequências incrivelmente complexas, resultantes disso, não poderiam encontrar solução nos meios, nas oportunidades ou nas situações colocadas à sua disposição no tempo que ele vive. Estes já não podem sequer ter um papel de paliativo que, pelo menos, ofereceria a esse sujeito, às voltas com uma sensação de abandono geralmente despercebida aos olhos dos outros, uma saída que dê um valor à sua existência. Ele poderia se juntar, então, à grande quantidade daqueles que, a despeito dos infortúnios que podem atingir qualquer um, com mais ou menos gravidade, se sentem, mesmo assim, apegados à chance de viver.

Quando a ciência é indagada sobre o que teria a dizer sobre isso, ela só pode responder nos limites de uma grade que está longe de dar conta, antes mesmo de vislumbrar qualquer resposta, dos próprios termos que compõem o enunciado da questão. Deve ser surpreendente vê-la aparecer dentro desse questionamento quando ela tem tão pouco a oferecer? Essa incongruência aparente se explica, no entanto, por sua pretensão cada vez mais anunciada de avançar em campos que até então escapavam à sua influência, pelo simples fato de sua complexidade. Hoje, esta não desencoraja mais os cientistas que podem ter encontrado o meio de reduzir esse nível a um tratamento relativamente simples. É paradoxal e ao mesmo tempo revelador que, enquanto as ciências não humanas descobrem a necessidade de um novo modo de pensar – a hipercomplexidade –, certos cientistas, que abordam o campo em que a hipercomplexidade é mais da ordem dos fatos do que da metodologia, não têm outra preocupação senão diminuí-la a fim de que lhes seja permitido – para qualquer deformação que deva se seguir – salvar a inadequação de sua demanda ao seu objeto e mascarar a insuficiência de seu pensamento em face das tarefas, bem acima de seus meios, para as quais eles se designaram, sem respeitar o conhecimento já acumulado antes de sua intervenção. Sem que seja necessário se colocar no nível do radicalismo das indagações metafísicas, não é difícil admitir que há motivos para manifestar uma certa decepção.

No outro extremo, as religiões, que têm como função capital dar uma resposta à desordem essencial de que acabamos de falar, se mostram bastante restritivas sobre o procedimento investigativo que não se satisfaria com certezas prontas, mas gostaria de buscar penetrar nos mistérios da desordem essencial que nos habita. É raro que as respostas apresentadas pelos dogmas nos bastem, e a instituição religiosa não vê com bons olhos o desenvolvimento de uma curiosidade que ela considera inútil nessas matérias. As instituições religiosas de alta hierarquia consideram que não é muito bom para o homem vagar nessa incerteza. E se o questionamento pode prosseguir, convém que ele se desenvolva em um quadro previsto para esse efeito. As igrejas se curvam, como a contragosto, diante de certos místicos, pretendendo marcar sua exceção, e têm o cuidado de recomendar que sigam seu exemplo. Sabemos, por outro lado, que as tentativas laicas de substituir as religiões – as ideologias políticas – não foram muito mais favoráveis à independência da mente. As ilusões que elas alimentavam acabaram por expor as profundas rachaduras que suas ideias infligiam à verdade. Seria imperdoável fazer pensar que a psicanálise, por sua relação problemática com a ciência, poderia se inscrever nessa filiação. Assim, o modelo da doença somática, que procede da ciência, e o da fé, que não reconhece os enigmas do psiquismo e as causas do sofrimento ligado a ele a não ser para lhes oferecer soluções que protegem das incertezas de nosso conhecimento, não podem de maneira nenhuma fazer as vezes da pesquisa que anima a teoria psicanalítica. Com a filosofia, as relações são mais complicadas, e não podem ser resolvidas sumariamente. Quem não se recorda das inúmeras menções da obra de Freud em que ele não somente se demarca da filosofia, como também parece zombar dos filósofos com um certo prazer. E, no entanto, é o mesmo Freud que escrevia a W. Fliess: "não aspirei outra coisa, nos meus anos de juventude, senão o conhecimento filosófico, e agora estou a ponto de realizar essa aspiração, passando da medicina à psicanálise".[1] E é por isso que o exame da teoria psicanalítica em perspectiva com as questões tratadas pela filosofia não é inútil. Freud só mostrou a mesma ambivalência em relação a um único ramo do saber, a ciência. Desde o início, ele lhe devota uma confiança que não será jamais desmentida. Porém, quando se vê confrontado com concepções científicas que excluem algumas de suas hipóteses, ele não aceita se render. Sem pretender fazê-lo dizer o que ele próprio não se deu ao trabalho de explicitar, pode-se considerar que a recusa em se alinhar à opinião comum dos cientistas traduz bem o sentimento de que a persistência dessas hipóteses, aparentemente contestadas pela ciência, se explica pela especificidade de um campo que esta, sem sua acepção usual, ignora. Talvez porque não tenha encontrado ainda o meio de explorá-lo – embora Freud tenha descoberto esse meio por seu método –, ou talvez porque os cientistas contra qualquer expectativa, estariam expostos, assim como o comum dos mortais, à ação das resistências. Lacan desenvolveu esse ponto, mas ele pensou fornecer os meios conceituais que teriam permitido ultrapassar esse limite. Seu fracasso é medido mais de 10 anos após sua morte.

Em resumo, a ambivalência de Freud é positiva em relação à ciência, negativa em relação à filosofia. Nem uma nem outra pode satisfazer as exigências da psicanálise. O que seria, então, aos olhos de Freud, essa ciência do psiquismo? Uma filosofia científica? Seguramente não. Uma ciência filosófica? Uma tal disciplina não existe. Uma ciência que se ocupa de questões geralmente tratadas pela filosofia – e às quais a psicologia que a substituiu não fornece solução satisfatória aos seus olhos?

Hoje, a psicanálise está ameaçada de ruptura, não somente entre as diferentes tribos que partilham entre si a herança de Freud, mas também entre inspirações contraditórias que procuram superar seus impasses. Ela está, portanto, mais ou menos dividida entre uma psicologia fenomenológica, uma psicologia desenvolvimental, uma tendência comportamental e biologizante e uma abordagem grupal. No oposto dessas diversas orientações é preciso assinalar o lugar importante, pela sedução que elas exercem, de frações lógicas ou hermenêuticas, subgrupos oriundos de uma autoridade filosófica que nem sempre se confessa como tal.

Portanto, não é surpreendente que, buscando uma base para a teorização de configurações inéditas que a experiência psicanalítica nos convocou a delimitar melhor, nós tenhamos encontrado em nosso caminho uma noção filosófica, o trabalho do negativo, que não pudemos considerar nem como uma simples homonímia, nem como o fundamento filosófico de fenômenos que a análise trouxe à luz. Se as ligações entre as abordagens filosófica e psicanalítica parecem ainda obscuras, talvez o futuro saberá expressar melhor de que maneira esses dois campos podem se reconhecer mutuamente em sua fronteira comum: a da temporalidade humana.

O pensamento do negativo permite entrever a extensão do campo que ele recobre. Não se poderia exigir que ele se pronunciasse, sem deixar nada na sombra, sobre os campos que acabamos de declarar impróprios para resolver os problemas que levantamos. Ele é somente uma ferramenta melhor para responder às nossas indagações. Se não pode responder no lugar delas, talvez possa levar suas investigações até os confins da ciência e da religião (vista como protótipo dos fenômenos culturais).

O pensamento do negativo: uma tal denominação não é pleonástica? Pensar não é necessariamente se situar em relação ao viver no campo do negativo? Uma das mutações mais decisivas que o desenvolvimento da psicanálise já viu surgir foi a consideração de fenômenos do pensamento que ela desprezou por muito tempo. Freud parecia querer se preservar de "pensar nisso" em excesso, temendo o retorno de uma inspiração acadêmica no corpo das descobertas que ele conseguira extrair do desconhecido. Mas, lentamente, ele também acabaria por fazê-lo, como deixa entrever a última parte de sua obra. Uma longa gestação precederia seu aparecimento e levaria a colocar novos problemas, impulsionando um questionamento rico de possibilidades. O pensamento em psicanálise, mais do que coroar o edifício da mente, se inscreve no quadro mais amplo do psiquismo, do qual ele é uma das formas mais diferenciadas; este o engloba, fazendo-o coexistir com elaborações de um outro gênero, que estranhamente o pensamento pode ignorar ou das quais não quer tomar conhecimento a não ser com a condição de dominá-las. A ideia de trabalho do negativo cobre ao mesmo tempo essa relativa independência do pensamento dentro do psiquismo e o retorno intempestivo de sua denegação em face de outros componentes, cuja promiscuidade ele é obrigado a suportar. As diversas expressões em que o trabalho do negativo é introduzido levam a distinguir configurações em que as funções relativas ao dinamismo da psique, à sua tópica, às suas modalidades representativas, desempenham sua parte no interior de conjuntos que se comunicam mais ou menos amplamente entre eles.

É possível que, a despeito da renovação teórica que resulta disso, ainda estejamos preocupados em captar o que forma a unidade dessa perspectiva. Seria, então, ignorar a propriedade que poderia ser designada como a mais essencial da categoria do negativo, e que repousa na própria contestação da ideia de unidade, que seria substituída por aquelas de conflito, de divisão, de junção e de disjunção, etc.

Isso, de fato, porque essa concepção se fundamenta também – aproximando-se de uma tradição filosófica antiga, mas que carece de um *corpus* que fosse além da mera indagação de si mesmo – sobre a desconfiança em relação à aparência, ao manifesto, ao consciente, etc. A atitude aqui apregoada não se restringe a se fixar como objetivo um aprofundamento quanto à natureza daquilo que estes dão a conhecer, mas convoca a descobrir uma alteridade que não se limite a lhes servir de espelho, mas que se mostre obstinadamente pouco dócil em relação a tentativas de trazê-la à luz. Uma guinada decisiva se dá nisso que poderia ser chamado de prática do pensamento, necessitando agora ser substituída pelo outro semelhante, o que fundamenta a originalidade da posição psicanalítica especificada pela transferência. Hoje, me parece claro que um tal abandono consentido de soberania, sem benefício transcendental como contrapartida, só poderia nascer de uma situação em que o próprio sujeito já se sentisse destituído de tal soberania, mas conservando capacidades suficientes para aspirar reencontrar alguma coisa dela, com a consciência obscura de que essa recuperação não podia ser assegurada "de fora", quer se trate do que a medicina ou a religião tinham a lhe oferecer, em um tempo em que a autoridade já era objeto de uma suspeita que a tornava inapta a desmontar a máquina de guerra secreta que era o mal psíquico.

As consequências foram múltiplas e se estenderam no tempo. Vieram, uma após a outra, a descoberta do inconsciente, a constatação das resistências à sua evidenciação no paciente, estas fazendo eco às defesas que foram em parte responsáveis por seu estado e pela construção de seus sintomas, antes da observação que estes podiam inclusive faltar, sem que faltasse, com isso, a designação do mal mencionado acima (inibição, organização patológica do caráter, angústia, mal de viver, etc.). Voltava-se, então, para se apoiar em proposições de uma generalidade maior, à transferência, à surpreendente descoberta da existência simétrica de defesas e de resistências no analista que, no entanto, aderiu conscientemente e intelectualmente às concepções da psicanálise e, finalmente, à acumulação progressiva de casos, respondendo de forma parcial ao "tratamento psicanalítico" que, inclusive em certos casos, reduzem o analista à impotência. As tentativas deste estão condenadas ao fracasso, mas o analisando mantém a relação com o analista sem que se vislumbre seu fim.

Paralelamente, a tendência especulativa do pensamento de Freud estenderia incessantemente o campo de aplicação da psicanálise, como se a dupla incitação das limitações dos êxitos do tratamento e da consciência crescente da imensidão do que permanecia desconhecido deixasse ainda essa possibilidade, enquanto se aguardavam os progressos de um conhecimento mais preciso, porém simples, menos forçado a suplantar a sombra da teoria. Graças às disposições pessoais e à formação de origem de Freud, as hipóteses acerca das fundações do psiquismo apresentavam, à reflexão, a situação paradoxal de supor a existência de uma "rocha biológica" e de dotar essa base natural de especulações próximas de uma filosofia da qual Freud, apesar disso, desejava se manter a boa distância.

Mas o essencial dessa aquisição foi constituir um conjunto teórico de pensamento que se elaborou em torno de um *corpus* privilegiado, suscetível de ser examinado fora dos limites da consciência e da subjetividade filosóficas. Isso depois de mostrar que o pensamento do negativo foi identificado inicialmente em um campo que agrupava certos aspectos particulares (as neuroses) do psiquismo humano considerados até então como aberrantes, mas que a prática psicanalítica permitiu reintegrar na experiência comum. A partir daí, foi preciso impulsionar a investigação do lado das formas que se afastam do núcleo primitivo das neuroses, na esperança de que elas revelassem melhor os sustentáculos da atividade psíquica, mas que tiveram, sobretudo, o mérito de desvendar o sentido de um uso do negativo diferente do anterior. Normalidade e neurose nos mostram, ao mesmo tempo, que a base fundamental de toda organização em suas atividades de classificação, de seleção, de diferenciação repousa na intervenção regrada do negativo, mas que essa relação é sempre suscetível de resvalar do lado da exclusão e da segregação. Encontra-se aqui o papel normativo do recalque e suas vicissitudes geradoras da neurose. Porém, com a deriva no sentido das estruturas não neuróticas, é com um objetivo do negativo muito mais enigmático e desconcertante que se é confrontado. Aqui, o negativo não separa nem seleciona a fim de que se busquem e se desenvolvam as potencialidades do psiquismo, mas coloca seus meios a serviço da sufocação de qualquer enriquecimento das capacidades do psiquismo, assim como de suas possibilidades de deslocamento, adquirindo a forma de uma recusa tanto mais perniciosa na medida em que se expõe na superfície e se estende em profundidade, sempre à espreita de qualquer mudança suscetível de deixar a novidade surpreendê-lo. Tudo parece repousar no postulado de que a saída das malhas da rede que o protegem e ao mesmo tempo o aprisionam só pode estar fadada a uma desagregação violenta ou tórpida, cataclísmica ou consumadora. Assim, a busca levaria a qualquer outra coisa que não àquilo que ela esperava esclarecer. Os fundamentos do psiquismo guardavam seu mistério! Em compensação, o muro intransponível para a compreensão das psicoses se rompia. O funcionamento destas podia ser objeto de esclarecimentos, uma vez instaladas, mas as modalidades da continuidade com a normalidade continuavam completamente opacas. A superação do obstáculo permitia, pela primeira vez, reconhecer no meio de um comportamento globalmente não muito mais perturbado que o das neuroses, em uma apreciação exterior, uma organização psíquica das mais singulares, lançando uma luz sobre as desestruturações psicóticas das quais ela permanecia nitidamente distinta e sem sequer que sua propensão conduza a se aproximar delas. Compreendia-se, então, o que podia significar o "negativismo" alusivamente designado por Freud sob a expressão de recalque da realidade.

Esses avanços tiveram, mesmo assim, consequências frutíferas na medida em que influenciariam a teoria geral do psiquismo normal e patológico, obrigando a reformulá-la sob uma luz que a negatividade explica melhor, do mesmo modo que se esclarecem melhor os diferentes destinos em que ela se lança. Assim, aplicada àquilo que requer dela a experiência psicanalítica, a negatividade logo haverá de se revelar totalmente diferente daquela que era conhecida na história da filosofia. Porém, mesmo que o campo novo em que ela foi abordada tenha rompido todas as ligações com a filosofia, está longe de ser seguro que ela sairá intacta dessa travessia, mesmo que tenha sido local e transitória.

No devir dos conceitos psicanalíticos e de sua relação ambígua com a filosofia (na França e na Inglaterra, pelo menos), viu-se emergir uma fórmula: a da "subversão do sujeito", que se deve a Lacan. Ela é inteiramente apropriada. Mas forma um par inseparável com o complemento que a acompanha, compondo o título de um artigo de seu autor: "e dialética do desejo". Ora, levantou-se a questão acerca da pertinência da aplicação do termo "desejo" para qualificar o que revelava a análise de certos pacientes cuja aptidão a ser analisada era objeto de controvérsias. Estas foram superadas pela experiência que resultou dessas análises e que levou sobretudo a reconsiderar os postulados e os conceitos que supostamente regiam a ação analítica. Mesmo dando ao desejo uma dimensão genérica, essa qualificação pareceu inadequada, na medida em que se adaptava mal àquilo que estava em questão, na maneira como esses novos analisandos desenvolviam as manifestações caóticas de sua transferência.

Em compensação, para alguns pelo menos, a referência ao negativo continua sendo aplicável, e não apenas por comodidade, pois o mesmo termo serve para designar um destino infeliz do processo psicanalítico. Desenvolvendo as propriedades teóricas do negativo, constatou-se que elas permitiam, ao mesmo tempo, explicar de maneira precisa sua diferença com as neuroses dos tratamentos clássicos e preservar a coerência conceitual desses modos de organização inusuais que merecem uma reflexão própria. O trabalho não é o mesmo, sem dúvida, mas a referência ao negativo persiste, mesmo que ela leve aqueles que acreditam útil se referir a ele e se colocar em ângulos de visão às vezes opostos. Paralelamente, pode-se perguntar também se o termo "subversão" do sujeito é suficientemente forte para transmitir as particularidades dessas configurações clínicas. Pois, se a subversão é a inversão de uma ordem estabelecida, o que se aplica sem dificuldade à revolução psicanalítica, a conotação destrutiva da palavra é aqui mais da ordem da ameaça do que da realização desse objetivo. Não é mais apenas o sujeito que é subvertido nessas formas novas que apareceram no campo analítico; é a própria natureza da subversão que parece se acomodar mal à ordem que o inconsciente supostamente pretende instaurar em substituição ao que o obstrui e o mantém fora da consciência.

Freud havia pressentido que o futuro da psicanálise o obrigaria a levar em consideração modos de funcionamento muito mais distantes do pensamento habitual do que se suspeitava.[2] Mas do que se trata, então, se a "subversão do sujeito" não é suficiente para dar uma ideia do que indicam esses funcionamentos psíquicos e que o termo reação terapêutica negativa designa apenas por falta? De fato, vem à ideia que se está lidando com o que Nietzsche chamava – mas ele desejava ardentemente o que qualificava assim – de "transvalorização de todos os valores". E é bem a impressão de que se está em presença aqui não só de uma reviravolta dos princípios que constituem a base do psiquismo, mas também de uma invalidação que procede de maneira muito mais radical que as proclamações mais niilistas, porque age no segredo de uma intimidade inviolável e parece aderir aos jogos ordinários da intersubjetividade. O que, evidentemente, marca sua diferença com o niilismo filosófico – que é, ao mesmo tempo, o sentimento da inutilidade de fundamentar racionalmente esse modo de experiência e o fato de que as razões de ser dessa inversão axiomática são ignoradas pelo próprio sujeito. Em suma, enquanto a subversão se deixa identificar como tal porque ela só pode ameaçar o que reconhece, a transvalorização não deixa mais vestígio do que deveria ser invertido, porque essa camada originária só aparece sob a forma em que a transformação torna reconhecível o que ela podia ser antes dela. Em outras palavras, o conflito não é mais demarcável porque é mascarado por um combate de uma outra natureza – explícita, patente e impiedosa –, que tem como função tornar invisível a situação inicial que levou à transvalorização. Em compensação, esses modos de pensamento parecem responder a uma espécie de "intoxicação", no sentido social, da comunicação intrapsíquica, justamente porque esta não é mais interpretável em uma dialética puramente "subjetal" ou, mais exatamente, porque não há mais exercício da subjetividade que não tenha a ver com o sentimento de uma colonização pelo objeto que, nesses contextos, é menos identificável como parceiro de uma relação do que como agente de uma usurpação e do desvio de suas operações; exigência prévia, o pensamento teria imperativamente de lutar contra o efeito cativador, inquisidor e impudicamente intrusivo de uma intencionalidade estranha da qual ele depende por ligações de apego incoercíveis e indissociáveis, mesmo que não se reencontrasse nada do amor original que as criou. Na verdade, não é possível desfazer-se da impressão de que a catividade do sujeito é a forma muito profundamente disfarçada de uma captura do objeto, da mesma maneira que a impotência alegada, devido ao controle interior que o objeto exerceria, dissimula como que a sombra da onipotência do objeto, seu poder "todo-proibidor", se refletindo no sujeito sob a forma do tudo-rejeitar cuja força reside em denigrir a proibição imitando-o. Conjuntura tanto mais dramática na medida em que o Eu, assim destituído dos critérios que definiriam sua propriedade e que poderiam assegurá-lo de sua concordância com seu próprio pensamento, é forçado a se situar, em primeiro lugar e acima de tudo, em relação ao objeto, o único que é qualificado para lhe fixar uma atribuição antes de poder definir sua posição em face de seu próprio desdobramento. O resultado dessa situação é a ligação indissociável com o analista repousar em uma não transferência, pois toda atividade do sujeito é mobilizada contra o enclave do objeto que faz secessão e que não pôde se fundir na textura do Eu. Esse enclave mobiliza a atividade subjetiva a manter a beligerância com um objeto, ele próprio denegador de seu próprio inconsciente, e dirigindo ao sujeito incessantes demandas para vir tomar o lugar desse inconsciente que se supõe "inexistir" da mesma maneira nele. O sujeito não pode jamais se manter *sob* (sub-jectum) o desdobramento de sua própria produção subjetiva, levada a responder aos apelos sedutores e persecutórios do tal objeto dissidente. O dirigir-se intermitente ao analista, quando apoiado em uma demanda, é redobrado por uma atividade que se relaciona menos a recalcar do que a apagar tudo o que pôde mobilizar a psique a despertar para a libido. E é aqui que se assiste à confusão entre o objeto e a pulsão, no movimento que se opõe a toda inscrição suscetível de pôr em questão um sistema codificado de postulados que devem assegurar a vitória do objeto dessubjetivante. Em suma, as duas negatividades – estruturantes ou desorganizantes – poderiam ser definidas, respectivamente, como constitutivas da subjetividade ou expressão da transvalorização atribuindo a palavra a um objeto que desvia em seu proveito todas as realizações dessa subjetividade, dando-lhe a ilusão de pensar por ela mesma. O inconsciente se teria apagado para dar lugar não somente ao objeto, mas para autorizar as realizações denegadoras do inconsciente que não poderia habitá-lo, destinadas a impedir que se ponha em questão sua absoluta autoridade sobre o sujeito. O contrário reverteria em um duplo assassinato do outro e de si. Seria possível ver aí a intuição obscura que impulsionou Freud a substituir o inconsciente pelo id – esta última expressão não se limitando à tradução de uma estranheza mais radical em relação ao Eu do que aquilo que o termo inconsciente procuraria designar; procedendo talvez à condensação, dentro desse aspecto "fora Eu", do que agruparia, de um lado, o que está mais distante disso que a consciência do sujeito pode conceber e, de outro, aquilo que remete a uma exterioridade que, por ser mediada pelo Eu, se situaria paradoxalmente fora do aparelho psíquico (no mundo exterior), mas colonizando-o. Pressente-se aqui nosso sensível afastamento dos pacientes que permitiram a descoberta da psicanálise e do inconsciente. E se explica melhor que, em um momento do percurso, Freud tenha sido obrigado a consentir em abandonar aquilo que sua descoberta tinha de mais inovador, isto é, a referência ao inconsciente como sistema. Sabe-se que muitos analistas não aceitaram esse sacrifício, que consideraram quase suicida. Pior ainda, não se compreendeu bem a obstinação dele em manter, contra tudo e contra todos, sua "mitologia": a convicção de que o terreno da psique não podia estar em outra parte a não ser nas pulsões. E se tentou, para salvar a respeitabilidade da psicanálise, encontrar outras hipóteses mais "razoáveis".

A epistemologia psicanalítica tem ainda belos dias pela frente. Este livro espera ter fornecido um pouco de matéria para reflexão.

A imensidade da aposta, mais uma vez, conduz a se voltar para a intuição dos poetas para ter uma ideia daquilo que a mera reflexão pode fracassar em traduzir a riqueza. Pois se o negativo habita a constituição subjetiva, os avatares da transvalorização alienante devem ser também examinados em perspectiva com outros destinos do negativo. É o caso da sublimação. Com ela, a dialética pulsional não se contenta em se afastar das metas sexuais; ela sofre a atração não de um objeto, mas de um outro mundo, aquele que a cultura e a tradição conseguiram dotar de uma organização própria que constitui o substituto graças ao qual a "valorização" das metas sociais reflete a negatividade a que remetem as metas sexuais primitivas. É por isso, ou talvez em razão daquilo a que ela nos permitiu generosamente ter acesso, que nada, com ela, é definitivamente adquirido, como nada tampouco nos é devido pelos sacrifícios que fizemos em seu nome. Talvez até sejamos sempre devedores dos prazeres que nos foram tirados. Isso que pudemos saborear, essa língua nova que ela nos ensinou a falar, tornou-se *après coup* quase transgressiva. Ela não misturou em nós a deleitação, filha da sensualidade, e o deslumbramento nascido da revelação do que permanecia até então esotérico, mas cuja força nos une agora e, mais do que isso, pode se tornar maior por ser partilhada.

Invoquemos um dos poucos que conseguiram, com seu olhar, abarcar as duas vertentes do caminho escarpado em que avançava, o da cultura e o do extravio da razão: Friedrich Hölderlim, amigo de Hegel e verdadeiro pensador. Em uma carta ao seu irmão, datada de 4 de junho de 1799, cinco anos antes de ser vitimado pelo mal que abateria sua mente, ele escrevia o que segue.

> O que os homens têm de grande e de pequeno, de melhor e de pior, tudo jorra de uma única fonte, e no conjunto tudo está bem. Cada um cumpre, à sua maneira, mais ou menos bem, sua missão de homem: multiplicar a vida da Natureza, acelerá-la, particularizá-la, misturá-la, separá-la, ligá-la. É preciso reconhecer que esse instinto original que impulsiona a idealizar, acelerar, desenvolver e aperfeiçoar a Natureza não anima mais os trabalhos dos homens; o que eles fazem, eles o fazem por hábito, por imitação, para obedecer à tradição e em decorrência de necessidades que seus ancestrais lhes criaram artificialmente. [...] Você constatará, caro, que acabo de defender um paradoxo: o instinto que impulsiona os homens para as artes e as ciências com todas as suas transformações e suas variedades é um verdadeiro serviço que os homens prestam à natureza. Mas, não sabemos há muito tempo que todas as correntes esparsas da atividade humana se lançam no oceano da Natureza, assim como encontram aí sua fonte? Os homens fazem seu caminho quase sempre às cegas, praguejando e a contragosto, e se mostram grosseiros e vulgares. O papel da filosofia, das belas-artes, da religião (originária ela própria desse instinto), é guiá-los durante essa viagem, para que o façam com os olhos bem abertos, com alegria e dignidade. [...]
> A filosofia, as artes, a religião, essas sacerdotisas da Natureza, exercem, portanto, sua ação primeiro sobre o homem, e só existem para ele; mas, conferindo à atividade direta do homem sobre a Natureza a nobreza, o vigor e a alegria, elas realmente agem, por sua vez, sobre a Natureza de uma forma imediata. As três têm ainda – sobretudo a religião – um outro efeito; o de persuadir o homem de que a Natureza se oferece como um objeto de atividade e que faz parte, enquanto *poderosa força motriz*, de sua organização infinita, que ele não pode se considerar como seu mestre e seu rei. Por maiores que sejam sua arte e sua atividade, é preciso se inclinar modestamente e devotamente diante desse espírito da Natureza que ele traz em si, que o impregna e lhe dá sua força e seu elemento. Não importa o que já tenham produzido e devam ainda produzir, a arte e a atividade geral dos homens não podem fazer nascer o vivo, nem criar por eles mesmos os corpos simples que transformam e amoldam; eles podem desenvolver as forças criadoras, mas elas próprias são eternas e inteiramente independentes dos esforços humanos.[3]

NOTAS

1. Lettre de S. Freud à W. Fliess, du 2.IV.1896. S. Freud, *Correspondance*, Gallimard. Não é indiferente assinalar que essa carta, se ela faz menção implicitamente à tomada de distância de Freud em relação à medicina, nos remete implicitamente ao fracasso de seu *Esboço de uma psicologia para o uso dos neurologistas*.
2. Cf. A. Green, *La folie privé*, cap. 1.
3. Friedrich Hölderlin, *Correspondance complète*, trad. D. Naville, Gallimard, 1948.

ANEXO 1
O trabalho do negativo[1] (1986)

Há vários anos, propus designar o conjunto de operações psíquicas do qual o recalque é o protótipo e que posteriormente deu origem a variantes distintas, tais como a negação, a desmentida e a forclusão, sob a denominação de trabalho do negativo. Essa expressão, emprestada da filosofia, não deve mais nada às suas origens hegelianas. De resto, foi retomada por numerosos analistas. Deve-se relacionar o trabalho do negativo apenas ao Eu e aos seus mecanismos de defesa? Talvez se pudesse pensar nisso à primeira vista. Eu sustentaria, ao contrário, que o trabalho do negativo se estende ao conjunto das instâncias do aparelho psíquico. Ou ainda que a análise nos leva a distinguir o não do Eu, o não do supereu e o não do id. Eu consideraria igualmente as incidências da resposta do objeto sobre a constituição das relações sim-não. Esses problemas não são unicamente teóricos, pois eles levantam questões técnicas de analisabilidade.

Em seu artigo sobre *O recalque*, de 1915, considerando duas eventualidades da sorte da representação – seu desaparecimento do consciente quando ela estava consciente ou sua manutenção à distância da consciência quando ela estava no ponto de vir a sê-lo – Freud escreve: "a diferença não tem importância: ela equivale mais ou menos a saber se eu expulso um hóspede indesejável de minha sala de visitas ou de minha antessala, ou se, tendo-o reconhecido, eu não o deixo sequer transpor o limiar de minha residência". Ele completa: "essa comparação aplicável ao processo do recalque pode ser estendida também a uma característica já mencionada do recalque. Bastará acrescentar que preciso manter permanentemente um guardião à porta que o hóspede é proibido de transpor: caso contrário, aquele que foi afastado a arrombaria".[2]

A comparação é reveladora. Ela comporta vários registros. Ao lado de aspectos que nos são familiares – dinâmicos, tópicos e econômicos (alusão ao trauma da porta arrombada) –, ela impressiona sobretudo por seu lado antropomórfico: a representação é figurada aí pelo hóspede indesejável – e o recalque ilustra bem a ideia do pequeno homem que existe no homem –, submetido a outros desdobramentos (dono do lugar e guardião), dotado de um poder de reconhecimento a partir de marcadores (desejável-indesejável), aplicando-lhes uma lógica do sim e do não, segundo a aceitação ou a recusa e, portanto, triando, selecionando, orientando como um verdadeiro demônio de Maxwell que dirige partículas. Além disso, a triagem, a discriminação, a distribuição são inconscientes. O que determina o acesso do inconsciente à consciência é ele próprio inconsciente. Um tal antropomorfismo não deve nada ao modelo sobre o qual se edifica o recalque?

No tratamento, aquilo que operou como recalque se encontra sob a forma da resistência. A regra fundamental de não filtragem e de não seletividade é transgredida conscientemente e inconscientemente. Ela implica o levante da censura moral e racional. Contudo, a prática analítica contemporânea permite atribuir à resistência significações diferentes:

- A resistência pode testemunhar um medo de ser julgado, condenado, punido. Ela vai da ameaça da perda de amor à angústia de uma mutilação.
- A resistência se opõe ao perigo de uma desorganização, por perda do controle sobre o dizer e pelo dizer que faz nascer um medo da loucura.
- A resistência deixa antever um temor de aniquilação consecutiva a um descontrole pulsional não ligado à predominância destrutiva.

Esses três exemplos, entre outros, podem todos ser interpretados como a expressão de uma atividade defensiva do Eu. Contudo, há um meio de compreendê-los de outra maneira, como a expressão de um não oposto pelo supereu, pelo Eu e mesmo pelo id. Esse ponto merece discussão – o descontrole pulsional se opondo à formulação de um desejo em relação a um objeto reduzido aqui ao seu estado mais indiferenciado.

Mas, com isso, as razões do recalque e da resistência nos aparecem mais claramente. Eles perseguiriam três objetivos:

- Dominar a violência pulsional.
- Organizar o Eu pelo estabelecimento de ligações, o que pressupõe investimentos dotados de uma certa constância, submetidos a variações de fraca amplitude.
- Assegurar-se do amor do objeto e secundariamente do supereu.

O recalque é, portanto, inevitável, necessário e indispensável para a estruturação do desejo humano. Contudo, não existe nenhum critério para determinar precisamente o que deve ser recalcado e o que pode ser poupado pelo recalque. Embora sempre se recalque demais ou de menos, assim como sempre se resiste bem demais ou mal demais. O obstáculo das resistências encontradas no tratamento e a tentação por parte do analista de superá-las, mesmo que pela análise delas, levam ao perigo de um retorno à hipnose. Dizer a um paciente "Você está resistindo!", mesmo sob formas mais nuançadas, não estava longe da fórmula "Você está se contrassugestionando", saído da boca de um hipnotizador. Do mesmo modo, não existe, talvez, forma mais traumatizante para um paciente que apresenta uma reação negativa do que lhe disparar "Você não quer mudar!", quando ele tem o sentimento de não poder fazer de outra maneira. Para evitar esse tipo de impasses, ocorre a Freud, diante de uma resistência, recorrer a armadilhas. Se a prática é discutível, pelo menos se podem tirar daí certas lições. Ele o expõe em *A negativa*. "O que é que você considera como a coisa mais inimaginável nessa situação? O que é que você acha que estava mais longe de sua mente nesse momento? Se o paciente cai na armadilha e diz o que ele pensa de mais inacreditável, ele dará a boa resposta quase sempre."

Freud diz de fato ao seu paciente: "visto que seu não se opõe a um sim próximo que você não pode admitir em sua consciência, diga-me de preferência o não mais distante desse sim próximo, mas inacessível." E conclui com a resposta de que esse não mais afastado é o sim próximo que não pode ser dito.

Esse exemplo põe em jogo categorias em pares de oposição, algumas explícitas – imaginável-inimaginável, acreditável-inacreditável, próximo-distante –, outras implícitas – agradável (no sentido do que pode ser agradado)-desagradável, presente-passado (na medida em que se trata de obter um fragmento de material inconsciente recalcado) e, sem dúvida, também, bem e mal (o reconhecimento podendo ser impedido por uma desaprovação moral). Assim, a oposição sim-não depende de um conjunto de fatores distribuídos no aparelho psíquico inteiro, da superfície à profundidade, assim como do mais antigo ao mais recente.

"Um julgamento negativo é um substituto intelectual do recalque", diz Freud. Esse substituto intelectual que se liga ao desejo é o produto de uma simbolização pela linguagem e de uma economia que poupa energia. O não aparece como um rótulo do recalque. Mas, aquém da linguagem e do próprio recalque, "exprimidos na língua das mais antigas moções pulsionais" (orais), o julgamento é "eu gostaria de comer isso" ou "eu gostaria de cuspi-lo". Há, portanto, tradução de uma língua do Eu – aquela que fala – em uma "língua" do id – aquela que engole ou cospe. Há, portanto, um não do id que se exprime através da moção pulsional. O recalque é um mecanismo psicológico. Freud nunca deixa de lembrar isso – enquanto aquilo que é descrito no nível das moções pulsionais do id não é, pelo menos aos seus olhos. A questão que se manifesta é a da relação entre o mecanismo psicológico que se liga à palavra e aquele que está relacionado a um outro uso da boca por meio das moções pulsionais orais. Em outras palavras, o que se "diz": "eu gostaria de comer ou eu gostaria de cuspir" é da ordem, do id ou de um Eu primitivo arcaico? A se concordar com Freud, visto que o Eu se diferencia a partir do id, o Eu primitivo arcaico e o id são difíceis de discernir.

Gostaria de me deter um instante no destino dessas moções pulsionais orais. Comer e cuspir põem em jogo, de um lado, a incorporação (do objeto) e, de outro, aquilo que chamei de excorporação, mecanismo prévio à identificação projetiva, para mim. Eu cuspo ou eu vomito. Freud emprega um verbo traduzido por *éjecter* [ejetar]. Ele é compreendido geralmente como uma ação que sai do interior para pôr no exterior aquilo que nos remete ao limite de dentro-fora. O postulado desse limite originário se apoia na existência de um Eu realidade do início que estaria apta a desvendar a origem interna ou externa das excitações. Essa hipótese me parece arriscada demais.

A excorporação, na qual vejo o protótipo de um não do id sob as figuras do "Eu cuspo" ou "Eu vomito", não supõe nenhum objeto no espaço que recolhe o que é expulso. Pode-se inclusive se perguntar se os produtos da expulsão não desaparecem assim. Em todo caso, a identificação do espaço me parece prévia à dos objetos que ele poderia conter. (Penso no sentimento de hostilidade do ambiente em certos delírios antes da designação de um perseguidor.) Além disso, não creio que seja sustentável inferir um limite entre dentro e fora. Só existiria a ideia – se podemos nos expressar assim – de uma expulsão o mais longe possível. Não é legítimo falar de um não Eu nessa fase, porque o limite Eu-não Eu não está estabelecido. O que permite estabelecê-lo são as consequências da expulsão. A expulsão do mau permite a criação de um espaço interno no qual o Eu como organização pode nascer para a instauração de uma ordem fundada no estabelecimento de ligações relacionadas a experiências de satisfação. Essa organização facilita o reconhecimento do objeto em estado separado no espaço do não Eu e o seu reencontro.

Mas, mesmo depois de realizados esse reconhecimento e essa separação, o Eu é obrigado a retomar periodicamente por sua conta o trabalho do negativo, que antes dependia apenas de moções pulsionais. Para poder dizer sim a si mesmo é preciso poder dizer não ao objeto. Todo esse trabalho só pode prosseguir em duas condições pelo menos:

- que o objeto continue a se ocupar do Eu da criança, descarregando-a do excessivamente desagradável;
- que o objeto substitua o espaço indiferenciado para recolher o que era designado anteriormente como excorporação e que agora merece o nome de projeção, consentindo em ser vivido como mau e, ao mesmo tempo, jogando na transformação dessas projeções e em sua restituição à criança. (A mãe não acredita mais na maldade do bebê do que na sua.)

É essencial para a construção do Eu do bebê que lhe permita dizer sim a si mesmo, que a mãe aceite que ele possa lhe dizer não. Não somente sob a forma de "Você é má", mas às vezes, também, "Você não existe".

Na análise, isso não se manifesta apenas pelas projeções hostis no analista, mas também na mãe, à distância – ao longe – e, no extremo, por exclusão da transferência.

A excorporação é uma ilusão, pois como a psique poderia se desembaraçar no exterior daquilo que a atravanca? Para que ela possa ser sustentada, é necessária a assistência do objeto. Até o presente, levamos em consideração apenas os dados espaciais. Os dados temporais não desempenham um papel menos importante, como mostrou Winnicott. Se a resposta é imediata, sem demora, é a onipotência simbiótica que se instala, privando o Eu da criança de dizer não ao objeto e, portanto, sim a si mesmo. A idealização do objeto materno vai junto com o esmagamento do desejo próprio do sujeito. Em compensação, quando a demora é grande demais, é o desespero com inscrição de uma experiência da dor que faz dizer não a tudo (incluindo a si mesmo). Há destruição de ligações, intolerância maior à frustração e estabelecimento de uma identificação projetiva excessiva. O trabalho do negativo assume a forma de uma exclusão radical, e o aspecto negativo das relações (Winnicott) se sobrepõe. Essa exclusão afeta provavelmente até a pulsão, aquém da *Verwerfung* freudiana ou da forclusão lacaniana.

É apenas quando a resposta do objeto se produz em um prazo suficiente e tolerável, e sob uma forma assimilável (capacidade de *rêverie* da mãe, Bion), que o Eu da criança pode se dizer "isso não é isso, mas isso pode funcionar". E é desse ponto que pode partir o recalque. O recalque se efetua, portanto, sobre o modelo das aceitações e das recusas do objeto. Compreendemos melhor a comparação antropomórfica de Freud, mencionada no início destas reflexões. O pequeno homem que está no homem é, de fato, uma pequena mãe. O que é agradável ou desagradável para o Eu se fundamenta naquilo que é agradado ou não agradado pelo objeto. A relação com o objeto foi internalizada, o sim e o não foram introjetados. O recalque originário estabelece o limite entre o Cs-Pcs, de um lado, e o Ics, de outro.

Esses comentários teóricos provêm da experiência clínica e da técnica analítica. Pois é através desta última que o analista aprende a modular o tempo de suas intervenções e a apresentá-las de uma forma aceitável para o paciente. Distância do objeto e avaliação do prazo tolerável vão junto. Entre os dois extremos do recalque bem constituído e da rejeição (forclusão ou *Verwerfung*), o trabalho do negativo pode seguir caminhos intermediários, como os da clivagem ou da desmentida, em que coexistem o reconhecimento e a denegação, o sim e o não.

A coexistência do sim e do não é insuficiente para caracterizar o trabalho do negativo na desmentida. Pois uma tal coexistência pode ser conjuntiva ou disjuntiva. Conjuntiva, ela se efetua sob o primado de Eros. É o caso do objeto transicional que é e que não é o seio ou a mãe; o discernimento de existência não se aplica a ele, assim como não é preciso determinar se ele foi criado como objeto subjetivo ou encontrado como objeto objetivamente percebido. Note-se, a propósito da espacialidade, que ele se situa na intersecção do espaço interno e do espaço exterior na área intermediária. O investimento intenso que ele recebe testemunha que essa coexistência é fundamentalmente positiva. Quando a coexistência é disjuntiva, o trabalho do negativo se realiza sob os auspícios das pulsões de destruição. É o caso da clivagem e da desmentida, que alguns afirmaram que era difícil distinguir da forclusão. A diferença com o caso anterior é que, ao invés de proceder a uma reunião, o trabalho do negativo separa, impede qualquer escolha e qualquer investimento positivo. Aqui, não é sim *e* não, mas *nem* sim *nem* não. Para citar um caso bem conhecido, o do homem dos lobos (que "não quer saber nada" sobre a castração; suas análises posteriores às que ele fez com Freud mostram isso, a despeito de suas performances sexuais), na dilaceração de seu pensamento, "ele sempre tinha pelo menos duas opiniões sobre o mesmo tema", diz um de seus terapeutas. Nada que pudesse ser relacionado a uma dúvida obsessiva nesse caso, antes, a uma incapacidade de determinar se uma coisa é boa ou má (a análise, por exemplo) ou, ainda, em suas escolhas identificatórias e em seus sintomas, se é homem ou mulher. Mas, nesse caso, o Eu paralisado pela ambivalência em sua relação com a realidade psíquica e com a realidade material só admite a coexistência com a condição de responder a ela por um nem sim nem não. Essa resposta se enraíza até na vida pulsional. O que se exprime no nível do Eu é apenas o reflexo disso (que eu chamei de bi-lógica). Sem dúvida, as respostas de seus objetos fizeram apenas agravar a situação. Elas não foram marcadas nem pela capacidade de acolher suas projeções destrutivas, devolvendo-as a ele de uma forma aceitável, tampouco pela decisão de lhe opor, em um outro nível, um "não" estruturante. Preferiu-se desempenhar o papel de uma prótese, sustentando a desmentida da castração até sua morte. Pelo menos até onde sabemos. Contudo, o exemplo do homem dos lobos não é único. Muitos analisandos que apresentam uma reação terapêutica negativa nos revelam, por sua transferência, a dilaceração entre o sim e o não como viciação do trabalho do negativo. O que eles nos mostram, de fato, é que a recusa de optar, a recusa de acreditar, a recusa de investir nada mais são que a recusa de viver.

NOTAS

1. As limitações de espaço me obrigam a apresentar apenas um argumento, cujas justificações necessitariam de desenvolvimentos mais amplos. Proponho-me a voltar a isso mais detalhadamente em um trabalho posterior.
2. S. Freud, *Métapsychologie*, tradução J. Laplanche e J. B. Pontalis, Gallimard, 1968, p. 56.

ANEXO 2
A alucinação negativa (1977)

Consideremos dois exemplos emprestados de Freud. Eles se referem a uma estrutura psicótica sem fenômenos clínicos alucinatórios, mas oferecem a vantagem de poder comparar no mesmo sujeito uma alucinação isolada e um sonho central. Foi possível entender que me refiro ao homem dos lobos, à sua alucinação do dedo cortado e ao seu sonho com os lobos. Na alucinação do dedo cortado, o homem dos lobos relata: "eu tinha cinco anos, estava brincando no jardim ao lado da minha babá e entalhava, com meu canivete, a casca de uma dessas nogueiras que ainda desempenham um papel[1] em meu sonho.[2] Eu notava, subitamente, *com um terror inexprimível*, que tinha cortado o dedinho da mão (direita ou esquerda?), de tal modo que o dedo estava preso somente pela pele. Eu não sentia nenhuma dor, mas um grande medo. Não ousava dizer o que quer que fosse à minha babá que estava a alguns passos de mim. Eu afundava no banco próximo e ficava lá, sentado, *incapaz de lançar um olhar a mais sobre meu dedo*. Finalmente me acalmava. Olhava meu dedo. E eis que não tinha sofrido nenhum ferimento!".[3] Freud interpreta esse acontecimento comparando-o ao Tancredo de Tasso, e relaciona o ferimento alucinatório à menstruação materna evocadora da castração. Mas, imediatamente depois, ele relaciona a fonte da alucinação a uma fantasia relativa a uma parente, da qual ele ouvira dizer que tinha nascido com seis dedos no pé, e que logo lhe cortaram o dedo suplementar com um machado.

Se analisamos esse fragmento, numerosas associações se apresentam. Primeiramente, a interpolação de uma falsa lembrança, o entalhe da árvore, que pertence a um outro contexto "alucinatoriamente falsificado". Essa falsa lembrança preenche um vazio. Pois, o que a criança pequena estava de fato fazendo e pensando nesse momento nós não saberemos: primeiro branco. Seja como for, essa falsa lembrança faz a ponte entre a lembrança da alucinação do dedo cortado e as nogueiras do sonho dos lobos. Vem em seguida, em um estado de terror inexprimível, a alucinação do dedo cortado. Ora, o que é notável nessa alucinação *não é a percepção do sangue – não se trata disso –, mas o vazio que separa o dedo da mão que apenas um fragmento prende ao corpo. Nenhuma dor, mas um medo*: substituição do afeto de dor pelo do medo. Segue-se um silêncio, um afundamento e uma *incapacidade de lançar o menor olhar sobre o dedo...* Finalmente, restabelecimento da percepção normal e do afeto, e apaziguamento. A fonte do acontecimento nos revela que *um a menos* que ameaça a mão encontra sua fonte em *um a mais*, o sexto dedo da parente cortado com o machado, instrumento com o qual se abatem as árvores. Encontra-se aqui um enigma relativo ao desenho do sonho em que cinco lobos são representados, enquanto o relato do sonho menciona seis ou sete (seis ou sete: um a mais, duas vezes em relação ao desenho, enquanto em relação ao sonho o desenho representa um a menos, pelo menos). *A alucinação do dedo cotado é precedida pela alucinação negativa do dedo excedente ocultada no conteúdo alucinatório, este não fazendo senão positivar, a partir dessa alucinação negativa, uma amputação já operada no pensamento.* Seus traços são: o vazio que separa o dedo da mão, a ausência de dor, o silêncio, o afundamento e, sobretudo, o desvio do olhar.[4]

Passemos agora ao sonho. O conto de fadas faz a ponte entre os dois. Não nos estenderemos sobre esse sonho, já longamente analisado por gerações de psicanalistas depois de Freud. Citaremos apenas a frase de abertura: *"sonhei que era noite e que eu estava deitado na minha cama."* Estranha formulação: o homem dos lobos sonha que é noite, isto é, que está sonhando; ele vê em sonho a noite escura: o invisível. E Freud, não sem razão, interpreta "é noite" como uma deformação de "acabo de dormir". O que quer dizer que o sonho, obedecendo às condições da representabilidade, *imagina* – em sentido estrito – o inimaginável, o *não imaginável do sono*. O imaginário do sonho imagina a imagem do negro de onde toda imagem está ausente. Daí a interpretação da abertura da janela como representação do despertar daquele que dorme: "de súbito, desperto *de mim mesmo*" (grifo meu). O sonho dos lobos é, portanto, um sonho no sonho, um sonho imaginário no sonho do inimaginável. Então aparecem a nogueira e seus lobos brancos. A cor branca é, para Freud, indicador da brancura das patas dos sete cabritos do conto, que encontra eco na cor da roupa de cama e da roupa de baixo dos pais. Essa interpretação é, sem dúvida, correta, mas ela requer comentários teóricos.

Bertram Lewin nos fez conhecer a existência da tela do sonho e dos sonhos brancos. Para ele, a tela do sonho é uma representação visual do desejo daquele que dorme de um sono vazio, branco, sem estimulação. Ele interpreta esses sonhos brancos como repetição da realização do desejo de dormir – não esqueçamos que esse é o desejo último do sonho, segundo Freud – em sua forma completa, de cair em um sono profundo depois de ter sido alimentado. Ele escreve: "considero que se trata de uma experiência relativamente uniforme, tendo uma base fisiológica semelhante a um reflexo, totalmente independente da estrutura do Eu; consequentemente, qualquer ideia segundo a qual o bebê se defenderia de qualquer coisa é fora de propósito".[5] Pode-se discutir com B. Lewin para saber se a representação do branco está necessariamente ligada à pós-imagem do seio; o que é fundamental, em todo caso, é a representação da ausência de representação que conota o sono profundo.

Esses comentários conduzem-me a insistir sobre a *estrutura constituinte da alucinação negativa* ou, mais exatamente, *sobre a função enquadrante da representação*. A alucinação negativa não é um fenômeno patológico. Ela não é a ausência de representação, como sugere a ausência de imagem no espelho, mas *representação da ausência de representação*. A alucinação negativa é o conceito teórico que é a precondição a toda teoria da representação, se trate do sonho ou da alucinação. Sem dúvida, sonho e alucinação não são superponíveis. A alucinação negativa é sua matriz comum. Na psicose, a alucinação deve se referir não apenas à realização do desejo, mas também *aos pensamentos de desejo*, como desenvolvi com J.L. Donnet em *L'enfant de ça*, em que descrevemos a *psicose branca* como núcleo fundamental[6] da psicose. Posso somente remeter a isso. Recordo apenas que o pensamento articulado só se estabelece na descontinuidade – essa descontinuidade articulada implicando, no espaçamento, o branco constitutivo de toda cadeia de pensamento. Na psicose, esse branco se materializa pelo *branco do pensamento*, cujo vazio a alucinação vem preencher com uma pressa enorme, ocupando o espaço com os brotamentos das moções pulsionais.

Tomemos outro exemplo conhecido de todos: o Presidente Schreber. Dispomos felizmente tanto do trabalho de Freud quanto de sua fonte integral, as Memórias do Presidente. Freud assinala com razão a observação muitas vezes repetida – seria preciso dizer, o *leitmotiv* – das Memórias, que é a retirada dos raios divinos que Schreber atrai de forma quase magnética por seu poder de atração sobrenatural. Ora, o que ele escreve então, para seu grande desespero, é o vazio que o afeta: "todas as vezes que meu pensamento vem a se deter, Deus julga extintas minhas faculdades espirituais. Ele considera que a destruição de minha razão, a imbecilidade esperada por ele, aconteceu, e que, por esse fato, a possibilidade de sua retirada lhe é dada".[7] É preciso seguir os desenvolvimentos de Schreber para ver que ele procede, de fato, a uma inversão dos acontecimentos psíquicos: a retirada dos raios divinos é a repetição do vazio que precede o fenômeno alucinatório, vazio substituído por seu poder erótico sobrenatural. Isso requer uma análise detalhada, à qual voltaremos em outro lugar. Mas a leitura das Memórias nos reserva outras surpresas. Sempre se confundiu – e se continua a confundir – duas ordens de dados: os primeiros são relativos ao *caos*, em que o delírio schreberiano tenta pelo tratamento restabelecer a ordem adequada ao universo; os segundos são relativos ao *nada*, em que o caos nunca é outra coisa senão o *menor mal pensável*, ainda que em sacrifício do pensamento. *É desse nada que a alucinação negativa é o sinal, e a alucinação positiva, o sintoma. A volúpia da alma é apenas a fantasia do assassinato da alma que condena ao narcisismo, elevando-o até a homossexualidade, como tentação de reencontros do mesmo, perdido.* Freud diz, a propósito das psicoses paranoides: "estas dividem, enquanto que a histeria condensa".[8] Poderíamos acrescentar: a alucinação divide enquanto o sonho condensa. Essa divisão da alucinação é a positivação da alucinação negativa que transforma o zero em dois, deixando de lado a unidade do sujeito, mesmo que ilusória. Até Deus, garantia da unidade do mundo, se divide em dois em Schreber. E quando, no final das Memórias, ele parece ser não mais do que um, isso é para permitir a Schreber afirmar que agora Deus, o salvador, não pode passar sem ele. As alucinações são as criações – no sentido estrito –, os filhos da mente de Schreber. A geração se encontra tanto na semântica de Schreber quanto em sua sintaxe. Ela tem como precondição a alucinação negativa.

Freud compreende bem isso; ele escreve: "o traço distintivo da paranoia (ou da demência paranoide) deve ser buscada em outra parte [que não no complexo paterno]: na forma particular de que se revestem os sintomas, e dessa forma convém tornar responsável não os complexos, mas o mecanismo formador dos sintomas ou o do recalque".[9] No fim das contas, sua análise o conduz a postular uma fase última das diversas proposições relativas ao delírio – de onde se pretendeu tirar conclusões linguísticas que aqui são ultrapassadas: "não gosto de nada nem de ninguém" que Freud substitui, por força da necessidade, por: "gosto só de mim". Mas esta última afirmação é um ponto de inflexão mínimo em relação à anterior, que é o suporte da alucinação negativa. Assim, a projeção é apenas a reação contra o caos a que está subordinada a ameaça do nada. A abolição do de dentro a que dá lugar o retorno do de fora.

Entretanto, não se tem o direito de atribuir à alucinação negativa a função essencial que nós lhe atribuímos sem apresentar a prova disso. Essa prova é difícil de fornecer, pois o fenômeno psíquico de que falamos resulta daquilo que é negativado, portanto, dificilmente acessível ao exame. Mas, o mais estranho nesses fenômenos de negativação é que eles conseguem se representar geralmente sob a forma de índices discretos. Parece-nos que as Memórias, de Schreber, nos fornecem esses índices. Os raios são obrigados a ir a Schreber porque eles "carecem de pensamento".[10] É justamente essa projeção do vazio apelando ao seu preenchimento que subentende a beatitude. Mas é preciso ir à própria representação desse branco constitutivo que se materializa sob a aparência do fundo no qual aparecem todas as figuras. Assim, quando Schreber se encontra às voltas com os "milagres de terror" dos quais ele sofre a perseguição, ele contra-ataca, tornando-se, por sua vez, o agente de milagres similares: "eu também sei provocar deliberadamente esses milagres de terror ou qualquer coisa que se pareça com eles, mantendo minha mão diante de uma superfície branca, diante da porta do quarto pintada de branco ou diante das placas de esmalte branco do meu aquecedor, nas quais se tornam visíveis sombras contorcidas muito estranhas, engendradas manifestamente por uma transformação inteiramente singular da radiação luminosa solar". E acrescenta, protestando não sem razão: "esses fenômenos não têm absolutamente nada a ver com impressões subjetivas ("alucinações visuais", no sentido da psiquiatria de Kraepelin), pois toda vez que volta um milagre de terror, é simplesmente e por via de orientação forçada de meu olhar (direções forçadas dos olhos) que minha atenção é atraída para ele".[11]

Assim, Schreber se faz, por sua vez, de psiquiatra, corrigindo Kraepelin. Ele nos prenderia em sua armadilha se não tomássemos cuidado. Pois, se há verdadeiramente razão para distinguir a produção de seus milagres de terror das "alucinações visuais", visto que ele se reconhece como agente dessa produção visual e não submetido ao seu efeito, há o risco de ele nos induzir em erro, dirigindo nosso olhar, assim como o seu, pela direção forçada dos olhos, para a positividade do fenômeno, para a figura, mais do que para o seu fundo. Pois, é graças a essa "superfície branca" que o fenômeno pode ter lugar, essa tela cuja existência ignoramos. No cinema, o filme nos faz esquecer que, sem ele, nada poderíamos ver. O que se projeta, então, não são figuras do imaginário, como a psicanálise acreditou por muito tempo, isto é, fantasias, mas *processos*. Para ser mais exato, essas figuras do imaginário são imitações e figuras do pensamento. Freud havia entrevisto isso, mas apenas entrevisto, quando escrevia no final de seu estudo: "não temendo mais minha própria crítica do que receio a de outros, não tenho nenhuma razão para calar sobre uma coincidência que talvez prejudique nossa teoria da libido na mente de muitos leitores. Os 'raios de Deus' schreberianos, que se compõem de raios de sol, de fibras nervosas e de espermatozoides condensados juntos *são, no fundo, apenas a representação concretizada e projetada para fora de investimentos libidinais, e eles emprestam ao delírio de Schreber uma concordância impressionante com nossa teoria*".[12]

Assim, a função da alucinação que divide a mente é justamente condensar as percepções de fora (raios de sol), as representações do corpo (fibras nervosas) e as produções do sexo (espermatozoides), isto é, de oferecer uma representação alucinada sob uma forma positiva da alucinação negativa do pensamento. Com isso, o delirante e o analista deixam de ser radicalmente estranhos um ao outro; o primeiro representa o que o outro deve se contentar em pensar abstratamente. Cada um usa o negativo à sua maneira: o delirante o positiva; o analista o negativa uma segunda vez para representar não o pensamento, mas o sentido. Uma ponte lançada entre os dois permite seu reencontro a meio caminho: o sonho que se projeta na tela branca do sono.

NOTAS

1. Aqui, Freud insere uma primeira nota: "Recontando mais tarde essa história em uma outra ocasião, nosso doente acrescentou a ela a seguinte correção: 'Eu não acredito que estivesse entalhando a árvore. Confundi com uma outra lembrança que, sem dúvida, deve ter sido alucinatoriamente falseada, na qual eu me via entalhando com minha faca uma árvore cujo sangue começava a escorrer.'".
2. Segunda nota de Freud, dando uma referência sobre os elementos de contos de fadas nesses sonhos. Cf. *Cinq psychanalises*, tradução M. Bonaparte e R. Loewenstein, p. 390, 1954.
3. Os grifos são meus.

4. Intercalo aqui uma observação pessoal. Uma paciente sofrendo de uma asma infantil, que teve como resultado reforçar um recalque da amnésia infantil, passava as noites intermináveis em que sofria suas crises escrutando a paisagem desértica e o céu estrelado, esperando o despertar do dia que trazia o alívio. Ela não guardava nenhuma lembrança do quarto de seus pais, contíguo àquele em que se passavam essas noites em claro. Quando de sua análise comigo, ela me contou o seguinte fato: uma manhã, vendo que seu filho pequeno estava com o ar inquieto, ela quis saber o que o perturbava. A criança lhe contou que passara a noite em claro porque tinha tido um pesadelo horrível. Sonhou que sua cabeça só estava presa ao corpo por um fragmento de pele. Ele despertou aterrorizado e, sob o impacto desse sonho, dominado por ele, passara o resto da noite em vigília, permanecendo imóvel, com medo que sua cabeça se despregasse completamente de seu corpo. Daí seu ar ainda inquieto na manhã seguinte. O acontecimento foi logo esquecido no outro dia. Mas, depois do relato, foi a mãe que teve uma crise alérgica cutânea no peito.
5. B. Lewin, *Selected writings*, p. 95 n.
6. J. L. Donnet e A. Green, *L'enfant de ça*, éditions de Minuit, 1973.
7. *Cinq psychanalises*, loc. cit., p. 276.
8. *Loc. cit.*, p. 297.
9. *Loc. cit.*, p. 305.
10. *Mémoires d'um névropathe*, trad. Paul Duquenne e Nicole Selz, La Seuil, p. 228.
11. *Loc. cit.*, p. 205.
12. *Cinq psychanalises*, p. 321. Grifo meu.

ANEXO 3
Seminário sobre o trabalho do negativo (1988)

A grande novidade na psicanálise moderna é, inegavelmente, em relação à obra de Freud, o papel e as concepções elaboradas em torno do objeto. Se Freud chegou até o ponto de considerar que havia efetivamente um problema do objeto em relação à negatividade – no luto, por exemplo –, ele não foi muito mais longe que isso. O que quero dizer é que, em muitos pacientes, temos o sentimento de que não podemos considerar todo o trabalho psíquico que se elabora neles, normal ou patológico, como sendo determinado unicamente pelo jogo pulsional, e que a parte assumida pelo objeto nessa elaboração é um fator de interferência que entra em jogo na constituição da subjetividade por efeitos fora do comum. Eu me explico: da mesma maneira que um *setting* analítico que preenche sua função deve se fazer esquecer – o que Donnet chamou de enterramento do *setting* –, eu diria, da mesma maneira, que o objeto, absolutamente necessário à elaboração da estrutura psíquica, deve se apagar. Ele deve se fazer esquecer como constituinte da estrutura psíquica; ele existe sob a forma da ilusão de que não é constitutivo da estrutura psíquica, mas se apresenta como diferente desta, como objeto de atração ou de repulsa. Mas, quando o objeto não chega a se fazer esquecer, há uma espécie de "perversão" dessa função do objeto, não no sentido de perversão das pulsões, mas no sentido de *alguma coisa que desvia, que se conduz mal em sua função de objeto que, de todo modo, é ser falível*. É aqui que a subversão do sujeito – frase de Lacan – é uma resposta ao objeto. É por isso que Winnicott fala de mãe suficientemente boa, necessariamente falível, necessariamente no erro, necessariamente na inadaptação ou na inadequação. *A função intrínseca do objeto é paradoxal: o objeto está lá para estimular, para despertar a pulsão e, ao mesmo tempo, para contê-la.* E está lá, igualmente, para dar ao indivíduo essa noção capital e essencial segundo a qual é preciso chegar à aceitação do conceito de que *há mais de um objeto*. O resto é evidente. Porque, se há mais de um objeto, reunir dois objetos com base no princípio de sua atração mútua se torna uma meta inútil quando é perseguida por ela mesma. Creio compreender isso que se chama de angústia de separação: é o resultado daquilo que foi efetivamente criado no interior do sujeito, uma intrusão intolerável. É o caso em que o objeto está em uma situação de excesso de presença pelo fato de sua falta. Recai-se, nesse momento, em uma espécie de coalescência entre o objeto e a pulsão, e o objeto, ao invés de ser o que torna a pulsão tolerável, é o que, ao contrário, a torna ainda mais intolerável. Sem solução, sem compromisso. É abusivo falar aqui de desejo ou mesmo de nostalgia. Paradoxalmente, esse excesso de presença do objeto não dá lugar à representação, mas a todas as formas de saídas extrarrepresentativas: passagem ao ato, conduta perversa, toxicomania, baque depressivo, momento delirante, crise psicossomática, etc. É claramente evidente que nesse momento a transferência é muito maltratada. Esses problemas começaram a ser discutidos por volta de 1920. É o trabalho de Rank e de Ferenczi sobre o desenvolvimento da psicanálise. Coloca-se então a questão da escolha entre teorias diversas na técnica analítica. De uma maneira mais simplista, a teoria das relações de objeto, implícita desde Abraham, atualizada por Ferenczi, explicitada por M. Klein seguindo Fairbairn, se torna uma espécie de alternativa pretensamente mais apropriada que a velha teoria freudiana com as representações, os afetos. Era um erro que, a meu ver, não tardaria a provocar reações; e não é totalmente casual que Marty, muito próximo de Bouvet quando este tentava promover uma concepção pessoal de relações de objeto, tenha acabado por desenvolver, depois, um ponto de vista diferente, e mesmo oposto, em certa medida, insistindo sobre o *funcionamento mental*. Se você não diferenciar essa relação de objeto, se você não a filtrar, se você não a decantar, se você não a analisar em termos de funcionamento psíquico, você não terá ganhado nada em troca. A teoria das relações de objeto se fundamentava em um empirismo nascido da ideia discutível de que essa concepção era elaborada, longe de não sei que especulação, mas a partir da transferência. *Relação de objeto quer dizer relação com o analista como objeto de transferência. Supondo-se que essa relação de objeto era paradigmática de relações de objeto da infância.* Ora, justamente o artigo de Freud, *Recordar, repetir e elaborar*, me parece ir contra uma concepção ingenuamente positiva da transferência, e requer a consideração do negativo e de seu trabalho.

A negação é a concepção do símbolo. O que isso quer dizer? Isso quer dizer que *todo o trabalho analítico consiste em levar um sujeito a se reconhecer pelo fato de que você o reconhece*. O que é isso senão uma inversão de uma negatividade? O que é senão o desejo? O que é senão essa experiência primeira crucial de Freud que se chama *realização alucinatória do desejo? É o movimento que consiste em refazer os passos da experiência anterior, quando o objeto não está lá, para repeti-la.* Melanie Klein suprime a realização alucinatória do desejo para substituí-la ou por uma idealização do bom objeto ou por angústias de aniquilação, angústias persecutórias acompanhadas de uma vivência de aniquilação atribuída por projeções ao mau objeto. A partir do momento em que se admite a dicotomia em bom e mau, coloca-se a questão da negação. Esta remete a dois parâmetros: *o parâmetro bom ou mau, julgamento de atribuição, e o parâmetro real ou imaginário*, julgamento de existência. Você tem debaixo dos olhos duas formas do negativo: o que é mau e o que não existe. O que é mau é o que deve ser cuspido, e isso pode vir ou de mim, de minhas pulsões interditas, sexuais ou agressivas, ou do objeto, isto é, do que favorece ou contraria a meta de minhas pulsões, de minhas proibições, o que depende das pulsões do objeto em relação a mim. Pode-se compreender o interesse do modelo do duplo limite.[1] Além dos mecanismos descritos por Freud em *A negativa*, é preciso examinar outros: eu posso ou agredir o objeto ou negar sua existência. Ou eu nego a existência do objeto ou, em certos casos, eu considero que é o efeito de suas próprias pulsões hostis em relação a mim que provoca minha reação. Recordo a citação de Freud de *A negativa*: "o pensamento tem a capacidade de apresentar à mente, mais uma vez, alguma coisa que foi percebida outrora, reproduzindo-a por uma representação sem que o objeto externo deva estar ainda presente". "Sem que o objeto externo deva estar ainda presente". A teoria da representação pode remeter ao que existe mas não está lá, ou ela pode remeter ao que não existe mas que eu fabriquei. No que se refere à representação de objetos da realidade, Freud diz que não se trata de encontrar o objeto, mas de reencontrar o objeto. Remeter ao que não existe é a representação que se refere ao objeto da fantasia, isto é, a um objeto que eu inventei. Mas, a partir dessa dupla referência ao mau e ao que não existe, concebe-se a necessidade da simbolização, entendida de formas muito diferentes por Lacan e por Winnicott.

O trabalho do negativo sob sua forma destrutiva na análise encontra-se em tudo o que se chama, sem geralmente saber do que se está falando, de ataques contra o *setting*. Digo sem saber do que se está falando porque os chamados ataques contra o *setting* se resumem todos em uma situação, aquela do paciente que lhe diz "eu não posso dizer". Que ele o diga ou que não o diga, é o que isso significa. "Compreenda, eu não posso dizer e você não pode me forçar a dizer", dizia-me uma paciente. Enquanto estávamos nisso, eu me dizia: "ela não pode dizer, não vejo bem para onde vamos"; e depois ela acrescentou: "você compreende, você quer me forçar a escolher entre ser ou não ser, desejar ou não desejar; ora, eu quero os dois, quero um e outro; e, quando eu tenho um e recuperei o outro, isso ainda não me basta, porque eu tenho medo de ter perdido o primeiro". É nisso que se vê o trabalho do negativo em sua forma estrutural; ele está no dizer, nessa ação da palavra, evidentemente não em uma concepção da palavra, como a de Lacan, mas da palavra como *negatividade em relação à pulsão*. Cito de memória: "*você queria que eu escolhesse entre a vida, isto é, entre a vida e a morte, e nada, e eu quero os dois, quero dizer, nada e o resto. Você queria que eu escolhesse entre estar lá e não lá, e eu quero ao mesmo tempo os dois, não estar lá quando estou lá e estar lá mesmo assim; eu não quero a contradição, eu não quero nem um nem o outro, e às vezes isso não me basta, e então eu quero um e o outro. Escolher é sempre perder.*" Não é casual se você me pediu igualmente esclarecimentos sobre a analidade primária.[2] Forçosamente, estamos na dialética expulsiva. Um outro paciente me diz: "*eu não posso dizer onde estou, posso dizer apenas onde não estou, mas eu não posso dizer que eu tinha pensando bem nisso; falar é lançar bombas envenenadas*". Tudo isso me conduz, de um ponto de vista clínico, à clínica do vazio, às neuroses do vazio, onde se encontra uma espécie de mistura de desinvestimento, de destrutividade inaceitável, de fusão com o objeto e de identificação com um objeto destruído pela separação. Confusão entre o desejo imposto pelo outro e a recusa de que se é obrigado a ele, de que se sente obrigado a pô-lo em prática. Porque a provocação desse desejo pelo outro vem do campo deixado livre pelo desejo do sujeito, este não podendo pôr em prática um tal desejo a não ser no modo da negação de seu objeto, ou ainda de uma tal redução do outro a servir de objeto de projeção, expulsão da parte inaceitável de si, reduzida ao nada pelo domínio exercido sobre o objeto.

Tudo isso pode muito bem, eventualmente, dispensar objeto e se tornar o teatro de um drama em que se encarna sozinho os diferentes personagens sem que nenhum cenário apresente o conteúdo dessas peripécias. Uma paciente leva uma hora, após um longo período de trabalho, para se determinar a sair para ir ver uma exposição, pondera longamente e enfim se decide; escolhe sua exposição, atravessa o limiar da porta e não consegue dar nenhum passo a mais. Ela entra de novo no apartamento e chora a tarde inteira.

Tudo isso conduz a um desenvolvimento novo no final do artigo sobre *A negativa*, quando Freud nos explica o que quer dizer a propósito de um paciente que diz: "eu nunca tinha pensando nisso". É o rótulo, a prova inegável de que você chegou onde queria com sua interpretação, e isso é verdade ainda hoje. Se você estender um pouco sua reflexão e aplicá-la a frases estereotipadas dos pacientes que parecem ser frases que todo mundo pronuncia, do estilo: "eu não sei, eu não estou compreendendo, eu esqueci", recoloque-as no contexto e veja qual a função que elas têm em relação ao material no instante em que se diz. *O inconsciente não suprime o trabalho psíquico*. Os pacientes acham que dizendo "eu esqueci, eu não sei, eu não estou compreendendo" conseguiram eliminar o trabalho psíquico. É nisso que essa negatividade é bem diferente do "eu nunca tinha pensado nisso".

A conjunção dos dois aspectos do negativo é, de um lado, o que delimita o possível, de outro lado, o que destrói o possível. O que delimita o possível é concebido em relação à ideia de um impossível, proibido como impossível. Nessa impossibilidade, a rebelião da mente estende ao infinito o campo do possível para suprimir a noção, o sentido mesmo do que é proibido. O negativo no sentido de delimitação do possível faz existir o impossível de outra maneira. É importante que ele não se contente em realizá-lo de outra maneira; o impossível é representado na transgressão. Enquanto, no outro sentido, o que destrói o possível é a estrutura que considera a possibilidade do possível que é realizada. Pode-se dizer que todo funcionamento psíquico desenvolve duas ordens de dados: uma que se refere à relação que o sujeito tem com o mundo que é exterior a ele, outra que se refere a ele mesmo. Ele mesmo não é apenas uma simples duplicação, mas é suscetível de fazer aparecer um outro mundo exterior nele, que é semelhante e diferente do primeiro. O desconhecido maior é esse "ele mesmo". A psicanálise encontra o negativo no fundamento de sua existência, porque sua teoria repousa em uma positividade em excesso, aquela devida ao funcionamento pulsional com a qual o sujeito só pode compor negativando-a ou pelo jogo dos mecanismos de defesa, tornando a vida pulsional compatível com as exigências da vida cultural, ela mesma o resultado de uma negação da vida natural. É, de fato, a estrutura binária que comanda as relações, pois ela oferece a chance da complementaridade e impede que a autossuficiência de um único termo seja uma solução. Tudo reside então no valor estruturante ou desestruturante da falta, vindo questionar o pleno que lhe é correlativo e transformando a relação pleno-falta em relação centramento-descentramento. Nos componentes axiais dessa binaridade, há a bissexualidade masculino-feminino e o dualismo pulsional, amor-ódio. Essa dupla binaridade está contida na relação fundamental Eu-outro: nenhum Eu pode se bastar a si mesmo e nenhum Eu pode preencher o outro; nenhum outro pode substituir o Eu e nenhum outro pode preencher o Eu. A problemática do Eu é a da constituição de um centro como núcleo de base que investe o outro sem para isso desinvestir ele mesmo e sem coincidir com esse centro. Quanto ao outro, ele permanece para sempre outro, isto é, diferente em sua essência, tendo seu centro próprio, que pode ser investido como tal por ele. Contudo, não há nem fusão duradoura possível entre os dois centros nem separação que restitua a cada um sua liberdade. Apenas os centros permanecem separados, o que não impede, no entanto, que se produzam movimentos alternativos de reunião mais ou menos fusional, e de separação mais ou menos incompleta. Tais oscilações preparam a função da falta, condição do deslocamento evolutivo e da metaforização descentralizante. Mas, dessas alternâncias não sai nada. Ou seja, os movimentos opostos que as animam não dão lugar a nenhuma ligação. Nada se gerou, como se, paradoxalmente, cada momento se bastasse a si mesmo. A noção de centro é correlativa à de limite: não há núcleo sem Eu, mas não há Eu sem centro. Não há centro sem descentração. A linguagem é um sistema completo sem falta.

NOTAS

1. Cf. *La folie privée*, 1990.
2. Ver o Anexo 4.

ANEXO 4
A analidade primária (1993)

As particularidades da analidade primária são difíceis de agrupar em um conjunto coerente. Essa descrição corre o risco de estar ligada às observações tiradas de um número bastante reduzido de casos e, como tal, suscetível de misturar traços gerais e significativos com singularidades mais ou menos idiossincráticas. Sem nos introduzir na teoria de maneira prematura, devemos dizer, no entanto, que o perfil a seguir merece a denominação de analidade *primária*, porque os aspectos que individualizamos aí não se parecem muito com o que se costuma encontrar nos trabalhos consagrados à analidade. Estes, na verdade, tratam geralmente de suas formas secundárias, mais tardias. Na descrição que segue, a tonalidade anal difere da analidade clássica pelo fato de a fixação parecer marcada pelo narcisismo de maneira prevalente. Quanto à relação de objeto, esta só se enquadra de forma muito imperfeita com o que se entende comumente a propósito da analidade, como veremos.

O narcisismo desses sujeitos foi assassinado, em partes. A ferida narcísica cuja origem remonta, evidentemente, à infância, não cicatrizou. A lesão está sempre prestes a abrir de novo na menor oportunidade. Ela parece literalmente intratável, e qualquer abordagem direta demais provoca uma dor psíquica aguda. Invoca-se, geralmente, nesse contexto, um transtorno dos limites do Eu e, certamente, não faltam provas para fazer acreditar que, por trás das aparências de um funcionamento socialmente normal, o Eu sofre os contragolpes de uma economia narcísica caótica das mais precárias, sem fronteiras comprovadas. Daí o sentimento de estar lidando com "esfolados vivos". Os pacientes falam de seus envelopes psíquicos em termos de cascas que, quando caem, deixam uma derme exposta a todas as agressões. O resultado dessa particularidade do "Eu-pele" (Anzieu) é, paradoxalmente, o de uma ossatura rígida, que pode dar uma impressão de firmeza lá onde se trata, como se sabe, de obstinação – todo conflito virando facilmente uma teimosia incompreensível para as pessoas próximas e, às vezes, para o próprio analista. Evidentemente, essa falta de flexibilidade é reivindicada como uma virtude, uma fidelidade a princípios morais sobre os quais não se poderia transigir. De fato, o *narcisismo anal* dá a esses sujeitos um eixo interno, verdadeira prótese invisível, que só se mantém pela *erotização inconsciente de toda situação conflituosa atingindo o narcisismo*. A vida se encarrega sozinha de fornecer um contingente apreciável de circunstâncias que podem, assim, ser evidenciadas pelo sujeito. Com muita frequência, e mesmo com a maior frequência, um exame lúcido mostra que ele, de fato, está no seu direito, mas que mantém a lesão do dano que sofreu atribuindo-lhe uma importância que muitos outros, mais preocupados com sua tranquilidade, teriam renunciado a atribuir à mesma situação, permitindo que ela fosse esquecida. Contudo, a oposição é vital para esses sujeitos; ela lhes serve para delimitar melhor sua identidade, que não poderia se colocar de outra maneira a não ser por essa diferença adquirida em combate. Externalizada, ela oferece ao Eu a oportunidade de se provar vivo. Evoca-se evidentemente a paranoia, mas não há aqui sentimento de perseguição verdadeiro, simplesmente a convicção de não ser feito para a realidade tal como ela é. De resto, esses pacientes são perfeitamente capazes de percebê-la sem a deformação que os paranoicos lhe infligem. As ocasiões de conflito são também a ocasião de repetir o trauma parental infligido por seu juízo desvalorizante. Diante das provas ordinárias da existência, estas, ao invés de proporcionar o apoio esperado, só teriam obtido esta resposta: "Você não é capaz!". Depois, cada novo enfrentamento vem reforçar essa coluna vertebral psíquica, adquirida na realização de uma tarefa vivida como um desafio a superar. Constata-se que o que passa por vontade ou por tenacidade se edifica, de fato, sobre uma carência – e contra a tentação de uma submissão masoquista. Embora eu continue a achar que a denominação paranoia seria abusiva aqui, é preciso, no entanto, assinalar a intensidade do *funcionamento projetivo intermitente*, em que o paciente reencontra com o analista o sentimento já conhecido junto do objeto primário. "Você mudou de propósito o lugar do móvel para ver como eu reagiria.", "Você diz isso para me perturbar.", etc. Aqui, estamos em um registro em que narcisismo e relação de objeto se entrecruzam – o que nos permitirá compreender melhor um traço desses pacientes: *a retirada no pensamento como posse inalienável*. Em face da relação de assédio interior pelas imagos parentais e seus representantes diretos ou indiretos no mundo exterior, um reduto constitui o último isolamento, abrigo inviolável contra as intrusões inimigas: o pensamento. De fato, esses pacientes dizem *meu* pensamento e falam dele como de uma posse em que se refugia sua individualidade. É um último recurso que não pode cair nas mãos de outros sem fazer com que o próprio sujeito desapareça. Daí a forte marca possessiva desse narcisismo intelectual que supostamente defende contra a possessividade "desindividualizante" dos objetos. "Isso, não podem me tirar!" O pensamento se tornou um bastião no qual a subjetividade inteira encontrou sua última proteção antes da rendição. Sem chegar a esses extremos, pode-se observar, em circunstâncias menos abertamente conflituosas, uma afirmação de singularidade (mais do que de originalidade). "Quero fazer como eu penso", acompanhado de sentimento de que os outros se opõem a isso.

Poderíamos, por uma via sem dúvida muito esquemática, imaginar que o pensamento tomou *o lugar do objeto anal primitivo* ou, mais exatamente, que, se o objeto anal está condenado a ser, no fim das contas, evacuado e perdido, o pensamento pôde sobreviver a essa evacuação. Certamente, entre o objeto anal concreto e o pensamento abstrato, muitos intermediários constituem substitutos: o representante psíquico da pulsão anal preso na contradição reter/soltar ou conservar/evacuar, ou ainda sentir como seu ou oferecer como doação, etc.; o representante-representação do objeto; o representante do objeto da fantasia, etc. Mas, da mesma maneira que se é levado a fazer a distinção entre as fezes e a mucosa anal, assim como entre conteúdo e continente, pode-se ainda conceber essa bipartição entre as diversas formas psíquicas que acabamos de citar e os pensamentos que as habitam. Seria então como se o sujeito se agarrasse ao sentimento de propriedade que ele experimentaria em relação ao que ele sente que faz parte de seu "ventre" (seus intestinos), para se consolar da perda daquilo que ele continha e do que ele constata que teria sido destituído contra sua vontade: "a contragosto".

Essa defesa obstinada do território subjetivo se explica por um sentimento permanente de usurpação da parte dos outros. Embora o paradoxo esteja em que a solidão, geralmente vivida como um deserto objetal, é buscada, no fim das contas, na medida em que pode significar a supressão dos invasores e, por isso mesmo, o acesso a um terreno em que não há mais que temer os abusos de poder de outros, profanadores da liberdade alheia.

Eis que somos conduzidos a abordar a segunda vertente, objetal, da estrutura psíquica da analidade primária. Aqui, também a relação é cheia de contradições. Aliás, há, na base do modo de relação com o objeto, a afirmação de um direito à contradição nas escolhas. "Eu não quero escolher; quero a coisa e seu contrário." Inútil dizer que, nessas condições, estamos bem além do que se convencionou chamar de ambivalência. De fato, o amor adquire aqui facilmente o aspecto do ódio, e o ódio é o sinal de uma ligação que nada pode desatar. *O ódio sela um pacto de fidelidade eterna com o objeto primário*, e este pode ser substituído por outros que, no entanto, jamais fazem esquecê-lo, apesar das aparências. Espera-se então ver o sujeito se lançar em ligações sadomasoquistas, mas estas, de fato, não têm a intensidade que se pode encontrar em outro lugar, pois a relação com os objetos externos é frágil. Ela não dura muito, pois a ruptura condena o sujeito ao retorno à solidão, isto é, aos objetos primários internos que, por sua vez, permanecem imutáveis. Eles continuam sendo o teatro de uma relação sadomasoquista essencialmente fundada em uma prova de força. Mas, na transferência, em geral, a relação é – mais uma vez – paradoxal. De um lado, há agarramento ao objeto; de outro, durante longos períodos, essa relação adquire um aspecto parasitário. As sessões são mornas, vazias, estagnantes. E, no entanto, por nada no mundo o sujeito faltaria a uma sequer. Ele protesta à menor ausência do analista e o faz pagar caro a interrupção ao retornar. O paciente não deixa de constatar, aliás, que ele próprio é o agente da esterilidade das sessões, mas diz que não pode fazer de outro modo, isto é, investir a análise como um objeto. E é o analista que experimenta (ao invés do paciente) sentimentos muito intensos de agressividade devidos ao aborrecimento e ao sentimento da inutilidade do trabalho, embora esteja disposto a admitir que, de fato, o paciente não pode fazer de outra maneira. Às vezes, é forte a impressão por parte do analista de que *essa oposição anal está ligada a um negativismo inconsciente em que é mais importante dizer não ao objeto do que sim a si*. Negativismo, como dissemos, inconsciente – que não é percebido como tal pelo sujeito –, mas que, no entanto, conduz o analista a evocar a relação entre a situação presente e certas lembranças relatadas pelo paciente. "Eu preferiria morrer a ceder e confessar."

Essa modalidade de obstinação na comunicação coexiste com seu oposto: uma *relação fusional* em que o sujeito está em comunicação interna e secreta – com a ajuda de um discurso interior ininterrupto fora de sessão – com um objeto integralmente bom, única maneira de suportar as frustrações impostas seja pela ausência, seja pelos conflitos engendrados pelo contato com este quando ele está presente.

Que lugar cabe à sexualidade nessa relação com o objeto? De maneira geral, a vida sexual desses sujeitos é pobre, e é justo se surpreender pela maneira como eles parecem suportar a abstinência. Certamente, pode-se pensar, não sem razão, que suas dificuldades caracteriais se agravaram. Mas, por outro lado, eles não parecem sofrer com isso ou, pelo menos, não se queixam, e a exacerbação de seus transtornos do caráter não parece ter relação direta com a ausência de satisfações sexuais. Contudo, a reserva que eles demonstram em relação à sexualidade nos deixa invariavelmente na ignorância quanto ao que eles sentem a esse respeito. Em geral, o sentimento de humilhação que acompanha a comunicação relacionada com o desejo sexual acaba com qualquer veleidade de falar disso. A imagem de si é pouco diferenciada sexualmente – muitas vezes, se reivindica o gênero neutro, isto é, o sentimento de não ser nem homem nem mulher. Trata-se menos de um hermafroditismo psíquico ou de uma androginia do que de uma identidade assexuada. O sexo é contingente, não se percebe claramente nem angústia de castração propriamente dita nem inveja do pênis evidente.

Em compensação, o que pode passar por um recalque drástico dos desejos sexuais mostra com a experiência que estes não são ausentes. Eles podem às vezes manifestar sua presença. Mas, comumente, estão como que no estado de créditos congelados, passando bem longe de uma necessidade de amor com a qual eles não mantêm relações simples. Seria esquematizar a situação pensar que a necessidade de amor dita o recalque. Ao contrário, *a sexualidade se libera facilmente quando o amor (compartilhado) é encontrado*. Este parece então ser vivido sem conflito maior. É como *se a condição prévia para o despertar da sexualidade, isto é, o amor, estando ausente, o desejo sexual como tal não existisse mais*.

O objeto é problemático enquanto objeto de amor mais do que enquanto objeto sexual proibido, e isso conduz à renúncia e mesmo à ascese, que são muito mais facilmente aceitas do que o risco de ser desinvestido pelo objeto.

A recusa da imagem de si pode chegar até a alucinação negativa diante do espelho. A imagem de si necessita da intermediação do olhar do outro para ser aceita; o *tête-à-tête* com sua própria imagem é cruel. A aparência não podendo ser corrigida, a representação sendo atacada, somente uma recriação da imagem do sujeito por produções que são sua própria criação são aceitáveis. A sublimação é marcada, portanto, pelo selo anal.

É por isso que *os objetos são frequentemente eleitos a título de duplos narcísicos*. Um trabalho intelectual põe em jogo a imagem de si; uma obra a realizar é claramente percebida como um duplo de si de maneira quase concreta. Ele deve ser, evidentemente, sem falta e sem falha. Vemos que a tentativa de descrever um modo de relação típico com o objeto nos conduz ao narcisismo. Pois, de fato, a imagem de si sendo pouco formada, ou ainda insatisfeita por ódio de si, *o sujeito só pode se definir através da imagem dele mesmo que os outros lhe enviam.* "Se eu sei a imagem que você tem de mim, somente então eu poderia me situar em relação a ela." Levadas ao limite extremo, as defesas além do recalque, e mesmo da clivagem, podem assumir, em certas circunstâncias traumáticas, dolorosas, um caráter maciço, obrigando o sujeito a uma *denegação de existência do objeto e mesmo do si*. Nada aqui parece uma dúvida filosófica, mas que faz pensar, antes, em uma medida extrema para lutar contra um desespero suicida. "Você não existe" e mesmo "Eu não existo" podendo se tornar as últimas posições adotadas pelo Eu contra o peso exercido pelo objeto, seja por causa de suas exigências, seja em razão das fraquezas causadas por suas faltas diversas. Encontra-se, aqui, no limitar de uma denegação da realidade que poderia fazer temer a queda do sujeito na psicose, mas *não se trata de um verdadeiro recalque da realidade*. Na verdade, o sujeito entrou em um processo de negociações com essa fonte permanente de traumatismos que é o real, mas estas se compõem com a realidade para assegurar uma sobrevivência mínima, fonte de um agarramento último à vida e às asperezas do real. Se o sujeito parece fazer pouco caso dele, assim como do mediador que é o objeto, é na forma de uma denegação que se alia à clivagem. "Eu sei que você existe, mas tenho de me convencer de que você não existe para lhe retirar o poder que suas ações podem ter sobre mim." O mundo também parece aqui clivado em dois: de um lado, o domínio da realidade da qual ele não precisa esperar nada senão ser decepcionado; de outro, o reino da fantasia, onde tudo é possível por nada poder realmente acontecer e, como consequência, não poderia infligir nenhuma decepção.

O complemento dessa denegação de existência do objeto é a confusão de identidade com ele. "Você ficou irritado e isso me aliviou, porque é como se fosse eu que tivesse ficado." Há aí mais do que uma projeção: *um verdadeiro transporte de si no outro*, um efeito da imagem do outro em que o sujeito reconhece como lhe pertencendo, o que ele não poderia assumir quando se olha e se vê sozinho. Daí também o sentimento de uma dor da diferença quando o objeto difere do sujeito por não coincidência ou não reciprocidade dos afetos sentidos por ele. Pode-se deduzir disso que *a analidade primária está ligada ao sentimento do fim da onipotência simbiótica*. O objeto não é mais aquele com quem a comunicação se estabelece em forma de uma harmonia sem falha, de uma continuidade sem hiato, de uma correspondência mútua de desejos e de satisfações que nada poderia perturbar. A diferença se instalou obrigando o sujeito a enfrentar a incompreensão, a não concordância de desejos, aos humores instáveis e à inconstância do objeto. E essa é uma prova que pode causar a ira, a raiva impotente chegando às vezes até a fragmentação do sujeito, sobretudo se a crise é acompanhada do sentimento de que o objeto foi perdido por destruição.

Não é um processo de luto que se instalará em seguida com desejo de reparação, mas uma acentuação do desamparo que confirma que o mundo (o objeto) é mau, cruel, e que os atos do sujeito não poderiam ser objeto de nenhum reconhecimento que lhe conferisse um direito a uma existência reconhecida. Na verdade, *é o sujeito que não reconhece ao objeto o direito de ser diferente, e que sente em troca o desamparo de não ser ele próprio reconhecido*. Contudo, a regressão fusional não desapareceu inteiramente; ela pode subsistir sob a forma de *"nichos" psíquicos*. O termo é tanto mais apropriado na medida em que se refere ao arranjo de espaços de solidão onde, mais uma vez, o sujeito tem a impressão de escapar à ação de objetos sempre decepcionantes. "Minha cama é o único lugar em que me sinto bem. Lá, tenho a impressão de que finalmente me deixam tranquilo."

Esse conjunto, que comporta mais coerência do que se acreditaria à primeira vista, quando ele manifesta suas características em uma relação de transferência, é extremamente penoso de suportar para o analista, que vê sua contratransferência posta à prova. *A contratransferência não pode escapar ao destino de refletir a problemática do sujeito, como em espelho*. O analista sente compaixão pelo sujeito, mas sucumbe igualmente ao que Winnicott designou pertinentemente como ódio na contratransferência. O desejo de vir em socorro do paciente se choca com a obstinação de sua não comunicação que, periodicamente, dá vontade de pôr fim a uma relação sentida como inamovível, estéril e parasitária, mas o desamparo do sujeito é tão grande que o analista acaba por dizer a si mesmo que a interrupção seria um trauma insuperável. Quando a relação é mantida, seria bom que o analista abandonasse qualquer esperança, que ele tivesse apenas a preocupação de conter, de resistir aos ataques destrutivos e autodestrutivos do paciente. Encontraremos, ainda, Winnicott e seu artigo sobre a utilização do objeto, texto no qual mostra de maneira talvez exageradamente otimista como o analista que sobrevive às destruições repetidas do analisando acaba podendo ser de alguma utilidade para ele, ajudando-o a tolerar a si mesmo na apreensão do que ele é.

Em geral, é particularmente penoso para o analista constatar que a comunicação inconsciente do paciente, quando ela se torna compreensível, é vivida por ele não como um acontecimento feliz que permite ter acesso a um psiquismo de outro modo defendido em excesso e contra toda razão, mas como uma escapada ao seu controle que o fere porque sinaliza um fracasso de seu domínio. *O domínio, aliás, está menos em questão que a influência.* Esta é sentida como se o paciente, de fato, se tivesse deixado conduzir a uma perda involuntária de controle (esfincteriano), oferecendo, assim, contra sua vontade, o produto de suas entranhas a uma mãe abandonante (ela não o carrega mais), autoritária (impondo o treinamento para o asseio e a imobilização no vaso), sádica (gozando da submissão de seu rebento), inquisidora (sobre o conteúdo abdominal e a satisfação tirada de sua retenção). A evolução dessa relação leva à introjeção de um supereu rigoroso que pagará a crítica impiedosa das ações e das produções dos outros pela censura perfeccionista de suas próprias produções até a esterilização de toda realização pessoal.

Há uma grande dificuldade para esses pacientes de resolver evoluir, isto é, crescer, porque crescer é aceitar a dinâmica da mudança nos objetos (na realidade), e portanto, se submeter. Isso porque o temor de adotar uma atitude menos negativa faz o paciente correr o risco de recair na regressão fusional solicitada, por seu próprio anacronismo, a suscitar novas decepções insuportáveis. Pior ainda, acontece de sobrevirem evoluções, traduzindo-se em melhoras sensíveis com o meio social, levando a uma diminuição dos conflitos na vida cotidiana. Essa mudança não traz satisfação, pois, para o sujeito, ela se refere apenas à superfície das coisas e não modifica nada do que lhe importa verdadeiramente: a realização de suas metas narcísicas profundas onde se prova a ineficácia do analista – esta inclusive precede a busca de uma felicidade objetal. É preciso mais do que paciência para suportar essa lentidão de evolução e esse julgamento decepcionante sobre o que a relação analítica conseguiu mexer. É bem compreensível que mais de uma vez o analista jogue a toalha, por mais que isso lhe custe. E mais ainda ao paciente.

Mas, para aqueles que tiverem a tenacidade de manter a relação a despeito das provas que a balizam, acontece também de sobrevir uma transformação mutativa que permita encontrar alguma satisfação no trabalho realizado sem, com isso, esperar da relação terapêutica milagres que lembrariam bastante aqueles que eram alimentados pela idealização do paciente por ele mesmo.

Essa construção hipotética está longe de esgotar as particularidades notáveis que esboçamos em nosso capítulo descritivo. O que nos parece mais notável é o sentimento de aniquilação e de impotência em face dos conflitos que opõem o sujeito aos outros nas circunstâncias mais diversas, profissionais, amorosas, familiares e, mais ainda, em face da realização de tarefas em que esses sujeitos são os únicos em questão, experienciando uma resistência obstinada a cumprir o que eles têm a fazer. Em suma, se os conflitos externos fazem aparecer uma relação de objeto imediatamente perceptível, a dificuldade de realizar tarefas que dependem apenas de si mostra bem que o fundo do problema reside na interiorização do conflito com uma imago representando o objeto primário. A vantagem desse segundo tipo é fazer esvanecerem todas as racionalizações que cercam os conflitos envolvendo outras pessoas. Mas é também o que é mais difícil de compreender, pois dispomos apenas de informações minguadas, tão forte é a censura, isto é, tão poderoso é o desejo inconsciente de retenção oposicional, porque ele é o suporte de uma delimitação identitária entre a tentação da regressão fusional e a destruição do outro como única prova da afirmação de si.

Essa inibição tem como corolário um pensamento que parece paralisado, tomado por um *branco* que nada, desesperadamente, vem preencher, forçando o sujeito à imobilidade, a uma estagnação sem remédio. Quando se procura ir mais longe na descrição do funcionamento mental nesses momentos, não se obtém nada que possa esclarecer essa esterilização da atividade psíquica representativa que parece próxima de um nada psíquico nos casos mais severos. Contudo, quando o sujeito tem vontade de avançar na compreensão do que lhe acontece, comunicando ao analista o modo como ele vive o que se passa, se é conduzido à existência de um introjeto do objeto primário que só conserva dele uma forma totalmente abstrata e que só exerce sua ação na forma de um impedimento ao prazer narcísico de se sentir vivo, agindo, progredindo. Ao analista se torna difícil separar, nesse estado, o que está ligado à introjeção do objeto primário ou à projeção interiorizada de que ele é o objeto. Talvez se pudesse, então, lançar-se em especulações sobre as relações continente-conteúdo ou entre objeto parcial-objeto total como se se estivesse lidando com um sujeito-bosta, prisioneiro de uma mãe mucosa constritiva; ou, se a paralisia domina, ela é a ação de um sujeito (inconsciente) petrificado que tentaria imobilizar, reter, guardar uma mãe que vai e vem, cuida de suas ocupações, pensa em outra coisa, desprezando a criança.

Esses diferentes casos ilustrativos, dos quais a transferência permite a revivescência, não são contraditórios. Eles abrem para a alta complexidade, rebelde à univocidade, dessas estruturas que me pareceram justificar uma descrição original, em razão de sua diferença com as figuras habitualmente conhecidas desde a descrição primeira de Freud do caráter anal.

Referências de publicação

A obra que apresentamos aqui é inédita, com exceção de duas contribuições reproduzidas na íntegra: "Pulsion de mort, narcissisme négatif, fonction désobjectalisante", publicado em *La pulsion de mort*, Green e colaboradores, PUF, 1986, p. 49-59. Premier Symposium de la Fédération européenne de psychanalyse, Marseille, 1984.

A segunda, em anexo, "Le Travail du Négatif", foi publicada na *Revue Française de Psychanalyse*, 1986, 1, p. 489-493, no volume de atas do XLV^è Congrès des Psychanalystes de Langue Française des Pays Romans, onde foi apresentada.

Além disso, o Anexo 2 retoma uma parte de um artigo anterior: "L'hallucination négative. Note pour un addendum à um Traité des hallucinations", *L'Évolution psychiatrique*, t. XLII, fasc. III/2, numero spécial, 1977.

O Anexo 3 é a transcrição de um seminário apresentado em 1988 no Instituto de Psicanálise de Paris.

O Anexo 4 é extraído de um artigo da Monografia da Sociedade Psicanalítica de Paris sobre a Neurose Obsessiva: "L'analité primaire dans la relation anale", PUF, 1993.

O capítulo "Masoquismo(s) e Narcisismo nos fracassos do tratamento psicanalítico" foi exposto em Munique e em Berna.

Finalmente, "O Trabalho do Negativo e a alucinação" foi objeto de uma série de conferências em Zurique, Buenos Aires, Bordeaux, Tel Aviv, Paris.